高校英语教学方法新编

简 洁 高 原 刘 娜 主编

吉林大学出版社
·长春·

图书在版编目（CIP）数据

高校英语教学方法新编／简洁，高原，刘娜主编. --
长春：吉林大学出版社，2021.5
　ISBN 978-7-5692-8223-8

Ⅰ.①高… Ⅱ.①简… ②高… ③刘… Ⅲ.①英语-
教学法-研究-高等学校 Ⅳ.①H319.3

中国版本图书馆 CIP 数据核字（2021）第 076166 号

书　　　名	高校英语教学方法新编
	GAOXIAO YINGYU JIAOXUE FANGFA XINBIAN
作　　　者	简洁　高原　刘娜　主编
策划编辑	黄忠杰
责任编辑	宋睿文
责任校对	张宏亮
装帧设计	周香菊
出版发行	吉林大学出版社
社　　　址	长春市人民大街 4059 号
邮政编码	130021
发行电话	0431-89580028/29/21
网　　　址	http://www.jlup.com.cn
电子邮箱	jdcbs@jlu.edu.cn
印　　　刷	三美印刷科技（济南）有限公司
开　　　本	787mm×1092mm　1/16
印　　　张	17
字　　　数	400 千字
版　　　次	2022 年 5 月　第 1 版
印　　　次	2022 年 5 月　第 1 次
书　　　号	ISBN 978-7-5692-8223-8
定　　　价	68.00 元

版权所有　翻印必究

前言

随着中国改革开放的深入发展，中国对外开放迈向全方位高水平。中国与世界各国的经济合作、文化交流日益频繁。英语作为国际通用语言，在中国与世界各国的合作和交流中发挥着至关重要的作用。相应地，我国对高质量英语人才的需要也更加迫切。高校是高质量英语人才培养的基地，高校英语教学是解决当前英语人才竞争的有效手段。因此，高校英语教学受到前所未有的关注和重视。

高校英语教学是一个复杂的系统，在其演变、改革和发展的过程中，有很多因素对其产生了影响。除了高校因素、教师自身因素、学生因素外，还包括教材、课程设置、教学方法等因素。其中，教学方法是激发学生英语学习兴趣的重要因素，是实现高校英语教学目标的基础，也是提高英语教学课堂效率的重要保障。因此，教学方法在高校英语教学中起着不可替代的作用。

受应试教育的影响和制约，我国高校英语教学长期沿袭传统的教学方法。这种传统的教学方法虽然有利于英语教师把握英语教学的内容、英语教学的进度和课堂节奏，但严重忽略了学生的主体地位，不利于调动学生学习英语的积极性和主动性，不利于学生英语技能的提高，更不利于学生自主学习能力和跨文化交际能力的培养。因此，高校英语教学应该转变以教师讲授为主的单一方法，探索高效化、多样化的教学方法，使学生变被动接受为主动思考，加深对英语知识和文化的理解，有利于形成对英语问题的整体认识，从而有利于培养学生的综合能力。近年来，随着信息化的发展，很多学者对高校英语教学方法进行了改革和创新，一些有关高校英语教学方法新编的教材也不断问世。基于此，作者在总结前人研究成果及自身教学经验的基础上系统梳理了高校英语教学方法，并编纂了此书，以期能够为高校英语教学方法研究提供新的帮助。

本书共分十二章。第一章主要从英语教学的内涵入手，分析了高校英语教学的影响因素、原则和理论依据。第二章到第十一章主要从任务型教学、情境教学、文化教学、多模态教学、互动式教学、生态教学、自主学习理念、产出导向法、翻转课堂、慕课与微课多个方面系统阐述了高校英语教学方法。第十二章主要探索了高校英语教学方法实施的保障——教师发展。

本书与其他书籍相比，具有以下特色：

第一，创新性。从宏观上而言，本书以"高校英语教学方法新编"为题，结合当前高校英语教学的实际情况及相关研究的最新动态，对高校英语教学方法进行了创新性研究；从微观上而言，本书将情境教学、多模态教学、产出导向法、翻转课堂、慕课、微课等多种教学方法融入其中，为高校英语教学方法研究提供了新的思路。

第二，实用性。本书不仅重视高校英语教学相关理论的阐述，还重视英语教学方法的多样性。同时，本书在论述英语教学方法相关理论的基础上，系统探讨了其在高校英语教学中的具体应用，真正实现了理论与应用的有效融合。除此之外，本书从教师专业发展、教师自主发展、教师信息化教学能力发展三个方面探讨了英语教师的发展，为高校英语教学方法的实施提供了保障，也提高了该书的实用价值。

本书在写作过程中，查阅了很多国内外资料，吸收了很多与之相关的最新研究成果，借鉴了大量学者的观点，在此表示诚挚的感谢！由于英语教学的复杂性与发展性，再加上作者能力有限，书中难免存在不足之处，请广大读者批评指正。

目录

第一章　高校英语教学概述 …………………………………………………… 1
第一节　英语教学的内涵 …………………………………………………… 1
第二节　影响高校英语教学的因素分析 …………………………………… 2
第三节　高校英语教学的原则 ……………………………………………… 9
第四节　高校英语教学的理论依据 ………………………………………… 13

第二章　高校英语教学中任务型教学方法研究 …………………………… 21
第一节　任务型教学解读 …………………………………………………… 21
第二节　英语教学中实施任务型教学方法的意义与可行性 ……………… 25
第三节　任务型教学方法在高校英语教学中的实施 ……………………… 30
第四节　任务型教学方法在高校英语教学中的应用 ……………………… 34

第三章　高校英语教学中情境教学方法研究 ……………………………… 44
第一节　英语情境教学概述 ………………………………………………… 44
第二节　英语情境教学的必要性与重要性分析 …………………………… 50
第三节　英语情境教学的操作程序与活动组织 …………………………… 52
第四节　英语情境教学策略与评价 ………………………………………… 59

第四章　高校英语教学中文化教学方法研究 ……………………………… 65
第一节　语言与文化 ………………………………………………………… 65
第二节　文化因素在高校英语教学中的重要性 …………………………… 71
第三节　英语教学中文化教学的误区 ……………………………………… 74
第四节　高校英语文化教学的原则与方法 ………………………………… 79
第五节　高校英语教学中跨文化交际能力的培养 ………………………… 83

第五章　高校英语教学中多模态教学方法研究 …………………………… 87
第一节　高校英语多模态教学的理论基础 ………………………………… 87
第二节　多模态话语理论各模态的关系 …………………………………… 90
第三节　认知理论与多模态英语教学的整合与同构 ……………………… 93
第四节　基于多模态话语理论的英语教学模式构建 ……………………… 100

第五节　高校英语多模态课堂教学评估体系的构建……………… 103

第六章　高校英语教学中互动式教学方法研究……………………… 109
　　第一节　互动式教学解读………………………………………… 109
　　第二节　互动式英语教学实施的原则与程序…………………… 113
　　第三节　互动式教学法在高校英语教学中的应用……………… 117

第七章　高校英语教学中生态教学方法研究………………………… 129
　　第一节　英语教学生态模式的内涵与特征……………………… 129
　　第二节　高校英语生态化教学的理论基础……………………… 132
　　第三节　高校英语课堂生态的结构与功能……………………… 139
　　第四节　高校英语课堂生态失衡现象…………………………… 142
　　第五节　生态化高校英语教学的优化…………………………… 145

第八章　基于自主学习理念的高校英语教学方法研究……………… 150
　　第一节　自主学习解读…………………………………………… 150
　　第二节　影响自主学习的因素…………………………………… 153
　　第三节　高校英语自主学习教学策略研究……………………… 159
　　第四节　高校英语自主学习教学模式的构建…………………… 167

第九章　基于"产出导向法"的高校英语教学方法研究…………… 172
　　第一节　"产出导向法"解读…………………………………… 172
　　第二节　"产出导向法"在高校英语课堂教学中的指导性作用… 179
　　第三节　"产出导向法"在高校英语教学中的实施难点与策略… 180
　　第四节　"产出导向法"在高校英语教学中的具体应用………… 188

第十章　基于翻转课堂的高校英语教学方法研究…………………… 193
　　第一节　翻转课堂概述…………………………………………… 193
　　第二节　翻转课堂对高校英语教学的影响……………………… 199
　　第三节　翻转课堂的教学设计…………………………………… 201
　　第四节　高校英语翻转课堂教学方法的实施…………………… 205
　　第五节　翻转课堂在高校英语教学中的应用…………………… 209

第十一章　基于慕课与微课的高校英语教学方法研究……………… 215
　　第一节　慕课与微课解读………………………………………… 215
　　第二节　慕课在高校英语教学中的应用………………………… 221
　　第三节　微课在高校英语教学中的应用………………………… 230

第十二章　高校英语教学方法实施的保障——教师发展研究……… 239
　　第一节　英语教师专业发展……………………………………… 239
　　第二节　英语教师自主发展……………………………………… 244
　　第三节　英语教师信息化教学能力发展………………………… 248

参考文献……………………………………………………………… 260

第一章　高校英语教学概述

随着经济全球化的发展以及我国综合国力的显著增强，中国与世界各国的交流与合作日益密切。高校英语教学作为英语人才培养的重要途径，也日益受到高度重视。本章主要从英语教学的内涵入手，分析了影响高校英语教学的主要因素，阐述了高校英语教学的原则，同时还论述了高校英语教学的理论依据，为后续高校英语教学方法的研究提供了理论指导。

第一节　英语教学的内涵

一、英语教学的基本内涵

英语是我国的第二外语，由于缺乏一定的语言使用环境与使用对象，这就对英语教学提出了难题。英语教学能够直接影响英语学习者的英语水平和语言运用能力。对教师而言，教学是引导学生学习的教育活动；而对学生来说，教学则是在教师引导下的学习活动。学生能否得到发展是教学能否实现其目标的关键。教学是一个师生互动的过程，是教师教和学生学，共同完成预定任务的双边统一的活动。具体来说，英语教学的内涵主要体现在以下几个方面：①

其一，英语教学是有目的的活动，在各个不同学段、学年学期，不同的教材、单元、课文、活动有着不同的教学目的与教学目标，而教学目标又可分为不同的领域或层次。

其二，英语教学具有一定的系统性和计划性，这种系统的计划主要是由教育行政机构、学校和教师制订的。

其三，英语教学需要具体的内容，即英语词汇、语法、语音、写作、阅读等具体知识和技能的传递，教学需要采用一定的教学方法和教育技术，教学有着深厚的历史积淀，形成了大量有效的方法，现代科学技术，尤其是信息技术的发展，为教学提供了可以借助的多种多样的教育技术。

综上所述，本书可对英语教学内涵界定如下：在有计划的系统性的过程中，依据一定的内容，按照一定的目的，借助一定的方法和技术，教师引导学生认识世界、学习和掌握知识与技能，进而使其得到全面发展的活动。

---

① 周晓娴. 多元化文化理念与当代英语教学策略研究 [M]. 天津：天津科学技术出版社，2017：74.

二、英语教学的人文内涵

在英语教学中,教师通常更为关注的是语言工具的技能性,却往往容易忽视对语言、文化等人文内涵的渗透,进而使英语课堂的人文内涵意识相对比较薄弱。事实上,英语教学是借助于听、说、读、写、译这五大项目的教学使接受培养的对象即学习者具备并能够熟练地运用英语这一语言工具进行交流的素养和能力。因而,人文教育在英语教学中所发挥的作用不容小觑。

英语教学的人文内涵有着非常宽泛的范围,具体包括对英语语言国家历史、习俗以及民族文化等的使用,这一内涵也是民族长期以来的变迁和发展慢慢积淀的精华。作为英语教师,也应具备从多个角度来认识英语人文内涵的基本素养。不仅应在具体的教学实践中贯彻以学生为本,注重学习者全面发展的教育理念,而且还应兼顾学习者智力因素发展和非智力因素的全方位发展,应将学习者视为动态发展着的个体,具有不可估量的发展潜能和极大的可塑性。英语教师还应在具体使用教材的过程中,注重人文内涵方面的分析和阐述,尤其应适当融入一些礼仪、历史、艺术等方面的内容,或者开展一些具有生活性、现实性特点的语言教学活动。

总体来说,根据人文主义教育的核心价值观念,教育以实现人性的完美为其终极目标。在英语课堂内外所开展的任何与英语语言相关的讨论和活动,所做的教育实践都是人文主义的强化教育,也都是旨在实现学习者各项语言技能的提升,进而让学习者成为品格高尚、个性突出、感情丰富并适应社会发展的新时代人才。

第二节 影响高校英语教学的因素分析

一、政策因素

所谓政策因素,指的是教育行政管理部门以社会、政治、经济等方面对人才的需求等制定的相关的英语教育政策。① 这些英语教育政策会对高校英语教学提出具体化目标,这些目标可以使教学活动更具有针对性,提高人才培养的实用性和现实性。影响高校英语教学的政策因素可以分为以下两个方面。

第一,英语教学是关系到我国 21 世纪发展和人才培养的重要因素。高校英语教学对学生的整体素质、能力、知识结构等产生重要影响,且这些因素会对社会的发展产生间接的影响。

第二,国家政策不仅为高校英语教学制定相关的政策和目标,还对教师的工作进行监督和分析、评估。国家政策对于教师的工作热情和积极性具有重要影响,奖罚分明的制度有利于教师在自己的工作岗位上兢兢业业、刻苦钻研、勇于付出,为国家培养出更多的优

---

① 宋建勇. 高校英语任务型教学与评价研究 [M]. 西安:西安交通大学出版社,2017:5.

秀英语人才。

二、教师因素

（一）教师的角色

教师是影响教学效果的重要因素之一。作为英语学科的教师，其在充分发挥教师主导作用的同时，也要清醒地意识到教师这一角色需要在教学过程中发挥着怎样的作用。这里所说的教师角色，就是教师在教学过程中的职责以及教师的职业特征。

在传统英语教学中，教师角色主要是英语知识的传授者、教学的主导者。但是随着教学理念的转变，教师的角色发生了改变。高校英语教师主要扮演以下几种角色。

1. 教师是教学资源的提供者

教师是教学活动的资源中心，可以向学生提供教学活动所需要的背景知识、答案、范例、机会等，他们时时刻刻准备着帮助学生取得更大的进步，促进其身心健康和全面发展。

2. 教师是教学活动的组织者

教学活动的成功与否主要在于组织。教师是活动的组织者，其任务是让学生明白自己要干什么，因此，教师要把教学任务清楚地告诉学生，使学生明白自己的活动任务，以及如何开展活动，活动结束后如何组织评价反馈等。

3. 教师是教学活动的促进者

这主要是指当学生在发言、回答问题、完成任务等学习过程中遇到困难时，教师应提供有帮助的信息，或提示新旧知识之间的联系线索，使学生把当前学习内容与已掌握的知识经验联系起来，帮助学生构建新的知识经验体系。

4. 教师是教学活动的参与者

教师在组织学生参加课堂活动时，要把自己当成学生中的一员，参与到他们的活动中。教师参与其中，不仅能够调节课堂气氛，还能够进一步拉近师生之间的距离，培养师生感情，更有利于英语教学目标的实现。

（二）教师的素养

一名合格的英语教师应具备以下三个方面的素质：专业素养、师德素养以及人格素养。

1. 专业素养

教师的专业素养包括以下几个方面。

（1）较高的语言水平

教师应该具备较高的语言水平，包括扎实的语言专业知识和较高的语言技能。教师不仅要具备系统的英语语音和语法知识，同时要拥有丰富的词汇量，具备良好的听、说、读、写能力。教师只有具备较高的语言水平，才能全面把握教材及内容，更有效地传授英语语言知识，促进学生英语学习水平的提高。由此可见，教师较高的语言水平是教学活动顺利开展的重要保障。

（2）全面的教学能力

教师的教学能力主要体现在传授和培养英语知识技能的能力、教学的组织能力以及综合教学能力。

①教师传授和培养英语知识技能的能力是指教师在教学过程中善于讲解、示范、提问、启发、引导学生进行学习，同时面对学生在学习过程中的问题，要及时合理地解决。

②教学的组织能力主要指教师善于动员和组织学生集体进行学习。

③教师的综合教学能力是指教师在英语教学中所需要的语言本身之外的教学能力，包括书写、唱歌、绘画、制作、表演等。

（3）较强的科研能力

对于新时代的教师而言，不仅要具备较高的语言水平和教学水平，还应具备较强的教育科研意识和科研能力。

除此之外，系统的教学理论知识也是英语教师必须要掌握的。这就要求教师既要具备教育学、心理学理论知识，还要掌握外语教学理论知识。

2. 师德素养

师德素养也是教师素养中不可或缺的一个组成部分。师德决定着教师对学生的热爱、对事业的忠诚、对教学的执着，同时师德对学生的成长起着重要的影响作用。因此，一名合格的英语教师必须具有坚定的理想信念，科学的世界观、人生观与价值观，爱岗敬业，乐于奉献，忠于人民的教育事业。

3. 人格素养

人格素养是教师素养的综合体现。"学高为师，身正为范"是对教师人格塑造的要求。一位优秀的英语教师应具有高尚的道德品行，宽容、谦逊的品质，幽默的语言表达，正确的自我意识，和谐的人际交往，端庄的仪表风度，良好的心理素质，崇高的审美素质，认真负责的工作态度以及丰富的知识经验等。上述这些方面并不是孤立存在的，而是相互作用、相互影响、相互促进的。

三、学生因素

（一）学生的角色

高校英语教学应面向全体学生，以学生学习方式为核心，注重培养学生的学习习惯和学习能力，同时还应关注学生自我评价、评价激励、反馈和调整功能，以使学生获得全面和终身发展。这些都赋予了学生新的角色意义。具体而言，学生主要有以下几种角色。

1. 主体

学生是学习的主体，高校英语教学活动要坚持学生的主体地位。在学习过程中，学生通过对知识进行积极探索、发现、吸收和内化等实践，将有助于他们知识体系的构建以及科学世界观、人生观、价值观的形成。

2. 参与者

学生是教学活动的参与者。在高校英语教学过程中，教师应注意激发学生的兴趣与动机，使他们积极地参与到英语教学活动中去，让学生乐于学习。在英语学习过程中，学生应主动参与，积极思考，敢于表达自己的思想与观点，将个人的才能尽量展示出来。

3. 合作者

英语学习是在师生、生生之间进行的，因此，学生的学习过程必然要与他人合作。学生在学习过程中通过协商与互助，彼此促进，最终实现共同提高。

4. 反馈者

学生是教学活动的反馈者。学生以个体的学习情况以及教学法的适用性为依据，向教师提出相关的意见与建议，促使教师对教学方法与教学内容加以调整、改进，最终提高高校英语教学的效率。

（二）学生的个体差异

1. 学习潜能

学习潜能属于英语学习认知层面的因素，是一种能力的倾向。实际上，学习潜能就是说学生是否具备英语学习的天赋。通常情况下，要想提高学生的英语素质，就需要培养学生的综合能力，而学习潜能恰好能测试学生的英语学习水平。学习潜在能力主要包含以下四个层面。

（1）是否具备对语音的编码与解码能力。

（2）是否具备对语言学习的归纳能力。

（3）是否具有对语法习得的敏感性。

（4）是否具备新材料联想记忆能力。

在这四项听力习得能力中，语音编码实际上属于语言的输入，而语音解码属于语言的输出；语言学习的归纳能力是学习者能否对语言相关材料进行组织和操作；语法的敏感性是能否根据语言材料来推断语言规则的能力；联想记忆能力是指学习者能否对新材料进行吸收和同化。

需要指出的是，不同的学生，其学习潜能也存在明显的差异，因此，在高校英语教学中，教师应该从学生自身的实际出发，制定符合学生的教学策略，从而努力提高教师的教学水平与学生的学习水平。

2. 智力水平

与学习潜能一样，智力也属于人认知层面的能力。所谓智力，是高度的观察力、想象力、记忆力及逻辑思维能力的综合，对于进行抽象思维、习得语言、解决问题有重要意义。[1]而智力水平是学生本身智力所能达到的程度，它对于高校英语教学也有着深远的影响。

因此，在高校英语教学中，教师对学生的智力水平情况有一个清晰的把握，有助于运用恰当的方法传授给学生英语学习的策略和技巧。同样，学生对自己的智力水平有明确的了解也有助于其自身英语学习方法的形成，并将这些方法灵活地运用到实际情况中，顺利地进行交际。

3. 学习动机

学习动机就是通过激发学习者的学习活动，使学习者朝着既定的目标或方向努力的一

---

[1] 贾冠杰. 英语教学理论基础 [M]. 上海：上海外语教育出版社，2010：82.

种心理状态，它直接推动学习者不断培养自身学习方法，提升自身的英语水平。① 下面对学习动机的常见分类进行简要分析。

(1) 深层动机与表层动机

根据刺激-反应理论，可以将学习动机划分为深层动机与表层动机两大类。② 学生的学习动机不同，他们的学习目标也不一样。深层动机的学生往往是为了提高自身的语言知识，因此，他们对英语有着较高的要求，英语学习的热情也非常饱满，采用的学习策略也更加全面、合理。表层动机的学习者一般时间有限，随着刺激的停止，动机也就相应停止了。同时，该类型的学生一般较为懒惰，对英语学习的要求并不高。

(2) 内在动机与外在动机

学习动机可以分为内在动机和外在动机两大类。③ 一般来说，内在动机的学生往往不会受外界的干扰，且其主要涉及两个层面：一是英语本身所存在的趣味性；二是学生对英语学习的态度。外在动机学生往往主要是为了应对外界的刺激和压力，有着较大的强迫性。

学习动机对于英语教学和学习也有着重要影响。如果某位学生的学习动机较为强烈，那么就说明他们有着明确的学习目标，对英语学习也有着强大的积极性。可见，学习动机是影响学生英语学习的关键。

4. 学习风格

学习风格是学习者能力的偏好形式；是个人经验与环境相互交织的结果；在一定条件下可发生改变；具有独特性、稳定性、一致性；风格种类多样，无优劣好坏。学习风格种类多样，一般来说，它可以按照感知方式、认知方式来划分。

1. 按照感知方式来分

学习者在学习过程中必然会运用到感知方式，而不同的学习者，其自身的感知偏好不同。因此，按照感知方式的不同，学习风格可以分为听觉型、视觉型及动觉型三类。听觉型是学习者运用耳朵学习的一种学习风格。通过听，学习者可以了解更多信息，对于教师的口头教学与听力教学有着重大意义。这一类型的学习者往往习惯于教师的口头传授，但不擅长书面表达。视觉型是学习者运用眼睛学习的一种学习风格。通过看，学习者就可以获取重要信息。视觉材料具有直观性，并可以在学习者的头脑中形成清晰的视觉形象。这一类型的学习者往往习惯于教师利用板书或者多媒体工具展开教学，而不习惯口头传授的形式。动觉型是学习者通过实践学习的一种学习风格。通过实践，学习者可以获取新的知识和信息。换句话说，这类学习者习惯于挑战性的活动，并愿意去执行计划，在亲身的实践中他们体会到无比的快乐。

2. 按照认知方式来分

认知方式是人们分析、组织、学习新信息、新经验的方式。不同的学习者，其认知方式和思维方式必然存在着明显的差异。根据认知方式的不同，学习风格可以分为场依赖型

---

① 黄燕鸥. "互联网+" 背景下大学英语教学体系的反思与重建 [M]. 成都：电子科技大学出版社，2018：35.

② 黄音频. "一带一路" 倡议框架下的高校商务英语专业教学改革新思考 [M]. 长沙：湖南师范大学出版社，2018：63.

③ 张淑君. 大学生学习动机探析 [J]. 广东蚕业，2018，52 (10)：104-105.

与场独立型、整体型与细节型等。

以学习者对自身情况是否依赖划分为场依赖型与场独立型。两者其实属于截然不同的信息处理倾向。其中前者的学习者一般容易受外界干扰，需要依靠教师或者其他同学的帮助，习惯于从整体上进行思考，但不善于独立的思考和解决问题；后者的学习者一般不容易受外界干扰，也不需要教师和他人的帮助，习惯于从细节上进行思考，对遇到的问题善于独立地思考和解决。需要指出的是，大多数学习者都是介于这二者之间的。

以学习者接收信息的方式划分为整体型与细节型。其中前者的学习者善于从全面、整体的角度来解决问题，具有较高的直觉性和模糊性，但准确性与深刻性较低。当这类学习者遇到困难时，他们往往寻求他人的帮助。后者的学习者善于对具体信息的把握和记忆，从细节上着手分析和思考，以精细的形式对具体信息进行理解。这类学习者习惯将遇到的问题切分成细节来加以理解，且善于发现不同实体间的差异性。

总之，学习风格对于高校英语教学及学习都有着重要的影响。对于教师而言，他们应该了解学生的学习风格，只有这样才能对学生进行正确的指导。具体来说，可以帮助学生了解自身优势，形成全面、系统的学习风格；可以帮助学生判断自身的学习策略，确定这些策略是否具有合理性；可以在教学组织和教学安排中，兼顾每一位学生的需求，从而有效激励学生进行自主学习。对于学生而言，如果他们能够对自身的学习风格有一个清晰的了解，就有助于他们找到适合自己的英语学习策略，不仅更关注自己的学习进程，找到进程中存在什么缺陷；还能更加主动地学习他人的学习策略，逐步拓宽自己的学习路径。

四、教学内容因素

教学内容是指在教学活动中为实现教学目标，师生共同作用的知识、思想、观点、概念、原理、事实、技能、技巧、问题、行为习惯的总和。[①] 教学内容是学生认识和掌握的主要对象，是教师和学生进行教学活动的重要依据。没有教学内容，教学活动就无法进行。根据教育目标，选择并确定教学内容，研制课程计划、课程标准，编制教科书，在教学过程中发挥师生的主动性，活化教学内容并使学生有效掌握，是保证高质量人才培养的重要前提。可见，教学内容也是影响高校英语教学的重要因素。归纳起来，英语教学的内容主要包括以下几个方面。

（1）语言知识。语言知识是综合英语运用能力的有机组成部分，也是语言学习和语言运用的重要内容之一。没有扎实的语言知识作为基础，就不可能掌握较强的语言能力。

（2）语言技能。学生在学习和运用语言时必备的四项基本语言技能是听、说、读、写，这四项基本语言技能是学生形成综合语言运用能力的重要基础和重要手段。高校英语教学内容必须包括听、说、读、写四个方面的语言技能及其综合运用能力，为学生提供体验语言和感知语言的机会，促进学生更加熟练地掌握语言知识。

（3）学习策略。学习策略指学生为有效地学习和发展而采取的各种行动和步骤。英语的学习策略包括认知策略、调控策略、交际策略和资源策略等。学习和培养正确的学习策略有助于提高学生学习英语的效率和效果，也有助于学生学会独立学习和自主学习，为学生的终身学习奠定基础。使用有效的英语学习策略，可以改进英语学习方式，提升英语

---

① 周帆. 高校英语教育教学理论与实践研究［M］. 长春：吉林大学出版社，2017：57.

学习效果，减少学习潜能偏低或智力发育迟滞学生的学习困难。教师在英语教学中要有意识地帮助学生形成适合自己的学习策略，对自己的学习过程、学习效果进行监控和反思，培养学生根据学习风格不断调整自己学习策略的能力，并引导学生学会观察他人的学习策略，同时通过与他人交流学习体会，尝试不同的学习策略。

（4）文化意识。在高校英语教学中，接触和了解英语国家的文化，不仅有助于学生理解和使用英语，而且有助于学生加深对本国文化的理解与认识，还有助于学生提高人文素养，培养世界意识。英语学习离不开对英语所代表和负载的文化的了解。在英语教学过程中，教师应渗透文化意识，根据学生的年龄特点和认知能力，向学生传授文化知识，培养文化意识，并逐步扩展文化知识、内容和范围。此外，教师还应该促进学生在学习其他民族的优秀文化中更好地继承、发扬中华民族的优良传统，培养学生形成"传承文明，开拓创新"的意识和能力。

五、环境因素

（一）社会环境

社会环境主要指经济发展状况、科学技术水平、人文精神、社会群体等对英语学习的态度以及社会对英语的需求程度等。社会因素是影响和制约英语教学的重要因素。① 英语教学中大纲的制定以及课程标准的设置都需要以符合社会对于英语人才的需求等为依据。社会环境因素对教学具有导向作用，是英语教学向前发展的动力。

（二）学校环境

学校环境主要涉及班级的大小、教学设施、教学信息、教学资料、英语课外活动、校风班风和师生人际关系等。学校是为学生提供学习场所和学习手段的最佳环境，它对英语教学的影响更直接。学校的教学信息以及各项硬件设施的完善与否对英语教学的成败起着关键性作用。

1. 教学信息

现代化的教学设施不仅可以为学生提供一些学习的工具，还可以拓宽学生的信息渠道。学生的英语知识不仅可以通过教材和课本获得，还可以通过互联网等来获取。英语学习需要实践，只在课本中学习英语是不可能从根本上提高英语水平的，因此，现代的信息网络技术为英语学习提供了很好的信息来源，使学生能够通过互联网与外界的英语世界进行交流与学习。

2. 教学设备

教学设备是学校教学的重要组成部分，学校教学设备包括很多方面，教室、图书馆、实验楼、办公楼等都属于学校的教学设备。教学设备的完善程度直接影响着英语教学活动的开展。好的教学设施，如教学楼以及图书馆等都有助于增强学生的学习意识。一些语音教室和多媒体设备可以为学生的英语口语学习提供必要的技术支持，学生可以通过语音教室等提高自己的口语水平，这些设施也在一定程度上缓解了学生的学习疲劳，有助于激发

---

① 宋建勇. 高校英语任务型教学与评价研究［M］. 西安：西安交通大学出版社，2017：6.

学生英语学习的兴趣。总之，这些现代化的教学设备为英语教学提供了很好的环境。

第三节　高校英语教学的原则

一、以学生为中心原则

以学生为中心原则是高校英语教学的首要原则。教师要将自己的教建立在学生的学基础之上，心里时时刻刻装着学生，想着学生的需求，一切工作围绕学生的学习进行。教师必须在充分了解和分析学生心理与需求的基础上，安排和调整好自己的教学策略和步骤，以适应学生的需要。

在高校英语教学中，实施以学生为中心的原则要求教师从以下几个方面着手进行：

1. 教材分析要以学生为中心

教材分析时，教师应充分理解并把握教学内容，了解学生所处的不同阶段的实际情况以及学生的学习能力状况，以此作为调整教学目标与任务的依据；教师还要根据学生的需要对教材内容和活动进行心理化处理和最优化处理，使教材与学生的经验与体验结合起来，把教材内容变成问题的连接和师生对话的中介，使教材更好地服务于教学。

2. 教学方法和手段的选择要以学生为中心

在英语教学过程中，教师应选取多样化的教学方法和手段，做到以学生为中心。直观的教学方法可以使学生直接感受和理解语言，通过视、听、说可以激发学生参与的兴趣，强化记忆。形象化教学手段可以适应学生的直觉思维特点，因此，教师可选择一些有利于激发学生兴趣和好奇心的多媒体，如幻灯、投影、模型、录音、图片等，使他们积极地参与课堂学习，自然地感知语言，满足个人的需求。

3. 教学活动的设计与组织要以学生为中心

在准备与设计教学活动时，教师应充分考虑教学对象的特点、知识结构层面、学习动机及兴趣，以确保教学活动目标明确、内容全面、形式多样，提高学生学习的积极性，从而顺利实现教学目标。

二、输入优先原则

英语教学要坚持输入优先原则。所谓输入和输出，是指学生通过听和读接触英语语言材料，获取其中的内容，以及学生通过说和写来进行表达。语言输入的量越大、质量越好，语言输出的能力就越强。可见，输入是输出的基础。

输入优先原则的主要依据是埃利斯（R. Ellis）在其著作《理解第二语言习得》一书中，对外语学习中对待语言输入的三个方面特点的总结和归纳。①

---

① R. Ellis. The Study of Second Language Acquisition [M]. 2nd ed. Shanghai: Shanghai Foreign Language Education Press, 2013: 34.

（1）可理解性。可理解性是对所输入语言材料的理解。

（2）趣味性和恰当性。指学习者对所输入的语言材料要感兴趣。

（3）足够的输入量。足够的输入量在外语教学中也至关重要，但目前外语教学对此点有所忽视。

在高校英语教学中坚持输入优先原则要注意以下几个方面。

（1）注重输入内容和输入形式的多样化。输入形式可以包括声音、图像、文字等，语言题材和体裁要内容广泛、来源多样。

（2）教师可以通过看、听和读等多种手段，尽可能多地让学生接触英语，多给学生可理解的语言输入，教师应该打破课内外的界限，利用声像材料的示范，贴近学生日常生活和学习，找到适合学生的英语水平且具有时代特色的读物等，扩大学生的语言接触面，从而增加学生的语言输入，以有利于学生更好地学好外语。

（3）着重强调学生的理解能力，为学生提供的语言材料要切合学生的实际情况，具有可理解性与趣味性。向学生输入的材料要符合学生的现有学习水平，只要求学生理解，不必刻意要求学生即刻输出。从教学方法而言，这也坚持了先输入、后输出的原则。然而仅仅依靠语言的输入是不可能掌握英语并形成综合运用英语的能力，还需要适当的口头和笔头表达来检验和促进语言的输入。

（4）鼓励学生进行模仿。有效的模仿是模拟生活中的真实情景，注意语言结构所表达的内容。换句话说，模仿最好是让学生身临其境地去使用所要模仿的语言。

三、灵活性原则

语言处于不断变化发展过程中，是一个充满活力的开放性系统。因此，高校英语教学也要遵循灵活性原则。

1. 教师的教学方法要有灵活性

英语教师在讲授语音、词汇、语法等语言知识和培养听、说、读、写、译等语言技能时要具体问题具体分析，根据不同内容采取不同的教学方法。

2. 学生的学习方法要有灵活性

在高校英语教学中，教师需要积极探索符合学生学习规律和心理、生理特点的自主学习模式，从而帮助学生提高自主学习能力，使学生能够进行自我激励和监控，从而提高语言技能。

3. 语言使用要有灵活性

学习语言的最终目的是交流沟通。教师要通过自身灵活的使用英语带动和影响学生使用英语。在课堂教学中，教师应尽可能多地用英语组织教学，使学生感到他们所学的英语是"活"的语言。此外，教师还可以通过灵活性的作业为学生提供灵活使用英语的机会。

四、注重母语使用原则

在高校英语教学中，教师应当提倡学生多说英语、多用英语，但这并不意味着不能使用母语。在英语课堂上可以合理使用母语，利用母语优势帮助学生理解学习过程中的难点，这对提高英语教学效果是有利的。合理使用母语原则包括在英语教学中利用母语的优势和避免母语的干扰两个方面。

1. 利用母语的优势

教师在英语教学中要学会利用母语的优势，借助汉语对一些词义抽象的单词和复杂的句子加以解释。英语学习是在学生已经熟练掌握母语之后进行的学习实践，学生在英语学习之前对时间、地点以及空间等概念已经形成，已学会了表达这些概念的语言手段。因此，利用母语的解释可以帮助学生更快、更好地学习和掌握英语的某些概念。适当地使用母语进行教学，有助于学生理解母语和英语之间的差异，了解英语结构和规则的特点；有助于师生之间的顺利沟通和深化对语言差异的理解和消化，从而提高学习效果。

2. 避免母语的干扰

母语交际先于英语第二语言的学习且已基本上被学生熟练掌握。外语的学习是个相当复杂的过程，母语的使用习惯可能会给英语学习带来障碍。在学习英语的过程中适当使用母语，用母语简单讲授英、汉两种语言在某一结构、某一用法上的差异和特点是可以的。但对母语优势的利用一定要掌握一个"度"，避免把母语的使用规则迁移到英语的用法上面去。如果过多地或一味地使用母语，会在很大程度上给英语的学习带来不利。在英语教学里利用和控制使用母语，要注意以下几个方面。

（1）在英语教学中，学生对所学英语词句的理解是相对的。理解包括知道这些语言现象及其隐藏在现象后的本质。在初始阶段，没有必要引导学生过分追求本质，这主要是由于英语的很多用法是习惯问题，很多情况用逻辑推理行不通。

（2）在英语教学中，教师应控制使用母语，尽量用英语上课。要充分考虑教师运用英语的能力、学生的理解能力和接受效果，教师尽量用教过的英语讲话，也可借助图画、实物、表情、手势等直观手段，还可以将关键词写在黑板上，使师生的交际能力在课堂教学中得到有效提高。

总之，英语教学的过程要成为有意识地控制使用母语和有目的地以英语作为语言交际工具和媒介的过程，坚持合理使用母语原则才能更有效地优化教学效果。

五、开放性原则

高校英语教学活动应该是一个开放性的教学活动。教学活动的开放性主要体现在教学的途径和方法上。比如，在教学过程中，教师在根据教学内容设置问题时应充分考虑到开放性，设置能启发学生创造性思维的问题，让学生各抒己见。又如，教学形式不要拘泥于传统的方式，可以通过情景对话、表演、游戏等多种方式进行，既能活跃课堂氛围，又能锻炼学生的听、说、读、写等英语实践运用能力。也可以聘请外教，让学生亲自与外教交流，现场体会英语的实际运用情况。

除此之外，教师也可以积极开辟第二课堂，聘请专家学者做讲座，介绍有关英语的学习方法以及英美文化，甚至举行各种形式的英语交流座谈会。在开放性原则的指导下，教师在教学活动中要勇于突破传统的封闭的课堂教学模式，抓住课堂，重视课外，内外结合，充分利用各种条件，因课制宜，大胆创新和借鉴运用现代化和多样化的教学方法，充分调动学生学习的兴趣，提升学生运用英语的实践能力。

六、真实性原则

学生学习的最终目的是交际,那么所学的教材内容要尽量遵循真实性原则。在遵循真实性原则时应注意以下几个问题:

(1) 采用语用真实的教学内容

教学内容不仅仅包括课文内容,还包括例句,课内外训练材料和练习等所有提供给学生学习的材料。真实的材料可以让学生接触到真实、自然、地道的语言,了解交际话语和相关背景文化,并能在课堂活动和社会交际之间建立起联系,从而领会到所学内容的语言材料就是现实生活中可能发生的语言交际。因此,英语教师在开始教学前应从语用的角度认真分析课文,不仅要分析课文语句的结构意义,更要着重把握语句的语用意义。

(2) 计划或组织语用真实的课堂教学活动

英语课堂教学是通过一系列的课堂教学活动来完成的。尤其是在高校英语基础阶段,呈现、讲解、训练、巩固等课堂活动都要与语用能力培养密切相关。对学生能力的培养要贯穿于英语教学的全过程,融于各环节的学习和训练之中。在这些教学活动中,教师要基于语用真实的指导思想来设计和组织教学活动。

(3) 编排语用真实的教学检测评估方案

对于教学来说,教学检测评估起着很大的反馈作用。通过设计编排语用真实的教学检测评估,可以发现学生的语用能力还存在哪些不足之处,从而调整教学,特别是对学生语用能力培养方面的教学,能起到更直接、快捷、有效培养学生运用英语能力的作用。教学检测评估既要符合测试的基本原理,更要注重测试运用能力;不仅要语意真实,还要语用真实。否则就会误导教学,弱化学生运用英语能力的培养。

七、发展性原则

所谓发展性原则,是指确保所有学生的智力因素与非智力因素都得到应有的发展。①这不仅是教学工作的初始阶段,也是教学工作的结束阶段,是对教学效果进行衡量的一项重要标准。

高校英语教学不仅是学生认知、技能、情感交互的过程,还是整个生命体的活动过程。因此,学生的发展可以视为一个生命体的成长过程,并且这一过程具有和谐性、多样性和统一性。要实现这一目标,需要做到如下三点。

(1) 教师要对每位学生的成长予以关注,确保所有学生都能够得到发展。

(2) 教师要充分挖掘课堂存在的智力和非智力资源,并且将其合理、有机地用于教学,使之成为促进学生发展的有利资源。

(3) 教师要设计一些对学生的智慧和意志有挑战性的教学情境,激发他们的探索和实践精神,使教学充满激情和生命气息。

总之,在高校英语教学过程中,教师需要遵循发展性原则,使学生的能力与素养得到切实提高。

---

① 李国金. 大学英语教学基础理论及改革探索 [M]. 北京:北京理工大学出版社,2018:7.

八、实践性原则

实践活动是人们习得语言的根本途径和方法,语言教学如果脱离了实践活动,语言本身就会被肢解,教学活动就不可能成功。为此,教师在高校英语教学中要遵循教学的实践性原则,改变过分重视语法和词汇知识讲解的传统授课倾向,意识到所有语言知识的学习都要立足于语言实践活动,具体可采用提示、观察、发现、分析、对比、归纳和总结等方式实施语言教学,并通过有意义的句子或篇章促使学生综合学习和运用英语,让学生掌握实用的语言知识,真正培养和发展学生的英语能力。

第四节 高校英语教学的理论依据

一、二语习得理论

二语习得理论研究在 20 世纪 60 年代已经有所进展,但其真正成为一门独立的学科是在 20 世纪 70 年代。该理论的主要代表人物是美国学者克拉申(krashen)。该理论主要由五个假设构成,即习得/学习假设、监控假设、输入假设、自然顺序假设和情感过滤假设。

(一)习得/学习假设

"学习"和"习得"不同。"学习"是学习者通过课堂学习等方式有意识地掌握语言语法规则的过程。语言学习与有意识的系统联系在一起,学习者是通过有意识地学习语言规则和改正语言错误去掌握外语的。而"习得"则是学习者在无意识的状态下掌握语言能力的过程。换言之,"习得"是指学习者在任何场合下都能够迅速、流利、灵活地运用这些规则进行交流。有意识的学习过程与无意识的习得过程是互相独立的。

人们一般认为第一语言是习得的,而外语是学习的。但克拉申认为,外语也应该可以通过习得来获取,学习者可以在自然交际中使用语言来发展语言能力。① 而语言学习只能监控和修正语言,却不能发展交际能力,只有习得才能够发展交际能力。

(二)监控假设

监控假设反映了"语言习得"和"语言学习"之间的内在关系,说明了学习的作用。根据监控假设,语言习得与语言学习的作用是不同的。语言习得系统认为,潜意识的语言知识才是真正的语言能力;语言学习系统则认为,有意识的语言知识只在第二语言运用时起监控或编辑的作用。② 这种监控功能既可能发生在语言输出(即说、写)前,也可能发生在语言输出后。但是,监控功能要想发挥作用还需满足以下三个条件。第一,有充足的

---

① 朱佩兰,刘菲. 英语教育与文化融合[M]. 北京:北京工业大学出版社,2017:2.
② 于辉. 当代大学英语教学改革多元化趋势研究[M]. 长春:吉林大学出版社,2018:18.

时间。语言使用者只有具有足够的时间才能有效地选择和运用语法规则。第二，注意语言形式。语言使用者必须考虑语言的正确性。第三，知道语言规则。语言使用者一定要具有所学语言的语法概念及语言规则知识。

这种监控作用在不同的语言交际活动中会导致不同的交际效果。在口头表达时，由于语言输出的速度相对较快，如果说话人说话的时候过分考虑语法，企图不断地纠正自己的语法错误，说起话来就会结结巴巴，阻碍交际的顺利进行；而在书面表达时，由于语言输出的速度相对较慢，且读者也更关注语言的形式，作者有足够的时间推敲词句、斟酌语法，因此，交际效果就会好很多。

（三）输入假设

输入假设是第二语言习得理论的核心。它与学习无关，而与习得有关。输入假设认为，语言使用能力不是教出来的，而是随着时间的推移，接触到理想的输入后自然而然形成的。① 由此可见，理想的输入对语言能力的形成具有重要意义。理想的输入应具备以下特点：

1. 足够的输入（i+1）

"i+1"是克拉申提出的著名公式，其中，"i"代表习得者现有的水平，"+1"表示语言材料应略高于习得者目前的语言水平。根据这一观点，人们无须故意地输入"i+1"类的语言，只要习得者能理解输入的材料，且达到了一定的量，就意味着他已经自动有了这种输入。

2. 可理解性

理想的输入意味着输入的语言必须可以理解，不可理解的输入对习得者不仅无用，而且还会损害习得者学习的积极性。尤其是对语言初学者而言，听那些不理解的语言就等于浪费时间。可理解性的语言输入是语言习得的必要条件。

3. 既有趣，又有关联

输入的语言材料如果具有一定的趣味性，且与习得者的生活有一定的关联，就会增加语言习得的效果。

（四）自然顺序假设

自然顺序假设是从普遍语法和过渡语理论的基础上发展起来的。该理论假设认为，人们对语言的自然习得是按自然顺序进行的。② 这里的"自然习得"，是指非正式学习。无论语言习得者的文化背景有多大的不同，他们习得外语时的语法难点却是共同的。

换言之，他们都有几乎相同的语法习得顺序。有实验证明，在将英语作为第二语言学习时，无论是儿童还是成年人，他们对进行时的掌握一般都早于对过去时的掌握，对名词复数的掌握早于对名词所有格的掌握。不过，人们制定教学大纲时并不需要以自然顺序假说为依据。实际上，如果外语教学的目的是让学生习得某种语言能力，教师就完全可以不按任何语法顺序来进行教学。

---

① 李浩宇. 英语教育与互动课堂模式研究［M］. 长春：吉林美术出版社，2018：43.
② 贺华. 英语理论与英语教学研究［M］. 成都：电子科技大学出版社，2017：6.

(五) 情感过滤假设

情感过滤假设中的"情感"指的是学习者的动机、需求以及情感状态。这些情感因素对语言的输入具有调节功能，或促进语言输入，或阻碍语言输入，因而又被视为可调节的过滤器。过滤器对语言输入而言是必不可少的，只有通过过滤器，语言输入才能到达语言习得机制，从而为大脑所吸收。外语学习者对所学语言的情感是积极的还是消极的，这对语言输入的影响很大，积极的情感态度有助于更多地输入目的语，而消极的情感态度则会过滤掉很多目的语。

二、建构主义理论

(一) 建构主义知识观

知识的本质和知识是如何获取的问题是人类社会几千年发展过程中一直都在探究的一个悬而未决的难题，对此，作为一种认识论的建构主义必然要对知识问题做出明确的回答。

建构主义对什么是知识，怎样看待知识，做出了如下阐释：

第一，知识是发展的、演化的。建构主义认为①，知识不是对现实的客观反映和准确表征，它只不过是人们借助于符号系统对客观现实做出的一种"解释""假设"，它并不是问题的最终答案和标准答案。知识不是一劳永逸、静止不变的，知识有其发展性、演化性。

第二，知识不存在绝对的终极真理。在建构主义看来，知识不能准确无误地概括世界的规律或法则，知识不是说明世界的真理，而是个人经验的合理化。②当人们只依据自己有限的知识、经验来进行意义诠释时，人们无法确定建构出的知识就是世界的终极写照，所以建构主义者回避真理问题。由于每个人的知识是自己主动建构的且不是最终真理，所以知识不能提供对任何活动或解决问题都适用的方法。在具体的问题解决中，知识不可能一用就准、一用就灵，而是要针对具体的问题情境对原有的知识进行再加工和再创建。既然知识是个化与非真理化的，所以建构主义者也就主张不用正确与错误来区分人们不同的知识概念，并对普遍化及绝对化的知识概念持怀疑态度。

第三，知识总是内在于主体。建构主义认为③，知识不可能以实体的形式存在于个体之外，尽管人们借助语言符号赋予了知识一定的外在形式，甚至这些命题和概念还得到了较为普遍的认同，但是这并不意味着学习者对这种知识有同样的理解和把握，因为每一个学习者的认识理解只能够由他自己基于自己的经验背景而建构起来，并取决于特定情境下的学习过程。

第四，生存是掌握知识的目的。建构主义认为④，掌握知识的目的是为了生存，而不

---

① 邢新影. 大学英语口语教学理论与实践 [M]. 长春：吉林出版集团有限责任公司，2009：24.
② 严明. 语言教育心理学理论研究 [M]. 长春：吉林出版集团有限责任公司，2009：103.
③ 何齐宗. 现代外国教育理论流派述评 [M]. 南昌：江西高校出版社，2006：170.
④ 严明. 语言教育心理学理论研究 [M]. 长春：吉林出版集团有限责任公司，2009：103.

是为了探究和掌握真理。建构主义的知识主要是指对科学知识的理解和认识。这种知识和认识必须是有用的。科学的知识也是建构的知识，必须从特定的关系、兴趣和问题的角度得到验证，还必须证实它是具有"生存力"和"可操作性"的。就这点来说，认识是一种找到正确道路的工具，即保证认识主体在一个世界上成功地存活下来的工具。虽然形成认识并通过科学去检验认识，但在某种程度上它仍不能提供一个作为外部世界的具体映像的客观真理。就此而论，任何知识都不能够提出某种高价或者特权的要求，只要在各种环境下是有用的、合适的、能够"生存的"知识，就有生存力，就会被利用。

（二）建构主义教学观

1. 教学目标

建构主义教学目标主要注重以下几个方面。

①强调把"理解的认知过程"以及有用的"意义建构"作为教学的中心目标。建构主义认为①，如果把学生看作一个认知者，则他在生存过程、感知过程中所做的就是建构有用的概念。所以，教学的基本目标就是尽可能激励、支持这种建构的过程。

②把专业化知识作为教学目标。在建构主义的认识论思想中，不存在客观真理，但是这绝不代表激进建构主义否定客观真理并且拒绝面向课程的教学目标，而是指出教学在很大程度上也要面向某种学科专业知识。

③把社会化和文化适应作为教学目标。建构主义者认为，社会化和文化适应过程使一个成长中的人的思维、行为产生了与其他社会成员的思维、行为的一种相似性，而学习过程就是实现这种相似性或一致性的途径。②

2. 教学活动

建构主义认为一个好的教学活动应具备以下特点。③

①教学活动应该在一个丰富的教学环境中进行。复杂、多维度的教学活动可以建立多元的联系，不仅能够促使学习者把自己原有的知识灵活地迁移到新问题中去，而且能够产生多元的理解视角。教学活动应该保证学习者能够在真实的情境中、从复杂的真实问题中建构新知识。

②教学活动要创设一个丰富的学习环境，为学习者提供足够的自我建构知识的空间，使学习者能够建构知识、积累经验。

③建构主义应把创设学生能够自我发挥的良好学习环境放在重要位置。为此，教师在教学中要按照学生的认知结构、观念世界、经验世界来组织教学活动。

3. 教学过程

建构主义强调教学过程是建构和理解的过程，反对建立在客观主义认识论基础上的传统教学过程观。客观主义的认识论认为，知识是对客观世界的真实反映，它能够脱离其得以产生的背景或特定问题情境而以抽象形式独立存在，并能在脱离实践背景的条件下被不同主体同样地理解和掌握。④ 教学过程是传授人类在悠久的历史过程中所积累的大量客观

---

① 邢新影. 大学英语口语教学理论与实践［M］. 长春：吉林出版集团有限责任公司，2009：25.
② 何齐宗. 现代外国教育理论流派述评［M］. 南昌：江西高校出版社，2006：173.
③ 孔云. 经典教学理论与课堂教学应用［M］. 北京：海洋出版社，2018：189.
④ 郭本禹. 当代心理学的新进展［M］. 济南：山东教育出版社，2003：314.

知识。教学过程的核心是如何更有效地传递知识,这要求将学生需要掌握的知识编制成课程,首先让教师掌握这些知识,然后采取一定的教学方法,由教师把这些知识传递给学生,使学生"复制"这些知识。教学过程是就知识而教知识,而很少给学生呈现这些知识被建构的真实情境。

建构主义认为①,这种教学过程观是过时的。因为知识是主体在适应环境的过程中所建构的,是主体所赋予他自己经验的一种形式,每一个主体只能认识自己所建构的经验世界。建构主义从对语言的理解这一全新角度解释了知识的不可传递性。建构主义认为②,两个对话者并不是像传统语言观所认为的那样,在准确、客观地理解对方话语的含义,他们所做的仅仅是从自己的角度去建构对方声带所发出的音符的意义。这样,在教师和学生的语言之间,也就不存在准确的对话,因而知识也就无法从教师那里准确地传递给学生。在建构主义者看来,这种期望像传递苹果一样把知识从一个主体等值地传递到另一个主体的教学是不切实际的。事实上,不可能把教师所具有的知识灌输到没有这种知识的学生的头脑中去。教学不是传授者和接受者之间简单的、直接的过程,而是一个循环的、反省的互动过程。

(三)建构主义学习观

建构主义学习观的实质具体如下:

①学习是认知结构改变的过程。建构主义认为,同化和顺应是改变学习者认知结构的两种途径或方式。③ 同时,学习不是简单的信息积累,而是新旧知识经验的冲突,并由此而重组学习者的认知结构。

②学习是主体建构的自组织循环系统。在整体上,学习是一个封闭的循环过程,它既没有起点,也没有终点。建构主义认为,思维和学习是通过已有的结构规定的,而不是由外部决定的。④ 一个完整的学习过程循环是这样的:兴趣—知识—记忆—情感—感知—反省—行动—平衡—摄动—重建—迁移—兴趣。

③学习是个体主动构建自己知识的过程。建构主义认为,学习不是由教师把知识简单地传递给学生的过程,而是由学生自己建构知识的过程,因此,学习是一个积极的建构过程。⑤

三、结构主义语言学

从19世纪末到20世纪中期,不论是在自然科学领域还是在人文科学领域都开展着一场结构主义革命。不少学者如帕西(Passy)、斯威特(Sweet)、布龙菲尔德(Bloomfield)、韩礼德(Halliday)等都对语言的结构进行了分析和研究,并提出了自己的观点和理论。在这方面的研究工作中,美国和英国的结构主义语言学家取得了显著的成绩并做出了卓越的

---

① 吴国来,张丽华. 学习理论的进展 [M]. 天津:天津科学技术出版社,2008:118.
② 严明. 语言教育心理学理论研究 [M]. 长春:吉林出版集团有限责任公司,2009:108.
③ 任燕,张怡. 当代高校英语教学方法与研究 [M]. 哈尔滨:哈尔滨工业大学出版社,2019:125.
④ 周帆. 高校英语教育教学理论与实践研究 [M]. 长春:吉林大学出版社,2017:48.
⑤ 周帆. 高校英语教育教学理论与实践研究 [M]. 长春:吉林大学出版社,2017:48.

贡献。

（一）美国的结构主义语言学

美国结构主义语言学家的研究工作是从研究没有文字的美洲印第安人的口头语言开始的。他们用语言符号（如国际音标）把印第安人口头讲的话如实记录下来，然后对收集到的口语样本进行不同层面的分析，研究它们的结构和特征。其后，美国结构主义语言学家又运用他们在实践中建立起来的"描写"方法去研究英语和其他印欧系语言。语言可看作一个把意义编成语码的系统，这个系统由结构相关的成分组成，这些成分是音位、词素、单词、结构和句型。一个语言系统包括它的音位系统、词素系统和句法系统。由于语言差异性的存在，学习者在学习外语时，母语会干扰和影响外语的学习。当外语的结构和母语的结构不同时，学习困难和错误就会出现，学习外语主要就是要克服这种困难。而如果母语和外语有相同的结构，学习上就不会出现困难，对于相同的结构，教学中不用教授，只要让学生接触语言就可以了。因此，在高校英语教学中，应集中力量去解决两种语言结构上的差异问题。为了预测学习英语会碰到的困难和问题，可通过对比分析去比较母语与英语在结构层面上的异同。

（二）英国的结构主义语言学

对语言结构特别是句型结构的研究，英国的语言学家们做了大量的工作并取得了卓越的成效和显著的成果。英国著名的语言学家帕尔默（Palmer）、霍恩比（Hornby）和其他学者从20世纪20年代开始共同分析、总结主要的英语语法结构，把英语语法结构归纳成一定的句型。① 英国语言学家对英语句型的详尽描述和解释为人们了解英语的内在结构提供了大量资料，也为英语教师在英语教学中进行语法教学和句型教学尤其是句型转换提供了依据。如果说美国结构主义语言学家在研究语言时特别注意语言之间的差异、主张使用对比分析去预测在外语学习时会出现的困难的话，那么英国结构主义语言学家在研究英语结构时特别注意的是语言结构和结构使用情景之间的关系。

四、认知主义学习理论

20世纪50年代中期之后，随着布鲁纳（J. S. Bruner），奥苏泊尔（D. P. Ausubel）等一批认知心理学家大量创造性的工作，认知主义的学习论在学习理论的研究中开始占据主导地位，从而使学习理论的研究自桑代克之后又进入了一个辉煌时期。

当前，认知主义一词频繁出现在教育学各个学科的讨论中。然而，这些领域之间以及各个领域内部的不同思想流派对认知主义一词的定义各不相同，并从不同角度用其阐述诸如科学知识的形成、学生知识的发展以及知识和现实之间的关系等问题，也经常根据认知主义的具体概念提出课堂策略。

"认知主义者认为学习是个体对事物经过个体本身认识、辨别、理解从而获得新知识的过程，在这个过程中，个体所接受到的是思维方式，也就是认知心理学领域所说的认知

---

① 李浩宇. 英语教育与互动课堂模式研究 [M]. 长春：吉林美术出版社，2018：24.

结构"①。在英语教学过程中个体运用已有的认知结构去认识、辨别和理解每个刺激之间的关系，不断积累经验，从而扩大或提升个体的认识结构。在认知主义者看来，学习过程是内发的、主动的和整体的。②与行为主义不同的是，认知主义理论着重研究学习者对环境刺激的内部加工过程和机制，不局限于外显的刺激与反应。同时也研究人是如何形成概念、理解事物以及进行思维和解决问题的。认知主义者强调，英语教学是主动的心智活动，是内在的认知表征的形成和发展，而不是简单的行为习惯的加强和改变。

认知学习理论的主要代表观点有科勒（W. Kohler）的顿悟说、托尔曼（E. C. Tolman）的认知-目的论、皮亚杰的建构论、布鲁纳的发现学习理论、奥苏泊尔的认知-同化学习理论和加涅的信息加工学习理论。它们的共同特点是：强调学习是通过对情境的领悟或认知而形成认知结构来实现的，主张研究学习的内部条件和内部过程。

认知主义者以其对学习的理解为背景，对英语教学过程中的教学目标、教师的作用、促进教学的条件、教学方法、教学设计等问题提出了独特的观点，进而形成了现有的认知主义教学观，同时提供了一些新的教育理念。

1. 对英语教学过程的新认识

认知主义者对英语教学过程的新认识有四个方面：第一，主张英语教学过程并不仅仅是向学生传递客观知识，而是教育者根据明确的知识目标，指导和促进学生按自己的情况对新知识进行内部认知活动，最后用多种方式组建起关于知识的意义。第二，提倡以学生为中心开展英语教学，即在教学时要充分考虑学生以往学习过程中获得的知识、态度与信念，主张将学生自己努力获得知识的行为放在教学的中心位置。第三，在复杂情境和真实情境中进行英语教学。认知主义者认为③，只教给学生基本技能与过分简单的解题技巧是行不通的，而应当开发围绕复杂问题或现实问题的学习活动，尽量创设能够表征复杂知识的结构和与学生学习有关的社会化真实情境，使复杂问题中包含学生运用其所学来解决现实世界的真实任务和活动，以确保每一位学生都能经历解决复杂问题的过程，并促进学生主动积极地理解自己的知识。第四，强调合作式学习的开发。许多认知主义者赞同维果斯基（Vygotsky）的观点④，相信高级心理过程的发展需要经过社会协商与相互作用；同时，认知主义者又认为，学习者以自己的方式认知事物，导致不同人看到的是事物的不同方面，不存在唯一的标准知识。这样，合作学习备受认知主义者的青睐，主要目的之一是发展学生形成并捍卫自己观点的能力，同时还要尊重其他人的观点并与他人共同协商与合作，共同学习知识理解事物，以使自己对学习过程的认识更加全面而丰富。

2. 对英语教学方法的重新理解和认识

认知主义理论影响人们对英语教学方法的看法：首先，教师不能无视学生以往积累的知识经验，而是要把学习者已有经验作为新知识的生长点，关注学生的认知结构和心理基础。其次，英语教学不是简单的知识呈现和传递，而是知识的转换和处理，通过教与学的互动和学习者共同体之间的交互学习以完整的认知知识经验。因此，认知主义强调学习的

---

① 姜涛. 大学英语写作教学理论与实践［M］. 长春：吉林出版集团有限责任公司，2009：1.
② 姜涛. 大学英语写作教学理论与实践［M］. 长春：吉林出版集团有限责任公司，2009：1.
③ 刘怡，崔爱婷. 对英语专业写作课程中学生思辨能力培养的探讨［J］. 通化师范学院学报，2013（8）：71-72.
④ 汪凤炎，燕良轼，郑红. 教育心理学新编［M］. 3版. 广州：暨南大学出版社，2006：269.

主动性、情境性和社会性。最后，对初级学习与高级学习宜采用不同的教法。传统英语教学模式或方法的一个根本缺陷就在于混淆了高级学习与初级学习之间的界限，将初级学习阶段的一些英语教学策略直接应用于高级学习阶段的教学中，由此导致英语教学的客观主义倾向和简单化倾向，这种教学具有如下两种典型偏向：一种是将事物从复杂的情境中隔离出来进行学习，认为对事物的孤立认识可以推广到其他任何情境之中；另一种是将整体分解为部分，将本来连续的认识过程分解为一个个局部的环节，认为局部认识的组合就是整体认识。这种教学必然会使学生对知识的理解简单片面，是妨碍所学知识在具体情境中广泛而灵活迁移的主要原因。

3. 重新认识学生与教师角色地位

按照认知主义者的观点，英语教学应以学生为中心，学生不是外部刺激的被动反应者，更不是知识的容器，而是知识的主动学习者，任何人都不能代替他或她完成对知识的认知学习。因此，教师不应被看成是"知识的传授者"，而应成为学生学习活动的促进者。教师只是学生主动认知知识的支持者和帮助者，教师要彻底摒弃以教师为中心、强调知识传授、把学生当作知识灌输对象的传统教学模式，重新审视教学过程中三要素的功能结构和相互作用关系。

认知主义理论认为①，在肯定学生主体地位的前提下，教师应该在英语教学中充分发挥如下几个方面的作用以促进学生的学习：第一，教师应努力调动学生学习的积极性，激发学生学习的内外动机；第二，教师要发挥教学活动组织者的作用，包括根据教学的具体情况在"小组学习""个人学习"和"全班讨论"等多种形式之中适当地加以组织，以及培养出一个好的"学习共同体"，创造一个良好的学习环境等；第三，教师应当发挥"启发者""质疑者"和"示范者"的作用，教师要善于使学生在观念上产生不平衡；第四，教师应努力帮助学生获得必要的直接经验和先备知识；第五，教师应充分注意各个学生在认识上的特殊性和差异性，以便因材施教。

认知主义者认为②，学生主体、实际情境、协作学习和充分的资源是促进教学的重要条件。学习要以学生为中心，注意学生主体的作用。同时，学习情境要与实际情境相符合，因为只有在实际情境中，才能使学生接触结构不良领域的问题，才能使学生进行高级的学习。同时，学习要注重师生之间及学生与学生之间的协作，强调讨论和合作学习。另外，还要注重英语教学环境的设计，为教育者提供充分的资源。

---

① 姜涛. 大学英语写作教学理论与实践 [M]. 长春：吉林出版集团有限责任公司，2009：3.
② 路海东. 现代学习理论与学习心理分析 [M]. 天津：天津教育出版社，2017：47.

第二章　高校英语教学中任务型教学方法研究

任务型教学法是一种与现阶段高校英语教学需求相适应的教学方法，其注重培养学生的英语应用能力，主要以任务组织和活动形式开展英语教学，致力于为学生创造真实的语言环境，让学生在完成任务的过程中熟练掌握英语技能。本章将对任务型教学进行解读，分析英语教学中实施任务型教学方法的意义与可行性，探究任务型教学方法在高校英语教学中的实施以及应用。

第一节　任务型教学解读

一、任务型教学的含义

任务型教学法指根据真实的交际需要来确定语言学习任务，让学生在完成任务的过程中学习和掌握语言的教学法。[①] 任务型教学法强调以意义为中心，以完成交际任务为目标和动力，以交流、互动、合作等学习方式，让学习者在执行任务的过程中充分发挥自身的认知能力，激活其原有的目的语资源，从而获取新的知识和技能。

任务型教学法需要学习者在任务活动中应变、决策，充分体现了学习者的主体性，因而也有利于培养其独立思考和分析、解决问题的能力。因此，可以将任务型英语教学法界定为：以英语学习任务为中心的教学法，它通过用英语沟通、交流和意义创生等方式，使学习者执行一系列根据其学习需要而设计的教学任务，让学生通过语意表达完成既定目标，实现真正的跨文化交际。

二、任务型教学的本质特征

任务型教学与传统的"练习"或通常意义上的"活动"究竟有什么样的本质差别呢？

第一，任务型教学具有目的性。这里的"目的"具有两重性，一是任务型教学本身所包含的非教学目的；二是任务型教学设计者所期望任务参与者达到的教学目的，而练习通常只具有教学目的。

第二，任务型教学通常会产生非语言性结果，而练习总是产生语言性结果。比如，根

---

① 宋建勇. 高校英语任务型教学与评价研究 [M]. 西安：西安交通大学出版社, 2017: 38.

据所听天气预报的信息决定怎样安排野炊;或根据火车和汽车时刻表,选择哪趟车能方便准时地赶到某地开会。任务型教学完成后所得到的结果是非语言性的,而课堂练习,如用短语造句、用介词填空等,其结果是语言性的。

第三,任务型教学具有开放性,也就是说,任务型教学的履行并非有一套预定的模式或途径,或者会达到统一的结果,完成任务型教学的途径,包括应用的语言是可选择的、不固定的、非限制性的。

第四,任务型教学具有交际性或互动性。任务型教学通常是集体性和合作性活动,任务型教学的履行通常以交际或互动的方式进行,这种互动可以是学生与学生之间、学生与教师之间、学生与输入材料之间的双边或多边互动。

绝大多数语言教学方法都可根据其关注焦点分为三大类:一是以语言为中心的教学法;二是以学习者为中心的教学法;三是以学习为中心的教学法。

以语言为中心的教学法(如听说法)着眼于语言结构练习,其课堂操作程序表现为向学习者提供以形式为主的、预先选择并分级分序的语言结构练习,学习者通过使用具体的语法和词汇项目,以模仿、重复、操练的方法进行语言学习,在此过程中,学习者注重语言的外在形式,其语法和词汇项目预先规定在大纲中,教学沿着预定的途径,期望达到预定的目标。

以学习者为中心的教学法(如交际教学法)则在教学过程中关注学习者需要,努力为学习者提供课堂交际机会,通过交际活动对预先选择并排序的意念和功能项目进行实践,认为学习者可以通过应用这些功能来完成课堂外,即真实生活中的社会交际需要。其在课堂操作上可表现为一系列的交际活动,让学生关注语言的功能特征,学习者利用预先选择和排序的目的语形式、意念和功能特点,参与这些交际活动,通过既定的教学途径达到培养学生交际能力的教学目的。

而任务型教学法则属于以学习为中心的教学法。此类教学法主要关注二语教学的认知过程和心理语言学过程,力图为学习者提供机会,通过课堂上以意义为焦点的活动,参与开放型的交际任务。其课堂操作程序表现为一系列的教学任务,在任务履行过程中,学习者注重语言交际的意义,充分利用自己已经获得的目的语资源,通过交流获取所需信息,完成任务,其教学过程是沿着开放的途径达到预期的教学目标。

这三类教学方法所表现的课堂操作程序具有内在的层级关系,即以学习者为中心的交际活动涵盖了部分以语言为中心的结构练习,而以学习为中心的教学任务则涵盖了以学习者为中心的课堂交际活动。因此,从教和学的角度看,教学任务比交际活动更具综合性和包容性。这为任务型教学法在英语教学中的应用提供了有力的依据,具有非常积极的实践意义,也体现了任务型教学法的内涵和特点。

三、任务型教学中的任务类型

在任务的分类问题上存在分歧并不奇怪,因为从不同角度出发、根据不同的需要对任务进行分类都是合理的。显然,以理论研究为目的的分类方法与以实际教学为目的的分类方法是有区别的。比如,开放式任务与封闭式任务的区分主要是出于研究的目的,而简单任务与复杂任务的区分则主要出于实际教学的需要。下面介绍几种主要的任务类型。

(一) 真实任务与学习型任务

有的学者强调任务的真实性和现实性，即任务就是现实中的各种事情；有的学者则是从课堂教学的角度给任务下定义，强调任务与语言及语言学习的关系，特别是任务对促进语言学习的作用。基于这种认识，任务可以被分为真实任务和学习型任务两大类。

真实任务是指接近或类似现实生活中各种事情的任务，也就是说学生离开课堂以后在学习、生活、工作中可能遇到的各种事情，如预订飞机票、写信、在地图上找到目的地、查找电话号码、收听天气预报。主张采用真实任务的理由是，语言学习的最终目的是使学生能够用所学语言完成现实生活中的各种事情①，所以课堂语言学习活动应该是这些事情的演练过程。这里所说的演练是指为真实语言运用做准备的各种语言实践活动。

显然，课堂语言教学不可能演练现实中的所有事情。那么如何为课堂教学设计和选择真实任务呢？课堂上真实任务的设计与选择应该以需求分析为基础。大纲制定者和教材编写者应该首先分析学生在将来的生活和工作中可能需要用所学语言做哪些事情，这些事情就是所谓的"目标任务"。课堂教学活动应该尽可能模拟或演练这些任务。

与真实任务相对的是学习型任务，即课堂以外一般不会发生的事情，如学生两人一组找出两幅图片中的不同之处、学生根据教师的指令画几何图形、根据故事的情节给一组图片标出序号、为一个假想的问题提出解决方案等。学习型任务是为了实现某种学习目的而专门设计的任务。② 这些任务在现实中一般不会发生。学习型任务的理论基础是第二语言习得理论。根据心理语言学理论，尽管学习型任务在现实中一般不会发生，但这些任务有利于促进语言学习的过程。在完成学习型任务的过程中，学习者也需要接收、处理和传递信息、也需要表达意见和观点。

下面列举几种不同类型的学习型任务：

（1）拼图任务：学习者相互交流各自掌握的不同信息，并在此基础上组合成某种完整的信息。比如三个（组）学习者分别掌握一个故事的三个部分，他们要把这三部分组合成一个完整的故事。

（2）信息沟活动：一个（组）学生掌握一部分信息，另一个（组）学生掌握另外一部分信息。两个（组）学生需要协商、讨论，从对方获得自己需要的信息，从而完成某个任务。

（3）解决问题的任务：教师（教材）给学生提出一个问题，同时提供一组信息。学习者经过协商、讨论提出解决问题的方案。

（4）决策任务：教师（教材）给学生提出一个问题，同时提供多种可选择的解决方案。学习者通过协商、讨论选择一个最合理的解决方案。

（5）交流意见任务：学习者交流、讨论各自的意见和观点。一般不需要达成一致意见。

其实，真实任务与学习型任务没有绝对的界限。课堂上大多数学习活动介乎于完全真实与完全不真实之间。也就是说，真实任务中也有不太真实的成分，而再真实的任务也是

---

① 张丽华. 任务型语言教学与实践 [M]. 哈尔滨：黑龙江人民出版社，2008：77.
② 曾凡贵. 大学英语教改认识与实践 [M]. 上海：上海外语教育出版社，2008：313.

在课堂上模拟进行的。另外，真实任务中提供的信息输入也可能不完全真实，学生在完成任务的过程中也可能说一些不真实的话。同样，学习型任务中也有真实的成分，比如给学生提供的内容是真实的，学生表达的意见和观点是真实的。当然，这里的真实并不是与虚假相对应的，真实程度是指与现实生活的相似性。

有些真实任务与学习型任务在操作过程、涉及的语言技能等方面都十分接近，只有某些细微的差别。真实任务和学习型任务都有助于语言学习。有些学者认为，学习型任务与传统语言教学中的某些教学活动和练习非常类似。这些任务的主要目的是让学生在语言知识或技能等方面做准备，以便顺利完成真实任务。一般地，学习型任务比较简短。这些任务可以是一个大任务的某些环节。真实任务可以很简单，如听天气预报并做记录。有些真实任务则可能非常复杂，比如调查中学生业余时间最喜欢的活动，学习者首先需要确定调查的对象、调查内容，并在此基础上设计调查问卷或访谈提纲，然后还需要实施调查、统计数据、分析结果、报告结果等。

从表面来看，真实任务与学习型任务是两种截然不同的任务，但在实际教学中，这些任务可能同时具有两种任务的特征。也就是说，大多数任务都属于从真实任务到学习型任务的连续体，有些任务的真实性特征更突出一些，有些任务的学习性特征更为明显。

（二）简单任务与复杂任务

有的任务非常简单，只有一两个步骤；有的任务却比较复杂，涉及若干个步骤或阶段。其实，这并不仅仅是简单和复杂的问题，而是两种类型的任务，即简单任务和复杂任务。

简单任务的特征是：

（1）一般只有1~2个步骤。

（2）学习者获得的信息相对比较单一，要做的事情比较简单、具体。

（3）需要使用的语言知识和语言技能相对比较单一。

（4）能在较短的时间内完成。

值得指出的是，形式上简单的任务不一定难度就一定很低，决定任务难度的重要因素是学习者需要获得的信息本身的复杂程度和难度。所以，即使针对高级水平的学习者，也可以设计简单任务。

复杂任务的特征是：

（1）一般有多个步骤。

（2）通常需要学习者以小组形式完成，有时需要分工协作。

（3）需要获得多种信息，而且需要对信息进行分析、处理。

（4）需要分步骤、分阶段完成若干事情。

（5）可能涉及多种语言知识和语言技能。

（6）一般需要20~30分钟的时间，有的任务需要的时间更长。

下面是一个复杂任务的例子：

教学目的：运用所学语言讨论日常生活中经常遇到的问题，并提出解决问题的最佳方案。重点训练口头和书面表达能力。

教学过程：

（1）导入。教师向学生描述几种生活中令人不愉快的事情，如不经允许翻阅别人的东西、随地吐痰、不敲门进别人的房间等；让学生自己说出几种类似的事情；让学生说说遇到这些情况时如何处理。

（2）把学生分组，6人一组，各组推举一名组长。学生以组为单位交流生活中各自最反感的事情，并简要说明为什么这些事情令人反感。组长负责把那些提及次数较多的事情记录下来。

（3）全班一起活动。各组长汇报讨论结果，教师在黑板上列出各组提及的情况。

（4）把黑板上列出的情况分配给各个小组，每个小组2~3种情况。要求各组讨论现实中遇到这些情况如何处理。比如，某个人喜欢不经允许翻阅别人的东西，我们如何在不伤害他的情况下让他意识到问题并逐渐改正。

第二节 英语教学中实施任务型教学方法的意义与可行性

一、英语教学中实施任务型教学方法的意义

（一）反思以输入为主的英语学习文化

我国英语教学一贯以教师为主导，以语言知识为中心，以阅读为主要学习途径，以词汇量为目标，这成了一种根深蒂固的英语学习文化。这种学习文化除了受我国英语语言环境的影响以外，主要是传统民族文化影响的结果。中国在教育观念上崇尚师道尊严；在教学内容方面重视知识和理论；在教学方法上习惯讲授、灌输；在教学途径上则重视阅读，以读带学。汉语的语文教学也基本如此。由此可见，我国的语言教学模式是演讲式、灌输式、记录式、分析式和阅读式的教学，是一种教师灌输、学生接受，即输入式的学习文化。

以输入为主的英语学习文化的特征之一就是以知识为中心。教师、教材、教法以及测试都自觉或不自觉地突出知识。教师把自己当作语言知识和文化知识的传授者，通过示范、讲解、分析、比较、归纳和翻译等方式向学生输入词、句、章，以及与英语有关的文化、历史、文学知识；教材作为英语的语言范本和知识读本，讲究语言的规范性、知识的系统性和题材的广泛性，它是语言输入的渠道和样板；学生充当的是英语语言知识的"容器"，在课堂上听课、做笔记，在课下读书、背诵、做习题，求的是"知"，靠的是"记"；考试从内容到形式都是对学生掌握英语语言知识的水平、程度或质量的检验。

这种英语学习文化导致的结果是，学生学到的英语语言知识难以转化为语言技能。语言学习的最终目的不是掌握语言知识，而是要从"知"到"会"，从知道所学语言是什么，到会用所学语言干什么，也就是将知识转化为技能。然而，语言知识不会自动转化为交际技能。技能不是只靠"讲"和"解"就能培养出来的，也不是仅凭"知"和"懂"就能解决问题的。因此，以输入为主的英语学习文化在主观和客观上都忽略了英语技能的

培养。

以输入为主的英语学习文化以教师为主导，重教轻学。在英语课堂教学过程中，教师处在主动和居高临下的地位，他们以权威、导师和学者的身份讲课文、解生词、分析文章、评判正误等，把许多应该让学生自己做的事情都包揽下来。学生处于被动地位，养成了坐享其成和等待"喂食"的学习习惯。英语课与其他知识课相比，学生们除了听课和记笔记以外，还要回答问题，但常常是回顾事实或检验理解一类的问题。这仍然使学生处于一种被动状态。即使学生有交际的需求和动机，也没有良好的外部条件。事实上，英语语言教学的关键不在于"教"而在于"学"。学生如果没有加工英语知识的过程，没有运用英语进行交际的机会，他们的英语语言学习就只完成了一半。

应当承认，英语学习需要输入，否则，学习就成了无源之水，无本之木。与目的语充分接触是语言学习的必要条件。但问题的关键是，输入表现出明显的局限性：

（1）将关注的目光过多投向了语言知识，静态的、去情景的语言形式在输入中占了相当比例。这种输入是不完整的，不是真正意义上的促进语言学习的输入。

（2）强调输入而忽视输出，表现为重视语言知识的接受和记忆，却忽视了运用。一方面，英语教师没有把为学习者创造、提供语言运用的条件和机会置于教学的首位；另一方面，教和学双方都将语言形式的掌握、词汇的积累放在第一位，至于会不会运用则是第二位的。

但是，英语教学的直接目的是培养学习者的英语交际能力，学习知识不是目的，而是达到目的的手段。停留于记忆阶段的语言知识是陈述性知识，必须经过反复运用，进行大量的语言实践，参与有意义、有目的的英语交际，才能转化为自动化的程序性知识，最终形成英语语言交际能力。可见，语言学习不能满足于知识的掌握，不能只停留在输入阶段。

（二）重视以输出为主的英语学习文化

与我国相比，西方的英语学习文化总体上是输出型的，强调学习者语言的运用和产出。重视输出的英语学习文化特别重视语言的运用，注重将学习者已有的语言资源转化为效益，强调课堂学习要以社会行为目标为参照。学习者在应用语言知识的过程中会发现遗忘、不足、错误之处，这可以激发学生进一步学习的动机，帮助其确立明确的学习目标。教师的作用在于为学生运用语言知识提供刺激，激发学生的交际需求，从而保证课堂学习与社会行为目标的一致，进而保证输入和输出的平衡。有了这些条件，学生的学习就会变被动为主动。

除了在英语语法、词汇、听说读写等单项教学中强调运用外，重视输出的英语学习文化还提倡输出运用的综合性。任务型教学正是一个典型的范例。任务型教学旨在为学习者提供交际的机会和动力，让学生在交际中学会交际。学生在完成任务的过程中体验、建构、领会和应用语言知识、交际知识，发展听、说、读、写等英语语言技能，提升与他人磋商、交流、协调、合作等英语交际能力。

在任务型教学过程中，师生关系除了教和学之外，更重要的是交际、合作与互动的关系。教师和学生共同置身于语言交际的环境之中，教师既是交际的一方，也是交际活动的促成者。这种教学过程是通过各种实际生活或工作中的任务，让学生在用语言做事或处理矛盾的过程中，发展自身的英语语言能力、交际能力以及合作协商、与他人共处的社会生存能力。可以说，重视输出的英语学习文化的目的是实现课堂社会化、交际真实化，保证语言运用的广泛性、深入性、复杂性和灵活性。课堂社会化利于调动学习者的内在动机，只有学习者充分投入、参与学习过程，积极运用所学语言，才能实现由知识向技能的转化。

简而言之，输入为主的英语学习文化和重视输出的英语学习文化的根本区别在于如何看待和处理知识与技能、输入与输出、学习与交际这三对主要矛盾。三对矛盾互有关联，互为补充。缺了前者，语言教学就成了无源之水；没了后者，语言教学也难见成效。传统英语教学"费时低效"的弊端，就是输入多、输出少、重知识、轻技能、学习有余而交际不足的"学习文化"所致。

任务型英语教学强调"做中学""用语言做事"，它以学习者为中心，以任务为途径，将关注语言的运用、强调真实意义上的交际、培养学习者语言运用能力等置于英语语言学习的首位，它代表了重视输出的英语语言学习文化。在高校英语教学中引入任务型教学方法，必将引发人们对传统英语课堂的进一步反思，促进人们对语言学习本质、学习者、教师作用的进一步思考，进而带来教学方法、师生角色、教材功能乃至语言测试的一系列变化。若运用得当，它将使我国输入为主的英语学习文化得到有效矫正，使英语教学呈现新面貌，使英语学习者的语言运用能力从根本上得到提高。

二、英语教学中实施任务型教学方法的可行性分析

（一）我国英语语言学习环境存在差异

任务型教学的产生与发展有其特定的土壤。就英语学习来说，作为任务型教学发源地的西方社会有着与我国相去甚远的语言学习环境和条件。任务型教学的倡导者主要分布在以英语为官方语言的国家和地区，例如：纽南（Nuenen）、珀拉胡（prabhu）、威利斯（Willis）等。他们的教学对象是已经生活在目的语社会的语言学习者，即把英语作为第二语言的学习者。由于第二语言学习者已经生活在目的语社会，他们迫切需要掌握目的语，以解决生活和自身发展的诸多问题。抱着这种需要进行目的语学习，在语言学习动机研究中称之为融入性动机，即出于融入目的语社会的各种需要，促使学习者去学习语言。

英语学习是为了生存，目的在于用所学语言解决实际生活问题。显然，任务型教学对学习者的目的需求给予了充分的关注，从设计到实施都将"能使学习者用语言去解决实际生活中的交际问题"作为任务设计的依据。与此形成对照，英语学习者的情况就大不一样了。英语学习者远离目的语社会，不大可能以参加目的语社会的政治和经济生活为目的，他们的主要目的是能阅读外文书籍，获取信息资料。

多项调查表明，我国绝大多数英语学习者学习英语主要是为了应付各种考试。他们把英语看作交际工具，为掌握一种工具而学习。因此，他们的学习动机是一种外部的工具性动机。还应特别指出的是，我国的大多数地方严重缺乏学习英语的语言环境，学生不可能在自然环境下习得英语。正是由于这一特定的语言学习环境，学习者的语言输入与接触量极其有限。有限的接触量使任务型教学所体现的"让学习者通过对语言的感知体验，建

构起对目的语系统的认识"① 的理念,尤其是对于初学者来说,显得非常不切实际。

从实践层面可以将英语教学与第二语言教学的差异概括为以下六点:

(1) 学习主体不同。第二语言学习者通过学习目的语进行文化交融,英语学习者却在本民族文化保护之下学习一门英语课程,两者的思维活动和生活活动不同。

(2) 学习目的不同。第二语言学习者为生存而学,英语学习者为掌握可能有用的工具而学。

(3) 学习客体不同。第二语言学习者学习解决生活所需的百科内容式的真实语言,英语学习者不一定如此。

(4) 思维与目的语发展不同,第二语言学习者的思维与语言发展可能同步;而对英语学习者来说,则是思维的发展先于语言的发展。

(5) 学习方式不同。第二语言学习者采用全浸式的学习方式,无论课内课外都能够大量接触目的语,因此,第二语言学习可能成为接近自然的习得。而英语学习者对英语学习的时间投入必定有限,接触的英语除了课本上的就是教师所讲授的英语,且多数不自然,甚至可能不标准。在这种条件下,是不可能自然习得英语的。

(6) 学习条件和环境不同。第二语言学习者有高水平的教师(大多为学生所学目的语的本族人,即 native speaker)和众多"学习助手"以及良好的语言实践环境;而英语学习者特别是目前我国的大学生则缺乏优越的语言环境和学习条件。

英语在我国不是第二语言。这一特定的英语学习环境说明了第二语言学习目的的任务型教学在我国不可能放之四海而皆准,我们应该有选择、有针对性地对待任务型英语教学。

(二) 任务型教学本身具有一定的局限性

任务型教学的局限性可以概括为以下四点。

第一,对语言学习过程的认识过于偏激。由于任务型教学对语言学习过程的认识过于偏激,认为教学不应该预先设定学习者要学到什么,教学的目的是为学习者创造语言学习的条件与真实语言交际的机会,对语言系统的概括要留给学习者自己去完成。事实上,学习者有能力做出这种概括的前提是大量的、真实的目的语语言接触,以及接近自然的英语语言学习环境。这些客观条件只有在第二语言学习环境下才有可能满足。

第二,任务选择的随意性。由于任务大纲没有解决任务的难度分级、排序等问题,导致了任务选择的随意性。这种随意性会引起操作混乱,无法保障任务型教学达到预期目的。

第三,适用范围的局限性。在现有的实施任务型教学的范例中,学习者对目的语的掌握已达到相当水平,具有相当的英语阅读和表达能力。在初学者中采用任务型教学的情况如何呢?大量的课堂教学录像、教师访谈分析研究表明:大班条件下在英语初学者中开展任务型教学存在着任务执行过程中学生过多使用母语、学生参与程度不均衡等问题。我国基础教育阶段英语教学的对象大多为初学者。学生认知能力有限,几乎不具备英语语言基础。同时,班级人数多,师资水平、教育资源、办学条件都不容乐观。

---

① 王丕承. 汉语国际教育师资任务培养方式 [M]. 北京:知识产权出版社,2015:167.

第四,评估依据是任务的完成,不单独进行专项测试。一方面,它使任务型教学的效果难以得到有说服力的解释;另一方面,对于非学历教育的语言课程班或周末语言学校来说,不设专门考试或许是可行的,因为学习者的目的就是要学会用英语交际,只要其能通过学习解决实际生活中的交际问题,就会感到有收获,这在第二语言学习环境中是完全行得通的。但在我国英语学习以考试升学为主要目的情况下,这样的做法学生能接受吗?家长能答应吗?若课堂上采用的是任务型的教学途径,考试又是另一回事,教师该如何操作?

鉴于上述情况在相当长的时期内都难以得到根本性的改变,可以得出结论:目前我国基础教育阶段不具备全面实施任务型英语教学的条件。

(三)对语言学习过程的深入认识

托姆林逊(Tomlinson)认为,语言学习是一种"领悟过程"[①]。在这个过程中,有两种本质不同的学习,一种是直接学习,如学语言规则、生词和习惯用法,这种学习是"显性"的,学习者知道自己何时何处在学什么;另一种大量的语言学习则是"潜意识的""隐性的",学生没有明确地意识到自己正在学习什么,譬如:应该如何运用语言方面的知识,这种知识靠学生自己去体会、概括和归纳。这恰恰符合广义知识观关于陈述性知识与程序性知识的划分。

语言系统的知识是"显性的知识",关于如何运用的知识是"隐性的知识"。交际能力往往是显性与隐性知识共同学习的结果。可以说,学"显性"和"陈述性"的知识是有意识和有计划的输入,是"领悟过程"中的"领受阶段";"隐性"和"潜意识的学习"则主要是输出过程,也是"领悟过程"中的"悟"和"用"的过程,尽管其中必然涉及无意识的输入。事实上,"领悟过程"包括语言知识的传授、语言技能的学习与习得。

由此看来,现行的陈述性知识的学习与隐性的程序型知识的学习是英语学习不可分割的两个组成部分。或者用两种语言学习文化观来解释,只强调输入忽视输出,或只有输出无视输入都是行不通的,难以达到英语学习的目的。英语教学的最佳状态应该是实现输入输出的有机结合。而任务型教学却明显存在强调语言表达的意义性、流畅性,也就是强调了"隐性知识"的习得,而忽视了"显性知识"的学习的倾向。

(四)明确语言知识学习的必要性

语言知识学习的重要性国内外许多学者都有论述。英语学习通常需要更多正规的教学和其他措施以弥补环境支持的不足。与此形成对比,第二语言由于其在环境中的广泛使用而能够在不经意中习得。派克(Pica)也表达了同样的看法:尤其是对于那些课堂是唯一的语言学习环境的学习者来说,这种条件意味着学习者需要更为有效地接近目的语语法规则的途径,而不是仅仅提供输入和互动体验。[②]

---

① 李洁.高校非英语专业学生英语语言能力研究理论框架、模型构建及应用[M].天津:南开大学出版社,2016:46.

② 张君.大学英语语法"双驱"教学模式探析[J].牡丹江大学学报,2012(7):177-179.

国外对语法教学已经开始端正态度，重新评价。20世纪60年代中期乔姆斯基（Chomsky）的转换生成理论盛行时，许多人认为语法可以不用教了。若干年后，美国的教育家纷纷向乔姆斯基提问：孩子既然有天赋的内在语法的能力，为什么上学后有如此多的语言错误呢？乔姆斯基把这个问题推给应用语言学家去回答。同一时期，英国的语言学家和教育家曾提出另一种理论，语言是使用过程中提高的，孩子们不必学语法。经过多年的实践，他们发现英国学童的语言水平下降了。

综上所述，任务型教学代表了西方重视输出的语言学习文化，其引进和倡导对改变我国传统的英语课堂教学具有重要的借鉴意义。同时还应看到，我国特有的英语语言学习环境和条件，与西方国家许多英语学习者将英语作为第二语言来学的特定环境和条件有许多不同，再加上任务型教学本身的问题和局限，我们对待英语教学中的任务型教学方法，应抓住其本质与合理内核，促进任务型教学方法与我国传统英语教学方式的相互融合，取长补短，而不应只是形式上的盲目模仿。

第三节 任务型教学方法在高校英语教学中的实施

一、高校英语任务型教学法的实施步骤

（一）任务前阶段

任务前阶段包括两个小阶段，即任务准备阶段和任务呈现阶段。① 任务前阶段的目的主要有两个，一是为了激活学生已有的知识资源，帮助学生重构语言系统与思维方式；二是为了使学生具备完成任务所需要的语言知识和文化知识，减轻下一学习阶段的认知压力，从而使学生真正成为主动学习者。

1. 任务的准备阶段

任务的准备主要涉及两个方面的内容：

（1）作为任务参与主体的学习者所需获取、处理或表达的信息内容。

（2）作为任务参与主体的学习者获取、处理或表达这些内容所需的语言知识、技能或能力。

在任务准备阶段，还应特别注意两个问题，即语言输入的真实性和任务的难度。任务的真实性，指在英语任务教学中采用的语言教学材料所具有的自然口头语言和书面语言品质的程度。在英语课堂教学中，教师的教学材料既要有语言交际中使用的语言真实性，同时还应具有课程标准指导下的仿制自然交际真实性的特点，这两大特点共同构成了英语课堂环境的语言输入。

英语任务型教学法中任务的难度主要由三个方面决定，即学习的内容、活动的类型、学习者的自身因素。

---

① 罗俊，李树枝，侯丽梅. 基于高效课堂视角下的英语教学研究［M］. 青岛：中国海洋大学出版社，2018.

2. 任务的呈现阶段

任务的呈现是指教师在学习新语言之前,向学生展示需要学生利用新的语言知识来完成的任务,也就是对任务的介绍。此时,英语教师应当结合学生的生活或学习经验,创设有主题的情境,以此激发学生的好奇心和英语学习动机。在这一阶段,教师要做的是为学生提供与话题有关的环境以及思维方向,并在所要学习的新知识与学生已有的旧知识结构之间建立某种联系,调动起学生的求知欲,使学生有想说的强烈欲望,满怀兴奋和期待地开始新知识的学习。

在这一环节中,英语教师需要遵循先输入、后输出的原则,也就是说,在激活了学生完成任务所必需的语言知识和语言技能后,再导入任务,这样不仅可以促进学生学习的顺利进行,还可以为下一阶段英语教学的开展奠定基础。

(二) 任务中阶段

任务中阶段也就是任务的实施阶段。这个阶段也是学生英语技能的主要习得阶段。在这一阶段中任务的选择极为关键,任务的难度对学生的语言习得水平也具有极大的影响。任务的难度过高或过低都不利于学生的学习,因此,教师要合理选择任务的难度。

在英语教学中出现任务难度过高或者过低的现象很常见,但是教师可以采取一定的措施进行补救。例如,当任务难度过高时,可以利用图表、图像等直观的手段降低任务的难度,除此之外,教师也可以为学生提供讲解,以降低难度;当任务难度过低时,英语教师可以在简单的任务后面添加其他学习内容,或设计更多具有思维挑战性和判断性的任务。

学生完成任务的形式可以有很多种,如结对子、小组形式、自由组合等,也可以由教师设计许多小任务构成任务链。英语任务型教学法中小组活动是比较常见的一种活动方式。在进行小组活动时,要有明确的个人任务与小组任务。要对学生和教师的角色进行适当的转换。当然,教师要对小组活动进行宏观指导,以使英语教学活动顺利开展。

此外,为了鼓励学生,英语教师也可以参与到学生的小组活动中,这样不仅可以拉近教师与学生之间的距离,还可以在一定程度上缓解学生完成任务时的紧张心理。教师在小组中还可以及时地对学生实施任务的情况进行监督、指导,了解学生掌握英语新知识的程度,并根据具体的情况随时对英语教学策略进行调整,以保证学生任务完成的质量。

(三) 任务后阶段

任务后阶段主要涉及任务的汇报和评价。[1] 学生在完成任务后可以派出代表向全班报告任务完成情况,代表既可以由英语教师指定,也可以由小组推选,两种方式各有优点。在学生汇报任务时,教师还应对学生进行指导和帮助,促使学生顺利完成汇报。

在各个小组任务汇报完毕后,教师应当与全班一起对任务做出评价,指出各组的优点和不足,并评出最佳小组,让学生在完成任务之后品尝到成功的喜悦,同时认识到自己的不足,并在以后的学习中逐渐克服。在评价过程中,英语教师不仅要对评价的结果进行评价,还要让学生之间开展互评,这样有助于提高学生正确、理智地评价自己和他人的能力。对于完成情况好的小组,要给予精神鼓励或适当的奖励。

---

[1] 罗俊,李树枝,侯丽梅. 基于高效课堂视角下的英语教学研究[M]. 青岛:中国海洋大学出版社,2018:121.

总之，任务后阶段的意义在于为学生提供一个对任务整个实施过程进行回想和总结的机会，促进学生形成积极反思的英语学习习惯。

二、高校英语任务型教学法的实施路径

我国学者姚敏指出，"任务型教学途径就是以具体的任务为学习动力或动机，以完成任务的过程为学习的过程，以展示任务成果的方式来体现教学成就"①。高校英语任务型教学法的实施主要有以下几种路径。

（一）以教学大纲为指导

英语任务型教学要以教学大纲作为教学指导。斯特恩（Stern）指出，语言教学包括语言观、学习观、语言教学观和语言教学环境四个重要的概念。② 在使用任务型教学法的过程中，英语教师应该根据具体的语言教学观，按照当今教学大纲的理念不断完善和发展自己的教学理念，进而用这种完善的教学理念去指导教学实践。需要指出的是，教学大纲是教学的纲领性资料，因此，在英语任务教学过程中需要对任务的具体步骤进行明确和阐述。

英语任务教学大纲中应该包括以下目标和指导原则：

（1）教学过程需要具体明确。
（2）教学原则需要清晰明了。
（3）教学中任务的选择要有一定的倾向性。
（4）任务型教学的设计和难度要具体分析。
（5）任务型教学的结果要进行评估。
（6）教学中教师的语言要达到意义与形式的平衡。
（7）教师和学生在任务型教学中的角色要明确。
（8）学生在任务教学中要有交际的机会，从而达到学生认知方面的发展。
（9）任务型教材的编写与使用要和当地具体实际相结合。
（10）教学过程中交际策略的使用、任务设计的动机、任务的目标和任务处理要在教学大纲中具体明确。

在教学大纲中具体阐述上述内容，能够为英语教师指明方向，可以使英语任务型教学的实施更加系统，同时也提升了英语教学实施过程中的科学性和可操作性。

（二）以教学原则为依托

高校英语任务型教学实践需要以教学原则为依托，英语教师不能随意根据自己的心情或状态进行教学。在设计任务时，英语教师需要遵循以下几点教学原则：

（1）任务在设计时应该注意其操作性，不能脱离具体的教学条件。
（2）英语教学活动要具有多样性，这样才能保证多种类型学生的需求，也能满足学生自主选择学习内容的需要。

---

① 宋建勇. 高校英语任务型教学与评价研究［M］. 西安：西安交通大学出版社，2017：122.
② 罗俊，李树枝，侯丽梅. 基于高效课堂视角下的英语教学研究［M］. 青岛：中国海洋大学出版社，2018：121.

（3）任务的设计要具有层次性，也就是说，任务要有不同的难度梯度。这是为了满足不同学习层次学生的要求，提高学生的创造力和审美力以及协作能力。

（4）当学生完成相应的任务时，英语教师应从学生的完成情况看出学生的具体学习水平。

（5）任务型教学并不是将任务局限在英语课堂教学中，学生也可以在课外对任务进行研究和学习。

总而言之，英语教师设计的任务活动要突出趣味性、可操作性、科学性、交际性、拓展性、真实性、整体性和层次性，培养学生的创造思维能力与综合运用英语语言的能力，使英语任务型教学具备较强的可操作性。

（三）以学生认知为标准

英语教师在任务型教学实践中应以学生的认知为标准。需要提及的一点是，以学生为中心，并不是将英语课堂的时间完全交给学生处理，而是要合理分配课堂时间，对学生的学习特点进行关注，对学生的学习过程进行观察，对学生的学习心理进行分析，对学生的学习思维进行了解。因此，实施任务型英语教学法应该对学生予以充分的关注，用个性化的教学方式指导学生的英语语言学习。同时，英语教师在学生完成任务的过程中还需要对学生的学习模式和学习特点进行观察，找出学生的不足，及时予以指导。

（四）以任务型教材为根据

众所周知，教学理念的实现需要相应的教材作为依托，英语任务型教学也是如此。任务型语言教学的教材应具有以下几个特点。

第一，英语教材的设计要以任务为核心。任务型教学就是在做事情过程中自然地使用所学语言，在使用所学语言做事情的过程中发展语言能力。因此，英语任务型教材不应该直接地呈现各种语言知识和素材，而应该设计各种不同的任务来提高学生的英语习得水平。

第二，英语任务型教材中出现的语言材料应力求真实。所谓真实性的材料指的是生活中经常出现的语言素材，如报纸、杂志、广告、公告、通知、产品说明书、操作指令、书信等。需要注意的是，这些真实性的材料是用于公众的交际目的，并不是专门为了教材的编写而设计的。若是为了教材而专门设计的语言材料必然会丧失其真实性。

第三，英语教材要突出真实的交际目的。根据任务型语言教学思想编写的教材无论使用何种类型的任务，都要突出交际的真实性。所谓交际的真实性，就是指学生完成的交际活动具有真实的交际需求、真实的交际语境、真实的交际对象。①

（五）利用课外教学开展任务教学

在利用任务型教学法进行英语教学时，教师不能仅仅将课堂作为任务完成的场所，而应该开放思维，将教学任务延伸到课堂教学之外的生活中。教师应该充分利用课外教学辅助任务教学。需要注意的是，利用课外教学进行任务教学并不是将学生的学习时间延长，

---

① 宋建勇．高校英语任务型教学与评价研究［M］．西安：西安交通大学出版社，2017：124．

而是要教会学生在日常生活中运用所学的英语知识，进而巩固内化英语知识。利用课外教学开展英语任务型教学主要有以下几种方式。

1. 布置学生感兴趣的课外作业

学生的课外教学应该是丰富多彩、充满兴趣的，英语教师可以设计一些调动学生兴趣的课外活动和作业让学生在课下完成。通过英语课外教学，学生学习的主动性和积极性会得到提高，同时学生独立完成任务的能力也会得到锻炼。

2. 开展丰富多样的课外活动

在课外活动中，学生可以摆脱英语课堂上的束缚，获得无穷的乐趣。课外活动可以激发学生的学习热情，使学生更加乐于完成学习任务。具体的课外活动包括以下几种：

（1）英语比赛活动。在大学的不同阶段，教师可以组织学生展开丰富多彩的英语竞赛活动，如英语单词竞赛、英语作文竞赛等。

（2）英语表演活动。英语表演活动的开展对学生的语言表达、团队协作等都有着积极的影响。通过英语表演活动，学生可以在一种互帮互助的环境下进行英语学习。

（3）开办英语角。英语角的开办能够为英语学习爱好者提供一个学习基地与良好的英语语言环境，为学生提供英语表达和沟通的机会。

（六）利用多媒体技术开展任务教学

在英语任务型教学中还可以利用多媒体技术进行教学。多媒体技术的发展为英语任务型教学提供了理想的教学环境。利用多媒体技术开展英语任务教学可以使学生的主体性地位得到增强；多媒体技术为任务的完成提供了技术上的保障，便于学生搜集完成任务所需要的资料，同时，也使学生获取信息、搜集信息、处理信息的能力得到了提高；在多媒体技术环境中，学生的思维变得更加开放，学生的创新性思维得到发展；多媒体技术实现了网络互联，有利于促进学生之间的合作互助，对增进师生关系也大有益处。

第四节 任务型教学方法在高校英语教学中的应用

一、任务型教学法在英语听力教学中的应用

通俗来讲，英语听力能力就是能听懂以英语为母语的人说话的能力。听的过程是人脑有意识地对听到的语言进行积极加工和处理的过程。在听力理解的过程中，听话人会根据具体情境所提供的信息线索以及自己本身所掌握的语言知识与社会文化知识，运用各种方式达到理解的目的。听力是获取语言信息的重要手段，也是人类进行交际的重要手段。[①]而作为培养学生听力的重要途径，英语听力教学的重要性越来越明显。

---

① 杨梅. 任务导向的 E+ 大学英语教程 [M]. 北京：九州出版社，2017：173.

(一) 英语听力教学的特点

在高校英语教学中，听力的地位越来越凸显，随着现代教学技术的运用，目前大部分学校的英语听力教学都是在多媒体教室内开展的，因此，听力教学本身也呈现出一定的特点。

1. 灵活性和示范性

英语听力教学主要是运用有声材料对学生进行授课，这种授课方式增添了教学的灵活性，并且改变了教师以往的授课方式，能有效吸引学生的注意力，激发学生的学习积极性。此外，在课堂学习中，学生还能通过有声材料进行规范的听、说示范练习。这种示范性能有效提高学生的听力理解能力。

2. 实践性

高校英语听力教学有着鲜明的实践性。英语听力教学的主要任务是培养、训练和提高学生运用英语进行听的能力，但这种能力的掌握并不能单纯依靠课堂上教师的讲解，而是需要学生进行大量的听力实践练习才能获得。

3. 适时性

适时性也是高校英语听力教学的一个显著特点。英语听力教学不仅要求学生在课堂上接收到声音信息后立刻做出反应，而且要求学生对所听到的信息有一个正确的理解，并形成有效的记忆，同时根据教学的要求给出反馈信息。可以说，英语听力教学就是一个完全的适时过程，具体包括听、思考、记忆、反馈四个过程。

4. 不可控制性

不同于其他教学活动，在英语听力教学中，学生往往无法控制听力材料的语速，而且听力材料的不间断性很容易引发学生紧张和焦虑的情绪。英语听力材料中的语言一般不够正式，也具有不完整性，有时甚至会出现停顿和重复的现象，这会给学生的听力理解造成困难。因此，学生只有了解英语听力材料中的语言特点，才能从中获取有效的信息。

(二) 任务型英语听力教学的具体应用

任务型英语听力教学的具体应用主要有三个步骤，即听前、听时和听后，也就是准备阶段、实施阶段以及补充阶段。

1. 任务型英语听力教学的准备阶段

听前阶段的主要任务是激活学生大脑中已储备的背景知识，帮助学生形成一定的语境，以保证学生尽可能了解即将听到的英语语言材料。当学生碰到自己熟悉的听力内容时，收获会更为明显，这反映了语言知识和背景知识在听力中的重要性。通常，语言知识主要包含语音、词汇、语法、句法以及篇章结构方面的知识，背景知识涵盖的范围则较广，包含英语文化的各个方面，如地理、历史、宗教、生活方式等。

在任务型英语听力教学的准备阶段，以教授语言知识为主，背景知识介绍为辅。教师要引导和帮助学生启动已掌握的与听力材料相关的各类知识，辅助听力任务的完成。如果学生不具备某些必要的知识，那么听前活动就可以及时弥补这些知识。因此，教师必须在听前对学生的语言水平、社会文化知识储备有所了解，与学生一起为听力理解做好准备。

英语教师具体可以采用以下方式激活学生的背景知识：

（1）根据听力材料的顺序向学生提供关键字、生词、短语等，并要求学生根据这些信息对即将听到的内容进行预测。

（2）指导学生阅读一些相关的材料。

（3）提供一些与听力材料相关的问题让学生讨论。

（4）提供一些与听力材料相关的图片、照片等，引发学生与听力材料的预测，同时激发学生的积极性。

需要注意的是，在进行听力准备活动时，涉及的内容不宜太多，也不能太复杂，因为这毕竟是课前准备活动，不可能解决听力过程中的所有问题。听前的活动量也不宜太大，时间尽量不要太长，否则就会偏离英语听力教学的目标。

2. 任务型英语听力教学的实施阶段

在完成了听力准备阶段之后，就要进入任务实施阶段。这一阶段的重点是加快学生对信息的识别、解码、储存的过程，使学生逐步适应英语语速，习惯英语的正常语速，并在此基础上抓取听力内容的主要信息和大意，使学生的听力水平有一个质的飞越。

有了初步的语言基础之后听力理解的困难主要不在于信息传递的速度，而是在于区分主要、次要信息和冗余信息，在于如何从逻辑上推测新信息，以及如何排除不熟悉用语的干扰，迅速捕捉主要信息。也就是说，在听力过程中要能够容忍知识的模糊和不完整。但如何在稍纵即逝的语流中捕捉主旨大意，排除不必要的干扰是值得注意的问题。

因此，教师需要设计一些具体明确、形式多样的任务活动，让学生带着问题和任务去体会和掌握听力要义。

（1）在听力开始时，教师提示学生注意材料的第一句话，因为该句话往往就是主题句，预示着内容的发展方向。同时，要求学生记下关键字，以便完成后面的任务。

（2）提醒学生分清听力材料的主要信息和次要信息，使学生将听的重点放在主要信息的捕捉上，以增加快速性和准确性。

（3）注意师生与生生之间的交流与互动，教师可以将学生分成小组，并提出相关的问题，在听力结束后，要求各个小组讨论问题，每个小组派出代表回答，最后教师进行点评。

（4）引导学生根据说话人的语调和情感揣测说话者的观点和态度。

（5）教师可以根据听力内容让学生选择对应图片、排列顺序、补全对话等，使学生在完成听力任务过程中找到听的动力和兴趣。

在完成听力任务的过程中，各个教学任务的设计应有效引导学生捕获听力材料的主要信息和主旨大意，实现师生交流与互动，让学生参与有趣生动、形象真实的英语听力实践活动。

3. 任务型英语听力教学的补充阶段

这一步骤是英语听力教学的深化阶段，结束收听并不意味着整个听力获得的结束，在这一阶段，教师还应对学生所完成的听的任务进行验收，以便对学生听的情况进行评估。所谓验收并不仅仅是对答案，更重要的是对学生的错误答案进行分析，即分析学生存在的问题有哪些？造成学生听力困难的原因是什么？对于这些问题如何改进？分析了学生的错误答案之后，教师就可以有针对性地设计一些任务加以弥补，以避免学生再犯类似的错误。例如，如果学生很难分辨 thirteen 和 thirty，教师就可以据此设置一些数字听辨练习的任务。

在英语听力教学中，没有必要将要求学生在听时做出正确的反应以及顺利完成听力任务作为听力活动的目的，也没有必要将完成听后的分析任务作为活动的终点，而应将听力活动作为起点与其他活动融合在一起，这样可以达到更好的效果。也就是说，听后阶段应扩大范围，教师要在可理解输入的基础上，培养学生在听力过程中的分析能力，并布置相关的输出性任务，使学生能够将听到的语言知识转化为语言的实际运用，这样不仅可以加速输入语言的内化过程，还可以使听力活动转变为一种语言输出活动。输出任务的设计要从学生的实际情况出发，为学生安排多样的输出任务，创造语言交际的机会。

依据不同的对象和内容，在听后阶段英语教师可设计以下几种任务活动：

（1）复述活动，即要求学生对听力材料中的语言信息进行加工处理，然后用自己的语言或听力材料中的语言进行复述。

（2）对话与角色扮演活动，即根据听力材料中的真实情景设计对话，让学生分角色进行表演。

（3）教师可以根据听力材料的内容对学生进行分组，然后让他们讨论和发表个人意见，以锻炼学生的语言表达能力。

上述三个任务活动将听与说结合起来，在说的过程中，学生可以体会、内化和运用语言，而听的学生则可以进一步增加听力训练的机会。另外，听还可以与写结合起来，如改写、故事续编等活动。

二、任务型教学法在英语口语教学中的应用

学习语言的目的是进行交际。随着社会的发展和国际交往的日益频繁，培养学生的口语交际能力受到了人们的高度重视。《英语课程标准》也指出，英语教学的最终目的就是要培养学生的综合运用语言的能力。教师要能为学生创造积极的、能运用英语的环境，只有这样，才能培养学生的英语交际能力。但是，传统英语教学模式将重心放在了英语语言知识的讲授上，忽略了学生口语交际能力的发展，使我国学生在学了多年英语甚至大学毕业之后都不能用英语进行流利的交际。为了改变这种现象，提高学生的英语口语交际能力，必须要引入任务型教学法。

（一）英语口语交际的特点

第一，英语语言的听、说、读、写四项基本技能之间有着紧密的联系。听与说构成了口头交际，它是听、说相互作用的过程，涉及输入（听）和输出（说）两个方面；读与写构成了书面表达，也涉及输入（读）与输出（写）两个方面。

第二，口语交际的过程，实际上就是语言运用双方积极参与、合作、磋商所表达思想的过程。这一过程也意味着，表达双方必须将要表达的思想用适当的语言表达出来，同时听者要及时地将对方表达的内容进行解码。

第三，在交际过程中，说话者表达的信息要远比听话者理解句子所需的句子多很多，因此，听话者没有必要对听到的每个词都进行加工处理，也不一定要听懂每一句才能理解说话者想要表达的含义。听者只对对方表达的意思感兴趣，并不注意用以表达意思的那些词。

第四，交际策略对于口语交际来讲非常重要，任何口语交际都离不开交际策略。为了将话语组织成连贯紧密的交际语篇，交际双方会依据交际环境、交际对象等，选用恰当的表达策略。比如，为了使话语表达得更加流利，交际双方会使用拖延策略；如果语言知识储备不足，交际双方会选用弥补策略和自我修正策略。

第五，在交际过程中，受话与发话会来回轮替，发话者的言语行为影响受话者的反应，表现出互动性。在互动交际中，会有话题的转变、插话、核对事实、澄清观点等情况发生。

第六，口语交际过程中，总会有停顿、重复的情况发生，也会有表达不完整的句子或不合语法规则的句子，但这也是一种交际的技巧。

以上是英语口语交际的特点。如果想要获得最基本的交际能力，就要了解和掌握这些约定俗成的交际规则。而大部分学生往往都欠缺这方面的知识，因此，口语交际知识应作为口语教学的重要内容。

（二）任务型英语口语教学的具体应用

1. 呈现新知，明确任务

在开展口语任务之前，学生首先要在语言材料上有充足的准备。在这一阶段，学生的主要任务是感知新的语言材料、进行大量的语言输入。教师的主要任务是结合学生的学习情况以及生活经验，激活学生与话题相关的图式，使新知识与学生已经掌握的知识建立联系，在学生的语言知识和技能得到激活之后再导入任务，这样在完成任务的过程中学生才有话可说，才能建构出新的语言材料。

例如，在讲道："The Olympic Games"这一话题时，教师可以采用谈话的方式引入课题，询问学生一些与之相关的问题，如有哪些业余爱好？喜爱哪种体育活动？对奥运比赛项目了解多少？等等。然后通过图片或多媒体课件向学生展示一些关于体育项目的画面和语言材料，让学生形成一个关于奥运的内容图式，最后再布置任务，让学生完成有关奥运的交际性任务。

在此环节中，教师要在遵循先输入后输出原则的基础上为学生创造有主题的情境，使学生先从自己熟悉的、源自真实生活的话题以及自己感兴趣的话题谈起，以此调动他们参与的积极性和学习的动机。源自实际生活的话题不仅可以使学生心情放松，还能激发他们说的愿望，使他们满怀期待地开展新课的学习，进而为下一阶段的口语练习打好基础。

2. 准备任务，展开交流

准备任务就是让学生展开交流活动。在学生接受任务之后，教师可以安排学生以结对子或小组的形式自由组合，并为学生设计多个小任务，使之构成任务链，让学生展开交流活动。在这期间，教师要监督、指导学生完成任务的情况，也可以作为小组活动的一员，参与到小组活动中。此后，各小组要以口头的形式向全班汇报完成任务的情况，教师可以给予学生适当的指导和帮助，使学生的口头汇报自然流畅。

结对子或小组活动可以有效克服大班英语教学的不足，它可以创造说英语的环境，为每个学生提供练习和运用英语口语的机会。与同伴交流和沟通可以有效地激发学生的认知发展，最大限度地降低学生的焦虑感，还能培养学生的合作意识。在这一环节中，教师要了解学生对新知识的掌握程度，并据此对教学策略做出及时调整。

3. 展示成果，评价任务

各小组完成任务之后，要用英语向全班展示最终的任务结果，教师和全班学生一起对各小组任务的完成情况进行评价。在这一环节中，教师要意识到及时评价的价值。教师可以对学生完成的情况进行总结，对于任务完成情况较好的小组给予鼓励和奖励，使他们品尝到成功的喜悦；对于任务完成情况一般的小组，教师要给予支持，增强他们的自信心，促使他们不断努力。教师还可以让学生评价哪一组完成的情况更好，并说明每组的优点、不足及理由，这样可以让学生在评价他人的过程中学会正确理智地评价自己。

4. 布置作业，扩展任务

这一环节是英语口语任务的延续和拓展，让学生在课后完成与课堂内容相关的任务。例如，让学生到图书馆或网上查找适合他们学习的资料，以加深学生的知识积累；或是让学生以小组为单位出一期与话题相关的墙报。

三、任务型教学法在英语阅读教学中的应用

在任务型英语阅读教学中，学生在教师的指导下以完成任务的方式参与英语学习，不仅能感受到轻松愉悦的学习气氛，参与师生之间、生生之间的合作与交流，还可以真切地感受到英语语言在实际运用中的作用，可谓一举多得。

(一) 英语阅读教学的特点

阅读是获取知识、发展智力情感的重要途径和高级神经系统的心理活动[①]，需要多个器官的分工合作。具体来说，读的活动通常都是从眼睛到文字符号，这会在大脑中产生视觉形象，并引起相应的高级神经发音动觉中枢的活动。然后，发音器官发出相应的语音，耳朵收集到这些信号后，大脑才能理解或接受这些文字意义。

由于英语是拼音文字，其形音之间的联系更加直接，所以阅读英语材料的过程常常是由文字到语音，再到意义，而且这种分段活动非常明显。从阅读单位来看，既可能是单词、词组，也可能是句子。为提高学生的句单位阅读技能，教师可通过口头问答和对话等句单位的言语练习来强化学生的句单位反应的意识和习惯。

在阅读过程中，除了眼睛感知文字符号所产生的视觉信息起作用外，非视觉信息也发挥着巨大的作用。所谓非视觉信息，是指在阅读过程中起潜在作用的、由大脑所提供的一些"眼球后面的东西"，如对所学语言国家的社会和文化背景知识的掌握，对所读材料内容的熟悉，个人的生活经验、生活常识、逻辑知识和语言知识修养等。换句话说，非视觉信息就是阅读者所具有的、对阅读活动有促进作用的全部知识结构的总和。

人在看到文字符号时能够理解其所蕴涵的意义，是视觉信息与非视觉信息融会贯通的结果。非视觉信息越丰富，阅读单位就越大，难度也随之降低，速度因此而加快。因此，教师应辩证地处理形式与内容的关系，既有由内容到形式、由综合到分析的训练，又有由形式到内容、由分析到综合的训练。总之，教师应充分掌握英语阅读教学的特点，在教学过程中对各种教学方法灵活变通，不断提升学生的英语阅读理解能力。

---

① 钱满秋. 现阶段大学英语教学改革研究 [M]. 北京：北京理工大学出版社，2017：127.

(二) 任务型英语阅读教学的具体应用

1. 任务型英语阅读教学的准备阶段

准备阶段的主要任务是帮助学生识别新词和短语、熟悉话题并激活相关背景知识。具体来说,教师可以采取以下措施。

(1) 搜索、阅读背景材料。教师可以要求学生以某一话题为中心进行相关的课外搜索或阅读。这不仅可以拓展学生的知识面,还能帮助学生建立起已有知识和阅读材料之间的联系,实现知识的正迁移。

(2) 课前演讲。课前演讲就是提供一个机会让学生来展示自己的搜索成果。这既是对学生的搜索、阅读活动的检验,又是锻炼学生表达能力的机会,还可以提高学生的课堂参与意识。其具体的操作过程是:演讲者围绕本课主题或与主题相关的社会热点问题进行3~5分钟的演讲,演讲结束后由听众对演讲者提问。演讲者必须做充分的准备,搜索大量的资料并对自己所讲的材料非常熟悉;听众不仅要听懂、理解演讲内容,还必须具备一定的判断、分析能力,否则无法提出有质量的问题。需要特别说明的是,为了提高课前演讲的效果,教师应对演讲时间、提问时间、回答时间及提问人数进行控制。

(3) 分析标题。一般来说,标题是对文章内涵的高度提炼和对文章主题的重要诠释。通过对标题进行分析,可以大概预测出文章的框架结构、写作思路以及材料的大体内容。

(4) 分析插图。越来越多的教科书开始配备插图。插图的功能也逐渐发生变化,不再是可有可无的内容,而是成了教材必不可少的一部分,有的甚至承担起提供信息的重要功能。因此,对插图进行分析具有重要的意义。

(5) 运用头脑风暴法。首先由教师确定与阅读材料主旨相关的关键词,然后让学生在短时间内列出与之相关的词语。这可以帮助学生在大脑中快速提取对某一关键词的背景知识。

(6) 提问与讨论。首先由教师向学生提出与阅读材料相关的问题。教师在设计问题时要将文章内容与学生的知识、经验、兴趣有机结合起来。然后,学生可就教师的问题进行讨论。在讨论的过程中,思想的碰撞可以帮助学生深化认识。此外,讨论还可以创造活跃的课堂气氛,并激发学生的阅读兴趣。

教师可以根据英语阅读材料的不同对上述方法进行自由组合。

2. 任务型英语阅读教学的实施阶段

任务型英语阅读教学的实施阶段活动可以分为以下三个环节。

(1) 表层阅读

表层阅读由学生独立完成。教师的任务是通过问题引导学生的阅读,并对英语阅读过程进行监控、指导,以保证学生的英语阅读能达到预定目标。同时,教师还应通过学生的问答对阅读成果进行检验与评价。可见,虽然表层阅读是学生的个体性活动,但这个环节仍然有师生之间的互动。

(2) 深层阅读

深层阅读常常以小组活动的形式来展开,其重点不是词汇、语法的讲解,而是对英语阅读材料的语篇分析。具体来说,教师应对阅读材料的内容与结构进行整体性分析,帮助学生把握文章的脉络与框架。此外,勾画结构图是一种简捷有效的方法,有利于学生在大脑中建立起英语阅读材料的轮廓。

（3）课文巩固

这一环节不同于传统英语教学模式中的练习。练习并无实际的语言意义，只是为了练习语言形式。而任务型英语阅读教学的课文巩固环节是为了巩固语言意义而展开的活动，且多以现实场景为背景。课文巩固常常采取讨论和补全信息的方式，且多以小组活动或班级活动为主。学生可以在一个真实的英语语言环境中运用所学知识，从而在知识与功能之间建立起联系。

3. 任务型英语阅读教学的补充阶段

在任务型英语阅读教学的补充阶段，英语教师可以采取以下几种方式。

（1）复述课文

复述不是对课文的简单背诵，而是在对阅读材料进行全面理解的基础上的二次加工。[①] 复述体现了学生对阅读材料的认知、理解、推理、归纳、表达、再现，可以锻炼学生的综合语言运用能力。为了进行复述，学生要从音、形、义等方面来深化对单词、词组以及习惯用语的掌握。另外，复述使新学的语言知识、材料的重点内容得以巩固，学生会在语言实践的过程中不知不觉地提高英语表达的熟练度，深化对英语材料内容的理解。与此同时，学生的英语阅读能力也会随之提高。

（2）主题辩论

大学生具有一定的英语基础，同时对许多问题有自己的观点并愿意发表见解。因此，进行主题辩论既符合他们的性格特点又可以调动他们的积极性。首先，由教师与学生共同从英语阅读材料中选取一个或若干个有争议的观点，然后由学生分正反两队进行英语辩论。这不仅可以深化学生对阅读材料的理解，还为他们提供了实际运用英语的机会。此外，在辩论过程中可以听到不同的声音，这对于开阔学生的思路、提高学生的思辨能力大有裨益。

（3）角色扮演

角色扮演是指通过学生对课文内人物进行扮演的方式来帮助学生内化英语阅读材料的一种活动。通过角色扮演，学生可以真切地感受到语言与人物特点、具体环境以及故事情节之间的关系，从而深化对语言的理解。为了取得满意的表演效果，学生还需要对人物心理进行揣摩，这有利于学生探究能力、创新能力的提升。角色扮演不是一个人可以完成的，学生在与其他演员以及后勤人员的合作过程中，能克服害羞心理，提高团队意识，提升自我评价，并形成正确的情感与价值观。

（4）项目化作业

为了巩固学生的知识与能力，英语教师可以为学生安排各种形式的项目化作业。所谓项目化作业是指与所学内容紧密联系的、由若干相互关联且围绕某一任务所构成的一组语言运用活动。教师在设计项目化作业时应考虑两个因素。一是阅读材料的教学目的，即通过学习学生应掌握哪些知识与技能；二是阅读材料的特点，这决定了选取哪种形式的项目化作业。项目化作业既可由个人完成，也可由小组完成。常见的形式包括社会调查型和问题解决型项目化作业。项目化作业将机械学习变为有意义的学习，既可以巩固所学英语知

---

① 金沙. 任务型教学法在阅读教学中的应用 [J]. 科技创新导报, 2014 (30): 104.

识,又为学生提供了展示平台。

四、任务型教学法在英语写作教学中的应用

写作体现着学生英语语言的综合运用能力,它能检测学生语言使用的准确性、适切性和流利性。同时,写作也是学生学习过程中的薄弱环节。为了加强学生的英语写作水平,提高英语写作教学效率,有必要在高校英语写作教学中引入这种新型有效的教学法——任务型教学法。

(一)英语写作教学的内容

1. 英语写作的结构

(1) 谋篇布局

谋篇布局是写作的必要前提①,写作者可以根据写作目的选择适当的扩展模式。从篇章结构出发,结构是:引段—支撑段—结论段。而从段落结构出发,结构则是:主题句—扩展句—结论句。谋篇布局并非一成不变,而是根据题材和体裁的不同而不同,在不同的文章中,主题句、扩展句及结论句的作用是不尽相同的。例如,在说明性文章中,主题句主要用于介绍主题,扩展句用于时间、重要性等顺序扩展细节说明主题,而结论句则用于重述主题、描述细节。在议论文中,主题句主要用于陈述读者认为正确的观点,扩展句是以说明的顺序扩展细节阐述原因,而结论句则重点用来总结或重述论点。

(2) 完整统一

文章的完整统一指的是文章中所有的细节如事实、原因、例子等,都要围绕主题展开,所有的信息都要与主题相关,与内容切题。任何偏离主题的句子都要删除,同时保持文章段落的完整性。

(3) 和谐连贯

在英语写作过程中,必须要注意文章的连贯性和逻辑性,保证句子与句子之间紧密相连,内容之间衔接流畅,段落与段落之间环环相扣,使整篇文章流畅自然、和谐统一。其中,使用恰当的连接词可以保证句子严谨、段落紧密和行文流畅。过渡词语可以起到增强文章连贯性的作用,在英语写作中也要恰当地使用过渡词语。

2. 英语写作的句式

英语中句式的种类多种多样而且形式繁多,常见的句式有强调、倒装、省略等。掌握多样的句式是写好英语文章的关键,所以让学生加强句式练习是很有必要的。

3. 英语写作的选词

选词也是大学英语写作教学的重要内容。选词体现着个人的风格,也是作者与读者之间交流的方式之一,因此,词的选择要考虑语域的因素,如褒义词与贬义词的选择,具体词与概括词的选择,正式词与非正式词的选择,形象词的选择以及拟声词的选择等。

4. 英语写作的拼写与符号

拼写与符号属于英语写作的基础知识,但却对写作有着重要的影响,也是大学英语写

---

① 吕文丽,庞志芬,赵欣敏.信息化时代下的大学英语教学改革探索[M].长春:吉林大学出版社,2019:184.

作不可或缺的内容。所以，在设计英语写作教学方式和内容时，应将拼写和符号这些因素考虑进去，以提高学生写作的效果。

（二）任务型英语写作教学的具体应用

通过具体实例，英语四级考试真题作文"On Line Shopping"来说明任务型教学法的具体实施过程。

1. 任务型英语写作教学的准备阶段

在这一阶段，教师首先要引入写作任务，以明确任务目标，调动学生的写作热情。在目前的大学英语写作教学中，学生写作主要是为了考试，因此，普遍存在畏难情绪，对写作缺乏热情。而激发学生写作的热情和动机就成了任务设计的关键。该项任务的写作要求明确，目的性强，而且是现在社会的热点话题，贴近学生生活，能引起学生的写作兴趣。

具体来讲，活动形式为小组讨论活动。小组学生就三个方面的话题进行讨论（网上购物成为时尚的现象；网上购物存在的问题；我的建议），然后得出结论，列出口头报告提纲。在该阶段，教师要鼓励学生畅所欲言，用英语正确地表达自己的思想，努力营造轻松的氛围，激发学生的参与性。这一环节给了学生合作讨论的机会，同时，学生在这一过程中也积累了必要的英语词汇和句型，为接下来的英语写作奠定了基础。

2. 任务型英语写作教学的实施阶段

在这一阶段，学生要完成书面任务，具体分为以下三个步骤。

（1）执行任务，即学生按照真题题目。根据上一阶段口头讨论的结果，总结出 on line shopping 的优点与缺点，然后列出各个段落的主题句，各自完成初稿写作。

（2）各小组学生完成初稿之后，就各自写作的心得进行交流和讨论，然后准备向全班汇报任务完成的情况。

（3）学生汇报任务完成情况，并根据作文要求进行评判，最后提交一份英语作文成稿。

3. 任务型英语写作教学的补充阶段

这一阶段是写作任务的分析和总结阶段。具体包含以下两个步骤。

（1）分析。教师与学生进行互动，各小组轮流汇报任务执行的情况，学生和教师共同评价。评价的标准为语言准确、内容切题、结构合理。之后，教师向全班学生呈现优秀英语范文，同学们共同参与分析，进而总结出英语范文模板。

（2）操练。在这一环节中，教师让学生采用不同的方式学习范文以及范文中较好的遣词造句。在该环节中不必要求每一位学生都背诵英语范文和模板，因为不同学生的消化吸收能力是不同的。教师可以根据任务的总结情况布置课下任务，让学生对英语作文进行修改，并练习相关话题的英语写作。

第三章 高校英语教学中情境教学方法研究

　　凡是有意识地通过情境的创设进行的教学都可称之为情境教学，现代心理学和脑科学的研究为情境教学提供了主要的理论依据，情境教学对于语言教学来说具有特别重要的意义和价值，语言教学离不开情境的创设。英语情境教学体现为主体性、互动性、探究性和体验性。在高校英语教学中，教师应该根据学生的特点、教学内容，并利用现代教育手段创设情境。本章对高校英语教学中情境教学方法进行了分析与探讨。

第一节 英语情境教学概述

一、情境的内涵

（一）不同学科视野中的情境

1. 教育学对情境的界定

从教育学的角度来看，情境有三层含义。

（1）整个社会情境由三部分组成：客观环境、个人和群体的生存态度、个人对所处社会环境的解释。

（2）个人对外界的反应，不仅受周围环境的影响，而且受个人主观看法的影响。

（3）个人认识任何事物，均具意义，从而产生客观效果。个人对社会情境的不同解释，既决定了其行动方向和具体行为，又影响了其人格发展。

2. 心理学对情境的界定

从心理学的角度来看，情境是对人有直接刺激作用、有一定的生物学意义和社会学意义的具体环境。①

情境是具体的自然环境或具体的社会环境。它与意境不同，意境是主观的精神境界，情境则是客观的具体环境。

情境在激发人的某种情感方面有特定作用。例如，在比赛现场观看足球赛与观看电视直播的感觉就大不相同，在比赛中，对方的强弱、观众的反应，对运动员的情绪状态也有不同的影响。因此可以说，情境是指引起人情感变化的具体的自然环境或具体的社会

---

① 李丽. 口语交际学习论 [M]. 北京：语文出版社，2013：116.

环境。

(二) 情境的划分

情境有多种分类方式,它们各有所侧重,又有许多相通之处。

认知分享理论特别强调情境在学习中的作用,认为可以将学习情境分为物理性和社会性两种。

希拉里·麦克莱伦(Hilary Mclellan)认为,情境可以是:真实的工作场景;高度的真实,或真实的工作环境的"虚拟"的代用品;一种可停留的环境,如,影像或多媒体程序。①

可见,情境具有多重层面与分类,以不同的标准进行分类,就有不同的情境的类别。所以,情境既可以是观念的、想象的、情意的、问题的,又可以是物理的;既可以是虚拟的,又可以是具体的自然环境或具体的社会环境。

二、情境教学的内涵

(一) 情境教学的概念

情境教学,即在一定的课堂教学中利用创设的特殊场景,让学生置身其中完成认知行为,并发散学生思维、培养学生情感的一种教学方法。

国内的学者对情境教学的概念理解不同,顾明远认为,"情境教学即采用个性、直接的场景来教学,进而激发学生学习兴趣、提升学生学习效率的一种教学方式"②;张华则认为,"情境教学根植于真实的场景中,学生在这个场景中探究事物,解决问题,建构学习的意义"③。

关于情境教学的概念众说纷纭,但大多数学者都认为情境教学主要以"身临其境、情境交融"为基本核心。"情"能够调动学生的学习积极性,"境"能够为学生提供真实的学习场景。教学实践过程中则是将"情"与"境"相互融合起来,强调情境带给学生的情感体验。教师在实施情感教学时,应该能够以"情境"激发学生思维,以"情境"激发学生情感,将"情境"贯穿于教学过程中,确保将知识教育、学生成长和学习趣味融为一体。

(二) 情境教学基本类型

在教学过程中,情境教学法经过不断的发展,形成了类型丰富的案例创设,主要有知识式情境、故事性情境、热点型情境和学生角色扮演四种类型。

1. 知识式情境

知识式情境是指在情境导入过程中,教师运用一些法律规范、道德观念、生活常识等一系列的知识型素材来创设情境,使同学们自主地参与到课堂中,发表自己的看法和情

---

① 韩吉珍. 职前教师实践性知识研究 [M]. 太原:山西科学技术出版社,2016:122.
② 顾明远. 教育大辞典 [Z]. 上海:上海教育出版社,1997:93.
③ 张华. 课程与教学论 [M]. 上海:上海教育出版社,2000:107.

感，并在情境中潜移默化地获得知识。在运用知识式情境时，教师的主导性依然重要，教师要耐心引导学生、纠正学生的错误观点。在知识式情境中，教师对于学生讨论的观点要进行适当的引导，最后要进行归纳和总结，让学生在情境中学会知识、学懂知识、运用知识。

2. 故事性情境

学生要主动发展，参与是基本保证，创设一个故事性情境就能让学生积极主动地参与到教学活动中。

教师应根据符合具体教学内容的故事来进行情境创设，通过生动形象的小故事来提高学生参与情境的兴趣，进而引出教学内容，让学生自己在融入故事情境时可以发现并提出问题。教学对于学生们来说可能有些枯燥，只有很少的学生愿意主动参与到课堂中来，这时就需要教师能为学生创造一个欢快、轻松的情境，以引导其主动地、愉快地接受教学内容。

3. 热点型情境

学生是紧跟时代潮流发展的先锋，对于新鲜事物的接受能力也是较为迅速的，热点型情境是一种教师根据日常生活中正在发生或刚刚发生的事件，或者是当下最火爆、流行的东西创设的情境，它能吸引学生的兴趣，让其面对问题主动探讨。

孔子曰："疑是思之始，学之端。""疑"是学生探究学习的开端，这就需要教师创设情境时围绕着"疑"多下功夫，使热点话题的情境贴近学生、贴近生活、贴近实际，能够使学生在情境中投入真情实感。置身于时事热点情境中，学生不仅可以学习、掌握到书本上没有的知识，而且还能真正地参与到实际社会当中。

4. 学生角色扮演

教师在课堂上根据教学内容设定一个特定的情境，要求情境中所有角色都由学生来承担，学生在课堂上进行角色扮演，这就是学生角色扮演方法。

学生在课堂上通过角色扮演重现生活的情境，能轻松、愉快地学到知识，课堂也会充满生命力。学生在进行角色扮演时会根据自身切实的体验来处理自己的表演和课本之间的关系，通过表演，学生可以学会与同学彼此倾听和尊重，这有利于培养其与人交往的能力，帮助其形成健康向上的人格。

（三）情境教学的功能

情境教学的功能主要表现在两个方面：陶冶功能和暗示（或启迪）功能，它是通过创设教学情境来实现的。孔子曰"不愤不启，不悱不发，举一隅不以三隅反，则不复也。"孔子在肯定启发作用的情况下，尤其强调了启发学生进入学习情境的重要性，所以良好的教学情境能充分调动学生学习的主动性和积极性，启发学生思维、开发学生智力。

1. 陶冶情感，净化心灵

在教育心理学上讲陶冶，即给人的思想意识以有益或良好的影响。关于情境教学的陶冶功能，早在春秋时期的孔子就把它总结为"无言以教""里仁为美"；南朝学者颜之推进一步指明了它在培养、教育青少年方面的重要意义："人在少年，神情未定，所与款狎，熏渍陶染，言笑举动，无心于学，潜移暗化，自然似之。"即古人所说的"陶情冶性"。

情境教学的陶冶功能能剔除情感中的消极因素，保留积极成分。这种净化后的情感体验具有更有效的调节性、动力性、感染性、强化性、定向性、适应性和信号性等方面的辅助认知功能。

2. 启迪认知，易化思维

情境教学可以为学生提供良好的暗示或启迪，有利于锻炼学生的创造性思维，培养学生的适应能力。

人的社会化过程即形成"一切社会关系的总和"。① 这一从自然人转化为社会人的过程，实际上完全是环境、社会、家庭、学校、种族、地理等因素共同作用的结果。这些影响作用有的被我们感知到，但更多的则是不知不觉地影响着我们。保加利亚心理学家洛扎诺夫（Lozanov）指出："我们是被我们生活的环境教学和教育的，也是为了它才受教学和教育的。"② 人要受环境的教学和教育，原因就在于人有可暗示性，这是心理学和暗示学研究所共同证明了的。情境教学，是在对社会和生活进一步提炼和加工后才影响于学生的。诸如榜样作用、生动形象的语言描绘、课内游戏、角色扮演、诗歌朗诵、绘画、体操、音乐欣赏、旅游观光等，都是寓教学内容于具体形象的情境之中，其中也就必然存在着潜移默化的暗示作用。

换言之，情境教学中的特定情境，提供了调动人的原有认知结构的某些线索，经过思维的内部整合作用，人就会顿悟或产生新的认知结构。情境所提供的线索起到一种唤醒或启迪智慧的作用，比如正处于某种问题情境中的人，会因为某句提醒或碰到某些事物而受到启发，从而顺利地解决问题。

3. 深入实践，强化适应

现代教育十分强调教学的实践性，实践教学是培养学生社会能力的重要手段。现代学科教学的特点之一就是理论性强、实践性差，而情境教学能让学生在课堂中模拟相应的社会角色，进行实践锻炼，有助于丰富这些课程的教学方法，促进实践教学的不断创新。

一方面，如果教师在课程教学中融入情境教学，让学生沉浸于社会角色中，那么必然会增强学生对社会角色的感性认识。另一方面，教师在指导情境教学的过程中，对学生可能遇到的复杂性问题给予引导、提示，可以增强学生的问题能力，消解学生对社会角色的理想化认识，为学生走入社会、适应社会找准定位，避免其产生过大的生活失落。

三、英语情境教学的概念与特征

（一）英语情境教学的概念

英语情境教学即在英语课堂中，教师从课程内容和目标入手创设情境，让学生成为学习的主体，使其在情境中获取知识和情感，能够有效学习英语的一种教学方法。

（二）英语情境教学的特征分析

教师要成为学生学习的促进者，为学生的知识建构提供支持条件，就要创设丰富多样

---

① 张永华，谌业锋. 新教师角色适应与专业发展 [M]. 天津：天津教育出版社，2013：103.
② 靳占忠，王同坤. 高等教育教学改革研究 [M]. 秦皇岛：燕山大学出版社，2018：530.

的教学情境,让学生在一定的语言情境中探索英语的特点和自身学习英语过程中存在的问题,让学生在应用知识的过程中加深对知识的理解,增强其对知识的记忆与保持,提高其英语学习的质量。英语情境教学有如下特征。

1. 主体性

英语情境教学克服了传统英语教学重理智、强迫灌输、死记硬背的弊端,通过各种有效的手段设置良好的情境,通过教师的语言调节缩短了学生与教师、学生与教学内容之间的距离,激发了学生的情感,可以使学生以最佳的情绪状态主动投入、参与英语学习。在创设的情境中,教师让学生扮演角色,进行英语交流,从而使学生的被动接受学习变为主动学习。

英语教师应充分发挥学生的主体性,鼓励学生大胆创设学习情境。因为,大学生已经具备了一定的自主学习能力,他们是可以自己设计教学情境的。由学生自己创设的教学情境由于更加符合学生自身的特点和要求,其教学效果也会更加突出。

2. 互动性

教育课程改革强调学生在学习中的主体地位,注重学生在学习中的相互合作与主动探究,注重培养学生的创新意识、实践能力和合作精神。

英语教学要体现交际性,教师就需要结合学生的年龄特点和生活实际创设交际情境,在大量的语言实践中,学生可以获得综合运用语言知识和语言技能进行交际的能力;教师要鼓励学生大胆地使用英语,要特别关注性格内向和学习有困难的学生,尽可能地多为他们创造语言实践的机会;教师要为学生提供相互交流的机会以及充分表现和自我发展的时间和空间。

上述要求显然也适用于各个层次的英语情境教学。因此,英语情境教学应重视学生之间,学生与教师之间的互动,语言学习本身就需要大量的交流,通过情境,学生之间可以实现英语交流。这就要求教师关注学生的学习过程,尽量为学生提供更多的合作和交流机会,让学生通过自己的感知、体验、实践、参与、合作等方式,实现学习的任务目标,从而感受成功,形成积极的学习态度。

教师在组织教学中,还需要改进传统的教师"主宰"课堂的做法,改变其作为知识代表和权威的形象,倡导教学的民主化,从而建立平等、和谐的师生关系。

3. 探究性

现代教学倡导学生学习方式的转变,学习方式需要由过去只注重接受式学习向发现式学习和接受式学习相结合的方向转变。

探究式学习要求教师在教学过程中创设一种类似科学研究的情境或途径,让学生在其引导下,从学习、生活及社会生活中去选择和确定研究专题,用类似科学研究的方式,主动地去探索、发现和体验。同时,学会对信息进行收集、分析和判断,进而学会利用英语知识解决问题,培养其创新精神和实践能力。①

在发现式学习中,学习内容是以问题的形式间接呈现出来的,学生是知识的发现者。英语情境教学应该贯彻这一精神,即鼓励学生自主发现问题、解决问题。英语情境教学本身就蕴含着许多未知的领域,需要学生去探索和开发,在此过程中,学生按照自己的兴趣

---

① 许义文,饶世权. 基础课实践教学"四位一体"的探索 [M]. 重庆:西南交通大学出版社,2017:220.

和爱好以及自己的学习需要探索适合自己的学习方法，能让其获得自己需要的知识。

4. 体验性

体验是指由身体性活动与直接经验产生的感情和意识。体验使学习进入生命领域，因为有了体验，知识的学习不再仅仅属于认知、理性范畴，它已扩展到情感、生理和人格等领域，也使学习过程不仅是一种知识增长的过程，同时也是一种身心和人格健全与发展的过程。

英语情境教学的体验性，强调学生身体性的参与，学生学习不仅要用自己的脑子思考，而且要用自己的眼睛看，用自己的耳朵听，用自己的嘴说，即用自己的身体去亲自经历，用自己的心灵去亲自感悟。

四、大学英语情境教学存在的问题

英语作为大多数学生的第二语言，其在习得的过程中难免会有一些"陌生感"。这就需要教师在进行英语课程情境创设时从现实、英语的文化语境、英语的语言知识点出发，这样创设的情境才比较合理。不过，在大学英语情境教学中还存在很多的问题，主要有以下几点。

（一）情境创设真实性不够充分

教师创设英语情境，目的即让学生在实际生活和社会交往中可以更好地运用英语。所以，权衡英语情境创设教学效果的一大标准即看教师构建这一情境时的目的，学生是否真正了解这个目的，并能否准确洞悉其中蕴含的深意。只有学生在了解教师真实的意图之下，教师才可以通过情境创设与学生进行沟通，学生才能真正学会运用英语。

但事实上，在大学英语教学中，教师的有些导入是脱离实际的，教师创设情境单纯是为了导入课程，丝毫没有从真实感出发，自然就不可能吸引学生们的学习兴趣，课堂的气氛也就无法活跃起来。所以，这就要求教师在创设情境时要从学生的真实生活抓起，注重培养学生在实践中运用英语的能力，让教学与生活相融，这样才能使学生产生用英语交流的欲望，才愿意使用英语。

（二）情境创设层次性不够鲜明

英语情境创设在一些时候需要铺垫，教师步步推进，学生才可以慢慢感受，从这点来看，大学英语课程的情境创设需要层次感。但是，现在的英语教学就缺乏这么一种层次感，这导致课堂的语言知识点衔接不够准确，而且教师让学生练习英语的方式也有问题，很多教师甚至表示不知道这节课的教学目的究竟是什么。这样一来，英语情境创设的效果势必不尽如人意。

所以，在大学英语课程情境创设中，教师要格外注意创设具有层次感的情境，这样学生所学的知识便有了从易到难的层次，其学习效率与质量也会随之提高。

第二节 英语情境教学的必要性与重要性分析

一、英语情境教学的必要性分析

情境教学法也叫视听法,是在听说法的基础上发展起来的一种教外语的方法。在听说法的理论基础上,情境教学法创设了具有自己特色的教学法。

首先,情境教学法重视听说,强调看,就是在外语课上,教师应该利用各种手段创设与所学内容相符的情境画面,让学生边看画面,边练听和说,身临其境地学习外语。

其次,情境教学法也重视句型教学,它强调通过情境操练句型,操练学生在一定场合下使用常用的意思连贯的生活用语。

最后,应用情境教学法教学需要做大量的准备工作。情境教学强调情境,所以教师得做大量的教具,为创设情境做准备。兴趣是最好的教师。而就目前我国的英语学习现状来看,学生被动地接受英语学习,他们就像是戴上脚镣跳舞的奴隶,再加上课堂气氛沉闷,他们就容易产生厌烦心理。大多数情况下,学生只是在听讲、做笔记,甚至是抄笔记,他们根本不动脑筋,也不理解所学的知识。总而言之,教师的话语总是多于学生的话语,再加上缺少母语环境,"哑巴英语"的现象就越来越普遍。

上述现状让人担忧,而情境教学法以美为突破口,以情为纽带,以思为核心,以活动为途径,以周围世界为源泉,这样的方法很适合学生学习,也很有必要与大学英语教学结合。利用这种教学法,英语教师可以创造各种英语学习环境,让学生亲身体验,以此来激发学生学习的兴趣,提高学生的综合素质。

二、英语情境教学的重要性分析

(一)有利于培养和提高学生学习英语的兴趣

在大学阶段学习英语,兴趣尤其重要。中国学生在学习英语时缺少像学习母语时的真实语言环境,兴趣也难以得到提高。利用情境教学为学生创设听说英语的语言情境,能够刺激学生的感官,对培养和提高其学习英语的兴趣很有帮助。

(二)有利于培养学生运用英语的实际能力

学习知识的目的是为了更好地运用知识,这一点在语言教学中尤为突出,这就要求英语教材中的教学内容需要放在一定的语言环境中。

教师根据教材的具体内容,经过自己的加工,给学生设置一个切实可行、恰如其分的语境,学生也就自然而然地随着教师的引导进入角色。如在教学购物单元时,教师可以根据本课的词汇和对话为学生设计一个商店的场景。在具体情境中学习、运用,这样可以使学生更清晰理解对话的含义,更能使他们身临其境,从而激发他们的兴趣,使他们更加积极、专注地进行新知识的学习。

(三) 有利于学生掌握知识，突破难点

英语教材中的有些难点和重点直接表达出来非常枯燥、乏味，学生听起来也不一定能理解，但是放在一定的语言环境中去引导学生学习就轻松多了。如在教学中有这样的对话："Who's your math teacher？""Mr. Zhao，""What's he like？""He's thin and short. He's very kind."学生直接这样学很枯燥并且很难掌握，我就利用多媒体，将教师在教室上课的情境照片展示在大屏幕上，让学生一看就知道自己的教师，要他们描述这些教师的特征，学生很感兴趣，都想描述，这样他们不自觉地就学会了较难的句子，并能灵活地运用。因为不同教师的特征是不同的，实际上要求学生对前面词汇也要很好的掌握，学生为了想说，会想办法去记这些单词。

(四) 有利于消除学生的紧张心理

教学艺术的魅力在于情感。情境教学法重视学生的情绪情感生活，集直观性、启发性、形象性、情感性于一体。情境教学的创设切合学生实际、切合教材内容、切合语言交际的实际，新颖而富于启发性。

教师在英语课堂上应调整对学生的情感，在举止、眼神语言上使学生感到和蔼可亲、可信，这样学生就会消除紧张恐惧的心理，踊跃发言，变被动学习为主动学习，为学好英语奠定可靠的心理基础。古人云："亲其师，信其道。"如果一个教师关心、爱护、尊重学生，学生也会爱教师、尊敬教师，还会把对教师的热爱转移到英语学科上，同时也会对自己充满信心。

(五) 有利于吸引学生的注意力

心理学家告诉我们，"注意"是学生认知客观世界、获取知识、发展智力和培养能力的基础。[①] 因此，英语教师应该采取受学生欢迎的教学方法，努力把课教得形象生动，最大限度地减少和排除分散他们注意力的各种干扰因素。

情境教学法通过创设各种生动有趣、贴近学生生活的情境、画面，能够集中学生的注意力，调动他们的积极性，使他们寓乐于学、寓学于乐，学有所乐、学有所得。

(六) 有利于降低学生对英语的理解难度

情境中创设的语境是语言赖以生存和发展的环境，也是语言交际所依赖的环境。语言意义的理解，以及语言功能的实现皆需通过语境。情境教学法正是要想方设法利用各种手段为学生创设一种学习英语的语言环境。在相应的语言环境中完成教学内容，降低学生理解语言的难度。

总之，根据学生个性发展和大学英语教学的特点，教师在课堂中运用情境教学是十分必要和行之有效的。情境教学法无疑是有效的，其中的"情境"可以在教学活动中起很大作用，它可以让学生在不知不觉中学到知识，感受到美。它架起了一座直观到抽象、感

---

① 须立新. 岁月无声，下自成蹊——课程群探索研究与实践 [M]. 南京：东南大学出版社，2014：132.

性到理性、教材到生活的桥梁。它解决的是学生认识过程中的形象与抽象、感性与理性以及旧知与新知的关系和矛盾。

学习不只是学生被动接收信息的过程，更是理解信息、加工信息、主动建构知识的过程。这种建构过程需要新旧经验，需要通过新旧经验的相互作用来实现。适宜的情境可以帮助学生重温旧经验、获得新经验，可以为其提供丰富的学习素材和信息，有利于其体验知识的发生和发展过程，有利于其主动的探究、发散的思考，从而有利于发展其认知能力、思维能力，提高其英语学习水平。

适宜的教学情境不但可以为学生提供生动、丰富的学习材料，还可以为其提供在实践中应用知识的机会，促进其知识、技能与体验的连接，促进课内向课外的迁移，让学生在生动的应用和活动中理解所学的知识，了解问题的前因后果和来龙去脉，进一步认识知识的本质，灵活地运用所学的知识去解决实际问题，增长才干。

从以上论述中可以看出，在英语课堂教学中运用情境教学，可以创设良好的英语教学氛围，提高英语教学效率，改善英语教学质量。

第三节　英语情境教学的操作程序与活动组织

一、英语情境教学的操作程序

（一）英语情境教学操作程序应遵循的规律

操作程序的设置应充分考虑学生的年龄特点、认知规律与知识特点，满足学生从知到会的需求，教学程序应是环环相扣、层层推进的。

其一，以学生为主体，设计符合学生认知规律的课堂教学流程，使发现、探究和合作等教学活动更切实、更高效。因此，教师在制定学生学习的阶段目标时，应沿着学生自然的认知规律进行。在这样的教学过程中，教学活动的每一个步骤都是学生自身的认知发展需求，都是"顺理成章"的，学生也能自然地融到教学活动过程中，主动思考、探究。教学活动有了学生的主动参与，也会更加高效。

其二，设计与学生接受能力相匹配的教学环节、内容和要求，拓宽学生个性发展、创造力发展的空间。教师既要设计好一堂课的教学内容、目标，又要设计好要达到总目标的步骤，要按照学生认知规律和学生的现实情况，设计与学生接受能力相匹配的教学内容。每个教学环节的教学内容、要求需要相互关联，由浅入深，这样教学活动就变成既是英语知识的学习形成过程，又是个性展示、创造力发展、综合素质提高的过程。

其三，创设开放、有序的教学氛围，鼓励学生大胆尝试、大胆创新，使学生间的合作、交流更加充分。教学氛围，作为教学活动的外在因素，常常潜移默化地感染着学生、带动着学生。开放的教学氛围，使学生的个性变得更加张扬，思维更加活跃，其学习也会有更广阔的空间；有序的教学氛围，保证了课堂教学的正常秩序和教学活动的正常进行，它是教师良好英语教学设计得以实施、教师主导性良好发挥的体现。

(二) 英语情境教学的具体操作程序呈现

英语情境教学的操作程序具有操作程序的连贯性、操作过程的灵活性、学习活动的自主性、教学方法的创新性、教学氛围的激励性等几个特点。其具体操作程序如下。

1. 创设情境，激发学生兴趣

任何有意义的语言交际活动都是在特定的情境中实现的。没有情境就没有语言的意义，因此，英语交际活动离不开语言的情境。教师必须创建与当前学习主题相关的、接近知识产生、使用的实际情境，通过教学内容、教学环境、教学语言的情境化，激发学生潜在的兴趣和求知欲，使学生可以进入积极的学习情感状态，形成强烈的达标意向，激发自己的联想和想象。

需要说明的是，利用偶发事件创设情境，活化教材内容为生活内容，是激发学生兴趣较有效的办法。

2. 设定目标，了解学习起点

教学目标的实现必须要在教师的主导下，教师要了解学生学习的障碍和需求，对其进行准确、恰当的定位，根据问题对学生进行具体的指导。教师通过语言描述、实物演示、角色扮演、现代化的多媒体手段等为学生创设一个个生动形象的教学情境，这可以激发学生自主学习的内驱力，诱导学生形成积极思维，点燃其思维的火花。在学生旧有知识与能力处于活跃状态之后，其要及时进行听、说、读、写各种活动。

总之，教师在教学过程中要根据不同层次学生在活动中出现的各种问题选择不同的教学方式，从而使每个学生在学习中都保持与所学知识能力同步的状态。

3. 构建情境，主动参与学习

学生围绕学习主题搜集信息，分析、辨别搜集的信息。在此基础上，学生之间、小组之间相互质疑问难，交流学习情况。学生要敢于质疑，大胆质疑。教师则要放手让学生自己解决问题，从而锻炼和发展学生的思维能力。

4. 情境探究，发挥主体能动性

学生对获取的材料进行分析和进一步的探究，探究形式包括学生个体自主探究、小组探讨、集体相互交流和师生相互释疑等。学生通过自主思考、感悟，寻求现象与本质、原因与结果等关系，最后由自己得出问题的正确结论。

教师要对学生通过不同认知而得到的答案给予积极的肯定，这能使不同层次的学生在各自原有的基础上获得进一步发展，也能使其享受到成功的喜悦，有利于其自信心的增强。

5. 抽象情境，构建新知识意义

学习者利用原有认知结构中的有关经验（"图式"）去"同化"和索引（分析检验、确认）当前学习的新知识，如果不能"同化"，则引起"顺化"，从而实现对知识意义的重新建构。在大学英语教学中，学生可以充分发挥语言学习中认知主体的作用，利用原有认知结构中的有关经验，去实现英语新知识的意义建构。

学生只有在进入积极的思维状态、良好的情感状态并有一定的短期动机的基础上，才能有效地进行英语学习活动。由于获得了丰富的信息，学生的思路得到了尽可能的扩展，学生也可以在更新、更高的层次上提出新的问题。学生在教师的引导下，对已经开始内化的语言信息进行进一步的语言实践活动,将内化的语言知识向技能转化,在转化中,学生凭借自身的努力与语言学习活动的体验,能获得更深的领悟。最后,学生在情感、思维、语言、策略等各种因素的综合作用下,在充分内化语言的基础上,开始独立将所学新知识技能通过活跃的思维活动运用于真实的或模拟真实的交际任务活动之中,从而实现其综合素质的发展,达到其自主创新学习的目标。

二、英语情境教学的活动组织

英语情境教学强调学生在教学中的主动参与和创新学习,而学生作为教学中的能动要素,其自主性和创造性的发展和形成往往受到一定的制约。所以,高校英语教师要精心设计行之有效的英语教学活动,营造精彩的英语课堂氛围,充分调动学生的主动性和积极性,让学生的眼、耳、口、身体等各感官都活动起来,激活学生的学习兴趣,发挥学生学习的自主性和创造性。

(一) 英语情境教学的组织形式

1. 互动交际式组织形式

主体性教学理论主张在教学过程中要贯穿活动性。活动是人类社会及其全部价值存在与发展的本源,也是人的生命、能力、个性品格形成与发展的源泉。① 活动是以交往形式展开的。大学英语教学是语言实践,与活动密不可分。

在大学英语教学中,教师应根据教学情况,设计和安排各种活动。按照一般的教学程序,活动类型大体可分为:呈现活动、练习活动、交际活动等。这些教学活动不仅强调师生之间的互动,更强调学生之间的合作互动。因此,教师要让每个学生在活动中都能充当一定的角色,要善于发现学生在各种不同的活动中所表现出来的长处,经常表扬和鼓励学生,使每个学生有机会获得成就感,获得学习的快乐,这样便能有利于学生兴趣的培养。

2. 直观、模拟情境组织形式

教师要创造性地运用现成的教具(实物、实景、教学挂图和教学媒体等),设计出适合学生年龄段的教学情境,使学生可以从感性上认识事物和现象,如利用图片、投影,采用问答式的方式边练边讲知识。

另外,教师还可尝试新的教法,即改变传统学单词、翻译、读、写四点一线的教法,采取由看说、听说学起,由实物或彩图引出单词或句子,或者直接以表演形式引出对话,让学生猜出意思,再让他们亲自表演的方法,这可以培养他们独立学习、应用的能力。

总之,教师要利用各种形象、直观的手段讲解英语语言知识,突出重点难点,把难点易化。重视在情境操练中讲解英语语言知识,在情境中进行精讲多练,以帮助学生扎实地掌握和运用语言知识。

3. 问题中心组织形式

以问题为中心的交流讨论是英语课堂教学中最常用的形式,它能减轻学生在语言交际活动中的焦虑心理,使他们表现出更大的学习自主性、积极性和创造性。

问题中心教学按形式可分为三类:第一,口头通知或小型报告与所学专题相关的内容

---

① 金跃芳. 英语情境教学理论与实践 [M]. 杭州:杭州出版社,2005:97.

和信息；第二，扩展性交谈，按照教师预先通报给学生的提纲进行交谈；第三，辩论，围绕教师提出的扩展性问题进行辩论。

问题中心教学可分为三个阶段进行：有准备发言、半准备发言和即席发言。教师在小组讨论时要确保学生不偏离主题，并适时指出学生在言语表达方面的错误，最后对交流讨论做小结。

（二）英语情境教学活动的组织应用

1. 创设情境，开展英语词汇教学

教师可以利用实物创设情境进行英语教学，这种情境形象直观，可加深学生对所学内容的印象。教授名词时，可以拿实物进行教学，也可以用简笔画导入情境，如在黑板左上角画一个太阳，让学生通过动作表现情境；教授方位介词时，教师可以边说边做动作；教表示家庭成员和职业的词汇时，教师可以让学生带来"合家欢"照片，并让学生互相介绍自己的家庭及父母的职业等；教表示颜色的词汇时，教师可让学生谈论各自喜欢的颜色、服装、学习用品等；教表示食品、饮料、运动的词汇时，教师可拿来实物或模型，师生之间和学生之间都可以借助这些实物进行英语对话。

2. 创设情境，开展英语句型教学

教师可以通过"添画游戏"让学生学习句型。学生的画各不相同，描述画的语言也各不相同。学生可以通过小组采访的形式了解别人的画与自己的画的不同之处，然后用英语汇报各自获得的信息或者转述他人画中的物品，在此过程中复习英语表述句型，以获得对语言知识的掌握。

除此之外，在课堂中开展传话、猜物、猜谜语等活动，运用面容、手势、姿势等体态表达教学内容，以及学生喜闻乐见的各种游戏等，都是很好的课堂情境教学形式。除用英语组织课堂教学、精心设计教学环节外，还可以借助具有文化特征的事物开展活动，为学生创设英语外部环境，提高学生的文化意识和正确使用语言的交际能力。学校在英语氛围的创设方面可以做许多工作，比如开展英语口语竞赛培训、英语歌曲比赛、书法比赛、英语黑板报等。

3. 每日一句与黑板报制作

黑板报、橱窗作为一种传统宣传工具，因其简洁、贴近生活的特性，至今仍为广大企事业单位所利用。它在高校的英语文化氛围营造上发挥了巨大作用。每天一进入教室，一块版面设计新颖美观、生动的大黑板映入眼帘，能够让学生始终处于学习英语的愉悦状态，黑板的内容可以是谚语等。

在强调知识性的同时，也要注重趣味性。大学生好奇心强，很想走进探索知识的新地带。为此，高校可以为大学生量身定做一份英语期刊，在上面刊登一些语言浅显、趣味性强的短小文章，同时辅以鲜艳可爱的卡通图画，这些画对相对成熟的大学生依然会有吸引力。教师也可以在黑板上配上卡通画，并在卡通人物上引出几个气泡，在当中写上几句简短易懂的话。

除了向学生进行隐性的意识渗透外，高校还应注意氛围的互动性，可以定期向学生收集风格各异的英语书写作品，或者把学生亲手制作编辑的英语报纸展现在橱窗内。黑板报、橱窗这些文化的载体，营造了校园的英语文化氛围，培养了学生的美感和语感，还使学生积累了英语语言知识。

4. 英语歌曲

教唱英语歌曲是高校英语教学的重要手段之一，它可以提高学生的学习兴趣，激发学生的求知欲望。当前，素质教育要求教师运用趣味多变的教学形式来吸引学生的注意力，教唱英语歌曲可以调动不同层次学生的积极参与，可以消除他们的紧张感和疲劳感，创造轻松和谐的课堂气氛。

在情境教学中，教师教唱英语歌曲可以体现在各项具体的任务链中。如在任务前，教师可以用一首欢快的歌曲集中学生的注意力；在执行任务中，可以用英语歌曲来完成对话、课文、语法及语言点的教学；在任务完成后，可以用歌曲进行总结和放松。总之，在英语教学中适当穿插英语歌曲是能够有效提高英语教学质量的。

优美欢快的曲调往往能深深吸引学生，走进这样一个回响着熟悉的英语歌曲旋律的教室，学生仿佛一下子被带入了一个英语学习的殿堂，他们会主动自觉地跟着节拍一起唱，这样其便能很快进入学习英语的情境之中。在英语歌曲的选择上一定要注意切合课文所学内容，有的歌曲是活跃气氛的，这样的歌曲可以放在新课内容较为容易的课堂上；在教授该内容的课前放出相应的英语歌曲，学生会更集中注意来听歌词内容，这使新课内容在课前便呈现在了学生面前，大大降低了其对新知识的陌生程度，有利于教材重点与难点的突破。以歌曲为切入点开始一堂英语课，既给了学生一个缓冲的时间，让他们可以尽快进入英语学习的情境之中，又能达到复习旧知识、引入新知识的目的。

5. 直观教具

人的感官越接近实物的原状，其接收信号所花的时间就越少，信息传输的速度也就越快，表象信号更容易被人接收。将这种心理学的感官原理应用于英语教学中的方法就是直观教学。实物是最常用的直观教具，教师在教学中常利用那些易于准备、便于携带的实物以及教室里的人和物，密切结合教材内容，巧设情境。

教师可以充分利用教室里的人和学习用品，比如创设失物招领的情境，让学生练习相关的英语对话。在展示不便携带的实物或较为抽象的概念时，图片和简笔画则是最好的帮手。实践证明，运用直观教具不仅能给学生以深刻的感官印象，诱发他们的求知兴趣，同时还能做到视听结合，使他们对所学内容快速形成正确的概念，从而牢固掌握。

6. 游戏

游戏在英语教学中的呈现方式比较灵活，充分体现了以教师为主导、以学生为主体的双主原则，使教学过程中的被动接受变成了教师指导下的主动获取，使学生愿意学、乐于学。

游戏应用于语言教学是人的学习心理的需要。这种学习行为是英语教学中有组织的课堂活动，具有以下特点：

其一，规定特定的任务或目的；

其二，有一套规则；

其三，参加游戏者彼此竞争；

其四，参加游戏者进行口头或书面语言交际。

在英语教学中运用的游戏有三条基本衡量标准：

第一，能否激发学生的兴趣，并使课堂教学多样化；

第二，能否增强学生对英语知识的理解和记忆；
第三，能否激发学生应用英语的动机。
在英语听、说、读、写四个方面的训练教学中，无论在国外还是在国内，游戏教学方式的采用率相当高。

以下是几种常用的课堂游戏教学方式，也是英语教学情境创设的有效手段。

（1）英语听力教学游戏

①听歌词

将全班学生分成三至四组，以小组为单位进行比赛。这种游戏有以下几种形式：一是歌词填空。以小组为单位猜歌词，听歌曲若干次，最先填对所有歌词的小组获胜；二是歌词排序。将每行歌词剪成小条，打乱顺序后分给每个小组，根据需要听歌曲若干遍，最先排序正确者获胜。

有些学生在听英语时有畏难情绪，而将音乐引进课堂教学后，教室里荡漾着英语歌曲的欢乐旋律，这有利于消除学生的心理障碍，营造轻松愉快的英语气氛。游戏一般既有知识性又具有娱乐性。

②听故事

把一则故事分成 A、B 两部分，把每组学生也分成 A、B 两组。A 组学生和 B 组学生分别在不同地点听故事 A 和故事 B，然后在原小组内将故事叙述完整，学生如果在讲述过程中遇到问题，教师应及时为其提供必要的帮助。这种听故事的新颖方法打破了"听后对答案"的传统英语听力训练方法，使学生产生强烈的好奇心和求知欲。同时，把听和说的活动有机地结合在一起，也可以极大地调动学生的学习积极性。

（2）英语口语教学游戏

①采访

教师提供一些贴近学生生活实际且学生感兴趣的主题，让几位同学充当被采访者，其他同学充当来自各电视台的记者，同学们围绕某一主题进行采访活动。学生在采访过程中进行热烈交流，课堂气氛达到高潮。学生们在这种模拟环境中会充分体验到参与英语教学活动的乐趣。

②辩论

教师准备一些写有英语单词的小纸片。例如，体育运动类单词，让学生 A、B 抽签后根据辩题进行辩论。这种小型辩论不分谁为胜方，只求学生有话可说，并看谁更言之有理。这种新颖的并富有挑战性的辩论游戏，往往深受大学生的喜欢。

（3）英语阅读教学游戏

口头拼板阅读。将一篇文章分成几部分并打印在不同的纸上，每个学生只读其中的一部分，同一小组的每个成员不仅要理解和记忆自己所读的这部分内容，并要准确地讲述给其他小组成员听，还要注意倾听和理解其他成员复述的部分。通过共同分享各人所获得的信息，各小组口头拼成一篇完整的文章。这一活动将英语口头表达自然地融入阅读活动中，将无声的阅读和乏味的听力变成为听、说、读多项技能相辅相成的趣味活动，增强了英语课堂教学的效果。

（4）英语写作教学游戏

①发电子邮件或电子贺卡

教师要求每位学生建立自己的电子邮箱；发邮件时，教师可根据教学进度确定主题，例如：介绍自己、介绍学校、介绍身边的故事、讨论热门话题等；可以发送给班级中的任何一位同学，或自己的教师，或笔友。教师可根据学生写作中出现的问题及时反馈。另外，学生还可在网上制作电子贺卡，并配以恰当的英语贺词。

②设计活动方案

教师可以布置任务，本周末班级将举办一个英语交流活动。学生4~6人自由组合设计活动方案（包括活动流程，嘉宾名单，主持人选，教室布置，调查同学最喜欢的食品，统计食品数量等）；各组派一名代表介绍所设计的活动方案，全班评选出"最佳活动方案"；全班按最佳活动方案准备英语交流活动，有部分同学负责将英语对话经进行整理、记录。游戏是情境教学活动的一种，它从学生的兴趣、生活经验出发，通过体验、参与、合作和交流的方式，发展学生综合运用英语的能力。

游戏教学为学生创造了宽松和充满欢乐的氛围。它寓教于乐，融言、行、情为一体，使英语课变得有声有色，多渠道、多途径地激发了学生的兴趣，促使学生积极主动地参与教学过程，并从中体验学习英语的乐趣，真正感受到英语的魅力。

7. 自编英语手抄报

教师指导学生自编英语手抄报，这对营造校园英语文化氛围、提高学生英语交际能力均起到了十分有效的作用。

自编英语手抄报的内容具体可分为两大类：语言知识背景与常识类和语言知识学习与运用类。在编辑过程中，教师可充分发动学生从各类报纸、杂志、书籍及网络中挑选有关内容，精心编排并编写成文，再配上恰当的图片，对于质量水平较高的报纸予以张贴，让大家共赏。

学生自编英语手抄报的编写方式可采取个人独立编写和分组集体编写。编写的内容可由教师结合教学内容定期指定，也可由学生自由编撰，一期报的主题可拟一个也可多个，这些都由具体情况而定。

这一方法符合洛扎诺夫提倡的暗示法。学生在编写过程中需要全身心的投入，即有意识的投入和无意识的自我投入。学习效率的提高需要一种轻松的、合作的气氛，学生自编英语手抄报，并在教室的墙上展示英语的相关信息，便于学生更好地利用外围环境进行英语学习。

一般来说，学生自编英语手抄报的语言材料形式多样，有短文故事、游戏笑话、歌曲诗歌、问答练习等，这些都有助于让学生树立英语学习信心，放松身心，并获得成就感。

8. 多媒体手段

英语学科的特点决定了英语教学以培养学生的"听、说、读、写"能力为主，而多媒体教学是利用多媒体技术，即视频、图像、音频、图形和文本的有机结合进行的立体教学，完全符合英语教学多层次的需求。

多媒体教学能够给学生提供一个真实的英语教学环境，学生能够在这个真实的语言环境中自主地发挥主观能动性，自主地安排学习内容以及自我把握学习进度，学生不再被动地接受知识，反而主动、积极地进行英语学习。可以说，多媒体教学真正地实现了以学生为中心的教学准则，并有利于提高学生的综合英语能力。

在传统的英语课堂教学中，每个学生的坐位不同，他们受到的客观因素的影响也就不同，如位于教室靠后的学生，他们常常会因为听不清楚教师的声音而无法获得理想的英语成绩。而在英语多媒体教学中,无论学生位于教室的哪个位置,他们都能够清楚地听见教师的教学内容。这是因为多媒体教学集音频、视频于一体,这在大班形式的大学英语课堂教学中,这一手段能够有力地解决传统英语课堂教学的弊端,从而优化课堂环境。

在传统的英语课堂教学中,由于教室空间的限制,每节课容纳学生的数量是有限的,最多只能容纳几十个学生,并且学生本身有着不同的学习条件,其学习水平也是不同的。而每节课的时间是有限的,英语教师只能在有限的时间、空间内对学习水平各异的学生进行教学。然而与传统英语教学不同的是,英语多媒体教学真正地打破了时空的限制,学生除了在课堂上可以进行英语学习之外,其在其他任何地方或任何时间都可以自由地学习。利用多媒体软件,教师还能给学生共享多方面的学习资料,真正地实现了学生在世界的各个角落随时可完成学习任务的目标。同时,这一学习过程也有利于培养和提高学生分析信息、解决信息的综合能力。

第四节 英语情境教学策略与评价

一、英语情境教学策略

(一)制定与选择英语情境教学策略时的注意事项

在制定与选择英语情境教学策略时要注意以下几点。

第一,不能将英语单纯地作为一门学科,而应在巩固、扩大学生的基础知识的前提下,发展学生听、说、读、写的各项基本技能,培养学生综合运用英语的能力。

第二,尊重和发挥学生的主体性,培养学生学习过程中的自觉性、自主性和创造性。

第三,课堂交际化,在课堂中进行大量的交际练习,教师应尽量多地安排师生之间、生生之间的交流活动,在交际活动中培养学生的交际能力和解决实际问题的能力。

第四,创设情境,在具体情境中,强调学生自己必须找出解决问题的方法(或答案)或以自己的行为表现来证明自己的学习过程和结果。

依据上述观点,从教的行为与学习行为的角度来看,在英语情境教学过程中,应运用以下操作策略来培养学生自主创新的学习能力和综合运用语言的实践能力。

(二)英语情境教学的具体策略

英语情境教学的关键是英语情境的创设,使学生在一定的情境下自然而然地融入其中,使英语学习成为轻松、快乐的活动。传统英语教学由于缺少英语情境的创设,教师单方面的讲解,学生单方面的记笔记、记单词,这种教学方法完全无法达到大学英语教学对听、说、读、写方面的综合要求,教学效果也并不好。因此,英语情境教学要注重创设英语情境。

1. 根据学生的特点创设情境

无论何种教学都要考虑到学生的特点,应按照学生的特点进行教学设计。学生有不同的家庭背景、不同的思维方式、不同的兴趣爱好，以及不同的发展潜能，教师应关注学生的这些个性差异，允许学生思维方式的多样化和思维水平的不同层次。

在英语教学中，教师应尊重学生的想法，不急于评价学生的各种做法，要引导学生比较各种做法的特点，鼓励其选择适合自己的学习方法，并在此基础上创设不同的教学情境。在不同的情境中，教师可以让学生扮演不同的角色，从而使英语词汇的掌握、语法的练习和口语的训练得到同步的强化。

2. 根据教学内容创设情境

教材是教学的依据，情境教学必须按照教材知识的逻辑程序进行合理的设计，把教学内容分成许多连续的知识点，再用问题把这些知识点串成一个系列。整个系列应该由浅入深、由简到繁地进行安排。

此外，还应该选择适合学生认知结构的方式，即建立教学中的问题与学生已有知识之间的关系，以促进学生的学习。只有情境与学生认知结构相匹配，教师才能在课堂上调动学生的学习积极性，学生才能积极思考，教学才能达到目的。

具体来说，在英语词汇教学中，教师可创设一种娱乐比赛的情境，在语法教学和口语教学及听力教学中，可以采取英文歌曲演唱会或比赛的形式创设出情境，也可以模仿电影的情节等创设情境，例如，把英文歌词当作完形填空，要求学生在听之前试着填入合适的词，然后边欣赏歌曲边检查答案，或者干脆让学生把空格的词或短语乃至句子听出来。

教师还可以根据戏剧教学法，对英语剧本结构进行分析，剖析剧中人物，让学生排演剧本，从时代背景、剧本情节和人物性格分析入手，结合讲解几个重点词语，让学生自己理解台词，把握剧中人物，适当进行课堂表演。

3. 利用现代教育技术创设情境

随着科学技术的不断发展，尤其是网络技术的产生与发展，以计算机为核心的现代教育技术已成为顺应时代发展的潮流。因此，在英语情境教学中，要充分利用现代教育技术创设教学情境。

实践证明，多媒体教学远远胜于传统英语教学。它声音、图像、文字等多种刺激并重，使师生闻其声、观其形、临其境，再现了生活的实际，传送了大量信息，从而加大了英语课堂容量，给英语课堂教学注入了新的生机和活力，使英语课堂教学效果达到最优化，能有效提高学生的听说能力和用英语进行交际的能力。例如，现代的学生对电影，尤其是美国好莱坞电影非常感兴趣，教师可以根据教学任务的需要，广泛选取大量的经典英文原版电影及片段，尤其是经典英语台词在教学中广泛使用。在原版影片中，由于角色、场合的不同，学生们既可以听到正规的英语，又可以听到许多非正规的英语；既能听到纯正的口语，又能听到常用的俗语、俚语等。其次，英语原版影片中的文化信息量大、生活面广，这为学生的口语交际提供了一个直观的语言情境，学生们不仅能学到许多的文化背景知识，又能学到许多西方国家的文化习俗，学到许多生活环境中人物的语言和表达习惯，这样就能帮助其真正掌握英语的交际使用方式。

总之，情境教学就是要在教学过程中引起学生积极的、健康的情感体验，直接提高学生对学习的积极性，使学习活动成为学生主动进行的、快乐的事情。情境教学要求创设的情境能够使学生感到轻松愉快、心平气和、耳目一新，能够促进学生心理活动的展开和深入进行。

二、英语情境教学评价

在英语情境教学中，教学评价必须结合具体情境进行，因为不深入具体的教学情境，就难以理解教师的教学行为是否合理，更难做出适当的价值判断。帕尔默（Palmer）曾说："世上只有一种诚实的方法可以用来精确地评价多元化的优质教学，就是身临其境。"① 境遇性教学需要的就是这种"身临其境"的评价。

（一）情境性评价概述

1. 情境性评价的内涵

情境教学评价是指在日常教学的真实情境中对师生行为进行分析并做出价值判断的过程。

情境性评价的本质是在不断变化的真实教学情境中，其选择适当的评价方法与手段对教师与学生的行为进行观察、描述、分析并做出合理的价值判断，满足不同主体的不同的发展需求。

情境性评价主要包含两个方面的基本内涵：一是情境性评价是内在于教学过程中的评价，要求评价者深入到具体的教学过程中对教师与学生的行为进行观察记录，评价脱离不了教学情境与过程。二是情境性评价的情境性与教育性，情境性评价提倡评价者与被评价者的交流对话，在相互理解与信任的基础之上，评价者通过与被评价者的对话，了解、尊重与理解被评价者的想法，通过双方观点的交流达到"视域融合"。

2. 情境性评价的特点

（1）强调评价的情境性

评价的情境性主要是指评价要深入并结合具体的教学情境进行。在这一点上，它与目标取向的教学评价有显著不同。目标取向的教学评价认为，为了得出客观公正的评价结果，评价者应独立于教学过程，因为评价者参与教学过程必会使评价结论带有偏见。而情境教学评价则认为，评价者若不深入具体的教学过程，就无法理解教学行为的正当性与合理性。由于情境教学评价强调评价者应处在真实教学场景中才能进行评价，因而评价更为真实可靠。

（2）强调评价的及时性

这主要是讲情境教学评价是伴随着教学活动而展开的，至少是在教学活动结束后立即进行的，否则它就脱离了情境。美国的教育评价专家斯塔弗尔比姆（L. D. Stufflebeam）认为，"评价最重要的意图不是为了证明（prove），而是为了改进（improve）"②。而要实现这种改进功能，重要条件之一是评价要及时，否则被评价者会因间隔时间过长而遗忘了当时的行为和感受，从而失去了从评价中进行学习的机会。

（3）强调评价的灵活性

情境性评价不能像目标取向的教学评价那样预先制定好评价的方案，然后逐步执行评价方案，而是在预定评价方案的基础上开始评价，在评价过程中再依据实际情境修订评价

---

① [美]帕尔默. 教学勇气——漫步教师心灵 [M]. 吴国珍，等，译. 上海：华东师范大学出版社，2005：144.
② 瞿葆奎. 教育学文集·教育评价 [M]. 北京：人民教育出版社，1989：298.

计划。它不固定地使用某一评价方法，而是根据情境选择和建构评价方法；不死守事先制定的评价步骤，而采取灵活的评价程序；不仅重视事先确定的评价项目，而且还非常重视教学过程中生成的评价项目。

（4）强调评价的主体性

这主要是指在评价过程中不能是评价者单方面地对被评价者进行鉴定，而是要求二者进行广泛的对话与交流，强调评价过程中要充分尊重和理解被评价者的意见和想法。

另外，情境教学评价还将自我评价纳入其中，因为从某种意义上讲，自我评价是最好的情境性评价，因为被评价者对情境最了解、最熟悉。

（5）强调评价的具体性

强调评价的具体性是情境教学评价的基本含义之一。评价的具体性主要体现在这样几个方面：不同的教学活动要采取不同的评价策略，在教学过程的不同阶段采用不同的评价策略，对不同的教师和不同的学生要采用不同的评价策略，等等。

（二）国内学者对英语情境教学评价的研究

国内学者从不同角度对我国传统英语教学进行了反思与批判，对于情境教学评价研究的关注度日益上升。

赵传兵指出，情境体验教学评价需要关注情境的真实性。教师可以根据学生真实课堂表现给予适宜性的评价。①

张玲则对教学评价的真实性做进一步研究，提出真实性评价是一种新的教育评价理念，在教学过程中，需要锻炼学生的评价能力，提高教师的专业素质，采用具体的评价标准，以优化真实性评价体系，在评价标准制定方面，从理论完善与实践层面提出优化策略。②

伍琴通过建构"三阶段四层"的教学评价模式，对高中英语课堂教学进行评价，让情境教学评价从理论走向实践。研究指出，英语教学评价的价值取向要从情境无关转向情境适应。英语课堂情境性评价立足于教学过程，关注教学过程具体教学情境，评价者深入评价现场，对叙述与教师的行为进行基于具体情境下的真实性的描述，通过对观察行为探索分析，找到教师与学生的不同需求、学习过程中取得的成就以及存在的不足，从而促进师生的共同发展。③

金跃芳指出，英语情境教学的评价遵循"全面性、发展性、渐进性和激励性"原则，并要注意以下五点：第一，体现学生在评价过程中的主体地位；第二，注意评价方式的多样性和灵活性；第三，注重形成性评价对学生发展的作用；第四，注重评价结果对教学效果的反馈作用；第五，终结性评价要注重考查学生综合运用语言的能力。④

（三）英语情境教学评价的终极目标

情境性评价扎根于教学情境，重视对教学的过程进行评价，注重评价主体与评价标准

---

① 赵传兵. 唤醒情意——地理情境体验教学［D］. 武汉：华中师范大学，2010.
② 张玲. 高中英语教学中的真实性评价［D］. 重庆：西南大学，2013.
③ 伍琴. 高中英语课堂教学情境性评价研究［D］. 重庆：西南大学，2015.
④ 金跃芳. 英语情境教学理论与实践［M］. 杭州：杭州出版社，2005.

的多元化、评价过程的动态性与交互性,以促进学生的全面适宜发展与教师的专业进步为追求的终极目标。

首先,大学英语情境教学评价着重对学生的综合语言运用能力进行评价,不仅注重对英语语言知识与技能的评价,同时注重对学生的情感与态度、策略与文化、过程与方法等方面的评价,强调对人的非智力因素进行评价,促进人的和谐全面发展。

其次,大学英语情境教学评价重视对教学中的静止不变因素的评价,同时更加关注对在教学过程中生成的动态变化的因素的评价,提出要采用不同的策略与多样的方法手段对变化中的因素进行评价。

再次,大学英语情境教学评价在重视量化的评价的同时更加关注质性的评价,在注重结果评价的同时更加关注过程的评价,运用表现性评价、档案袋评价、真实性评价对学生的学习过程进行全面的评价,以提升学生的英语学习兴趣与学习幸福感。

最后,大学英语情境教学评价是面向全体师生的一种评价形式,它尊重与欣赏学生的个体差异,在评价过程中发现评价对象的个性和多样性,建立多元、开放的评价标准,挖掘评价对象的各方面的潜能,促进教师与学生的共同发展。

(四) 英语情境教学评价方法体系构建

由于学生个体认知程度及个性存在差异,如果仅仅采用单一的评价模式或者方法进行评价,是不够客观公正的,因此,要对学生进行多形式、多层次的评价。传统的终结性教学评价方式已被实践所证明是极不科学的,不能适应现代英语教学的发展。因此,英语教师应该在英语情境教学中灵活采用多种评价形式。笔者下面介绍几种开放式的英语情境教学评价方式。

1. 角色扮演式

英语教师可以根据学生学过的对话内容,给出相似的情境和课文对话里学过的主要的单词和句型。让学生分组去准备,然后在下堂课上表演。教师根据学生在英语课堂上的表演进行评分,从口头表达能力、语音语言的流利程度、表演、反应、听力等方面对其进行评价。

2. 看图说话式

英语教师把全班学生分成A、B、C、D四大组,发给每组学生一张画或一组画。但规定的任务不同。如A组学生就那幅画或那组画提问;B组学生就那幅画回答A组的问题;而C组的学生就同一张或一组画描述那幅画上的内容;D组的学生看画给C组的学生指正。给学生一定的时间准备,准备好了,教师就可以把一张相同的画挂在黑板上,让A组的学生提问B组的学生。A组的任何一个学生都可以站起来向B组的学生提问。B组的任何一个学生可以站起来回答。然后让C组的学生描述画,D组的学生站起来给予指正。最后教师根据学生的表现评分。

3. 听故事或看故事进行复述

这种故事可以是课本上的,也可以选自其他书本,一般要选情节按照时间顺序发展的、条理性强、容易复述的英语故事。故事不宜太长,内容也不宜太复杂、太难。

4. 口头报告

教师可以给学生一个题目或一份简要的提纲,要求他们准备一段若干分钟的英语讲话,选题应是人人都有话可讲的人或事。

5. 讨论

教师可以把学生分成若干小组,每个组给一个话题,让他们用英语进行讨论,教师根据学生的表现评分。

(五) 英语情境教学评价的实施

情境教学评价的实施不可能有一个固定的模式,否则就违背了它自己所倡导的原则,但这也并不是说情境教学评价复杂到我们对其实践不能做任何说明的程度。在此,笔者不想为英语情境教学评价制定一个流程图,因为这根本不可能,所以就英语情境教学评价的实践提出若干基本要求。这些基本要求是在借鉴已有研究成果的基础上提出的。

第一,情境教学评价强调评价要与具体的情境和人物联系起来,反对使用刚性的原则和抽象的方法。在情境教学中,"评价要在适合于结果和内容被讲授的情境之中进行"①。教师在对学生进行评价时,不能只看考试成绩,而应了解学生的学习状态和学习过程。同时,对不同的学生应采取不同的评价途径和策略。管理者对教师的评价也应深入教师的工作过程,在对其有深入了解的基础上再进行评价。同样,不同的教师、不同的活动也需要采用不同的评价策略。英语情境教学评价强调评价的灵活性和变通性,反对用刚性的原则和抽象的方法去评价所有学生,其目的不仅是为了使评价更合理、真实,而且还为了发挥评价的改进和服务功能,因为参与了具体的英语教学过程的评价必然对英语教学过程有深入的了解,提出的建议也会更具有针对性和适切性。

第二,情境教学评价要求灵活地使用正式评价和非正式评价,反对机械固定地使用某种评价方式。只有在具体的情境中灵活地运用正式评价和非正式评价,评价才可能全面、真实、有效。正式评价和非正式评价各有所长,在某些领域(或时刻)用正式评价更好,而在另外一些领域(或时刻)用非正式评价可能会更合适,所以在具体进行英语情境教学评价时,教师不能主观地偏向于某一类方法,而应结合具体情境选择合适的方法。只要能达到有效评价和促进英语教学的目的,不论是正式评价还是非正式评价,教师都应积极采用。在具体的英语教学中,"评价不应也不能只有一种模式、一种标准,否则,评价就会丢失教育中更重要的东西"②。

第三,情境教学评价要注意发现和正视教学活动中生成的有价值的因素,而不能简单地用预定的标准来框定教学活动。在具体的英语教学中会有很多生成性因素,这些因素虽然处在预设之外,但有可能是非常有价值的。在预定式的英语教学评价中,这些因素通常处在评价之外,即使受到了注意,也是作为不利因素加以排斥的。英语情境教学评价不仅要注意英语教学中已经被教师利用得很好的生成性因素,还要善于发掘没有被教师注意和利用的生成性因素,并与教师进行交流、研讨,以达到改进教学、为教学服务的目的。当然,这并不是说在评价之前对评价活动不能有预设或计划,而是说不能死守预设和计划。实际的英语情境教学评价活动要以预定的评价计划为依据,但又要敢于和善于根据实际情境进行调整、修正,甚至放弃预定的评价计划,关键是要使评价活动有利于英语教学的改进。

---

① [美] Leigh Chiarelott. 情境中的课程——课程与教学设计 [M]. 杨明全,译. 北京:中国轻工业出版社 2007:76.
② 李雁冰. 课程评价论 [M]. 上海:上海教育出版社,2002:159.

第四章　高校英语教学中文化教学方法研究

语言与文化是不可分割的，在英语教学当中的关系尤其密不可分，因而在语言教学中应该加入文化教学。高校英语教学应该高度重视文化教学，以语言教学为基础，采用语言与文化双向教学的方式，只有这样才能更好地推动英语教学改革，提高学生的文化素养，满足跨文化交流的需求，最终达到英语交流目的，也只有这样才能真正有效地发挥英语教学的积极作用。本章对高校英语教学中文化教学方法进行研究。

第一节　语言与文化

一、语言概述

（一）语言的内涵

关于语言的含义，中外不同的学者从不同的角度出发，给出了不同的解释。

1. 外国学者的观点

（1）语言功能视角

萨丕尔（Sapir）指出，语言是人类特有的，非本能地利用任意产生的符号体系来表达思想感情和愿望的方法。[1]

舒哈特（Schuchardt）认为，语言的本质就在于交际。[2]

（2）语言的心理和认知基础视角

索绪尔（Saussure）认为，语言是表达思想的符号体系。[3]

在乔姆斯基（Chomsky）看来，语言是一种能力，是人脑中的一种特有的机制。[4]

（3）语言的结构特点视角

根据叶姆斯列夫（Hjelmslev）的观点，语言是纯关系的结构，是不依赖于实际表现

---

[1] [美] 萨丕尔. 语言论 [M]. 陆卓元, 译. 北京：商务印书馆, 1985：65.
[2] 王福祥, 吴汉樱. 语言学历史理论方法 [M]. 北京：外语教学与研究出版社, 2008：69.
[3] [瑞] 索绪尔. 普通语言学教程 [M]. 高名凯, 译. 北京：商务印书馆, 1980：36.
[4] [美] 乔姆斯基. 乔姆斯基语言哲学文选 [M]. 徐烈炯, 尹大贻, 程雨民, 译. 北京：商务印书馆, 1992：72.

的形式或公式。①

2. 中国学者的观点

吕叔湘曾说："语言是什么？就是我们嘴里说的话……说话的效用受两种限制，空间和时间。这两种限制都可以拿文字来突破……可是一般说来，文字只是语言的待用品，只是语言的记录。"② 后来，他又指出，"语言是什么？语言就是人们说的话（用文字把话写下来，当然还是语言）。"③

赵元任曾说："语言是人跟人互通信息，用发音器官发出来的、成系统的行为方式。"④

中国当代著名语言学家张世禄说："语言是用声音来表达思想的。语言有两方面，思想是它的内容，声音是它的外形；人类之所以需要语言，是因为有了思想，不能不把它表达出来。这是根据人类的表现性所做出的定义。"⑤

上述这些定义虽然各有侧重，但在人类语言的重要特征方面都达成了共识，语言是进行言语交际的一种形式，是一种口头与文字相结合的交际工具。

从上述定义中不难发现语言的本质特征，但是即便将所有定义相结合也不能保证界定的全面，即很难全面地说明语言的本质。因此，到目前为止，还没有一个统一的、被大家认可的、全面的定义出现。只能简单来说，语言是进行言语交际的一种形式，是一种口头与文字相结合的交际工具。

（二）语言的特征

1. 符号性

用甲事物代表乙事物，而甲乙两事物之间没有必然的联系，甲事物就是代表乙事物的符号。其中甲事物就是符号的能指（形式），乙事物就是符号的所指（内容、意义）。符号的能指与所指之间的关系是人为约定的。例如，作为交通信号的红绿灯，红灯代表禁止通行，绿灯代表允许通行，但红灯、绿灯与它们所代表的事物"禁止通行""允许通行"之间没有必然的因果关系，它们之间的关系是人为约定的。如果甲事物与乙事物之间有必然的因果关系，甲事物就不是乙事物的符号，如中医给人看病时往往要摸病人的脉搏，观察病人的舌苔，根据病人的脉象等可以判断病人身体的某个部位有病。而脉象等与身体的疾病之间有必然的因果关系，因此，不能认为脉象等是某种疾病的符号。

语言中的词语就是一种符号，具有符号的特征。语言是用声音即语音来代表意义即语义的，语音和语义之间没有必然的联系。并不是某个声音必然要表示某种意义，或某种意义必然要用某种声音来表示。语音和语义之间的关系是人为约定的，是由使用这种语言的社会成员共同约定俗成的。

---

① 刘润清. 西方语言学流派 [M]. 北京：外语教学与研究出版社，2002：56.
② 谢刚，孙海波，刘金铃. 英汉语用文化交际手册 [M]. 长春：吉林人民出版社，2013：1-2.
③ 谢刚，孙海波，刘金铃. 英汉语用文化交际手册 [M]. 长春：吉林人民出版社，2013：2.
④ 刘大椿. 人文大师：奠基性研究与创新方法 [M]. 北京：中国科学技术出版社，2012：358.
⑤ 张世禄. 张世禄语言学论文集 [M]. 上海：学林出版社，1984：32.

语言符号具有多方面的特征，主要特征有以下几个。

（1）任意性

任意性是所有符号的共同特征，语言作为一种符号同样具有任意性。正因为语言符号具有任意性，所以，同样的语音形式可以代表不同的语义内容，如多义词、同音词；不同的语音形式又可以代表相同的语义内容，如同义词。不同的语言也可以用不同的语音形式代表相同的语义内容。

（2）稳固性

虽然语言符号与其他符号一样具有任意性，但语音和语义一旦约定俗成以后就具有稳固性，不可随意改变。因为语言是社会交际的工具，如果语音和语义之间的关系随意改变，人们的社会交际就无法正常进行，语言也就起不到交际工具的作用。而其他的一些符号，如军事口令、暗号等，可以根据需要随时改变。

（3）渐变性

语言符号具有稳固性特征，但并不是说语言符号完全不能发生变化。因为语言是社会交际的工具，而社会在不断发展变化，如果语言符号完全不变，就不能适应社会交际的需要。为了适应社会的发展变化，语言符号也会发生变化，只不过这种变化比较缓慢，一般要经历一个较长的时间。

（4）线条性

语言符号的线条性，或称线性，是指说话时语言符号在时间上依次出现，像一根线条一样。因为人的发音器官只能依次发出一串音素、音节或词语。也就是说，语言符号在言语中只能有时间上的前后相继的关系，而不能有空间上的上下相叠的关系。而其他的一些符号有的具有空间上的上下相叠的关系，如各种图形符号等。

2. 社会性

语言是一种社会现象，具有鲜明的社会性，这一点人们从语言与社会的依存关系上就可以看出。

（1）语言依存于社会

语言是随着人类社会的产生而产生的。语言和言语能力是人类特有的，动物虽然也有自己特定的交际方式，但跟人类的语言有着本质的区别。大量的科学实验也提供了只有人类才有语言的证明。人们通过对猩猩、蜜蜂交际方式的研究，发现在它们的语言中不能分析出明晰的单位，音义结合大都是自然的，而且都是对情景刺激的感性反映，这种反映是与生俱来的，并不是后天习得的。总之，所谓动物的语言，缺少构成语言的基本条件，因此不能称之为语言。语言随着人类社会的产生而产生，为人类所独有，也必然随着人类社会的发展而发展，随着人类社会的消亡而消亡。社会的发展对语言的发展所起的巨大作用是十分明确的。社会集团的扩大，语言的服务对象和应用范围也随着日益扩大。社会分化和统一，语言也必然随之分化和统一。社会间的相互接触，也会使不同语言相互受到影响。即使在同一个社会里，社会的发展、制度的变更、思想意识的改变，都会促使语言系统中的词汇越来越丰富、语法结构越来越精密。

（2）社会不能没有语言

语言的存在和发展要受到社会的制约，社会的存在和发展也要受到语言的制约。首先，有了语言，人的祖先才能成为人，才能组成人类社会。人们从没见过没有社会而能有社会生活的情形，即使是在当今最落后的原始部落，如澳大利亚的土著民族，人们也会看到他们用语言在组织社会生活。就是今天人们所了解的北京猿人，他们也能够发出基本的元音、喉、舌、鼻部位的辅音及吸气音，尽管他们只能说一些孤立无联系的话。人类的社会生活不仅仅是朴素的群居，动物也有群居的本能，但它们却没有社会生活。社会生活是人类改造自然、共同创造劳动的工具、共同生产的生活。即便是两个人，没有语言作为彼此了解和交流思想的工具，无法协调劳动，生产活动就会停顿。所以，语言是维系整个社会的纽带。其次，语言也是推动社会发展的不可缺少的重要力量。语言帮助人们掌握先人或别人的思维成果，帮助人们掌握世世代代积累下来的劳动经验并加以发展。语言作为交流思想的工具和思维工具，帮助人们进行生产劳动、改造社会、改造自然、发展文化，传授知识。可见，社会的生存和发展一时一刻也离不开语言。

3. 系统性

（1）语言是由子系统构成的一个复杂系统

语言内部的构成要素有语音、语义、词汇、语法。这些要素有机结合，就构成了语言这样一个大的系统。而在语言使用的时候，还会加入语用的因素。

（2）各要素分别有各自的子系统

语言的各个要素尽管是紧密结合在一起的，但是仍然有各自相对独立的内部的系统，相对于语言这个大系统来说，也就是各自有各自的子系统。

①语音系统

语音系统的元素数量相对较少，一般分为元音和辅音两大子系统，各由若干个音位组成；元音和辅音又可结合成为音节，构成更高一级的使用单位；音高、音长、音强等因素则构成了语音的超音段成分。

②词汇系统

每种语言中的词语有数千到数十万之多，看起来似乎是一盘散沙，但它也有自己的内部系统。词语之间有分工、有联系、有层级，各个词语都是作为系统内部的一员而存在的。

③语法系统

语法包括词法和句法两部分。词法是词的结构和变化的规则，句法是用词语来构成句子的规则，词法和句法内部又可分若干子系统。各种规则相结合，构成了语言的语法系统。

④语义系统

语义是语言的意义内容，而意义的范围涵盖着客观世界和主观世界中的万事万物；这些万事万物都是有联系的，反映这些事物的语义之间自然也是相互联系的。如果人们说自然和社会、客观世界和主观世界构成了一个人类观念中的大系统，那么它们在语言中的反映——语义，自然也会构成一个系统。只不过这个系统太过复杂，所以人们对语义系统性的研究只能算刚刚起步。

二、文化概述

（一）文化的基本概念

1. 文化一词的来源

古汉语中的"文化"和现在的"文化"有着不同的含义。汉代的《说苑·指武》中第一次记载了该词，指出："文化不改，然后加诛。"这里的"文化"与"武功"相对，有文治教化的意义，表达的是一种治理社会的方法和主张。

我国《辞海》指出，广义的文化是指人类社会历史实践过程中所创造的物质财富以及精神财富的总和；狭义的文化是指社会的意识形态以及与之相适应的制度以及组织机构。①

cuhture 一词来源于拉丁文 cuhura，是"耕种、居住、保护和崇拜"的意思。它曾经的意思是"犁"，指的是过程、动作，后来引申为培养人的技能、品质。然后到了 18 世纪，该词又进一步转义，表示"整个社会里知识发展的普遍状态""心灵的普遍状态和习惯"和"各种艺术的普遍状态"。

2. 近现代学者的观点

英国人类学家爱德华·泰勒（Edward Burnett Tylor）对文化所下的定义可以算作是文化定义的起源，是一种经典性的定义，被学术界普遍接受和认同。19 世纪 70 年代，他出版了《原始文化》一书。他在该书中指出，从广泛的民族学意义来讲，文化是一个复合整体，包括了知识、信仰、艺术、道德、法律、习俗以及作为一个社会成员的人所习得的其他一切能力和习惯。②

萨姆瓦（Larry A. Samovar）等人是研究有关交际问题的学者，他们对文化下的定义概括起来就是：文化是经过前人的努力而积累、流传下来的知识、经验、信念、宗教以及物质财富等的总体。文化暗含在语言、交际行为和日常行为中。③

莫兰（Moran）认为文化是人类群体不断演变的生活方式，包含一套共有的生活实践体系，这一体系基于一套共有的世界观念，关系到一系列共有的文化产品。并置于特定的社会情境之中。其中，文化产品是文化的物理层面，是由文化社群以及文化个体创造或采纳的文化实体；文化个体的所有文化实践行为都是在特定的文化社群中发生的；文化社群包括社会环境和群体。④

张岱年和程宜山指出，文化是人类在处理其与客观现实的关系时所采取的行为和思维方式及其所创造出来的一切成果，是活动方式与活动成果的辩证统一。⑤

金惠康指出，文化是生产方式、生活方式、价值观念以及社会准则等构成的复合体。⑥

---

① 严明. 跨文化交际理论研究 [M]. 哈尔滨：黑龙江大学出版社，2009：2.
② 严明. 跨文化交际理论研究 [M]. 哈尔滨：黑龙江大学出版社，2009：2.
③ 闫文培. 全球化语境下的中西文化及语言对比 [M]. 北京：科学出版社，2007：26.
④ 李华钰，周颖. 当代英汉语言文化对比与翻译研究 [M]. 长春：吉林人民出版社，2017.
⑤ 闫文培. 全球化语境下的中西文化及语言对比 [M]. 北京：科学出版社，2007：27.
⑥ 金惠康. 跨文化交际翻译续编 [M]. 北京：中国对外翻译出版公司，2003：35.

总的来讲，文化可以分为广义和狭义两种类型，具体含义如下。

（1）广义的文化是人类从事物质生产活动和精神生产活动时所创造的一切成果。从这个意义上讲，文化实际是人类通过改造自然和社会而逐步实现自身价值观念的过程。

（2）狭义的文化是指精神创造活动及其结果。

（二）文化的特征

1. 动态的可变性

文化的稳定性是相对的，而可变性却是绝对的。文化的可变性具有内在和外在两种原因。

文化可变性的内在原因：文化是为了满足人类生存需要而采取的手段，文化随着生存条件的变化而变化。在人类文化史中，因为科技的发展导致了人们思想和行为的变化，所以重大的发明和发现都推动着文化的变迁。

文化可变性的外在原因：文化传播或者文化碰撞可能使得文化内部要素发生"量"的变化，"量"的变化也可能促使"质"的变化。社会的发展，以及国家、民族之间在经济和政治方面的频繁沟通、交流，都使文化不断碰撞乃至发生变化。例如，佛教的进入导致了中国传统文化的变化；儒家思想等也导致了东南亚文化的变化。

物质形态的文化比精神形态的文化变化得更快、更多。例如，发生在衣、食、住、行等方面的变化要比信仰、价值观等方面的变化更加明显。随着改革开放的不断推进，人们的衣、食、住、行等"硬件"都发生了巨大的变化，但是"软件"方面的变化并不明显。文化定式决定了中国人对西方文化的接受度是非常有限的，"同国际接轨"的多数属于文化结构的表层，而深层文化的差异永远存在。

2. 交际的符号性

文化是通过符号加以传授的知识，任何文化都是一种符号的象征，也是人们的思维和行为方式的象征。人类最明显的特征就是符号化的思维和行为，文化的创造过程也就是运用符号的过程，所以说人是一种"符号的动物"。在创造文化的过程中，人类将认识世界和理解事物的结果转化为外显有形的行为方式，因而这些行为方式就构成了文化符号，从而成为人们的生活法则。人们在生活中必然接受这些法则的规范和引导，世界是充满文化符号的。人们一方面不可能脱离文化的束缚，另一方面又在这种文化中展现人生的意义和价值。例如，在中国封建社会，服装的不同颜色代表着不同的地位等级，服装颜色成了特定身份的象征符号：帝王一般穿着明黄色的衣服，高级官员和贵族一般穿着朱红或紫色的衣服，中下层官员通常穿着青绿色的衣服，衙门差役常常穿着黑色的衣服，囚犯穿着赭色的衣服。然而，随着社会的发展，服装颜色的等级象征已不复存在，只是人们又给色彩和款式赋予了一定的审美意义。

文化和交际之所以具有同一性，就是因为文化的这种符号性特征。文化是"符号和意义的模式系统"，交际被视为文化的编码、解码过程，语言被视为编码、解码的工具。在交际中，误解是常见的一种现象，要想尽力避免误解的产生而使交际顺利进行，就需要交际双方对同一符号具有一致或相近的解释。在交际过程中隐藏着一种潜在的危险，那就是差异，交际的顺利进行要求交际双方共享一套社会规范或行为准则。

3. 观念的整合性

文化集中体现群体行为规则，某一群体成员的行为可能都会打上文化的烙印。因此，才有了中国文化、东方文化或西方文化等一些概念和说法，而主流文化又包含亚文化或群体文化、地域文化等。世界观、价值观等是文化的核心成分，社会组织、社会关系、社会地位等都属于文化范畴，文化规定着人们交际行为的内容和方式。由此可见，文化是一个由多种要素构成的复杂整体，在这个整体中，各要素互相补充、互相融合，共同塑造着民族性格。整个民族文化具有一个或几个"文化内核"，它发挥着整合文化的潜在作用。文化的整合性可以保证文化在环境的变迁中，维持在一定限度的稳定性。例如，在中国的传统文化中，融自然哲学、政治哲学和伦理哲学为一体的"天人合一"世界观，以及"经国济世"等精神元素，作为中国文化的"内核"，一直发挥着"整合"作用。由于不同文化有着不同的"内核"，必然导致在价值观念、认知模式、生活形态上的差异，如果交际双方不能理解对方的文化，就会导致交际冲突。

4. 民族的选择性

文化植根于人类社会，而人类社会以聚居集中的民族为区分单位，因此文化也是植根于民族的机体。文化的疆界一般和民族的疆界一致，民族不仅具有体貌特征，还具有文化特征。例如，同为上古文明，古希腊、古印度、古埃及和古代中国的文化各有独特性；同为当代发达国家，日本和美国、欧洲就存在着文化差异。当一个社会容纳着众多民族时，不可能保持文化的完全一致，其中必定包括一些互有差异的亚文化，使得大传统下各具特色的小传统得以形成。于是在民族文化的大范围内，多种区域性文化常常同时并存。

文化具有选择性。每一种特定文化只会选择对自己文化有意义的规则，所以人们所遵循的行为规则是有限的。文化的这一特点导致了群体或民族中心主义，因此，它对跨文化交际来说十分重要。群体或民族中心主义是人类在交际过程中的普遍现象，人们会无意识地以自己的文化作为解释和评价别人行为的标准，显然，群体或民族中心主义会导致交际失误，达到一定程度时会带来文化冲突。

第二节 文化因素在高校英语教学中的重要性

二、文化因素在英语教学中的作用

(一) 文化因素可以激发学生的学习兴趣

学习英语必须具有一定的学习动机，而动机又来自学习兴趣。对于这个问题，古今中外的教育家都有过不少精辟的论述。但是，中国传统的英语教学对此似乎还缺乏深度的认识和实践。这种现象不仅表现在教学中，也表现在教材中。心理语言学的基础理论告诉人们，兴趣是最好的教师，是学生学习活动的内驱力。西方文化的异域风情能唤起学生的好奇心、激发学生的学习热情。值得一提的是，文化因素不仅有利于培养学生内在的学习兴趣，激发学生的学习热情，而且也有助于调动教师授课的兴趣和积极性。由于教学活动不再仅仅停留在词形变化、遣词造句、语法结构等纯语言知识范畴，而是与教授语言中的文化背景知识同步进行，这就使教学内容和形式由原来的枯燥、单调转向生动和丰富，从而激发起教师教书的积极性和创造性。

（二）文化因素可以优化学生的知识结构

众所周知，文化因素通常是指所学语言本身向学生传授文化知识的，学生可以通过语言获取所学语言国的人文、地理、历史、政治、经济、教育、文化、社会制度、生活方式、风土人情、社会传统、民族习俗、言语礼节以及民族心理、伦理道德、行为规范、传统观念等一系列知识，从而使学生的知识结构发生"优化"。因此，文化教学能起到优化学生知识结构的作用。

（三）文化因素可以优化学生的能力结构

给英语教学移入诸如语构、认知、语用等交际文化知识，以及身势语、社交礼仪、交际环境、交际方法、交际态度等方面的非语言文化知识，这无疑能有效促进学生跨文化交际能力的生成。尤其是语用文化因素的移入，使学生在解决说什么的问题后进一步提升其语言的实际运用能力，防止和克服"社交语用失误"，即"因不了解谈话双方文化背景差异而影响语言形式选择的失误"，有效解决怎么说、怎样说更得体的问题。此外，文化因素还可以解决话语行为的准确度问题，并对交际模式的选择、话语结构的优化、个人言语行为能力的提高等，也都有直接的影响作用。这方面的例子不胜枚举，如英语中最常用的 Please 一词的使用场合问题就是一例。人们往往认为 Please 的意思就是相对于汉语里的"请"。但英语中让别人先进门或先上车时，就不说 Please，一般说 After you；在餐桌上请人吃饭、吃菜、喝酒或请人吸烟时，一般也不用 Please，而用 Help yourself to something。

（四）文化因素可以提高学生的社会文化能力

社会文化能力是知识背景的深层次结构，也是透过语言的外表进而对语言所反映的内容的综合理解能力，因此，它属于背景知识的范畴。在英语教学实践中经常有学生这样说：我的听力不好，我的阅读能力差，我记不住单词等。实际上，一个人能否听懂一段英语对话，读懂一篇英语文章和有效地记住所学的英语单词，并不完全取决于学生的听、读以及记忆的能力和技巧。在这些能力和技巧之外，有一个十分关键的因素——社会文化能力或文化理解能力问题。显然，文化因素的教学恰恰是以培养文化理解力即社会文化能力为出发点和归结点的。从另一个角度讲，英语教学的目的是培养学生的跨文化交际能力，而文化理解能力本身就是一种交际能力。所以，培养文化理解能力亦即培养跨文化交际能力，前者是后者必备的基础和条件。

三、英语文化教学的内容

英语文化教学的内容大致包括三个方面，即言语文化、非言语交际和交际文化。这既适用于研究不同语言的文化，也适用于同一文化不同层面的研究。在教学过程中，要有针对性地将两种不同文化进行对比研究，这样做可以让学生的认识更加深刻，理解更加透彻。

（一）言语文化

社会语言学家把言语当作社会行为，而且认为它集中反映交际双方的社会地位，集中反映出交际双方的"权势"或"平等"关系。"权势"和"平等"关系是各种不同文化中的一种普遍现象，每一文化或社会都有其独特的方式来表示这两种不同的社会关系。有些社会可能侧重"权势"关系，有些社会则可能会侧重于"平等"关系，而有些社会可能兼而有之。当然，中国社会中的言语在一定程度上是"权势"关系的标志，在美国社会中言语在很大程度上是"平等"关系的标志，并不意味着中国人不用言语来表示"平等"关系，也并不意味着美国人不用言语来标志"权势"关系，这种比较只是相对的。据文化相对论的观点，文化差异是普遍存在的，而且某一特定文化的标准、态度、规范、信仰等只能在自己的文化中按其特定条件加以理解；也就是说，不能用不同文化的标准、态度、规范、信仰来描述某一种特定的文化。根据这一理论，普遍的文化信仰或文化价值观是不存在的。当然，并不绝对否定普遍性的社会语言规则或言语使用规则的存在，只是在跨文化交际研究中，应把社会语言规则的差异放在首位。

（二）非言语文化

非言语交际（non-verbal communication）既包括手势、表情等，还包括不同文化对时间、空间、色彩的不同看法以及在听觉、嗅觉、视觉、触觉等感官方面的不同感知特点。与非言语交际有关的文化也是英语文化教学应该涉及的内容之一。一种文化的传播不仅靠言语行为，有时非言语行为也是传递文化信息、表达思想感情的常用手段。非言语行为包括言语行为之外的一切由交际者和交际环境所产生的刺激，这些刺激对于交际参与者都具有潜在的信息价值或意义，一旦这些刺激被对方感知就产生了交际意义。非言语行为包括说话时的语调、语气、语速、音量、身姿、手势、表情、服饰、体距（交谈时的身体距离）等。这些非言语行为都可用来作为交流信息、传递思想、表达感情的手段，在交际过程中扮演了十分重要的角色，有效地辅助了言语行为的实施，有时甚至具有"此时无声胜有声"的效应。非言语行为具有鲜明的文化特征，不同国家、民族对非言语行为的社会规范区别很大，甚至表示的意义正好相反。因此，非言语行为在跨文化交际中的作用就特别显著，对对方的文化习俗不熟悉或不了解，在编码、译码过程中处理不好，就会导致交际障碍，甚至引起国家和民族之间的冲突。非言语交际涉及文化、民俗、社会学、人类学等许多领域，运用范围广泛，其语义也很复杂。

（三）交际文化

交际文化主要包括称谓、问候与告别、道谢与答谢、恭维与赞美、委婉语等几个方面。下面介绍其中的两个。

1. 称谓

在中国，人们习惯使用称呼语来表示"权势"关系，主要表现在"头衔"和"敬辞"的使用方面。尽管世界上许多文化中的人们都使用尊称、谦称或敬语，但中国社会中这方面的运用尤其突出和独特。不论口语和书面语，礼貌称谓必不可少，而且称谓之中必须反映各自的社会身份。汉语中的称呼自成体系，"他称"和"对称"范畴表达形式最富于变化，而"自称"方式也种类繁多，别具一格。而在西方社会中，人们在称呼对方时常常是直呼其名，以此来表示说话人试图建立"平等"关系的愿望。英语中不分职务、职业和年龄的称谓语有 Sir, Madam, Lady, Mr, Mrs, Miss, Ms。以 Sir（先生、阁下）和 Madam 为例，Sir 和 Madam（夫人、女士、太太、小姐）是一组对应的敬称语，它们泛称社会上的男女人士，一般不与姓氏连用，它们表达的人际关系不亲密。Lady 是另一个用于女士的称谓语。

2. 问候与告别

问候语是交际双方见面时打招呼使用的程式化语言。各种文化有自身的一套问候语系统，主要功能是通过相互问候来联络感情，维系人际关系。中国人的问候一般很具体，英美人的问候不那么具体，他们不会问对方"吃了吗？""到哪里去？"等问题。他们一般只是简单地说"Hello.""Hi.""How are you doing?"对于这种问候，问的人不会太在意对方回答的内容，答的人也不用绞尽脑汁想怎么回答。教师要提醒学生注意各个民族之间问候习惯的不同，在进行语言交际时，避免误会。

英语国家的人结束交谈或访问告辞时所提出的理由总是自己因故而不得不告别，终止交谈或访问不是出于本人的意愿，而是因为其他的安排而不得已为之，因此总要提出不得不离开的理由，并表示歉意，如"I'm afraid I have to go."。此外，英语国家的人道别时主要是对双方接触的评价，以表达愉快相会的心情。例如：

It's really nice to see you again.

Thank you very much, I had a wonderful time with you.

I'm very happy to talk with you.

汉语的告别语显然比英语的告别语更为复杂，这主要是社会文化的差异所致。比如东西方不同文化背景的客人在别人家做客，在丰盛的聚餐结束后，告别时所用的礼貌语方面存在着惊人区别，西方人会说：

Thank you so much for a wonderful evening.

而中国人会说：

实在抱歉，给您添了不少麻烦。

(I am sorry, I have given you so much trouble.) 西方人使用感谢语来道别，而东方人则使用道歉语来道别。仅此一例就可见东西方礼貌行为差异之大。

第三节 英语教学中文化教学的误区

一、深层文化教学问题

对于高校英语教学、提高学生跨文化交际能力，很多专家学者都提出了建议在传授语言知识和进行语言能力训练的同时培养交际能力，尽可能具体化、形象化地传授文化背景知识，重视比较中外文化的差异，组织生动活泼的活动（如表演、讲座等），以提高学生的兴趣和积极性。这些讲解和活动无疑是必要和有用的，但是这些文化教学并没有触及英语文化的核心。

(一) 深层文化的内涵

英国文化人类学家创始人爱德华·泰勒 (Edward Tylor) 于1871年第一个提出文化的定义后,各门学科从不同侧面分别对文化进行了定义。①

文化是知识、经验、信仰、价值观、行为、态度、意义、层级观、宗教、时间概念、角色、空间关系、宇宙观累积的沉淀物,是人类千万年来通过个体和群体的努力获取的物质对象和精神财富。

文化可分为表层文化和深层文化,表层文化指已暴露的文化,包括服装、道路建筑物、饮食、家具、交通工具、通信手段、街道、村庄等。深层文化的范围远远超过表层文化,诸如思想、信念和评价之类的属于深层文化。深层文化主要是指软文化,即精神文化,其主要埋藏物是观念(包括传统观念与当今观念),而观念的核心是价值观念,深层文化包含的主要成分是观念,包括人权观、劳动观、婚姻观、发展观、宗教观、法制观、道德观、个体与群体观,价值体系是各种观念的核心,是文化的深层内核,是民族文化的精神实质,决定着文化的特征和风范文化总是在不断发展的,只有深层文化不太容易改变。文化"深层结构"是指个文化不曾变动的层次,它是相对于"表层结构"而言的,在一个文化的表面层次上,自然是有变动的,而且变动往往是常态。一个语言群体中的人按照他们的深层文化价值观来行动。

价值观是文化的核心,文化的其他部分像是洋葱的皮一样层层包裹着核心。

(1) 外层的皮是文化的可见部分,而内层就是文化的不可见部分,层与层之间都有联结,内层可以影响外层(不可见的部分影响着可见的部分)。

(2) 最外层的首先是符号,即词汇、手势、图画等;其次是英雄,即活着或死去的人物真实的或想象的,只要他具有在一个文化中被高度赞扬并成为行为楷模的特质;再其次是仪式,指为达到理想的目标在技术上并不必要的集体行为,但在一个文化中它是必需的,因为它使得个体限制在集体的准则内;最核心的是价值观。

(3) 学习文化,不仅要学习表层的文化(文学、艺术、食物、衣饰等),还要学习文化的核心(人们的价值观、信仰),这样才有助于人们更好地理解文化和与对方交际。

文化冰山论将文化喻为冰山(文化有可见和不可见的因素),文化中只有一小部分是可见的,例如食品、衣服、图画、建筑、舞蹈等,这些是视觉可以触及的。文化的更大部分隐藏在冰山下,例如观念、态度、喜好、爱、恨、习俗、习惯等,这些是触及不到的非物质存在。

(二) 目的语层文化教学的问题

语言是人与人相互接触时所使用的交际工具,是人与人之间传达信息或表达思想的媒介,语言不仅是符号系统和交际工具,也是使用这种语言的民族历史文化的载体。语言就像一面镜子,反映了民族历史、文化、心理素质的深层结构,隐形地规范着一个民族看待世界的价值标准和思维方式。相对于文化的深层结构而言,语法规则只是语言的表层结

---

① 王晓玲,曹佳学. 跨文化大学英语教学——理论与实践 [M]. 成都:西南交通大学出版社,2015:130.

构。文化的深层结构包含世界观（宗教也可作为一种世界观）、家庭观和历史观等。

世界观是一种文化对于神、人性、自然、宇宙、生、死、病以及其他与存在相关的哲学问题的取向，而宗教是文化中形成世界观的重要因素。家庭是最先教会孩子接触文化的，影响其观念和交流。历史则是传承过去的故事，影响观念并教会群体身份、忠诚和为什么而奋斗。

在英语教学中加强文化教学，更重要的是要关注到文化的深层结构、深层文化的差异，要注意高校英语教学中对目的语深层文化的忽视。中国学生在跨文化交际时经常出现文化方面的错误，表层文化的错误是容易改正的，但是那些和价值观、信仰等有关的"深层结构"错误，需要更多的努力和时间才能改正。由深层文化引起的错误比语言错误后果更为严重，很可能导致中国人和外国人在交际中的不愉快。例如社会学系的一名学生因故没去上外教的一次课，后来在校园里偶然碰到了外教，外教向学生述说由于她生病了，所以那节课没上成，这名学生听后高兴地说"这下太好了，我没缺课！我还担心自己错过了你的课呢！"结果他发现外教不太高兴。学生觉得不落下课程是重要的，他这样说实际上是想向外教表达他喜欢外教的课程，是对外教的一种褒奖，同时也表明自己是一名很用功的学生。但是外教觉得人是最重要的，她生病了，学生不但不表示关心反而如此高兴，真不可思议。学生表述时没有犯语法错误，却表现出两种文化由于深层原因在对待事物时价值观上的差异。

在培养非英语专业大学生跨文化交际能力的文化教学过程中，人们忽视了一个极重要的方面，即深层文化的输入，大学生在高校英语的课堂中触摸到的基本上是目的语文化的外壳。

二、目的语历史文化内容的缺失

在高校英语的课堂教学中，对学生进行跨文化交际能力的培养、有意识地输入目的语文化时，要有大文化的视野。但在实际的教学实践中，处理文化元素的方式却是任意和缺乏计划的，学生也只根据他们自己的兴趣来选择。比如教师讲运动时，补充介绍美国的美国职业篮球联赛；讲食品时介绍美式快餐；讲节日时，介绍圣诞节和感恩节；讲色彩时，说明红色在中国人和西方人眼中的不同；讲词语时，说明中国人崇拜龙，而西方人则认为龙是怪物等。这些文化背景知识、文化元素的输入使学生对目的语文化加深了了解，在跨文化交际中也是必要的，但这些散乱的介绍实际上割裂了文化的历史性和关联性。文化的各个方面都是相互联系的，一旦触及文化的某个方面，其他方面都会受到影响。

从微观方面，以美国总统大选为例，它涉及美国的两党政治、独立候选人、选举团制度、媒体的作用、黑人和少数民族以及妇女的投票权、第三党、国内国际政策等各个方面。如果在文化的输入中只关注某一点就会割裂整条文化链，反映在学生身上就是一知半解、似是而非。

《新视野大学英语读写教程》中第 1 册 Unit7、第 3 册 Unit1，共 6 篇课文，《全新版大学英语综合教程》中第 3 册 Unit3，共 2 篇课文，涉及西方国家尤其是美国的社会安全问题，课文内容暗示出美国人合法持枪造成的社会治安问题。与此同时，学生们在生活中接触到的新闻媒体也经常提到美国校园枪击案，有学生和教师出现伤亡，媒体热衷报道一些有轰动性效应的新闻，课本内容又未能全面介绍与此社会问题相关的文化背景，造成学生在认知上出现了偏差，例如社会学系的一名学生在和外教交谈时常常会提到美国的治安不好，没有安全感，还会询问外教有没有枪，当得到的答案是没有时，学生怀疑外教是不是在隐瞒。当遇到了一名华裔美国外教，这个学生又询问同样的问题。这位华裔美国外教明确地告诉学生说他没有枪，而且他居住的地方很安全，他可以深夜在屋外漫步思考，而不担心被抢劫或受到伤害。实际上学生对美国人合法持枪的认知局限于书本和媒体，课文选择的内容也背离了选择教材文化内容的原则。美国人崇尚枪支的文化、合法持枪的背后，是与当初美国人开拓西部时需要武器保护自己，与美国人的拓荒心态相关，同时拥有枪支也是美国宪法第二修正案赋予美国人的权利，不少美国人不把枪支当作一种工具，而是当作一种权利。并不是说宪法给了人民拥有武器的权利，而是说人民拥有武器的权利不可侵犯，这种权利在美国人看来不是任何人给予美国人民的一种恩赐，而是一种天赋人权，宪法规定的是任何人都无权对这种权利进行侵犯，人民有持枪和组织武装团体的自由，这是用于防止政府权力无限扩张的一种预防措施。

在对非英语专业大学生进行目的语文化输入时，应考虑到如英国、美国、加拿大、澳大利亚等以英语为母语的国家，其文化背景也是不同的，进行目的语文化输入时应考虑这些国家文化的共性和差异。

三、母语文化教学的缺失

（一）教材对母语文化的忽视

在高校英语教学中，人们过多关注母语文化和目的语文化的差异，为了让学生学好英语，人们刻意让学生沉浸在英语的氛围中力图消除母语文化的影响。实际上作为教材内容应包括：

（1）目的语文化材料，以英语为母语的地方文化；

（2）源文化材料，学习者自己的文化。教授文化时教师应该记住的是需要提升学生对他们自己的文化的意识。母语文化是与目的语文化进行比较的基础，这样方能显现目的语文化主要特色，同时提升对母语文化和目的语文化精华的深层理解，这样才能获得跨文化交际所必需的必要的容忍和敏感度。外语教师在向学生传授目的语语言文化知识的同时，还需培养其母语文化意识，使其具备能够用所学语言正确而有效地表达母语文化内容的能力。

英语教学目标、教材、教学中漠视了母语文化。在英语教学中，中华文化的含量几乎近于空白，使得许多有一定英文程度的中国青年学者在与西人交往过程中，显示不出自古文化大国的学者所应有的深厚文化素养和独立的文化人格。只有对本国优秀传统文化有了充分的认识和足够的修养，才谈得上理解他国文化，并逐步拓展自己的跨文化心理空间，对文化的多元性展现出一种恢宏大度和兼容并蓄的气度。

在跨文化交际中出现中华文化失语现象是值得人们思考的，中国大学生在用英语表述母语文化时存在很大的问题。例如在学校举办的博士生、硕士生英语暑期口语强化培训课程中，学生与外教谈到孔子时直接说"Kongzi"，外教不知所云，学生在英语学习中不知道孔子英文应用"Confucius"表述。当外教探询中国 Confucianism/Taoism（儒/道）传统时，学生却不知如何作答。不知道"三国""水浒"该怎么说，也不知道"端午""清明"怎样译,更无法向外籍教师介绍中国的文学、朝代、建筑、艺术、伦理等。高校英语教学忽略对母语文化的传授造成大学生对母语文化的表述不理解,不重视,使学生很难在跨文化交际中做到向外传输母语文化,使学生在学习的过程中容易盲目接受目的语文化的规范,而疏远自己的文化传统。

(二)教学过程中对母语文化的忽视

迁移(transfer)指早期的行为模式对学习新行为模式的强化或阻碍的影响。心理学中迁移是一种学习行为,通过迁移,学习者以前获得的有关学习技能的知识将影响他们以后学习或训练行为的结果。从效果方面,迁移分为:

(1)积极迁移(正迁移),一种学习对另一种学习的积极影响或促进;

(2)消极迁移(负迁移),一种学习对另一种学习的消极影响和干扰。

如果学习者以前的学习经历能产生积极的效果,就会促进学习者的学习效果,反之,如果学习者以前的学习经历阻碍了他们学习新的知识,就出现了负面的效果。

在语言学中,迁移指一个人的母语对外语的语言特征的影响。

当学习者使用目的语时,因为不太了解目的语的规则,因此,会受到母语和母语文化的影响,从而套用母语的规则,使用母语的语音、词义、结构或文化习惯。

个体倾向于迁移形式和意义,将母语中的形式、意义与文化置于目的语及其文化中。学习者母语的旧习惯有时会促进,有时会阻碍他们的二语学习。当母语的习惯和目的语的习惯不一致时就产生干扰。语言迁移有以下两个层面。

(1)当母语和目的语存在差异时,学习者的母语将会干扰目的语;

(2)当母语和目的语相似时,母语将会积极帮助目的语的学习。

迁移分为正迁移和负迁移,是目的语和其他任何以前习得的语言之间的相同和差异产生的影响。正迁移是使学习简单的迁移,当母语和目的语有相同形式就产生正迁移。在这种情况下,学习者的母语会促进目的语的学习。负迁移是使用母语的模式和规则导致目的语中产生错误和不适当的形式。学习者的母语文化和目的语文化之间同样存在差异和重合现象,差异会导致干扰,对目的语文化学习产生负面影响,重合现象同样会导致迁移,对目的语文化学习有辅助作用。

迁移是外语学习中的一种常见的现象。外语学习者常常会无意识地将母语的语言特点运用到外语学习上。语言是文化的载体,长期在母语文化影响下形成的思维方式和表达习惯必定会不自觉地迁移到目的语中,形成"文化迁移"(cultural transfer)。目的语文化与其他以前习得的文化之间的相同和差异产生文化迁移。文化迁移也分为正文化迁移和负文化迁移,当母语文化规则与目的语文化规则相似时,就产生正文化迁移;当规则不同时,就产生负文化迁移。两种文化越相似,迁移就越少。两种文化的差异越多,迁移也越多。负文化迁移常常导致交际障碍、误解,所以学者更加关注母语对目的语学习的负迁移。

负文化迁移指由文化差异产生的文化干扰,它表明人们无意识地使用自己的文化规则和价值观指导自己的行为和思维,去判断别人,特别是来自不同文化的人的行为和思维。行为主义学者认为迁移是习惯形成的结果,他们认为语言习得的过程是克服旧的习惯形成新的习惯,暗示学习者如果要学习新的语言必须断绝自己的母语。① 例如在英语教学中完全排斥母语和母语文化的行为,被认为是最有助于语言学习的做法。国内的研究中也更为关注汉语对英语学习的干扰。

我国的高校英语教学注意力长期主要集中在语言形式的教学,一直以来都是以语法、翻译法、听说法的教学方法为主。大学生学习英语时,自身已经有了一套母语规则,形成了母语思维习惯。已有的母语知识会对目的语学习产生影响,当母语和目的语规则相同时,会促进目的语的学习,产生正迁移;当母语和目的语规则的表现形式不同时,就会产生负迁移,负迁移常常会产生错误。母语的负迁移会在语音、语义、句型、语法等各个方面形成干扰,使学习者在学习目的语时很难摆脱母语的影响,例如出现"Chinglish(中式英语)"。母语的文化迁移也会使学习者用母语的文化规则去套用目的语的文化规则,出现文化方面的错误。母语是学习者的第一语言系统,英语是大学生在母语系统之后第二语言系统,学习者是在母语文化的背景中习得母语以及母语的文化规则。忽视了目的语的文化背景,在英语学习中,学生不可避免地会借助母语的规则和母语知识,将母语文化规则、模式套用到目的语上,出现文化干扰。正因为担忧负迁移影响学生的英语学习,而学生和教师在应试的压力下又忽略了文化的学习和传授,由于汉语和英语在时间取向上、思维上、篇章结构上差异和距离大,学好英语存在难度,所以国内的高校英语界应避免教学中以"己文化"度"他文化",导致文化"负迁移"的现象,强调尽量给学生营造英语环境,课堂上要求全英文授课,在高校英语教学中有意识地回避母语和母语文化教学,只关注目的语和目的语文化。

第四节 高校英语文化教学的原则与方法

一、高英语文化教学的原则

(一) 相关性的原则

相关性的原则就是传授的英语文化知识要与教材内容相关。英语教学中的文化教学应该和教材内容相关,讲解或介绍必须围绕教学内容展开,运用相关的跨文化语言材料对学生进行职业文化的渗透。文化教学不能与语言知识的学习和语言技能的培养相脱节,要把语言教学和文化教学有机地糅合在一起。

现在几乎所有的英语教材都选用原文材料,其中大部分内容既是语言知识学习的蓝本,又可作为极好的介绍英美文化的素材。如果把两者的学习很好结合起来,不但不会冲淡或影响学生基本语言技能的训练,反而会使他们对课文中的语言知识和文化背景有更深一层的理解和掌握。中英两种文化的差异体现在很多方面,学生不可能在一节课、几节课

---

① [美] 戴维·保罗·奥苏贝尔. 意义学习新论—获得与保持知识的认知观 [M]. 杭州:浙江教育出版社,2018:46.

的时间内解决全部问题，也不可能在一个课时里讲解全部的文化差异性。教材内容包含或涉及两种文化某一个方面的差异时，把这一方面两种文化的不同特点介绍给学生，不可扯得太远，否则，会给语言知识的传授带来影响。

（二）阶段性原则

阶段性原则是指文化教学的内容应该根据学生的语言水平和接受能力，充分考虑到学生的认知能力和年龄特点，遵循由浅入深、由简到繁、由现象到本质这样一条主线，循序渐进对文化内容进行逐步的扩展和深化。英语教学在起始阶段应与学生身边的日常生活密切相关并能激发学生学习英语的兴趣。在英语学习的较高阶段性，教师要通过扩大学生接触异国文化的范围，帮助学生拓宽视野，使他们提高对中外文化异同的敏感性和鉴别能力，进而提高跨文化交际能力。

（三）适度性原则

适度性原则是指教师在进行文化教学的时候，要注意教学的内容和教学的方法，要适合学生的语言水平和认知能力。文化教学的内容应考虑到该文化项目的代表性问题，对于主流的文化，有广泛代表性的文化，就应该详细讲解，举一反三。对于非主流的文化就要尽量少讲，避免带给学生不良的影响。教师还应正确处理好文化内容的历史性和共时性的关系，重点应在共时文化上，同时适时引入一些历史的内容，以便学生理解某些文化传统和习俗的来龙去脉。教学方法的适度，就是要协调好教师讲解和学生自学的关系。教师讲解的文化内容是有选择的、有限的。因此，英语教师应该成为学生课外文化内容学习的组织者和指导者，鼓励学生进行大量的课外阅读和实践，增加文化知识的积累。

（四）整合性原则

把文化纳入语言教学的框架，从单纯的语言教学向文化知识倾斜，使两者从分走向合，这是以语言教学的整体目标为依据的。教师必须把语言和文化当作一个整体看待，整体性原则就是从宏观着眼，微观入手，做到纵横结合、点面结合，这样更加有利于学生对英语语言知识和英语文化知识的学习。

多媒体教学技术的发展丰富了学习的手段，英语教师应适当利用多媒体技术来整合英语文化教学。教师要为学生提供学习文化内容的渠道，满足学生对文化学习内容层次和风格的需求。

（五）开放性原则

开放性原则就是教师不能把英语文化教学仅仅局限于课堂上。由于文化广泛而复杂的内涵及外延，想要在有限的英语课堂教学里完整地进行英语文化教学是不现实的。因此，在英语文化教学中，教师要充分利用第二课堂进行文化教学，培养学生的跨文化交际意识和能力，力图提高学生对中西文化差异的敏感性和适应性。

第二课堂活动主要包括组织学生观看英文原版电影、开设英语角、收听英语广播、鼓励学生大量阅读英语文化相关的书籍、报纸和杂志，留心积累有关文化背景方面的知识；还可主动与外籍教师交谈；举办专题文化讲座等。通过这种课外的延展活动，可以使学生逐步深入了解英语国家各方面的文化知识，例如文学、教育、政治、艺术、哲学、风俗习惯等。通过丰富多彩的第二课堂活动，也能激发学生对于英语学习的兴趣。[①]

二、高校英语文化教学的方法

（一）提问

提问是文化教学的基本方法之一。文化教学可以简单概括为提出关于在特定文化中谁在什么地点、什么时间做什么、如何做、为什么做的问题。采用提问的方法进行文化教学的优点是：体现了以学生为中心的原则，提高了学生的参与度；可以培养学生自己探索和发现文化特点的能力；把文化学习与语言表达训练结合起来；简单易行，容易操作，适合各种课堂和内容的教学。文化教学中的提问应该涉及文化的产品、习俗、观念和跨文化差异。比如，教师设计一些问题，包括对文化产品、习俗和观念的探讨，也包括对习俗和观念的比较。学生通过问答和互动，不仅了解了习俗的特点，也对自己国家文化进行了思考，而且通过回答问题也提高了英语表达能力，实现了语言学习和文化学习的结合。

（二）词语联想

词语联想是词汇文化教学的一种方法。词语不仅具有概念意义，还具有内涵意义，而词语联想的方法可以让学生看到词汇内涵意义在不同文化中的差别。词语联想这一方法的优点是：可以让学生了解到词语的文化内涵，并了解词语内涵意义的文化差异；加深对于词语的理解和记忆，扩大词汇量。

词语联想的教学步骤是：把具有丰富文化内涵或者文化差异较大的词语写在黑板上；让学生尽量多地想出与这个词语相关的词语；教师解释该词语在英语中的内涵意义是什么，包括褒贬色彩、象征意义及常用搭配等；把外国人会联想到的词语与学生们联想的词语做比较，使学生了解该词语含义的文化差异。不同文化的学生可能联想到不同的词语，借此可以了解这些词语在外语中的特定文化内涵。

（三）角色扮演

角色扮演是英语文化教学的重要方法，也是课堂交际活动的常见形式。使用角色扮演方法来学习文化的优点是：便于学生理解语言使用与语境之间的关系，提高言语行为的得体性；帮助学生理解语言使用规则与文化的密切关系，理解语言使用背后的文化含义；提高学生在真实环境中的交际能力；体现了语言形式、功能和文化的有机结合。

在英语教学中，角色扮演的活动可以包括以下的教学步骤：学习相关的语言表达方式；教师提供语言使用的具体情境；学生分组表演，实施言语行为；各组在全班表演，教师指出在外国文化环境中哪些是得体、礼貌的行为；师生讨论在不同文化中类似情景是如何表现的。

---

① 顾瑛. 浅谈高职公共英语文化教学的原则 [J]. 佳木斯教育学院学报，2014（1）：317, 320.

(四) 文化比较

英语教学是跨文化的教学，课堂提供了进行文化比较和跨文化互动的机会和平台。文化比较的方法在语言文化学习中占有中心的地位。文化比较作为文化教学的方法或活动，有以下的优点：通过比较可以加深学生对于不同语言和文化特征的理解；可以提高学生的跨文化意识和文化敏感度；可以培养学生对于不同文化行为和观念的宽容态度；可以增强学生对语言和文化学习的动机和兴趣。文化比较是大多数外国留学生都比较喜欢的课堂活动。

文化比较的内容范围很广，可以是词语含义的比较、语用表达和规则的比较，也可以是文化习俗和观念的比较。另外，文化比较的范围不局限于英语文化与学生自己文化的比较，也可以是学生之间不同文化的比较。让来自不同文化背景的学习者表达自己的看法或者叙述自己国家的习俗，都是在进行跨文化的对话和交流。教师的任务是为他们提供表达自己看法的机会，提供跨文化互动和交流的平台。文化比较往往是其他文化教学活动的一部分，如在角色扮演、小组任务案例分析等活动之后都可以进行跨文化的比较。

(五) 小组任务

小组任务是语言课堂的交际活动之一，也是任务教学法的主要方式。在文化教学中，使用小组任务的形式的优点是：活动以意义为中心，具有真实交际的特点；话题的讨论与语言形式的使用相结合，体现了语言教学与文化教学的融合；提高了学生使用语言进行互动和协商的频率和质量；小组活动可以降低学生的焦虑情绪，增强学生学习语言和文化的动机和兴趣。

小组任务形式多样，包括采访、交流看法、解决问题、问卷调查、辩论等影响小组任务能否成功完成的因素主要有两点：一是教师需要制作供学生使用的任务单，把任务具体化；二是要列出学生完成任务所需要使用的词语和表达方式。

(六) 观察与采访

观察与采访是人类学提倡的文化学习方法。对于在目的语环境中学习语言文化的学生来说，观察与采访是对学习很有帮助的文化活动。观察与采访的优点是：所获得的文化信息比较真实可信，可以帮助学生从局内人的角度来把握英语文化的特点；为学生提供了与当地人交往的机会，可以让学生锻炼用英语进行真实交际的能力；有助于培养学生对不同文化的积极态度，避免其对不同文化过度概括和刻板的印象；训练学生听、说、读、写的综合能力，是文化教学与语言教学的结合。

观察与采访的内容很广泛，可以包括观察和采访目的语文化的人们在家庭婚姻、交友、消费、高考、就业、留学、环境保护、衣食住行等方面的行为和观念。需要注意的是，课外的观察与采访需要同课堂的讨论和概括结合起来。

观察与采访这一学习方法的主要环节包括：教师在课上布置观察与采访的具体任务和要求，任务单要具有可操作性；学生在观察、采访中记笔记或者录音并做文字整理；学生在课堂上汇报和交流观察与采访的情况；全班对观察、采访的结果进行概括和比较，找出英语文化的一些特点。

第五节 高校英语教学中跨文化交际能力的培养

一、英语教学与学生跨文化交际能力培养

对于跨文化交际学的研究不仅有助于人们预见和解决现实生活交际中出现的诸多问题，增强人们对世界各国文化的了解，同时也可以拓宽语言研究的社会面，将语言研究和跨文化研究有机地结合起来，这不仅在理论上有必要，而且对于英语教学实践有实际意义。对这门学科的深入研究，不可以提供探讨语言交际的新的理论依据与角度，而且也可以使英语教学的内容得以充实与丰富。跨文化交际与英语教学密不可分，这是因为英语教学不仅传授语言知识，还培养学生的交际能力，尤其是灵活有效地运用外语进行跨文化交际的能力。因此，从这个意义出发，将英语教学看作跨文化教育的一环更加恰当。随着改革开放的深入，中国迅速地走向世界，社会对高校毕业生的英语实际运用能力提出了更高的要求。但是在这些方面，我们的教育却明显滞后。原因一方面在于普遍的应试教育带来的负面影响，另一方面在于传统的英语教育观还深深地束缚着教师的手脚。目前我国英语教学中存在的问题概括起来有三个方面。首先，把学习语法和词汇当作英语学习的全部。这样教育出来的学生不但发送信息的能力很差，而且获取信息的能力也很差，综合交际能力低下。其次，学习方法陈旧。受传统汉语学习的影响，学生的注意力往往集中在词、句的理解上，而较少注意篇章；往往重视信息的接收，却忽略信息的发送。最后，虽然学生的综合语言能力较强，但是跨文化理解能力差，缺乏社会技能。语言失误很容易得到对方的谅解，而语用失误、文化的误解往往会导致摩擦发生，甚至交际失败。

二、英语教学中学生跨文化交际能力提高的方法

（一）采用对比法，介绍不同背景知识

各个民族由于地域、生态环境、政治制度、历史背景、风俗习惯、价值观行为模式的不同，其文化特征也不一样。只有通过对比才能发现本国文化与英语文化之间的异同，从而获得一种跨文化交际的文化敏感性，加深对中外文化的理解，提高文化意识。教师可以在课堂上引入相关典故风俗，介绍风土人情，捕捉中西方背景知识的不同点，让学生通过对比来了解双方文化的差异，加深对英语国家文化的认识，从而养成得体的语言习惯。具体内容包括：（1）体态语对比，即对比中国人与英语国家人喜怒哀乐时的手势与表情、交谈时的体距以及体态语表意的异同。（2）中外称谓语、问候语和告别语的差异。（3）中国人与英美人对称赞时的不同反应。（4）中外家庭成员之间称呼习俗的差别。（5）英美人在行为举止、待人接物等方面与中国人的异同。（6）中国人与英美人思维与观念的差异。用对比法可提高学生对中西方文化背景知识差异的敏感度，使学生学到外语更地道。

（二）窄式阅读法

克拉申（Krashen）的"窄式阅读法"理论是有利于文化理解的阅读方法，其内涵为集中阅读同一话题的多篇文章，通过阅读理解文本中那些显性和隐性的文化信息，提高文化意识。① 克拉申认为，这种阅读总体上说是窄式输入。② 它对于第二语言的学习非常有效，可以集中提供某一专题的文化内容及其背景知识，使学生可以在较短的时间内熟悉某一文化专题的词汇、题材、风格及文化内容。这种方法有利于学生对英语国家文化背景知识进行全面的整体把握，拓宽知识面，开阔眼界。

（三）营造文化氛围，体验异国文化

英语教师的任务是给学生创造和提供真实的、逼真的语言交际环境及情境并创造性地运用语言的机会，从而使学生在语言使用过程中自由表达他们的思想情感。结合教学内容让学生改编对话进行表演，使学生身临其境地感受语言和文化，同时注意其中有意义的文化细节，提高学生对文化的敏感性和意识。这其中包括问候、致谢、称呼等习语和委婉语、禁忌语的得体运用。

高校英语教学的课时也非常有限，学生不能仅依靠教师在课堂上的教学来培养跨文化交际能力，还必须充分利用课外时间广泛阅读英语文学作品、报纸杂志和时事评论等材料，从中吸取文化知识，增强文化素养，拓宽西方文化视野，提高跨文化交际能力。

具体到跨文化交际能力培养的实践操作上，大家认同文化教学与语言教学有机结合的方法。

1. 运用文学作品分析进行文化教学

文学作品分析是语言教学的一个常见手段。中国很多英语教学活动都是通过分析语篇进行的。文学作品蕴含丰富的文化内容，语言形式经典，因此，在文学作品分析过程中同时进行语言教学和文化教学是必要的，也是可能实现的。传统的语言教学也有文化内容的讲解，只是教师并没有将其列入教学目标。在教学中，教师应将二者结合起来。

2. 词汇教学与文化教学的结合

任何语言的词汇都承载着丰富的文化信息，每个词所包含的文化内涵是词典都无法穷尽的。词汇及词汇的使用具有浓厚的文化特点，教师在进行词汇教学时就必须介绍该词的文化内涵，尤其要呈现出词汇在真实文化语境中具体使用的情况。在目前的英语教学中，教师通常只是给学生解释从词典上抄来的解释，很少能将其中深刻的文化意义传达给学生。学生对于枯燥的词汇学习被动接受，无法做到在真实的交际环境中运用。在词汇的教学中，教师除了将词汇的本义、内涵全面介绍给学生，还应该多设置一些真实的文化语境进行操练，使记忆词汇转变为词汇使用。例如，学生在学习描写人物的形容词时，可以选择一些真实的历史人物或学习者感兴趣的人物，让学习者进行描述，这样不仅掌握了词汇的含义，还有机会了解它们的内涵；不仅使词汇学习生动有趣，而且将文化学习落到实处。

---

① 王方清. 基于窄式阅读的英语读写教学实践[J]. 英语教师，2019，19（15）：57-60.
② 陈欢欢. 窄式阅读模式的理论探析[J]. 校园英语，2017（32）：52-53.

3. 阅读教学与文化教学的结合

阅读教学被认为是最容易与文化教学相联系的教学活动之一，只要人们选择包含文化内容的阅读材料就可以实现语言教学和文化教学的有机结合。但是目前很多教师还不能很好地利用阅读教学的优势进行文化教学，或是受传统的语言教学方式影响，教师在阅读教学中重视学生的阅读速度、理解力、语法词汇、句型，却忽略了篇章中蕴含的文化信息。要真正实现阅读教学和文化教学的有机结合，必须在确定教学目标和教学内容时考虑文化教学的需要。在实际教学中，教师可以通过设计阅读前和阅读后的任务将学习者的注意力吸引到篇章的内容上，进行相关的讨论和学习。

4. 听说教学与文化教学的结合

听说活动使学习者有机会切实感受跨文化交际过程，提高交际能力。就文化教学而言，人们要选取真实的、能够反映英语文化或本族文化的听说材料。在编写这类听说教材时也要注意考虑学习者的语言水平和语言学习的需要，包含的文化内容要将语言学习的需要与文化教学的需要结合起来，使学习者系统地学习文化知识，增强文化能力。跨文化英语听说教学应该充分利用多媒体教学手段，这不仅有利于提高学习者进行语言交际的积极性，而且有利于满足跨文化交际能力培养的需要。听说教学将跨文化交际的真实情境形象地呈现给学习者，有利于学习者提高跨文化交际能力。

5. 写作教学与文化教学的结合

写作教学通常贯穿于英语学习的各个阶段。不同阶段写作的体裁、内容和要求都各不相同，但是都可以将其与文化教学相结合。初学者可以通过所学的词汇和语法知识讲述自己的经历，表达自己的思想，从而巩固所学的语言知识，学生完成作文后，教师可以一方面指出作文中的语言使用错误，另一方面就文章的内容进行讨论和比较。

随着跨文化英语教学思想的不断深入，教师会有更多更好的方法。教师要转变教学观念，真正做到语言教学和文化教学有机结合，既要促进学习者英语交际能力的提高，又要培养他们的人文素质，只有这样，跨文化交际能力才能得到提高。

（四）教学中导入文化背景知识

语言是文化的载体。通过学习一门外语，学生可以了解异国的文化与社会有利于学生在将来的多元化社会中学会理解他人、尊重他人。语言又是文化的写照，不仅反映文化的形态，而且语言结构部分或全部地决定人们对世界的看法。语言和文化是密不可分的，人们用语言来记录和评价客观事物，语言的应用无不受到文化体系的影响和制约。因此，要掌握两种语言，必须掌握两种文化。学生只有跨越英语国家的文化障碍，才能做到交际的得体与妥当；提高语言语用能力，才能从真正意义上实施素质教育。反之，学生会因语义、语用及思维习惯和文化习惯的差异在交际中出现失误与不得体。在英语教学中，文化是指所学语言国家的历史地理、风土人情、传统习惯、生活方式、文学艺术、行为规范、价值观念等。学生接触和了解英语国家文化有益于对英语的理解和应用，有益于加深对本国文化的理解和认识，有益于培养世界意识。在教学中，教师应根据学生的年龄特点和认知能力，逐步扩展文化知识的内容和范围，使学生了解英语国家文化及中外文化的异同；英语教学中涉及的英语国家文化知识，应与学生身边的日常生活密切相关，并能激发学生学习英语的兴趣。教师要通过扩大学生接触异国文化的范围，帮助学生拓宽视野，有利于提高对中外文化异同的敏感性和鉴别能力，进而提高他们的跨文化交际能力。

(五) 语言教师的素质提高和角色转换

教师是教育的执行者，教育教学能力是衡量教师能力素质的最主要的因素。他们的专业发展在很大程度上决定教育教学质量，决定学科的长远发展，决定学生的发展程度。重视英语教师自身的专业发展，将成为"研究型"教师作为自身努力的方向。在我国目前的教学体系中，英语教学多半只在课堂上进行，教师起着绝对的主导作用。教师只把重点放在语法和词汇的教学上，学生就不可能学会语言的实际运用，也无法获得跨文化交际的能力。因此，授课教师必须要转变自己的观念，切实认识到文化冲突的危害性和培养学生跨文化交际能力的重要性，不断加强自身理论及文化素养，努力将自己从课堂的主导者、机械的知识传授者转变为学生学习活动的辅助者、指导者。

实现跨文化交际是高校英语教学的根本目的。全面提高英语教学的效率和质量，提高学生的英语语用能力，是中国教育面临的重要任务。教师在英语教学中导入跨文化的内容，有利于学生打开眼界，拓展思路，提高学生的综合素质，使其得到一定的艺术修养和中外文化精髓的熏陶，具备一种新的文化意识；有利于提高学生的实践能力和创新能力，减少语用错误。教师需要正确认识跨文化交际教育在英语教育中的重要地位，提高跨文化交际教学在当前教学中的地位和认识，并在课堂教学及课外辅导中全面反映出来，为培养具有跨文化交际素质的人才而不断努力。

当今世界各地交往日益密切，了解各国的文化已经成为重要的教学内容，跨文化交际文化教学越来越受到大家的关注。文化教学就是通过比较不同文化间的相同点和不同点，对文化进行解读，增强不同文化间的理解与沟通，培养学生具有包容不同语言、文化、思想、行为的意识和进行有效沟通的能力。

第五章　高校英语教学中多模态教学方法研究

现代网络技术在大学英语教学改革中发挥着不可或缺的作用，多模态话语分析理论正是把现代网络技术的功用与受众对于知识获取的感官模式紧密联系在一起，在高校英语教学中，两者的有机结合将大大改善学生的学习效果和效率。本章在梳理多模态理论研究的基础上，对多模态教学方法在高校英语教学中的应用展开了系统的论述。

第一节　高校英语多模态教学的理论基础

多模态外语教学通过多种模态同时刺激听话者的感官，调动学习者多种感官协同运作，以加深印象、强化记忆、提高交际的有效性。它以功能语法为理论基础，以社会符号学为视角。为了达到调动学习者多种感官协同运作的目的，在具体的教学中采用不同的媒体与信息传递方式进行学习。模态与媒体之间的关系归根结底是话语和技术的关系，两者存在着内在联系的这种思想有传播学的理论依据。

一、系统功能语言学理论

系统功能语言学把语言当成是人类交际的其中一种资源，探究的是人们如何运用语言去表达自己的思想和达到交际目的，因此，涉及的面非常宽广。韩礼德（Halliday）创建的系统功能语言学，主要由融为一体的系统和功能两个部分组成。① 系统是由一系列语言功能选项组成的集合，功能是系统中体现的语言意义和价值。该理论以语义为核心，建立在一个基本假设之上，即在最底层上，一切语言都离不开交际中的语言运用本质。根据系统功能语言学理论，语言要同时体现三种元功能——概念功能、人际功能、语篇功能。概念功能，即语言表达人类的经验和逻辑关系的功能；人际功能，即语言表达交际者之间的交流关系和角色关系以及社会地位的功能；语篇功能，即语言表达语篇和语境的关系，以及语篇内部的组织功能。

多模态外语教学的理论即从系统功能语言学那里接受了语言是社会符号和意义潜势的观点，认为语言以外的其他符号系统也是意义的源泉；接受了系统理论。认为多模态话语本身也具有系统性；接受了纯理功能假说，认为多模态话语与只包含语言符号的话语一样，也具有多功能性，即同时具有概念功能、人际功能和语篇功能；接受了语域理论，认

---

① 孙自挥. 外语教学模式创新实践 [M]. 成都：四川大学出版社，2014：44.

为语境因素和多模态话语的意义解读之间有着密不可分的联系。

系统功能语言学可以作为多模态话语的理论框架。这个框架主要由五个层面的系统组成：（1）文化层面，包括作为文化的主要存在形式的意识形态和作为话语模式的选择潜势的体裁或者称体裁结构的潜势。（2）语境层面，包括由话语基调和话语方式组成的语境构型。（3）意义层面，包括由几个部分组成的话语意义及概念意义、人际意义和语篇意义。（4）形式层面，实现意义的不同形式系统，包括语言的词汇语法系统，视觉性的表意形体，听觉性的表意形体和听觉语法系统，触觉性的表意形体和触觉语法系统等以及各个模态的语法之间的关系，分为互补性和非互补性的两大类。互补性包括强化和非强化两类；非互补包括内包、交叠、增减、情景交互。（5）媒体层面，是话语最终在物质世界表现的物质形式，包括语言的和非语言的两大类，语言的包括纯语言的和伴语言的两类。非语言的包括身体性的和非身体性的两类。身体性的包括面部表情、手势、身势和动作等因素；非身体性的包括工具性的，如 PPT、实验室、实物（投影）、音响、同声传译室等。

二、韩礼德的社会符号学理论

社会符号学以韩礼德的系统功能语言学为基础。社会符号学关注的是特定于某一文化某一社团的符号实践。社会符号学优先研究的是把指称行为作为实例，并把社会的指称实践作为经常的、可重复的、可识辨的类型。它认为社会有意义的行动构成各种文化（社会符号系统），文化就是相互连接的对社会具有意义的实践系统。我们依赖这种系统使这些实践和其他实践具有意义，不仅是通过清晰的信息传递，也通过所有形式对社会有意义的活动（说话、画图、烹调、建筑等）。

模态是可对比和对立的符号系统，比如，我们感受客观世界的视觉、听觉、触觉、味觉、嗅觉是不同的感知模式，再具体说，写文章、唱歌、跳舞是采用符号表达情感的模式。韩礼德1978年关于信息传递的社会符号学理论推动了多模态表达的研究，通常而言，教室中的多模态信息传递有三个理论基础：首先，物质的媒体经过社会长时间的塑造，成为意义产生的资源，可表达不同社团所要求的意义，这就成了模态。所有模态具有表达意义的潜势。非社团成员不能全部懂得这些意义，因为模态和意义具有社会的和文化的特殊性。其次，作为言语的语言模态和作为书面语的语言模态以及其他模态往往是交织在一起的，在信息传递语境下它们同时存在同时操作。这种互动本身就产生意义，使用者经常对表达和信息传递的模态加以改变，以适应社会的信息传递需要，这样，已有的模态被改造，新模态被创造。

三、认知心理学理论

现代认知心理学是以信息加工观点为核心的心理学，又称为信息加工心理学。它研究与人的认识活动相关的全部心理活动，包括知觉、注意、记忆、言语、问题解决和推理等。认知心理学理论认为，学习是构建意义的行为。"构建意义"是指学习者在与外部环境互动时，构建自己所理解的意义。学习行为分三个过程：外部环境互动，获取信息；大脑处理外部环境互动获取的信息，构建意义；学习效果的外部行为表现，获取实践能力。

信息获取方式包括：视觉、听觉、触摸、嗅觉、味觉、空间感和身体效仿。构建意义时，大脑通过视、听、触、嗅和味五个模态（感官）处理与外部互动信息。实践能力包括听、说、读、写、译、体态等能力。模态是可对比和对立的符号系统。媒体是符号分布印迹的物质手段，如产生语篇采用印刷的或手写的手段，说话时发出的声音、身体的动作或计算机显示器上的光脉冲。

多模态外语教学在各种模态的协调合作状况下，有效地避免了英语课堂教学教师"一言堂"的传统教学模式。通过借助于多种教学方式和教学手段将学生的口、鼻、耳、身体等调动起来参与语言的学习。

四、麦克卢汉的"媒体是人体的延伸"理论

加拿大著名学者、传播学理论家麦克卢汉（Mcluhan）在其《媒体通论：人体的延伸》一书中提出如下论点：①（1）媒介即信息。人类社会思想、行为等的发展变化，取决于传播媒介的性质，而不是取决于传播的内容。这里的媒介，除指大众传播媒介外，还泛指一般工具或科学技术，如电报、火车、飞机、印刷术等。（2）媒介是人体的延伸，媒介的第一位功能不在于传播信息，而在于人体某部分的延伸；而每一项新的创造，都会引起人类生活或社会结构的变化。拼音字母的视觉分离性曾使原始社会解体，而电子媒体的出现则把人类紧密地联系在一起，使全世界变成一个"地球村"。（3）传播媒介分凉热两类。凉类指"低清晰度"的延伸人体的传媒，如电视、漫画等。它们并不充满信息，允许受传者参与其间进行补充，受传者需要付出最大程度的想象力，才能从符号跳到对实体的认知。热类指"高清晰度"的延伸人体的传媒，如报刊、广播、照片等。它们之作用于人的某一感官，充满信息，受传者不需任何想象上的努力就可以从符号向现实的图景飞跃。所谓清晰度的高低，是指媒介所含信息量的多寡。

"媒体是人体的延伸"理论对媒体的本质进行了精辟的分析，给教育带来了诸多方面的影响。在教学过程中，教学媒介是学习者人体的延伸，扩大和提高了人的感觉和思维能力。比如，无线广播是对学习者听觉的延伸；图片、报刊、实物展示等是对学习者视觉的延伸；图片、视频以及多媒体教学工具的使用是对学习者视听觉的延伸。由于电子媒体阶段的到来以及众多现代教学媒体的产生，教师在教学过程中不再是单一的书本知识的教授和灌输。教师可借助于各种教学媒介，如投影仪、多媒体、图片、影视视频等调动学生的各种感官协调运作，从而达到提高教学效率和学生学习兴趣的目的。

---

① 张立新，等．教育技术的理论与实践［M］．保定：河北大学出版社，2000：85．

第二节 多模态话语理论各模态的关系

一、共存特征辨析

（一）语境一致性

语境一致性指文字和图像出现在同一个语境中。这里的"同一语境"指的是同一文化语境、同一情景语境和同一交际目的。"同一文化语境"表明文字和图像的发生应该在同一个文化语境中，二者只有在特定目的下才会来源于不同文化。"同一情景语境"是指文字和图像发生在同一情景语境中，即同语场、语旨和语式。"同一语场"指不同符号指向同一事件，也就是说，它们表现同一个概念意义。"同一语旨"指不同符号（例如文字和图像等）被交际者共有，它们之间的关系一致。"同一语式"指文字和其他模态对语境的依赖性相同，它们有相同的交际渠道。也就是说，文字和图像处于同一事件中，共同体现该事件的意义，具有共同的交际者，并且对语境有相同的依赖程度，有相同的交际渠道。"同一交际目的"表明文字和图像共同完成同一个交际目的。虽然体现的方式、功能和体现的交际活动的方式和功能各有差异，但是二者的存在都是为了实现交际任务。语境的一致性在多模态语篇文体分析中非常重要，因为各种模态符号为实现同一个交际目的而服务，它们被视为实现同语篇的基础，能够排除不相关意义的产生。

（二）意义协同性

多模态语篇中"意义协同"有两个不同的层面的意思。一个是意义的"同指性"，即不论哪种模态，在同一语篇中所表达的意义必须是指向同一个目标，意义的"同指性"能最大限度地减少歧义，消除来自不同模态的词汇语法体系内部的多义性。然而现代更多以图片为主的语篇纷纷出现，在这类多模态语篇中，文字和图像的功能在于实现语篇不同侧面或不同阶段的意义，两者之间存在一种互补关系。这种互补关系从逻辑语义方面来理解，就是一种模态提供重点信息，另外一种是详述、延伸或强化，或者正好相反；从意义的具体表现关系看，有时不同模态之间是重点和补缺关系，有时是整体和部分关系，有时是抽象和具体关系等。

（三）模态独立性

模态独立性指每种模态都是一个独立的体系，需要有不同的分析系统。虽然多模态语篇中的文字和图像等符号共建同一语篇，具有相同的交际目的，但是它们毕竟是不同的模态，拥有不同的形式机制、不同的词汇语法系统，所以需要用不同的分析方法。尽管不同模态符合的语法体系都是建立在韩礼德的语言的三大元功能（概念功能、人际功能和谋篇功能）和三种相应的语篇意义（概念意义、人际意义和谋篇意义）理论之上的，但语言模态的分析使用词汇语法系统，图像的分析使用视觉语法，字体、布局和色彩等均有各自不同的语法体系和分析方法。

二、图文关系

多模态语篇指利用多种符号来实现意义的语篇，图像和文字是其中最主要的两种模态，它们既相互独立，又相互协作，构成一体。而对于模态关系的研究，也多集中于对图像和文字之间的相互关系。总体来说，图文关系和相关研究可以分为三个类型：图文地位论，图文位置论和图文系统论。

（一）图文地位论

图文地位论的代表是人物巴尔泰斯（Barthes），其"锚定理论"（anchorage theory）是最早深入阐述图文关系的理论。巴尔泰斯指出，书籍出现以后，文字和图像就经常在语篇中同时出现。在新闻报刊这类多模态语篇中，文本、照片、标题、排版、说明性文字，甚至名称自身都能够体现一定的意义。巴尔泰斯认为，图像和文字分属不同的系统，需要不同的分析方法，并提出图文之间具有三种关系：锚定关系、说明关系和中继关系。①

"锚定关系"指图像的意义比语言更加多重和漂浮不定，犹如一条由所指构成的漂浮链。语言具有控制图像意义的功能，从而克服图像模态意义的不稳定性。例如，在多模态性的广告或新闻摄影中，图像具有更多的所指，不同的观众或读者可以从不同的角度解读出不同的意义，因此，语言可以用于对图像的意义进行控制，或者说限定图像的所指，使其所指可以锚定具体的意义。巴尔泰斯强调图像对文字的依赖关系，认为文字不仅能够描述、解释图像的意义，还能够决定图像的意义。他区分了两种图文关系：延伸关系和详述关系，其中延伸关系是指文字对图像的表达进行补充，使其具有一些新义；详述关系是文字和图像对同一个意义进行详述，两相呼应。

"说明关系"指图像可以解释或者实现语篇，是语篇的一种寄生性信息，科技性语篇中的图表和文字之间多属于这种关系。在这种情况下，图表虽然简述或者强调文字表述的内容，但多数是重新阐述，并没有较多其他的功能。

"中继关系"经常在对话中出现，通常由图像呈现言者和语境，语言体现对话的内容。喜剧、漫画、动画等就常利用图文之间的中继关系。

巴尔泰斯关于图文关系的这种主张有其合理的一面，能够用来解释多模态语篇中图像和文字之间的相互关系及其运行机制。例如，在关于古典文献的纪录片中，观众首先关注的常是图片，然后才是解说词。这时，文字和图像之间是锚定关系。相反，在时政要闻之类的影视节目中，话语信息首先出现，然后（或者同时）才是画面或者图像，这时文字和图像之间是说明关系。

但是需要强调的是，巴尔泰斯的研究也存在缺陷。他过于强调了文字表意功能的独立性和图像意义的飘忽性，因此，认为图像不能独立表达意义。然而在实际的多模态语篇中，与语言一样，图像同样有其独立的结构和意义体现方式。在图文构成的多模态语篇中，有些意义却只能由文字实现，而有些意义只能由图像体现，多数情况下意义是由文字和图像共同传递的。文字和图像虽然作用方式不同，但是功能相同，地位也应该是平等

---

① 胡永近. 多模态话语分析理论及其在外语教学中的应用 [M]. 合肥：安徽大学出版社，2018：58.

的。可见,巴尔泰斯对其评价有失偏颇,其主张直观性和主观性过重,但是他却开启了对图文关系研究的先河。

(二) 图文位置论

不同于巴尔泰斯,克雷斯(Kress)和范李欧文(Van Leeuwen)认为图像本身具有独立的组织与结构,因此与文字之间应该具有关联性的而非依赖性的关系。① 虽然图像和文字在人类文化的建构中都起到了重要的作用,但是建构方式不同。图像的再现功能和互动功能是由组篇功能来体现的。组篇功能主要通过对多模态语篇的整体或部分形成制约来实现,包括对图像内部各成分之间的关系和图文关系的限制。对于图文共现的多模态语篇来说,限制主要由图文体现的信息在页面中的布局来实现,页面的位置会赋予相应的图像或文字特别的意义。构图功能主要由信息值、显著性和框架三种方式实现,但对视觉模态与文字模态的关联并未进行深入探讨。

总之,在克雷斯和范李欧文看来,页面位置与模态意义的关系就是(图文)位置赋予价值或者意义,因此,可以称为"图文位置论"。同"图文地位论"一样,图文位置论对图文关系的论述和判断也具有直观性,是经验式的巴特曼(Bateman)等人对图文位置论提出了质疑。他们通过分析指出报刊版面的首页布局常是预设性的。另外,人们对图文位置和凸显度的判断往往受认知习惯制约。

(三) 图文系统论

马丁(Martin)和萨尔韦(Salway)利用功能语法小句关系理论探讨了多模态语篇中的图文关系,并提出从图文之间的地位关系来看,二者关系的实现方式与逻辑语义视角的实现方式不同,所以确定图文关系必须同时分析二者的地位关系和逻辑—语义关系。

马丁和萨尔韦认为,小句之间的地位平等可以看作并列句之间的关系,而图文之间的平等表现了图像与文本相互独立又相互依赖的关系。② 小句之间的不平等主要体现的是主句和从句之间的关系,其中主句是独立体,而从句依赖于主句。"图文不平等"是指图像只与部分文本相关,也就是说,图像依附于文本;或者相反,文本只与部分图像相关,即文本依赖于图像。

马丁和萨尔韦还考察了图文之间的逻辑—语义关系,并提出了包含两个子系统的图文关系框架,包括地位关系和逻辑—语义关系。地位关系包括平等关系和不平等关系,前者分为图文相互独立和图文相互依赖,后者包括图像依附文字和文字依附图像。逻辑—语义关系包括扩展和投射。扩展又包括详述、阐释、例证、延伸和增强,投射则包括话语和思想。与小句之间的关系一样,图文关系的两个子系统也同时进行选择,即地位关系与逻辑语义关系中的各子项分别构成各种不同的组合,构成一定的语篇模式。

---

① 胡永近. 多模态话语分析理论及其在外语教学中的应用 [M]. 合肥:安徽大学出版社,2018:58.
② 同上。

第三节　认知理论与多模态英语教学的整合与同构

认知外语教学法的理论基础主要来自美国语言学家乔姆斯基（Chomsky）的转换生成语法理论和认知派的学习理论。其中，认知学习理论主要指布鲁纳的学科结构、发现学习及奥苏贝尔的有意义学习等理论。

一、认知理论

（一）认知外语教学法及其产生背景

美国心理学家卡鲁尔（Caruel）在1964年撰写出版了《语法翻译法的现代形式》，文中首次提出了认知法教学，但对认知教学的广泛研究开展于20世纪60年代。认知外语教学法就是"关于在外语教学中发挥学生智力作用，重视对语言规则的理解，着眼于培养实际而又全面地运用语言能力的一种外语教学法体系"①。重视语言规则的理解和创造性运用，重视听、说、读、写技能的全面发展。

（二）认知外语教学法的学习理论基础

1. 学习实质

认知学习理论认为，学习的基础是学习者内部心理结构的形成或改组，学习的实质是学习内容的内在结构与学习者原有的知识结构相互作用的过程。除此之外，该理论还认为学习者的认知能力将会对语言学习产生重要的影响，它要求学习者不能对所接收的知识进行机械记忆和被动接受，而要对所学的知识进行归纳理解和概括。总的来说，认知主义学习理论主张外语是语言习得者"通过认知技能，对语言素材进行分类、分析、归纳、推理而习得的"②。

如此看来，语言学习有赖于语言学习者认知能力的不断进步，认知法教学要求教师在教学过程中综合考量学生的生理、心理因素及其发展特点。教师对学生当前的认知结构要做到心中有数，明确学生需要构建的知识框架，并根据当前的条件客观、合理地进行教学设计和课程安排。

2. 获得、转化与评价

认知学习理论的代表、美国心理学家布鲁纳（Bruner）提出学习包含三个几乎同时发生的过程：新知识的获得、知识的转化与评价。

在学习知识的过程中，学习者先要对获得的知识进行加工和整理，将其转变成自己容易接受的知识，这些新知识可能与原有的知识相冲突，但是学习者可以通过自身的调整使新旧知识相融合，最终形成自身知识体系的一部分。掌握了这些知识以后，学习者应把这

---

① 章兼中. 国外外语教学法主要流派［M］. 福州：福建教育出版社，2015：148.
② 姜毓锋. 基于多模态话语理论的外语教学模式构建［M］. 北京：北京理工大学出版社，2015：125.

些死的知识转变为活的知识,将其应用到实践当中,在实践中进一步检验、巩固、内化自己所学到的知识,使这些新的知识真正转变为自身的能力。同时,在检验的过程中,还可以对所学知识进行检验,来判定其是否正确和有价值。

认知外语教学同样可以分为三个阶段:语言的理解、语言能力的培养和语言的运用。这就要求教师先筛选合适的语言知识,然后把它们编辑成易懂的方式供学生理解。在传授完这些知识后,教师还要通过一些教学手段将这些知识内化到学生的大脑中,使其成为学生知识结构的一个组成部分。最后,教师要设计一些实践活动,使学生灵活应用过程语言知识,达到熟练的程度。同时,学习者也可以多参加一些社会实践活动,如笔译、口译等活动,在语言学习实践过程中提高自身的语言能力。

3. 学科知识结构

"任何学科知识都是一种结构性的存在,知识结构本身具有理智发展的效力。"① 这是布鲁纳提出的观点,他认为学习的重点就是要学习这个知识体系的基本结构,只有掌握了该学科的基本结构,学习者才能从根本上掌握这些知识。因此,教师在授课的过程中应当注意把基本概念和基本原理贯穿到教案当中,依照科学的结构来安排教学步骤,这种方式符合学生的认知过程,能够提升学生的记忆能力,提高教学效率,促进学生的学习。

在以往的教学中,经常出现违背学科知识结构的情况。比如,在英语学习中,很多教师主张让学生先学习真实的语言材料,从整体上对要学的知识进行把握,然后从基础(如语音、语法)进行详细的讲解。这样的授课方式显然是错误的,因为学生如果没有一定的语言基础,他就无法对所学知识有一个全面的理解,很容易对语言知识失去兴趣。正确的做法是,教师对语言内部最基本的语言规则等知识进行讲解,通过有限的语言规则扩充出无限的句子和语篇,这样才符合语言学习的自然规律。

4. 发现学习理论

行为主义认为,"刺激—反应"式的机械学习对学生消化和吸收知识是无益的,也不利于学习者将所学的知识进行应用。所以,在教学过程中,教师不能简单地将知识灌输给学生,应当设法创造合适的教学环境,引导学生发现应学到的知识,这样的教学才会使学生对所学内容印象深刻,提高学生的学习效率。发现学习理论和传统的听说教学是截然不同的。在传统的听说教学过程中,教师在课前将知识整理好,在课上按照自己的教学步骤进行教学,学生需要做的就是按照老师安排好的教学步骤,机械地、毫无创造性地学习教师已经准备好的知识。在这个过程中,学生的心理结构和认知能力完全被忽视,个体差异性在教学过程中完全没有被体现。发现学习理论则与此不同,它充分重视个体的差异性,懂得每个学生的认知能力和心理结构都是不同的,所以教师在授课中并不为学生提供现成的学习资料,而是让学生充分发挥自己的主观能动性,主动发现语音、语法等规律。

5. 有意义学习

奥苏贝尔(Ausubel)认为,有意义的学习是指"将符号所代表的新知识与学习者认知结构中已有的适当观念建立非人为的和实质的联系"②。与有意义学习相反,机械学习是指学习者采用死记硬背的方式,没有充分理解符号所代表的知识,只记住某些无意义的

---

① 姚永红. 新媒体时代英语多模态教学模式架构 [M]. 长春:东北师范大学出版社,2018:188.
② 程素萍. 心理学 [M]. 杭州:浙江大学出版社,2007:273.

词句或组合。

认知法是一种有意义的学习，这主要体现在两个方面。第一，认知教学法是在充分了解学生的语言基础前提下进行的教学。这就保证了教学资源的难度适中既不会使学生因为难度太大而产生厌学心理，也不会因为难度太小而无法提高学习者的语言能力。第二，认知法侧重实际语境的作用。学生所学的语言知识方面要有逻辑意义，另一方面要有实际意义。例如，"She likes eating houses."与"Are you a dog?"这两句话在语法上没有任何问题，但从实际的交际来看，这两句话就没有任何意义。所以，认知法要求学习者在学习过程中必理解和把握语言材料，只有在理解语言知识和规则的基础上，才能进行有意义的操练。

6. 学习者中心

认知法要求教师以学生为中心。学习者中心理论要求教师在教学中必须重视学习者认知能力发展和身心发展的规律，把学习者当作完整的"人"看。教师的作用不再是为学习者准备好现成的知识向其灌输，转变成了为学习者创造学习的环境和机会，让学习者发挥主观能动性进行自主学习，如果学生在学习中遇到任何困难，教师再去帮助其解决这些困难。

在传统教学过程中，教师是课堂上的权威，每堂课几乎是从头讲到尾，学生在课堂上没有说话的机会。认知教学法则打破了这种授课模式，教师不再是课堂的中心，成了课堂的组织者，真正的核心是广大学生，他们在教师设计好的语境中灵活地运用语言，也不用再担心犯错误，因为这是语言学习者在认知过程中不可避免的。在这样开放的教学环境下，学生没有了压力，可以更加大胆地练习迅速地提升了自身的外语水平。

（三）认知语言学理论在教学中的应用

每一种新的语言学理论都会对教学产生一定的影响，任何一种理论都可以为外语教学提供一个理论平台，并有可能为外语教学提供一个新的教学模式和教学方法。

1. 图式理论在外语教学中的应用

理解的过程就是解码的过程和意义建构的过程。语言分为语意图示和形式图示。其中，语意图示又可以分为多个小的图示，每个图示都可以被某些单词所激活，因此，我们在学习过程中，学生要调动大脑中的各个小图示，这有助于增强对新信息的理解。这一理论对外语教学着极大的帮助。

首先，对于阅读教学来说，在理解一篇文章的时候，应先了解它所涉及的文化背景知识，这会对学生理解文章有很重要的帮助作用。卡雷尔（Carrell）通过研究发现，学生对文章的背景知识了解得越多，对文章的形式结构预测得越准确，就越能够更好地理解所读的内容。① 同时，在处理具体的语篇时，学生也可以通过图示知识对文章进行预测和推理，如学生在阅读过程中可以依据自身的经验去理解自己没有读懂的部分，或根据自身的知识去设计文章的发展。这样，既可以激发学生的阅读兴趣，又可以增强学生理解文章的能力。

其次，对于听力教学来说，图示理论也具有极大的帮助作用。听力对于广大学生来说

---

① 鲁巧巧. 跨文化教育视域下的英语教学改革探究［M］. 沈阳：辽宁大学出版社，2019：211.

是外语学习中的难点。在听力的过程中，由于多种原因导致学生没能理解语篇。此时，如果学生能够借助图式知识，许多问题就会迎刃而解。因为对于一个听力语篇来讲，学生了解的图式知识越多，就越容易理解，就能更多地推测出没有听懂的地方。这对理解听力语篇，增强学生的外语自信心具有很大的帮助。

再次，图式理论对于语法的讲解也有很大的帮助。传统的语法教学就是让学生死记硬背一些语法的规则，这种机械式学习的效果往往不是很理想。而通过图式理论的帮助，就可以很容易对一些语法进行合理的解释，学生也可以免去死记硬背之苦。例如，语法教学中不定式和动名词的区分一直是一个难点问题，借助图式理论对其进行解释就很容易让学生理解。

2. 表征理论在外语教学中的应用

阅读理解是人类独有的一种认知活动，它不仅包括对一个个句子的理解，更重要的是要将当前加工的信息与先前的背景信息相结合，以形成局部和整体都连贯的心理表征。

表层形式是对阅读文章结构最完整的体现，表层形式将词句连贯成篇，并使衔接性和连贯性得以显现。情境模型是表征最持久的水平，它是一种心理表征，源于阅读文章所描述的如同读者所亲身经历的一种情境。如果在精读课堂教学中很好地利用情境模型理论组织教学，就能让学生更容易地理解和接受课文，并且培养学生丰富的想象力和创造力。

3. 语境理论在外语教学中的应用

语境，是指语言环境，具有广义和狭义之分。广义语境泛指一切语言环境，既包括狭义的上下文，又包括语言本身以外的语言环境；狭义语境是指上述的语内语境或词语语境，即我们常说的上下文。

语境对外语阅读教学有着重要的作用。众所周知，语言的理解离不开语境，如果一些单词或句子离开了具体的语境，我们就不能准确地判断其含义，从而影响对整篇文章的理解。同时，在阅读过程中我们难免会遇到一些生词、难句。如果我们可以借助语境知识进行推理，有些难点就会迎刃而解，这都是语境带来的好处。

4. 推理理论在外语教学中的应用

在外语教学中，推理机制有着很强大的作用。例如，语法教学中需要学生举一反三的推理能力，阅读教学中需要学生进行逻辑推理，听力教学中离不开学生的理解和推理能力。可以说，推理理论贯穿在外语教学的方方面面。

5. 工作记忆理论在教学中的应用

目前，认知心理学把工作记忆解释为某种形式的信息的暂时存储并进行加工处理的过程。其将短时记忆分为如下功能：信息的暂时激活、信息的调控、信息加工容量的限制。需要着重强调的是，在外语教学过程中，工作记忆与语境、图式、表征、推理的作用是同时发挥的，一种作用的实现往往要借助其他几种作用的实施。

6. 隐喻理论在教学中的应用

认知语言学中还有一个重要的理论，即隐喻理论。在这里，隐喻不仅是一种修辞手法，更是一种认知方式。这种理论对外语教学有着极大的参考价值。首先，在授课过程中，教师适当地运用一些隐喻，可以增强课堂的趣味性，这有利于营造一个适合学生学习的授课环境；其次，隐喻是某些单词一词多义的根源，它可以解释其产生的机制，这对学生掌握单词的不同义项具有极大的帮助；再次，在一些文学作品中，隐喻是一些语言晦涩难懂的根源，懂得了从隐喻的角度看待一些文学现象，有利于提高学生的文学鉴赏能力；最后，隐喻可以体现出不同民族之间思维方式上的差异，这也是导致语言文化差异的原因。深层次地把握语言上的差距，掌握并运用不同的思维方式，对外语的学习具有重要作用。

二、多媒体外语教学模式

随着网络技术的发展，多媒体技术逐渐与网络技术相结合，一种更为高效的崭新的多媒体教学模式应运而生，并且在短短几年内实现了普及型的推广。这种新型的教学模式比传统模式更加具有优势，也在很大程度上为学生构建了更为优越的学习环境，大大提高了学生的学习效率。因此，多媒体教学在外语课堂中的应用是外语教学发展的必然结果，它能增加学生学习外语的兴趣，提高学生的学习效率。

（一）多媒体教学及其必然性

1. 多模态外语教学的概念

人类通过多种感官系统作用于外部环境，实现两者之间的互动与融合，这便是所谓的多模态。

多模态外语教学法是由外国学者斯坦（Stein）提出的。斯坦指出："多模态教学法突出了身体和大脑通过多模态、多感官协同参与交际的不可分割性。多模态教学法要求教师设计多模态任务，学生在完成任务的过程中综合运用多模态。"①

随着电脑技术的发展，多模态外语教学逐渐与电脑相结合，罗伊斯（Royce）进一步研究了不同符号在多模态话语中的互补性以及在第二语言课堂教学中多模态的协同性等，提出了一套"多模态教学方法论"②，并将其应用在外语教学的听、说、读、写的各项技能上。

近年来，随着网络技术的发展，多模态外语教学的研究又有了新的内容。在这方面比较有代表性的学者是里德（Reid），他指出："在网络信息与多媒体教学的环境下，多模态是教师和学生利用各种感官来获取、认知和传递信息的手段和方式。多媒体教学环境由文字、图片、音频、视频、PPT、网络等工具集合而成，帮助人们利用多模态（如语言和姿态等）获取和感知信息与知识。对于学习而言，多模态认知和感知手段包括听觉学习、视觉学习和触觉学习，后者又分为体验学习和动手操作学习。"③

2. 多媒体的特点

（1）融合性

多媒体可以将不同的符号信息融为一体，并实现这些符号信息之间的自由离散和结合。

---

① Stein, P. *Rethinking resources: Multimodal peda-gogies in the ESL classroom* [J]. TESOL QUAR-TERLY, 2000 (34): 333-336.

② 水彩琴. 基于慕课的多模态教学模式研究——以大学英语写作教学为例 [J]. 渭南师范学院学报, 2017, 32 (10): 55-60.

③ 余素青. 法律语言与翻译 第2辑 [M]. 上海: 复旦大学出版社, 2011: 148.

(2) 非线性和无结构性

多媒体符合人的思维的非线性化的信息系统，这种信息系统的结构组合是自由的、可变的。它是在超文本、超媒体软件支持下发展起来的。

(3) 可编辑性

多媒体中的各种模态信息都可以通过各种电脑技术进行编辑，方便外语教师随时根据学生的具体情况对授课的内容进行更改。

3. 多媒体教学对外语教师的要求

(1) 增加了教师的备课量

在传统的外语教学中，大部分的教学都集中在书本中，教师很容易就能掌握所有的授课内容，同时由于教学工具的限制，课堂上的重点和书本外引申的知识只能书写在黑板上，所以能在课堂上传授给学生的知识有限。而在多媒体外语教学中，电脑课件整合了大量的视频、音频、文字、图画等信息，教师需要自己书写的内容很少，但传授的知识量十分丰富。这就需要教师在课前做好充分的准备工作，将大量的知识在单位时间内传授给学生。

(2) 将教材和课件有机地结合在一起

在多媒体教学中，教师是用自己课前精心制作的课件进行授课的。但也有的教师只是简单地将书本上的内容原封不动地抄写到课件中。还有一部分老师完全摒弃了教材的内容，对教材进行无限扩展。这两种做法都不可取。在前一种方法中，使多媒体教学失去了其本质的意义，和传统的外语教学没有任何区别；后一种做法脱离了教学大纲，导致学生不能掌握基本的英语技能。正确的做法是，将教材和课件有机地结合在一起，这既达到了教学大纲的要求，又丰富了授课材料，提高了学习的效率。

(3) 提升教师自身素质

教师要不断地学习，不仅要把握好教学大纲中的语言知识和语言技能，也要学习书本以外的知识，满足多媒体环境下授课的需要。另外，除了专业课理论需要继续扩充外，教师还需要掌握一定的电脑知识，学习一些常用的课件制作软件，如 PPT、Flash 等，同时关注多媒体发展的最新成果，积极地将最新的成果应用到课件的制作中，使学生从最新的成果中获益。

(4) 熟练运用网络技术

在多媒体教学中，教师必须能够熟练地运用网络技术。首先，在多媒体教学环境下，教师备课量加大，这些课本外的知识需要教师在网络中获取，如果教师的网络使用技术不过关，就会影响到课件的制作，导致课件缺乏深度和广度不能达到预期的教学效果。其次，师生之间在课下通过网络进行交流是教学的一个重要环节，教师要教给学生通过网络与教师交流的方法，以弥补课上交流不足。

(二) 多媒体教学的基本教学模式

1. 讲授型

讲授型的多媒体英语教学最接近于传统的英语教学模式，即以教师的讲授、学生的接受为主。将其归为多媒体英语教学是因为它不是教师在传统教室对学生进行面对面的授课，而是通过电脑和互联网对学生进行授课。这种授课形式主要应用于远程教学的课程。

它的优点是：远程教学可以扩大授课的对象，不限地域不限时间，让学生自由灵活地学习；通过网络，学生可以方便地向教师提问，教师也可以根据学生不同的情况，对其进行个别辅导。同时远程教学存在着一定的弊端：一方面，缺少教室中授课的氛围和真实性；另一方面，和传统的教学类似，主要是以教师的讲授、学生的接受为主，忽视了学生在学习过程中的主体作用，影响到了学生的学习效果。

2. 探索型

探索型模式是多媒体教学中比较常用的一种教学方法。在授课之前，教师通常利用网络资源，通过多媒体技术事先设计出一套集声音、文字、图片、视频于一体的声文并茂的多媒体课件，这样的课件并不是单纯知识点的集合，而是教师精心设计的一个英语情境，这个情境通常是模拟一个语言场景，学生在这个场景中通过各种模态的帮助了解所要学习的知识，同时教师向学生分配一个具体的语言任务，学生通过所学到的和已掌握的语言知识发挥自己的主观能动性，完成此项任务。在完成任务的过程中，学生可以通过网络的帮助，寻找自己所需要的资源和解决问题的方法。这种英语学习方法的优点是，学生在学习过程中能够充分发挥主观能动性，不但可以更好地掌握语言知识，而且可以学会怎样自主学习，从而为今后的英语学习打下更加坚实的基础。

3. 协作型

协作型教学是由教师布置任务、多个学生共同完成的。协作型模式是指利用计算机网络以及多媒体等相关技术，由多个学生针对同一学习内容彼此交互与合作，以实现对教学内容较为科学的理解和深度的掌握过程。其优点在于，首先学生的语言认知是不同的，让学生分工合作，有利于学生发挥各自的优势，相互之间取长补短，共同完成学习任务；其次，学生可以通过这种学习方式认识自己的不足，明确今后自己努力的方向；再次，学生可以在学习过程中认识到分享和团队合作的重要性，这对学生的人格塑造会产生积极的影响。

（三）运用多媒体技术的优势和意义

1. 科学合理地利用多媒体技术，可以提高学习效率

学习效率和学习方法息息相关。学生对知识的记忆是其自身的心理过程和外部环境的刺激综合作用所形成的。传统的教学，方法单一，对学生的刺激不强，学生的心理反应微弱，知识只能在学生的头脑中形成短时的记忆，学习效果并不是很好。与之相对应的是，多媒体教学能设计出生动的英语场景，通过各个模态对学生的感官产生刺激，并激活学生大脑，集中学生的注意力，加强学生的记忆。所以，相比传统的英语教学，多媒体教学更能提高学生的学习效率。

2. 有利于培养学生学习英语的兴趣

兴趣是学习的关键，在英语学习过程中只有真正对英语产生兴趣，才会达到最佳的英语学习效果。在传统的英语教学中，教师是教学的中心，事先安排好了一切环节，学生在学习过程中缺乏自主性，只是被动地参与，加上传统英语教学形式单一，因此学生普遍感到学习过程比较枯燥，很容易失去学习的兴趣，很少有自主学习的动力和欲望。多媒体网络技术可以将声音、文字、图片、视频等教学资源有效地结合在一起，让学生在丰富多彩、图文并茂的教学资源中自主高效地学习，提高学习效果。

3. 多媒体技术有利于英语文化教学

众所周知,文化知识涉及的范围广泛,在传统课堂中教师的教具只有粉笔和黑板,因此许多视频、音频等丰富的文化资料难以展现,学生只能对教师传授的知识有一个抽象的印象,没有任何直观感受。在英语教学中,教师不仅要讲授语言知识和传授语言技能,更应该帮助学生了解国外的文化。在涉及文化内容的讲解时,多媒体教学更能发挥其独特的优势。在多媒体课堂上,国外的各种文化知识都可通过各种模态表达出来,使学生生动直观地感受不同文化的内涵和魅力。

4. 多媒体技术有利于学生综合技能的发展,提高学生的综合素质

在语言学习过程中,信息的传输主要分为输入与输出两个部分。只有有效的输入,才能很好地作用于学生,使学生准确表达。在传统的英语教学过程中,输入的模态形式比较单一,信息输入的有效性较差,不利于学生听、说、读、写、译等各项技能的综合发展。运用多媒体课件,可以解决这一问题。多媒体课件可以提供多种模态形式的输入,增强信息输入的有效性,使学生的英语技能得到综合发展,全面提升学生的学习效率。

第四节 基于多模态话语理论的英语教学模式构建

随着信息技术的发展,传统的教育观念受到了广泛的批评与质疑,传统的教育模式无法满足复合型人才培养的需要,影响学生创造性思维能力及自主学习能力的培养。为了实现教育立体式发展,教育工作者应承担思考并推广新的时代背景下新的教学模式。

一、传统大学外语教学模式问题分析及对策

(一) 转变教学理念

转变教学理念的首要任务是转变传统的将各种外语测试作为衡量外语教学效果及目标的评价体系,这种评价体系将各种外语测试的过级率作为衡量外语教学效果的尺子。在转变教学理念方面的具体改革措施是"五个转变":其一,以往的语言输入教学内容主要是语言知识点的讲解,新的教学理念要求教学的重心转为对学生交际能力的培养;其二,教师应该是教学过程的指导者和教学质量的监控者,而不仅仅是传统意义上知识的传授者;其三,在课堂教学模式上,应从以教师为中心转换为以学生为教学主体和课堂的中心;其四,语言教学内容应从句子结构分析转换为语篇结构分析;其五,由单项语言技能学习认知转换为多项并发的输入模式。在教学理念转换的过程中,教育工作者要处理好"知识""能力"和"素质"三者之间的关系并正确认识"教"与"学"的关系,知识学习是基础环节,能力培养是教学环节的关键,培养学生综合能力及素质是教学理念转换的核心。

(二) 更新教学内容

1. 综合能力

语言习得者的个人综合能力包括知识、技能、学习能力及精神境界等方面。广义的知

识包括正规习得的学院知识和通过社会实践习得的经验性知识。从语言学习与使用的范畴定义语言知识，经验性知识是语言与社会文化直接作用的；学院知识是通过正规、系统的语言训练而长期积累的。无论是经验性知识或学院知识，跨文化能力都是语言知识积累的重要组成，因为新的语言知识与新的语言知识的重组不是简单的累加，而是融入的过程。英语教学的首要教学内容便是让学习者对外部世界进行了解，通过"融入式"的教学方法与学习方法习得语言知识。

2. 语言交际能力

语言结构能力、语言社会能力和语言语用能力统称为语言交际能力。语言本身的内部结构包括语音、语法、词法及句法等，是一门语言使用和传承的基本要素，这些语言本身的基本要素独立于语言的社会演变，是独立于语言学的纯语言要素。语言结构能力作为语言交际能力的重要组成部分，是语言学习者需要准确无误地通过辨音、习得词汇及运用等多维度的活动积累语言能力而慢慢达到熟练掌握的过程。然而，语言学家的研究表明，外语学习者的词汇习得、词汇记取方法的差异与社会文化等诸多方面密切相关。① 因此，语言的社会文化因素及语言社会能力的习得是跨文化语言学习的必经之路。有不同母语的使用者在使用外语交际的过程中，会受本族语的文化背景影响，而交际者对此经常没有文化自觉。

3. 语言活动能力

语言使用主体通过输入、输出、互动及中介进行语言活动。输入和输出是交互式交际活动的基本形式，输入和输出是两个独立的语言活动过程，输入性语言活动的载体是语言活动的核心，在语言习得模式中占重要作用，听和读是外语学习中输入的典型模式，说、写与译是外语学习中输出的模式。

4. 文本任务能力

通过完成既定任务来完成交流与学习，而在这一学习策略过程中语言是活动的中介，发挥学习与交流的主导地位，需要语言使用者运用一定的认知，通过输入活动及文本来实现上述策略。

（三）优化教学方法

很明显，学生主动探究学习比教师强制执行下的探究学习效果突出，探究活动的意义在于问题设置的情境必须从学生的需求出发，好的情境是提高探究式学习效率的途径。学习者要有明确的学习目标，教师在设计课程的过程中，首先要从学生当前的认识程度出发，制定短期和长期的探究学习方案，为开展有效的探究学习活动提供保障，避免学习过程的随意性、盲目性和低效性。有效的探究学习需要教师提供充足的时间和空间，为探究学习提供保障。高质量的师生互动和生生互动是保障高质量探究学习的核心，通过探究学习，学生不但能够掌握科学知识和人文知识，还能形成技能，积累认知经验，从而获得解决问题的方法，为学生终身学习奠定基础。

---

① 郑小媚. 高校英语多模态课堂教学研究［M］. 北京：国家行政学院出版社，2018：163.

二、多模态话语语境大学英语翻转课堂教学模式

（一）翻转课堂定义

翻转课堂是指教师将所授课程录制成视频资料，供学生课前预习，在课堂上教师不再详细讲解课文而仅答疑解惑的一种翻转传统的教学方式。翻转课堂的方式最早是由美国科罗拉多州的两名高中老师为缺勤的学生补习而尝试采用的，后被推广。翻转课堂的实施，是对课堂教学方式的重大变革，《环球邮报》《华尔街日报》等各大主流媒体都曾对这种教学模式给予过专题报道，相关教育专家也纷纷给予其高度赞赏。

（二）翻转课堂理论背景

翻转课堂是信息技术在教育中的全面运用。随着信息产业的强势发展，计算机和互联网技术已经日益成熟，信息技术的应用也越来越广泛，其进入教育领域也属必然。据资料统计，当前，互联网、多媒体等技术已普及了大学和中学，相当一部分小学也已经运用。翻转课堂是利用信息技术发展教学的一例典范，它使教学时间、空间不再仅限于课堂，方式也不仅限于"教与学"，而是借助于信息技术，通过计算机和网络信息平台，使学生可以随时随地、不限时间、不限次数地主动学习，课堂则成了深入探讨、相互交流之地。翻转课堂的教育模式，符合我国深化教育改革的整体规划，符合我国当前的教育形势。

（三）翻转课堂教学模式

翻转课堂教学模式是根据课上的学习内容及技能培养的方向确定学生自主学习的内容。教师通过课前对要使用的多媒体辅助自主学习软件的设置，满足不同语言能力的学习者的需求，一般根据班级学生学习的具体程度可设置为 level1、level2 和 level3 三个层次，学生在课后可以自主进行选择，真正实现翻转课堂的功能。同样，在课后的自主学习内容的设置上，教师也要充分考虑到课上无法完成的练习部分，把这部分内容也搬到课后自主学习的翻转课堂上。通过练习，教师找出学生出现问题的共同部分，在课上教学中加以强调，以便更好地完成教学目标。翻转课堂的自主学习过程，教师是可以步步监控的，选择优质的外语学习软件，通过软件提供的项目，如日学习时间、周学习时间统计、任务完成情况、与教师沟通情况等，教师能够更好地检查学生课后学习的情况，这种监控是以往的教学模式和教学手段无法实现的。

三、多模态话语语境大学英语实践课教学模式构建

为适应社会对大学毕业生英语水平和应用能力的要求，大学英语教学模式的改革势在必行。应以历年来大学英语教学中的改革为指导思想，探索大学英语课程的实践教学模式改革。在任何学科的教学过程中，都不能缺失对学生文化素质的培养，任何以牺牲对学生文化素质培养的教育都是失败的，在外语教学过程中，教师尤其要注意到这一点。英语教学可以涉及丰富的知识内容，为学生的个性发展提供思维空间。充分发挥学生在教学过程中的主体作用。同时，开设实践模拟课对于教师业务能力和教学方法的提升起到了推动作用，该模式对未来大学英语教学会产生深远影响。

第五节 高校英语多模态课堂教学评估体系的构建

一、多模态话语外语教学评估体系构建的理论依据

随着多模态话语的产生，国内外语言学专家十分关注多模态话语理论研究，多模态话语已经成为应用语言学研究的前沿，而且研究的热点是在外语教学领域。

模态是指人类通过视觉和听觉等跟外部环境中的人、动物或物件等之间进行的互动方式。用单个感官进行互动的叫单模态，用两个感官进行互动的叫双模态，三个或三个以上感官进行互动的叫多模态。多模态话语指运用听觉、视觉、触觉等多种感觉，通过语言、图像、声音、动作等多种手段和符号资源进行交际的现象。

通过多种模态刺激听话者的感官是多模态教学理论所提倡的，通过调动学习者多种感官协同运作，以加深印象、强化记忆、提高交际的有效性。传统单一的文本模式中的网络技术、多媒体技术，以及语料库研究和言语工程研究的不断发展使其转变为当今的多种模态话语表现模式，而且教室中的多媒体设备已使教学多模态化。传统的文字读写向多模态读写转变，教学方法、教材编写和学习任务等也相应发生了变化。从技术和方法上看，教学形式的多模态化也使英语教学更为生动、更富有成效。多模态话语分析的意义在于它可以将语言和其他相关的意义资源整合起来，不仅可以看到语言系统在意义交换过程中所发挥的作用，而且可以看到诸如图像、音乐、颜色等其他符号系统在这个过程中所产生的效果，从而使话语意义的解读更加全面、更加准确。运用多模态分析研究方法研究课堂中的互动行为，使以前抽象的脱离语境的文本分析变得更加生动形象，展现了当今多模态话语分析的一大态势。之所以采用多模态话语教学理论研究方法是因为计算机多媒体辅助语言教学已广泛应用于外语教学领域，为外语教学提供了全新的手段和便捷的途径，教师可以在多媒体辅助下利用多模态话语理论及多媒体资源设置不同的教学情景及多通道话语意义表达方式，有效地开展应用型大学英语，即特殊用途英语或专门用途英语，如科技英语、商务英语等多模态教学，让学生能够更加直观、更加生动地学习知识，并在多媒体教室接受图、文、声、像一体的立体方式教学，使学生以高昂的情绪投入到特殊用途英语知识的建构之中，为学生营造生动活泼的学习气氛，从而激发学习兴趣，达到良好的教学效果。

二、多模态话语外语教学评估体系构建的基本原则

（一）教学须保证外语学习者学习的"意义"

在这里区分了两种意义：语义学意义（词汇或者语法结构的意义）和语用学意义（交际过程中高度情境化的意义）。当然学习者对两种意义都不能忽略，但是语用意义却是重中之重。两种意义的教授方法有所不同，为了给予学生参与和练习语用意义的机会，教师往往会采用任务型教学法。对于语义学意义，教师和学生分别将自己定位为教授者和

学习者，而英语教授和学习是他们的目标。而对于语用学意义，他们将英语看作是一种交际工具，而他们自己则是交际者。

就目前来看，虽然教师仍然花费了大量时间在语义学意义上，因为语义学意义是使用语言的基础，但教师开始加大了对语用学意义的重视程度，这两种意义并不互相排斥。讲解完词汇后，很多教师会要求学生用所学过的单词说一段话，以便给学生更多机会将这些单词放到语境中，放到实际生活中。一般在外语课堂上，教师最多会将1/4的时间用于词汇讲解，剩下的3/4的时间将会要求学生做课堂报告，越来越多的教师意识到语用学意义的重要性。在做报告时教师并不在意个别词的使用，而是将它看作是师生之间的一种交际。尽管学生会犯一些语法错误或者用词不够准确，只要不影响理解和交流，教师便不会打断学生。

（二）教学应当保证学生掌握大量的惯用语

惯用语或者词块，是外语学习的一个重要来源。雷（Wray）和帕金斯（Perkins）将惯用语定义为"作为整体在记忆中贮存或提取的各种类型的词串"①。本地人往往比外语学习者，包括高等水平外语学习者，使用更多的惯用语。通常教师会要求学生记忆一些固定用法，如打招呼、道歉、感谢等。这些惯用语在外语学习中有很大作用，因为学习大量惯用语有利于学生外语流利程度的提高。在我国大学英语教学中，老师仍然坚持使用这种方法。在课上，一些教师经常要求学生背诵一些文笔优美的课文段落或短语。通过这种方式学生将其作为大量的惯用语储存在记忆中。然后，经过一段时间的短时记忆学生需要一段时间将这些语言块由短时记忆变为长时记忆，最终内化为自动的表达方式，从而更加流利地说出英语。

"自动化"这个概念基于心理学家的研究，他们认为我们处理信息的过程是受控的，或者是自动的。学生的学习涉及一个从受控到自动的转变。学生在对语言进行记忆和自动化之后，可以自己创造出一些表达方式，这对他们语言输出的流度很有好处，因此课堂上教师会要求学生练习使用学过的惯用表达方式。

（三）外语教学须在不忽视显性知识的同时，着眼于隐性知识

隐性知识是程序性的，往往是潜意识的，显性知识是陈述性知识，通常是关于第二语言的语音学、词汇、语法、语用和社会批评等特征的知识；外语教学中，隐性知识是学生流利、自信交流的基础，因此隐性知识是教学中最重要的部分。外语学习者通过将知识内在化，显性知识可以转化成隐性知识。然而，克拉申（Krashen）却认为隐性知识不可能由显性知识转化而来，必须在一定的语言环境中习得。②因此，很多研究者认为直接讲授不是学习隐性知识的最好办法，需要长远地为语言习得创造最佳环境。因此，在我国大学英语课上教师除了教授语法、词汇等显性知识外，还通过课堂中避免使用汉语来尽量给学生创造一个模拟的英语环境。总体来讲，学生所接触的英语环境越多他们就会学习得越多越快。

---

① 郑小媚. 高校英语多模态课堂教学研究［M］. 北京：国家行政学院出版社，2018：190.
② 董娟，柴冒臣，关茗竺. 第二语言习得与外语教学研究［M］. 长春：吉林大学出版社，2017：1.

三、多模态话语外语教学评估体系的构建内容

英语教学评估内容是由培养目标所决定的,即培养学生的英语综合应用能力,尤其是听说能力,会使学生在今后工作和社会交往中能够有效地进行口头和书面的信息交流。不仅如此,还要让学生提高综合文化素质和增强其自主学习能力,这样才能更好地适应我国的经济发展和日后国际交流的需要。

对于不同类型的信息应使用不同的模态进行认知,因为对信息的认知和识读是多模态的。例如,语篇信息以视觉、听觉、触觉模态进行全面的听、说、读、写、译认知;非语篇信息则是以视、听、展、演等视觉、听觉、触觉模态为主来认知,并且能够通过说和写等触觉模态转换为语篇信息。商贸领域还有旅游领域的知识性信息、技能性信息、文化性信息都可以归类到语篇信息或非语篇信息之中,所以也可以用视、听、读、写、演等多模态进行认知和识读。当进行这类特殊用途英语教学时,我们可以使用"多模态教学、多模态学习、多模态教学评估"三位一体的教学模式。

(一) 多模态教学

多模态教学就是教师在多媒体的环境下,充分调用多模态手段传递和获取信息。教师通过分析旅游或商贸英语的特点,可采用多种手段进行信息传递,如视频、电影剪辑、录音、照片、图表、实物等。这样就可以充分利用模拟旅行社、宾馆、饭店、旅游景区或商贸洽谈、商贸交易等业务展开相关的教学活动。教师以课程具体内容为根据科学地使用各种模态,做到合理把握语篇信息与非语篇信息的比例。开展多模态教学活动时,第一步要进行的是多模态教学设计。该设计应在教学目标、教学程序、教学任务、教学方法和教学手段(对模态的选择)等方面得到体现。多模态教学设计需要考虑两个条件,即教学环境与教学条件。首先要明确设计依据,其次再确定授课的其他具体方面,包括教学目标、教学程序、教学任务、教学方法和教学手段。此外,为了确定每个阶段的教学目标和教学任务,教师还需要为整体教学过程设置不同的阶段,之后再为每个教学阶段选择合适的教学方法和教学模态。由此可以看出,教学设计是一个综合性的整体。

值得一提的是,教师在了解整体教学目标之后,可以设计出整体的多模态教学程序,之后根据各阶段不同的教学目标和教学情景调整模态教学手段,由于每一个教学环节都有它的阶段性教学目标和任务,这就是说教师在选择教学方法和教学模态时,不仅需要考虑课堂的宏观教学情景和目标,还要考虑每个阶段的教学目标及教学情景,同时还要为每个具体的教学阶段设计具体的教学方法和模态组合。为了给学生提供多模态认知和感知的环境,教师在进行教学设计时要充分利用各种多模态教学手段,包括文字、图片、音频、视频、PPT等,以及由它们集合而成的多模态教学手段。除此之外,教师还需要运用多模态教学理念指导特殊用途英语教学,根据教学内容和教学条件来设计调用不同的模态,根据学生专业的特点及今后工作的需要,为学生设计具体的教学活动,如情景表演,这会从一定程度上激发学生的学习兴趣,从而提高教学的效果。

模态教学可以表现在以下几个方面:一是要求学生课前做充分的预习,通过查词典等方式掌握课文中不会的生词,特别是重要的、特殊用途的英语术语,还要对课文大意有一个充分的了解,找出自己在课文中的疑点和难点。二是教师备课的时候要仔细认真,对课

文语篇信息和相关信息要做到精通，并且还要准备多媒体课件，如与课文内容信息相关的视频材料等，这样会让学生能够更直观形象地理解课文所传递的信息。三是课堂上，教师可以播放视频片段和设置各种情景，播放结束后让学生模仿，这时学生通过视觉和听觉模态就会有直观的感受，如临其境。四是教师可以在课后布置任务，告诉学生下一堂课的课堂展示或者表演，更好地模拟所学内容。模态的选择应该以动因为基础，要想取得更好的教学效果，就要尽量选择其他多种有效的措施和方法，技术手段尤为重要。为取得最佳效果并且最大限度地表达语篇的意义，教师可以充分利用现代媒体的技术。

（二）多模态学习

多模态学习指的是学生利用多模态手段并通过多种感官多模态地处理、认知、接受和运用语篇信息和非语篇信息。对多模态的学习，首先，要求学生以视觉模态进行教材文字识读和认知语篇信息，其中包括语篇树状信息结构及信息点。其次，学生要仔细观察教师所演示的多模态教学内容以获取有关信息，最终综合运用多模态认知语篇信息和非语篇信息进行多模态信息输出，这里包括回答问题、展开讨论或进行课堂表演等形式，通过这些形式训练自身的语言表达能力和思维能力及操作能力。教师课堂传授和学生自主学习是学生进行多模态学习的两种主要方式。一是在课堂上学生先要学会理解老师提供的各种信息然后才能领会各种模态所含的信息意义。通过听、说、表演等多种模态方式，学生基本可以掌握所学内容，如观看视频前，教师有意地提醒学生留意视频中与课本知识有关的重要环节和要点。在课堂学习之后学生就能掌握所学内容的主要信息。另外，为巩固课堂教师所教内容，学生可以去当地所学专业的涉外工作场所进行观摩学习。从理论上来说，这种学习方式将非常有效地帮助学生提高所学专业的英语听、说、读、写能力和思维能力，同时还会提高学生的跨文化交际能力。二是自主学习主要指学生根据教师所布置的课外学习任务，根据自己的学习方法通过视觉、听觉和触觉与网络环境下的学习资源进行多模态自主学习，在规定时间内完成老师布置的自主学习任务。在多模态学习方面要想达到课堂教学互动的效果，教师应引导学生多模态地获取、加工各类语篇信息，之后在课堂上进行实践和运用，并帮助学生捕捉课堂上教师所提供的各类与语篇信息相关的非语篇信息，将非语篇信息成功转换为语篇信息。

（三）多模态教学评估

1. 档案袋评估法

建立学生学习档案是形成性评估的重要方法，学生应该在教师的帮助下编制档案袋，向家长及其他相关人员展示自己所学到的知识。在选择档案袋中的内容时，学生是作为积极的参与者和决策者，教师则是作指导者和学生学习的激励者。为了贯彻到日常的教学活动中，档案评估法可以将课程与教学同评价结合起来。

档案袋与标准化考试相比，它能包含更多信息：如批判性或者创造性的思维及问题解决过程；小组报告、参与讨论、口头交流等其他技能；在生活和学习中能与他人和睦相处、团结合作的技能。因此，在评估学习过程时可以显示出连续性和民主性，并能为学生学习进步提供相应的证据。当数字不能公正显示学生的学习结果时，可以将其作为一种评估依据。但要注意的是，档案袋评估法也会有它无法解决的问题，如对档案袋的编制质量进行评价时，标准很难确定，难以做到客观公正。正因为如此，档案袋评估法不宜单独使用，必须与标准化考试等其他评估形式联合运用。

2. 观察法

观察法是通过有目的、有计划地观察学生在日常学习中的表现然后加以记录，针对学生的学习情况做出全面评价的方法。该方法也是形成性评估的一种重要形式，适用于课堂评估。观察法包括自然观察、选择观察和实验观察等方法。其中观察记录也分为各种方法，如设计观察表格，常用的观察表格包括学生个体使用的自我检查表和整个班级使用的记录表。观察的项目一般预先设计在表格中，有时也可随时择取。为使学生随时了解自己取得的进步和需要考评的内容，表格会与学生档案放在一起。杰纳西（Genesee）和厄普舍（Upshur）以问题的形式列出了设计课堂观察需要注意的七个事项：① 观察目的是什么？观察教学中哪些方面可以达到这些目的？观察单个学生或者一组学生还是整个班级学生？在日常教学活动中观察或者是观察特定的某个活动？一次观察还是重复观察？是否把观察与学生的其他课程和课外学习相结合？怎样记录观察所得到的结果？大学英语教师用观察法进行英语教学评估时可以上述注意事项为参考，有步骤、有目的地进行观察，尽量保证其准确性和公正性。

3. 学生自我评价法

培养学生的自主学习能力逐渐成为教育界的共识，我们逐渐深刻地认识到"学习者的自主性是我们最终的目标""学习者自主性应成为每个学习者和每位教师的目标"。在这之中，自主学习者所承担的学习责任之一就是在现实中而不是在某种语言测试中检测、监控自己的学习情况，就是对自己做出的自我评价。《大学英语课程教学要求》指出：学生个性化学习方法的形成和学生自主学习能力的发展就是大学英语教学模式改革成功的一个极为重要的标志。② 呼吁新的教学模式应以现代信息技术为支持，使英语教学朝着个性化学习和不受时间及地点限制的学习，还有主动式的学习方向发展，应确立学生在教学过程中的主体地位。为了达到以上目标，在大学英语教学评估体系中应把学生自我评价作为学习过程中的一个重要有机组成部分，并引导学生采用各种有效方法对自己的进步、成果及不足之处加以记录。这样的自我评价会帮助学生认识学习目标并自我调控学习进程，增强学习信心和责任感。自我评估的内容可以包括学习中的方方面面：学习过程、学习方法、学习态度、努力程度、学习结果及学习中的长处和不足等。教师可以根据评估的目的制定自我评估表引导学生进行自我评价。需要说明的是，部分研究者对自我评价所具有的客观性和标准表示怀疑。学生是否可以对自己的学习过程和学习结果做出准确的评估？自评在目前教学条件下仍存在着局限性。学生自我评价能力将会是一个不断发展和成长的过程，这个过程需要教师的引导，这非常重要。与此同时，自我评价要和其他评估形式结合起来使用才能使评估结果更加有效。

4. 学期和学年报告法

学期和学年报告法就是对学生某一学期或学年的终结性评估。学期和学年报告应将平时的过程性评价与考试结合起来，形成一个评价报告，这样就会改变传统的只用考试分数

---

① 张敏. 大学英语教育教学理论与实践探究 [M]. 北京：中国商业出版社，2018：18.
② 姜毓锋. 基于多模态话语理论的外语教学模式构建 [M]. 北京：北京理工大学出版社，2015：306.

来评价学生的方法。由于过程性评价主要是用来评价学生学习和进步状况的，它并不是对学生的学习下一个终结性结论，反映的是学生在某个时期中的成长过程，因此不能把过程评价的情况折算为一个分数加到考试成绩里。教师应该通过评价的分析，形成一个分析报告，全面报告学生的学习过程和各方面的发展，对学生的发展成就和不足进行客观描述，给出一个等级与考试成绩一起作为学生的大学英语学习的终结性评价。在遵循教学一般规律的前提下，在充分考虑语言教学特点的基础上，尽可能做到因人而异、因材施教，注重效果，切忌生搬硬套。

5. 语言测试

与其他评估形式相比，测试具有高效、便捷等特点，量化的考试成绩易于在学生之间做横向的比较，为教学提供的信息往往非常有用。英语教学最常用的评价方法是课堂测验。通过测验法可以评价一个教学单元或者一学期及一学年教学目标的实现情况，笔试是它主要的形式。测验法要改变传统的考试内容和方式，将知识和能力的考查有机结合起来，将开卷考试与闭卷考试有机结合起来。首先，要强调试题的真实性和情景性，以便于学生形成对英语学习和运用的领悟能力。其次，要强调学生解题的过程，要减少客观题，使主观题和开放性的试题比例增大，既要重视得出的结论，又要重视得出结论中所经历的过程。

第六章　高校英语教学中互动式教学方法研究

如今，随着大学英语课程改革的深入，大学英语教学也面临着新的机遇与挑战。传统的英语教学方法已经不再适应当前教学改革的要求。于是，大学英语教师开始采用互动式教学法。互动式教学法作为有别于传统教学法的新方式，是以互动为基础，激发学生参与课堂的积极性与自主性，在不断深化的探究学习中培养学生自主学习、独立思考的能力，最终高效地完成教学任务与目标的方法。本章对高校英语教学中的互动式教学方法进行了深入研究。

第一节　互动式教学解读

"教学"是教师把知识、技能、传授给学生的过程。不难看出，教学既有教师的"教"也有学生的"学"，二者缺一不可。因此，教学实质是师生、生生间的多边互动。再者，"互"的汉字结构好比两个手握在一起，"互"在汉字字义里也包含着双方的意义。也就是说，互动至少有两方，单方不构成互动。因此"互动"二字更加强调教学过程是一个动态发展着的教师的"教"与学生的"学"和谐统一的活动过程。互动式教学就是在所创设的一定情境下，师生之间通过平等、尊重、和谐地对话、沟通，各种观点相互碰撞，进而激发师生双方的主动学习和探索的内驱力，从而提高教学效果的过程。

一、互动式教学的理论依据

（一）国外相关理论依据

1. 建构主义理论

建构主义理论，是瑞士著名心理学家皮亚杰在长期从事儿童智力发展研究中所提出的认知发展理论。其中，"图式"（Scheme）是该理论体系的核心概念，它的形成和变化是认知发展的实质。20世纪80年代后期，建构主义理论风靡于欧美，之后，该理论以其独特的教学理念、重要的理论与实践价值迅速波及各个学科领域，尤其对教育学科领域产生强大冲击力，成为现代教育界的热门话题。20世纪90年代，世界各国的教育改革方案中都把培养学生的创新精神和创新能力作为教学工作的关键。学习不仅仅是知识由外到内的转移和传递，还是学习者主动地建构自己的知识经验的过程。其主要观点包括：

（1）新知识观

课本知识只是一种关于各种现象较为可靠的假设，而不是解释现实的"模板"。课堂上不能用专家、教授、课本的权威来压服学生，也不能以知识的正确性、真理性的强调作为让学生无条件接受的理由，而应通过学生自己对知识的建构来达到对知识的"接受"目的，以学生的社会阅历、生活经验、内心信念为背景来合理分析所学知识。

（2）新教学观

其核心思想是让学生通过问题解决来学习，主张教师与学生、学生与学生之间进行丰富而多向的交流、讨论或合作来解决问题，认为合作学习、交互教学很有利于学生的能力构建。

（3）新学生观

学生在以往的学习和生活中，已经具有了一定的经验和体验，作为教师，在教学中应把学生现有的知识经验作为新知识的生长点，重视学生对各种问题现象的不同见解，倾听学生的多样看法，洞察学生对各种想法的由来，并以此为根据，引导学生丰富或调整自己的理解。

2. 人本主义学习理论

人本主义学习理论强调学生自主学习、协作学习，自主建构知识意义。其主要观点包括：①学习是一个主动的过程和愉快的事情，每个人都具有自发学习的天然倾向。②主动、自发、全身心投入的学习才会产生良好效果。老师在安排学生学习时，只需要提供学习活动的范围和各种学习资源，由学生自己确定学习目标，探索发现结果，这有利于启发学生心智，提升其学习能力，培养其学习兴趣，达到知、情、意并重的教育目的。③意义学习或经验的学习是最重要的学习。④学生自评学习结果，有利于他们养成独立思维能力和创造力。⑤在较少威胁的教育情境下才能有效学习。⑥重视生活能力的学习，以应对变动的社会。

3. 有效教学理论

该理论源于20世纪上半叶西方的教学科学化运动。有效教学，是指教师在达成教学目标和满足学生发展需要方面都获得成功或表现俱佳的教学行为。这一概念可以理解为：一是促进学生的学习和发展是有效教学的根本目的，也是衡量教学有效性的唯一标准；二是激发和调动学生学习的主动性、积极性和自觉性是有效教学的出发点和基础；三是提供和创设适宜的教学条件，促进学生形成有效学习是有效教学的实质和核心。显而易见，有效教学理论的核心是教学的效益。它关注的是学生的发展或进步，重视教学效果，要求教师在课堂上应正确处理好教学质量、教学的适应性、教学诱因、教学时间与效益的观念。有效教学同时需要教师具备一种反思的意识，要求每一个教师不断反思自己的日常教学行为。有效教学也是一种很好的教学策略，要求教师掌握有关的策略性知识，能根据具体教学情景灵活做出应对。

（二）国内相关理论依据

1. 孔孟的教育思想

孔子曾说，"知之者不如好之者，好之者不如乐之者"，这是互动教学的精髓所在。在《论语》中，包含了许多孔子深刻的教育教学理论和丰富的教学经验总结。一是启发诱导。孔子认为掌握知识应是一个主动探索领会的过程，因此，让学生主动思考、回答问题是孔子在教学实践中特别重视的一个方面。二是因材施教。孔子平常注重观察学生、全面了解学生，对学生的个性、特长、优缺点了如指掌。因此，他在教学过程中，能够从学生的具体实际出发进行引导与教育。三是学思并重。学与思是学习过程中的两个基本环节，孔子对二者都很重视。他认为，"学而不思则罔，思而不学则殆"。因此，一方面，孔子强调"学"的重要性，反对思而不学；另一方面，又强调"思"的重要性，反对学而不思。孟子则从"尽心、知性、知天"思想出发，认为知识的学习，并非从外而来，必须经过自己主动自觉的努力钻研，才能实现对知识的彻底领悟；同时，孟子还认为，深造自得必须注意由博返约。即让学生通过广博学习，详细解说，对知识融会贯通之后，再回到简略地述说大义的地步，这是一种重要的思维方法、学习方法和教学方法。

2. 陶行知的教育思想

大力倡导创造性的教育是陶行知教育思想的特色，致力于开发学生的创造力是陶行知教育理论的起点和归宿。其教育思想的主要观点如下：一是解放空间，让思维自由延伸。强调教师在课堂教学中除了充分调动学生参与课堂问题外，还要给学生留足够思考的时间，把他们的思维在其间纵横千里，乐在其中。二是质疑问难，让思维求异发散。

二、互动式教学的类别

互动式教学分为理论教学和案例教学两类。理论教学重在启发学生的理论思维，训练学生的概括能力和抽象思维能力；案例教学重在锻炼学生的应用能力，加深学生对知识的掌握程度，提高学生分析和解决问题的能力。

（一）理论教学

理论教学可以分为"猜书"模式、"知识讨论"模式、"批判"模式。

"猜书"模式——引导学生自己"写课本"。人类大部分的新知识其实是利用已有知识解决新问题的结果。在给具有一定基础的学生教授较为简单的知识时，教师可以通过启发和引导，让学生根据自己的理解对教材所提出的概念或教材得出的结论进行"猜测"，以活跃课堂气氛，加深学生对已有知识的印象，并锻炼学生的思维能力。在学生完成"猜测"后，教师引导学生将"猜测"的结果与书本上的概念或结论进行比较，并让学生自己找出两者的差异，这比"满堂灌"更能加深学生对知识的理解和记忆。

"知识讨论"模式——多问问"为什么"。这一方法主要应用于两类知识点，即学生较难理解的知识点和难以通过过去所学推导出来的知识点。这两类知识点难以在很短的课堂时间里通过思考而得出一个确切的结论，例如通行的约定、法律等。对于这两类知识点，如果教师强行采用"猜书"模式，就比较容易出现大部分学生无法跟上进度的现象。教师可以先将相关的知识传授给学生，再问学生教材为什么会采用这样的论述。

在"知识讨论"模式下，教师通过发问的方式，引导学生思考和争论，营造善于倾听、勇于表达的课堂氛围，创造展示学生个人能力和魅力的开放平台，帮助学生增强表达自己观点的勇气，激发学生的创造力，让学生在思维的碰撞中获得提升。"知识讨论"模式有利于充分调动学生的积极性，让学生通过课堂讨论进一步深化对知识的理解，同时也给教师提供了一个非常好的评估学生水平、了解学生思想动态的机会。在大学课堂教学实践中，有些学生会从跨学科的角度，或他们特殊的生活经验的角度出发，阐述对问题的理解，这实际上也给大学教师一个积累案例素材、提高自身业务能力的机会。

"批判"模式——我来发展教材。随着时代的发展和人类知识的更新，教材观点变陈旧的速度加快，有的知识点出现了不能适用的现象，有的知识点则被彻底否定了。"批判"模式最重要的特点，就是在教学过程中不是让学生死记已有的结论并认为那是天经地义的"公理"，而是把已有的结论作为发展新知识的起点，或者肯定它，或者批判它，甚至于否定它。

对教材的批判过程实际上是雕玉的过程。所谓的雕玉，是学生将主要原料——石头（或碎片化的知识），在教师的引导下，通过个人或集体的力量，将它雕琢为"玉"，也就是获得新知、解决实际问题的过程。在批判式学习的过程中，教师在课堂上根据教学的内容，首先提出一个课本上的概念或结论，然后再提出一个相关或相反的现象或例子，使学生在学习理论知识时结合自己的独立思考，在讨论中逐步获得新知并掌握新的方法。最终帮助学生通过系统的学习和仔细的思考，形成自己的理论框架和独特视角，并在相应的理论文章或研究总结中加以体现。这种教育方式把知识传授、能力培养和素质训练较好地结合在了一起，对培养学生的批判性思维大有裨益。

（二）案例教学

案例教学，是指根据教学内容把现实中的问题带进教室，师生双方通过相互讨论和分析，以提高学生分析和解决问题的能力为目标的教学方式。案例教学法在不同的国家、不同的学校和不同的学科中影响持续扩大，其教学方法也在不断更新。与理论教学相比，案例教学更能让学生在讨论和思想碰撞中获得更多的沟通、谈判和团队合作能力。

理想的案例教学模式要求教学双方在上课前做好充分的计划和准备。上课前，学生需要花好多个小时独立研究将会在课堂上进行讨论的案例，并根据教材的提示寻找案例中所涉及的各种数据，然后在研究小组内充分讨论，以形成初步的研究结果。上课时，在教师的引导下，各个研究小组应当展示他们的研究成果，并针对存在争议的观点进行讨论，以进一步推动学生对这部分知识点进行总体思考。经过讨论后，学生一般会对某些现实问题形成自己的观点，并形成某种解决方案。但对教师而言，提供确定的解决方案并不是案例教学的主要目标，有效引导学生对复杂因素的理解和掌握并采用适当的方法来分析和评估问题，才是案例教学的重中之重。

三、开展互动式教学的意义

开展互动式教学，是提升学生学习兴趣、减少厌学现象的重要手段。传统的教学模式造成了教师与学生身份的对立，扩大了教师和学生之间的鸿沟，增加了学生上课时的压力。这种模式压抑了学生的表达欲，抑制了学生的创新意识，学生不能在课堂学习中获得成就感，因此，学习积极性遭受打击，厌学现象频生。为了防止学生逃课，教师只好通过点名、惩罚等手段将学生"绑"在课堂上，这进一步降低了学生的学习兴趣，学生就会对课堂产生疏离感，导致恶性循环。在互动式教学模式下，教师与学生的关系从单向的灌输关系变为"双向二元式"的交流关系，这有效地缓解了教师与学生的对立，给学生一种被尊重的感觉。教师在课堂上还能通过平时成绩奖励等手段进一步激发学生的学习主动性和学习热情。

互动式教学的开展，是提高学生社会交往技能、促进学生全面发展的重要方式。在相互合作、相互讨论的互动式教学环境下，学生的思维活跃，无形中提升了学生的创造能力和沟通交往能力。更重要的是，互动式教学有助于学生减少隔阂和孤独感，发展良好的人际关系，增强其自信心。

互动式教学的开展，是培养未来社会所需的创新人才的必然要求。随着社会的发展，社会对能够创造性地应用知识并创造新知识的人才需求越来越多。以识记为主的传统教育模式过于强调教师的讲授和知识灌输，培养的学生往往难以理论联系实际。不仅如此，没有使用过的知识很容易被遗忘，这导致了教育资源的极大浪费。互动式教学的开展，能充分调动学生的学习积极性，提升学生解决问题的能力，为培养我国急需的创新型人才打下坚实的基础。

互动式教学是教师提升专业水平、锻炼个人能力的最佳途径。教师为了在课堂上尽可能地吸引学生的注意力，提高学生的学习兴趣，调动学生的学习积极性，获得学生的钦佩，必然需要认真钻研、精心备课，准备丰富的素材。教师需要认真考虑如何才能既通俗易懂地将知识传授给学生，又让学生有参与的积极性。因此，互动式教学的组织，不仅要求教师有渊博的知识，更要具备组织、管理、协调整个教学过程的能力。对于教师来说，这是教学上的鞭策与督促。教师在组织互动式教学的过程中锻炼了个人能力。

互动式教学是改善师生关系、营造和谐课堂气氛的利器。在传统教学方式下，学生比较容易显得疲倦或者腻烦，课堂上开小差者较多；而学生对课堂的消极反应也会反过来作用于教师的情绪，不利于教师最佳讲课水平的发挥。互动式教学则加强了教师与学生的沟通，气氛变得活跃，拉近了师生间的距离，有利于教学效果的进一步提升。

互动式教学的开展，是学生对高质量教育需求增加的必然要求。当代学生与以往学生最大的不同在于，他们获取信息的渠道更多，可以从各种网站中获取丰富的学习资料。在学习资源众多的情况下，课堂教学仅仅成为学生获取知识的途径之一，教师只有比其他的知识获取途径更能吸引学生的注意力，方能提高学生对课堂教学的认可。因此，学生对高质量课堂教学的需求在不断增加，也对教师教学提出了更大的挑战，生动活泼的互动式教学势在必行。

第二节 互动式英语教学实施的原则与程序

一、互动式英语教学实施的原则

（一）普遍性原则

创新精神和实践能力的培养要面向全体学生，体现其普遍性原则。创新潜能不是少数尖子生独具的。每个学生都具有创新的潜能，关键在于教育的开发。因此，教师应善于发掘蕴藏在学生身上的创造潜能，并将期待的目光投向每个学生。

(二) 差异性原则

创新精神和实践能力的培养必须充分考虑到个体间发展的差异，应针对不同层次学生的具体情况，制定不同的学习目标、学习内容和方法。学生的创新与成人的创新活动是有区别的，其创造的价值更多地表现在学习过程中，教师应主要促使他们通过自主探究去获得成功的体验。因此，教师在组织学生开展创新实践活动时，一定要从他们思维的实际发展水平、知识基础和生活经验出发，目标不要过高，内容不要太难，不可将"苛求"当成"严格要求"。

(三) 活动性原则

教师要注重通过开展各种活动，如动手操作、实践探索、调查研究等来培养学生的创新精神和实践能力。在学习过程中，基础知识和间接经验的学习是十分必要的，但问题探究的过程远比直接获得结论更重要。"在黑暗中摸索"要比"等待火炬引路"更有益；奋发进取要比坐享其成更可贵。

(四) 激励性原则

在创新精神和实践能力的培养过程中，教师应注重运用激励性评价的策略激发学生的兴趣、好奇心、求知欲和想象力，并要全力支持他们质疑问难，绝不能置之不理，横加干涉，甚至一味地指责。要使激励性评价真正成为"培养创造精神的力量"。

二、互动式英语教学实施的程序

当前，一些高校的大学英语教学模式不适应大学人才培养的基本要求，出现了一系列弊端。因此，大学英语教学必须破除以讲授为主线，培养知识型人才为取向的传统教学模式，走出一条以培养学生英语应用能力和高素质为目标的新路。建构大学英语互动教学模式，加强师生间、生生间的互动合作，使学生在轻松愉快的学习情境中，获取知识，提高能力，并培养其积极的情感态度，实现其全面可持续发展，为培养社会需要的具有英语应用能力的高素质技术应用型人才做贡献。

每一种教学模式都有其特定的操作程序或逻辑步骤，它明确了在教学活动中，师生先做什么，后做什么，以及在各个步骤应完成的任务。大学英语互动教学模式力求打破以讲授为主的传统教学模式，适应大学生的特点，突出互动，使学生在丰富多彩、形式多样的互动活动中，获得英语语言知识和应用能力，培养合作交往能力和积极的情感态度，构建营造语境—自主学习—合作学习—点评归纳—课外拓展的教学程序。

(一) 营造语境

在传统教学模式中，为了充分利用课堂时间，教师往往开堂就讲，而大学生英语水平整体较差，学习积极性和主动性不强，为了使学生在进入英语课学习之前，保持一个积极兴奋的状态，那么，如何在进入新课前更好地激发学生的学习兴趣，就显得尤为重要。因此，大学英语互动教学模式应首先根据对教学目标和教学内容的整体把握，营造语境，以旧引新。可以通过提问设疑、自由讨论、角色表演、图像展示等创设交往互动和问题求知情境，营造英语氛围，激发学生的学习兴趣，使其尽快进入角色，全身心地投入语言实践和思维活动中去。然后通过所创设的与当堂课相关的语言情境导出新课内容，并明确学习目标，让学生明确本节课应掌握什么内容和应达到什么标准。

该环节主要是师生间的互动，实际上，是在引导学生的思维，促使学生产生期望、进取、达成目标的心理倾向，调动他们参与教学互动的积极性和主动性，让学生带着学习动机进入下一步的学习。

（二）自主学习

在传统的教学模式中，学生只有静静听讲的权利，而没有思考的自由，缺乏学习主动性。古人云："授人以鱼，不如授人以渔。"教师应该注重培养学生自主能动地进行学习的意识和能力，教给学生语言学习的规律和方法，要善于启发学生思考，帮学生培养未来独立学习所需的技巧和能力。互动教学模式把这视为必要环节，留给学生独立思考、自主能动学习的时间，允许学生根据自己的能力水平、个性特点、自主地、能动地、自由地、有目的地进行独立思考，自主尝试解决问题，突出个性化学习，真正确立学生的主体地位。

这个环节主要是学生与英文文本信息之间的互动，使学生通过独立思考，自主能动学习，将新知识与旧知识、纵向与横向知识，以及此类与彼类知识相互联系，造成认知冲突，形成独到的见解，培养他们独立思考能力和自主学习能力，提高其学习主动性，并为下一步的合作学习奠定良好的基础。但要防止学生相互间的合作交流没有深度，流于形式。

（三）合作学习

传统的教学模式是填鸭式教学，以教师教为主，而互动教学模式更注重师生、生生间的交流互动。合作学习这一环节是在学生自主学习、初步感知的基础上，开始合作互动。首先进行小组研讨，教师要根据学生的基础和自学情况，确定适合学生知识水平的讨论主题和要完成的任务，明确要求。通过启发、引导和激励，让学生围绕中心议题，发挥想象力和创造力，尽情地发表和交换各自的观点，相互启发、检查交流、吸收完善，发扬团队精神，通力合作，力求出色地解决问题、完成任务。

小组研讨之后，是展示小组成果、组间交流的阶段。教师要采用各种激励措施，鼓励学生充分展示他们自主学习和小组合作中知识建构的成果，发展他们思维的深刻性与广阔性、灵活性与创造性。通过集中交流共同解决问题，积极主动地获取知识，这远比教师直接灌输要好得多，因为它能让学生充分体验成功的愉悦，保持旺盛的学习热情，激发内在的潜能。

此环节主要是生生间的互动，不仅使每一位学生都可以在课堂上大胆地、尽情地交换各自的看法，提高他们的自学能力和思维能力；而且在不知不觉中，学生们的语言知识得以建构，语言应用能力得以提高，更重要的是，培养了学生团结、合作的精神，增强了自信。

(四) 点评归纳

传统的教学模式，一般都是教师独自对整堂课进行点评归纳。而本模式引导学生参与这一过程，充分发挥学生的主体作用。在组间交流后，按一定的标准，通过学生自评、师生互评等手段，来对学生的学习成果进行全面、宏观、准确的评价。评价的过程其实就是对整节课反思的过程，在此基础上引导学生将各组的观点、答案进行整理、分析、归纳和概括，由此形成共识。总结时，按照本堂课教学目标，首先由教师引导学生总结，然后教师再单独进行补充归纳，总结知识和学习方法，使学生将所学知识主动纳入自己的认知结构中。此环节主要是师生、生生互动，能促使学生积极的思考，激发学生参与的兴趣，通过对当堂课所接触的新语言的反思、评价、归纳、总结，达到巩固强化和查漏补缺的目的。

(五) 延伸拓展

传统教学模式一般都围绕课本进行教学，不能激发学生的学习兴趣，也不能开拓学生的视野和思维。而在大学英语互动教学模式中，互动教学还可以延伸到课本知识和课堂教学之外。延伸拓展环节，是使学生对已知知识进行拓展和升华，对未知信息进行收集和探索的过程。

在总结完本课所学知识后，如果课上还有时间，可以根据当堂课所接触的语言项目和应完成的语言功能，设计相关的拓展任务。例如组织学生分组讨论或辩论与本课相关的拓展性问题，或进行拓展性练习的群测和自测等，以使学生进一步巩固知识，举一反三，并激活学生的想象力和创造力，发展他们的实际应用能力。

由于课堂互动会受到教学时间和空间的限制，还可以将其延伸到课外。课外活动是丰富学生精神生活、扩大视野、拓展创新、陶冶情操的有效阵地，课堂互动必须同课外互动结合起来。学生在许多课外活动中，可以不受教材范围、活动时间和教师倾向的束缚，独立地、自主地发展。与传统教学模式布置作业不同，大学英语互动教学模式的课外活动也要充分地体现互动，讲究内容的丰富新颖、形式的灵活多样以及教师的指导得当。

此环节主要是生生互动和学生与英文文本之间的互动，可以大大拓展互动的时间和空间，促使学生获取知识，拓展能力，培养学习积极性和主动性。要说明的一点是，此操作程序的各个环节之间具有逻辑性，但并不是一成不变的。可以根据这一总的思路，在不同课型的应用中做适当调整，使其更有效地为大学英语教学服务。①

---

① 孙常丽，王红香，刘纯. 大学英语多元互动教学模式研究 [M]. 北京：世界图书出版公司，2017：35.

第三节 互动式教学法在高校英语教学中的应用

一、高校英语听力互动式教学

(一) 提问式师生互动

通过提问，刺激学生用英语进行交际，做好课前热身准备。教师根据课文内容及学生的预习情况，对学生较熟悉的课文内容或感兴趣的话题，采用师生问答的形式开展教学活动。教师在设计问题时，应具有艺术性，努力构建一个充满人文关怀、人人感到轻松愉快、人人企盼参与的语言交际教学情境，建立起和谐融洽的师生关系，使英语学习过程生动有趣。学习内容力求与生活密切联系，在每节课前，可以就有关学校生活问题设计一些对话。通过挑选这些与学生密切相关的或他们感兴趣的话题，让学生产生交流的兴趣与愿望，教师与学生建立了关联，迎合了学生的实际情况和需要，培养了学生的交际能力。经过课前几分钟的"热身话题"之后，可以过渡到本单元内容的讲解上来。

讲解课文内容时，提问式互动教学主要有三个步骤。

1. 预习听力材料

在学习每一课前，教师应布置预习任务，让学生对文中内容进行合理的猜测。例如，在讲解《大学英语精读》第一册第五单元 *A Miserable, Merry Christmas* 一文时，让学生通过预习并猜测，为什么作者说那年的圣诞节是个又悲又喜的圣诞节，让学生表述出自己的观点。

2. 让学生分析听力内容

通过对听力内容的分析，要让学生不仅理解听力材料的含义以及语言点，而且应该能够列出文章的提纲，给出每段的主题大意，明白作者用了什么样的写作手法、修辞手段以及所产生的效果。教师在教学过程中，应该注意引导学生对听力材料的内容发表自己的见解，在这一过程中，教师应起到"引航员"的作用。同时，教师根据学生的口头表达，可以从中发现学生对语法、重要短语的掌握情况。

3. 巩固练习

为了确保互动式课堂教学取得效果，还要进行巩固练习，巩固练习可以复述听力材料或讲述听力的摘要，还可以就文章的有关内容，组织学生进行讨论，甚至辩论。通过这样的课堂互动，既能促进教师积极地把学生纳入自己的教学活动之中，充分调动其积极性，又能促进学生的能动反应，使得师生在共同作用和相互促进中达到提高学生英语学习技能的目标。

(二) 小组中学生之间的互动

小组合作学习，不仅有利于所有学生的参与，让其充分展示各自的个性，而且也有助于培养相互合作的精神，在互探、互学、互帮、互促的过程中，将个人的发现转化为共同的财富。

1. 小组划分的原则

合作互动学习小组的划分应遵循以下原则：无论小组成员多少，都应力求在学业成绩、性别、性格等方面具有异质性和代表性，每个学生都要看到自己的进步和不足，并在新学期树立自己努力的目标。

2. 小组划分的形式

第一种：同桌为一个合作学习小组，这是较常用的一种。其优点是随机进行，便于操作。第二种：四人小组。可由前后位四人组成，也可由相邻两对同桌组成。这种形式同样利于操作，尤其适用链锁问答，对句式的巩固操练有实效性。第三种：以座位的一竖行分为一组。这种形式在单词复习时更具挑战性、复杂性。无论采用小组、横排、竖排、同桌、四人或其他哪种形式，都会收到学生积极参与且兴趣高涨的良好效果。

3. 操作步骤

（1）出示探究问题

所出示的探究问题应当具有一定的难度和挑战性，这样才有利于激发学生的探究性和小组活动的激情，从而充分发挥学习共同体的创造性。出示的探究问题如能贴近学生的生活，大家就会很感兴趣，便会投入热烈的讨论中。

（2）小组合作探究

小组讨论要分一定的步骤展开。可建立四至六人的异质小组进行，并给予充裕的时间，促使学生在活动中相互切磋、取长补短。教师可巡视或参与某个小组的讨论，了解情况并有针对性地进行指导。异质小组的活动，不仅可增强学生学习的主动性，而且学生之间的互教互学可收到教师讲解难以达到的效果，从而促使学生认知、情感和语言表达技能的均衡发展。

（3）组际间互相交流

在组长带领下，经过畅所欲言、共同探究、相互启发、互相补充，得出较完整的答案之后，由小组派代表阐述各自的意见，进行全班交流。发言中如出现错误或遗漏，可由本组其他成员纠正或补充。如有疑问，其他组则可提出质疑并进一步展开讨论。在交流时，也可采取小组集体表演的方式汇报讨论的结果。总之，教师应鼓励学生发挥想象力和创造力，表达出自己独立的见解，并展示各自独特的表达方式。

（4）总结规律

在组际交流之后，教师应及时做出公正的评价，并引导学生将各组的观点、答案进行整理、分析、归纳和概括，从中找出规律性的东西，由此形成共识。总结时，教师应有意识地渗透学法指导，要引导学生回顾过程和方法，使他们有所感悟。当然，在生生互动过程中，教师既不能"主宰"学生学习活动的全过程，也不能推卸指导的责任，而应将有效地指导、平等的参与、鼓励学生自主选择并主动探究有机地结合起来。

4. 小组合作互动学习的全体性、趣味性和创造性

（1）小组合作互动学习的全体性。

在合作互动学习过程中，要充分利用多种形式面向全体学生，既要让尖子生更"尖"，也决不放弃任何一个学困生。

(2) 合作互动学习的趣味性

在英语教学中，"趣味性"问题是头等重要的问题，它是英语学习变得容易的前提。趣味性互动活动能使英语课变得生动、活泼，使学生产生积极主动学习的兴趣。趣味性活动在英语教学中有许多，例如歌曲、表演、说唱、竞赛等，这些都是英语学习中喜闻乐见的学习互动形式。

(3) 合作互动学习的创造性

在合作互动学习中，师生都要发挥其创造性。好的教师，可以将不好的教材变成好教材；不好的老师，可以将好教材变成不好的教材。因此，教师除了要提高自身能力以外，还要创造性地灵活使用教材，可以根据学生的特点进行变通、引申及创新。教材中的情境，力争较真实地再现于课堂并创造新的环境，使学生乐于参与。

二、高校英语口语互动式教学

互动式教学法是教师与学生之间互为主体的双向交流、讨论和沟通，是学生在教师有目的、有计划、有组织的指导下，积极主动地掌握系统的文化知识、发展智力和陶冶情操的过程。在整个教学的过程中，教师和学生起着同等重要的作用。要有效地完成教学过程，取得好的教学效果，必须同时调动教与学两个方面的积极性。课堂师生互动本身就是一种语言交际活动，是锻炼学生语言能力的最佳机会。如果在课堂上学生与教师、学生与学生之间能够利用一切机会进行英语交流，就能直接获得学习和掌握语言的机会。同时，学生还能参与管理自己的学习，这会使其学习态度变得更加积极主动。互动式教学法在大学英语口语教学中，可以有策略地分为以下几种方式。

（一）强迫互动式口语练习

英语口语的提高，关键在于练习。口语是一种利用语言表达思想的能力，口语教学的目的就在于培养和训练学生语言知识的转换能力。作为英语教师，应尽可能多地给学生创造练习的机会，加大学生口语的训练量和训练强度，加速学生从语言知识到语言能力的转换。在我国由于受传统教学法的影响，英语课堂中学生习惯于大部分时间由教师讲解，被动地接受知识。同时学生怕出错误、闹笑话，上课时不喜欢积极发言。为了迫使学生开口讲英语，逐渐放开思想包袱，教师有必要采取一些强制措施，与学生进行互动口语练习。教师可以把学生课堂英语口语能力的表现以分数的形式表示出来，并与学生的期末成绩相结合，但是教师不要把学生的口语错误作为唯一的评判标准。对学生的口语成绩进行评估，应着重于学生对知识点的掌握和表达思想的能力。

外语学习动机有三种。第一，整体动机，指外语习得的一般态度。第二，情境动机，如在自然习得的情况下，学习者动机不同于课堂学习者动机。第三，任务动机，指对具体任务的动机。在任务动机的驱使下，学生为了有好的成绩，会不得已开口进行英语对话。经过大量的强迫性练习，学生会逐渐养成用英语思维的习惯，逐渐克服胆怯的心理，敢于大胆开口说。在课堂教学中，教师应逐渐减少自己的讲话时间，增加学生的会话时间，使学生有更多的机会和时间多说多练，在语言能力、交际能力和英语思维能力等方面得到迅速提高。

1. 课堂问答

在课堂教学中，对于课文内容的理解及课后一些易于口头表达的问题，可以采取教师提问学生回答、学生提问教师回答、学生互相提问的形式，还可以采取共同商讨的方法，来寻求正确的答案。学生可以从课文中找出原句子或者词组的固定搭配，来组织成自己的句子回答问题。这样形成的句子错误相对较少，能够增强学生开口讲英语的自信心。在教学活动中，教师可以切实地为学生创造口语练习的机会，同时，由于受分数的限制，迫使学生从被动的语言知识灌输对象变成教学活动的主动参与者。学生会分出一定的课外时间预习课文，并对可能提出的问题进行准备和练习。在互问互答的过程中，既有利于学生对课文的理解，又使师生之间处于和谐的英语会话语境之中。

2. 小组讨论

在互动式教学法中，教师是学习活动的鼓动者和参与者。形式多样的课堂活动，如小组讨论、辩论、扮演角色等，可以激发学生学习英语的兴趣，促使学生积极思考问题、自觉参与。小组讨论更加有利于学生英语口语水平的提高，教师可以将班级根据就近原则分成有固定成员的若干小组，让学生就某个问题发表见解。为了便于学生讨论，可以提前给出讨论的题目，要求学生阅读相关的文字材料。在讨论活动中，学生的注意力应放在如何围绕主题发表见解，而不是语言的语法、发音等错误上。学生开展对话活动时，教师应在教室巡视，观察学生讨论的情况。当学生的讨论冷场了，或者学生忘词了，教师可对他们进行鼓励或提示，使讨论活动顺利进行下去。每位学生可以分配不同的任务，如小组主持、秘书、发言人、总结人等，每次更换任务，这样使得性格内向或口语表达能力差的学生有机会发言，使其逐渐树立自信心并积极参与活动。讨论结束时，教师应倾听各小组的讨论结果，并提出优缺点，使学生对自己的成绩始终保持清醒的认识。最后，教师根据每组的不同表现给出小组整体成绩。当小组成员各有自己的任务时，会增加对活动的参与意识。同时，小组讨论还可以加强学生的团结协作精神。

3. 朗诵与课文复述

朗诵对语言学习很有好处，它可以帮助学生熟记语言材料，加深对课文的理解。朗诵的过程是知识输入的过程，学习者在此过程中不停地进行思考，可以全方位地输入单词的固定搭配、句子的结构模式、上下文的连接方式、发音的节奏、速度、重音、语调模式。在朗诵的过程中，学生的口语错误大大降低，可以把重点放在语音的标准、句子的流利程度上。而课文复述比朗诵在口语训练上更进一步，因为课文复述是建立在已有的语言材料上，进一步去发挥学生自己组织语言的能力。此外，由于有固定的语言资料作为基础，学生可以使用一些单词的固定搭配、句子的结构模式。与临场发挥式口语训练相比，可以减少句子中的错误，增强学生讲英语的自信心。在朗诵过程中，采取师生互动式的方法，学生可以进行比较，通过教师和学生朗诵的对比，学生可以发现自己的语音错误，学习教师的语音、语流，进行语言正音。在课文复述过程中，采取师生互动的方法，学生可以学会教师组织语言的方法，懂得课文的语言重点，了解文章的中心内涵。

（二）轻松互动式口语练习

互动式教学内容要做到激发学生参与活动的兴趣。根据交际教学法的观点，学习动机来自对语言交际内容的兴趣。当学生参与了充满趣味性、实用性和挑战性的英语实践活动后，就会对课堂教学产生浓厚兴趣，刺激自身内在的学习英语的动机。一个教师在教学中，除了凭借自己的语言功底、教学经验和教学观念外，还应多鼓励学生，让学生体会到学习英语的乐趣，为学生创造一个轻松和谐的语言学习环境，减少学生在学习中出现的焦虑感和抵触情绪。

1. 师生互动情感交流

人本主义的学习方法强调，在教学过程中应把学生作为一个"完整的人"来看待；教师与学生的关系应是合作者的关系，不应有上下级之分。在英语口语训练中，学生应成为活动的中心，教师应该是一个指挥者、引导者、激励者，更应是一个合作者。如果我们的目的是要培养交际能力，那么我们的方法本身就应是交际性的，也就是说，它必须是学习者与教师之间进行的，有关学习过程中思想感情的交流和协调，教师在此过程中是作为参与者而非整体的控制者。教师要坚持情感教学原则，包容学生的口语错误，帮助学生缓解心理压力，让学生能够轻轻松松、毫无顾忌地说英语，并积极与教师用英语交流情感。教师有必要从课文中找出一些与学生生活密切相关的事情、时代性较强的问题和中西文化的问题，师生互相发表一些看法和对问题的见解。教师有必要讲一些自己的生活经历，并了解学生的某些生活细节，在英语口语对话中，促进师生了解和情感沟通。在课间休息时，教师与学生可以用英语闲聊，谈话内容可涉及生活的各个方面。这样便于师生情感交流，又能使学生讲英语的气氛变得更加宽松和谐。

2. 互动趣味语言活动

兴趣是最好的老师，有趣的语言活动不仅可以大大增强学生学习英语的兴趣，而且可以激发学生的自我责任感、个人创造能力、信心和独立思考能力。在英语口语教学中，教师应采取灵活多样的方法，把内容丰富有趣的课堂活动开展起来，使得学生积极参与各项趣味活动，能够轻轻松松开口讲英语。

课堂活动多种多样可以使课堂气氛活跃、内容丰富有趣，使不同程度的学生都能参加到活动中去。练习口语的教学活动，应包括课前讲英语故事、听唱英文流行歌曲、朗读名篇段落等，课堂上可以根据课文内容开展角色扮演、情境对话、专题讨论等活动。同时，可以利用网络等现代化教学手段，为学生播放英文电影和精彩的英语辩论赛。在学生观看的同时，鼓励他们模仿精彩的语言或对白。语言教学应尊重和重视学习者，把学习和自我实现结合起来。在教学中，教师采取互动式英语课堂教学法，使教师处在与学习者合作、互动的位置上，给学生一定的权力，营造并保持一种良好的学习氛围。通过师生互动、学生与学生互动，满足学生英语口语练习的需求，有利于学生提高英语学习兴趣和语言交际能力。

三、高校英语阅读互动式教学

（一）阅读教学中实施互动教学的目标

第一，激发学生浓厚的阅读兴趣和强烈的学习动机，使学生养成良好的自主阅读的习惯。变过去的"学会""苦学"为"会学""乐学"。

第二，使学生掌握科学的阅读方法，逐步形成探究性阅读和创造性阅读的能力。

第三，培养学生的自信心、责任感、交往能力、创新意识、协作与竞争能力，促进学生的个性全面而和谐地发展。

(二) 阅读教学中实施互动教学的原则

1. 让学生参与阅读教学的整个过程

传统的阅读教学注重的是教师一方的"动",学生只是被动地听与记。由于学生在课堂中学习的内容主要是他人(包括教育工作者和教师等)预先选定的知识,学生未必能够体会到学习的必要性以及所要达到的目标。尤其是大学生,他们的学习行为多受直接兴趣的制约,学习兴趣不稳定,而且多数缺乏学习动机。没有要求学习的内在愿望,当然就不会产生积极的学习行为。所以,我们应该把阅读教学活动看成一种特殊的交往活动,这种活动不仅是动口、动手,更是动情、动思,把肢体的动与思想感情的动联合起来。在阅读教学中教师要尽量设置一些利于激发学生学习兴趣的活动,比如联系教学和学生实际的讨论,根据课文内容分角色朗读、表演、再现课文情境的绘画,引人入胜的讲述,等等。学生动起来,才能实现师生与生生的互动。

2. 教师通过引导与启发,来协助学生自主建构新知识

互动教学的目的,不是使学生掌握固定的知识内容,而是让学生利用自己已有的经验去感受、理解知识产生和发展的过程,使学生头脑中的已有经验与"新知"产生相互作用。这一过程,不仅有利于实现有意义的学习,而且还有利于学生在此过程中了解到解决问题的方法,获得科学的方法和解决问题的情感体验。但是,大学生的年龄和心理特点决定了他们的知识与经验不足,这就要求教师能够在他们的"新知"与"已知"之间架起一座认知的桥梁,通过启发、引导使学生茅塞顿开,能够自主感悟、体验英文文本,并在这一过程中获得知识,学会阅读的方法和技巧,到达知识的彼岸。

3. 通过反馈和矫正,来促进学生学习和发展

这种师生之间不断的反馈和反复的矫正,可以增强互动的效率。"互动"教学主张,在教师评价和矫正的同时,应加强学生的自我反思,强调同学之间对信息的反馈,相互评价。这是提高学生阅读效率和整体素质的有效方式。

(三) 阅读教学中实施互动教学的策略

1. 教师与英文文本的互动策略

由于受应试教育以及传统评价观的影响,以往的阅读教学强调"英文文本权威",师生不敢越雷池一步。所以在实际的教学情境中,多数教师总是试图教给学生权威的解读结果,于是,费尽心思找来各种参考资料,仔细筛选出自认为可以教的正确见解,以便在课堂上胸有成竹地对着学生分析课文,引导学生沿着自己设计好的思路顺藤摸瓜,复诵文本或是回答教师预期的标准答案,顺利地完成教学任务。

现代知识观也坚持认为,教材教案等一切英文文本的意义,都具有不确定性,师生皆可对它们进行不同的诠释与解读,不断地进行界定和再界定。因此,我们追求的教学过程,就不再是永远的平衡,而是失衡再平衡;不再是一味的有序,而是无序中的有序。教学过程还其本来面目,应该是多元变通、动态生成性的。

所以,作为阅读者的教师,首先自己应该有对英文文本的独特理解。教师是要以英文文本为依据,但绝不是恭顺地全盘接受,而是与英文文本互动:倾听英文文本、质疑英文

文本、解读英文文本,让自己的心灵与英文文本撞击,在撞击中受到触动,真正读出一点心得感受。

在阅读教学中,教师是阅读活动的组织者和引导者,他既是英文文本阅读的先行者,又是整个教学活动的总设计师。所以,教师与英文文本的互动又有其特殊的内涵:

第一,教师要吃透英文文本,开发英文文本。即教师要读懂英文文本,透彻地理解英文文本,并融会贯通,使英文文本内容内化为自己的知识体系。这样,在引导学生与英文文本的互动时才能游刃有余。

第二,教师在吃透英文文本,开发英文文本的基础上,要对英文文本进行大胆的艺术加工。因为英文文本在编写中,总有许多不尽如人意的地方。比如,有许多课文应用的周期过长,与当今的时代相左,或与今天大学生生活的世界时空距离太远,激发不起学生的阅读兴趣,难以促使学生产生体验、引发共鸣,起不到对学生的教育作用。这就要求教师对英文文本进行重新筛选。虽然英语阅读教学改革已经对这方面的工作提出了具体改进的方案,然而,教材不可能每年更新一次,这客观上需要教师在具体教学活动中做更多的工作,及时对英文文本内容进行更新和灵活处理,及时补充新的信息,保证英文文本内容与大学生经验的一致性。

第三,教师要敢于质疑英文文本,质疑英文文本的编写者,促进英文文本的合理编选。在新课程理念下,教师除了对英文文本进行艺术加工外,还要大胆地对英文文本提出批评和疑问。因为英文文本内容也只是某个个体对英文文本的编写和解读,所以,不可避免地存在一些失误。除此之外,还有许多英文文本意义和内容以及插图等方面的问题。面对这样的问题,教师要有不迷信、不盲从的批判和探索精神。事实上,一些教师也正在或已经做了这样的工作。教材的一次次改革,英文文本内容的一次次增删,使英文文本编写越来越科学、合理,其中的一个主要原因就是,教材的编写者听取了一线教师的意见及教改经验。目前,这种批判意识越来越受到教师及教材编写部门的重视。在这样的大环境下,教师与英文文本的互动必然会使教材的编写形成良性循环,也必然会促进阅读教学的良好发展。

2. 学生与英文文本的互动策略

学生与英文文本的互动最能体现自主学习的理念。学生是阅读的主人,也是阅读学习的主人,他们需要亲自参与阅读实践,获得真切体验,汲取英文文本营养,同时学会阅读。为此,老师在阅读教学中要让学生积极参与自主的阅读实践,与英文文本及作者互动,与文本及作者进行思想交流与心灵碰撞。以往的阅读教学,学生其实很少有机会"阅读",即使有"阅读",学生面对的往往也不是英文文本本身,而主要是"揣摩"(印证、接受)教材编写者(实际上,主要是教参)对英文文本的"分析",以及"思考和练习"的答案,学生对英文文本缺少自主的理解。所以,"互动"教学主张在阅读教学中,把学生与英文文本的互动放在首位。学生与英文文本的互动,是阅读教学的重点。因此,在阅读教学过程中,教师必须保证学生独立、充分、深入地与英文文本交流,放手让学生自主、自由地探究,使学生的个性得以解放。学生实现与英文文本互动,又使得这种活动进行得更为深入生动、有效高效。

(1)让学生发表个性化的见解

现在的学生思维活跃,富有创造性和独立性,自我意识较强,希望在家庭和学校中有更多的自主权。因此，自主、合作、探究的学习方式也是他们向往的。但是，学生在求知的过程中，往往会受到原有的生活经验、知识基础和旧有思维方式的束缚，会产生一种习惯性的定式心理。这种心理会严重地限制思维发散，导致思维活动死板单一，妨碍创造性思维的发展。针对这种情况，在教学中，教师应抛开英文文本的束缚，不用固定的方法去限制学生，引导学生独立自主地发展思维，发表个性化的看法，启动发散思维活动。

学生各抒己见，在激烈的争辩中提出自己的见解，形成多向的信息交流，摆脱了思维的僵化、呆滞，打破了思维的定式和惰性。让他们畅所欲言，发挥了他们的想象力和创造力，使他们的心灵在自由的飞翔中，感受到阅读的快乐，个性得以解放和张扬。因此，教学不仅仅是认知活动，更是生命发展活动。学生进入了英文文本情境，他们联系生活与英文文本互动，使英文文本的内容丰富、立体化。

（3）让学生实现心灵的互动

阅读是学生的个性化行为，不应以教师的分析来代替学生的阅读实践。应让学生在主动积极的思维和情感活动中，加深理解和体验，有所感悟和思考，受到情感熏陶，获得思想启迪，享受审美乐趣。

对英文文本的解读方式应该是开放式的、多元化的、个性化的，学生的英语素养应该在对英文文本解读的"入"与"出"中得到，提"入"即进入英文文本，与之贴近。让学生在熟读课文的基础上，自求其意，自索其旨，与英文文本息息相通。目前，英语教材中所选的大部分课文都是文质兼美的，各有其独特的魅力。英语教师要善于在英文文本与学生中间架起一座情感的桥梁，引导学生去挖掘课文的感人之处，去感受作者的思想感情，从而让学生走进英文文本。这样以知促情，知情交融，必定会促进教与学。

如在教学山水风景的课文时，可以播放有关风景的纪实录像片，让学生直观地感受山奇、秀、险的特点和水静、清、绿的特点。学生看着绿水群山，听着潺潺的水声和讲解员的细致介绍，一定会深切感受到大自然的神奇、美妙，体会到作者观察的细致、描写的生动与形象，学得就会趣味盎然。于是可以再引导他们"走出"课文，把自己当成局外人，摆脱文章的约束，做冷静的思索。让学生自己来交流对英文文本的阅读感受，内容和形式不限，学生自由选择。这样，他们可以充分发挥自己的才能，善于绘画的同学通过简笔画来体现山水的美；字写得好的同学通过板书来反映山水的美；喜欢朗读的同学通过朗读其中的一段（句）话来展示山水的美；口语表达能力强的同学通过"当导游"来赞美山水的美……在这里，教师把原来要由老师讲解的内容转化为学生形式多样、自主生动的交流活动，有优美的图画、精心的板书、饱含感情的朗诵、抑扬顿挫的演讲。在这里，学生充分展开思与思的碰撞、心与心的接纳、情与情的交融，每一个人都能感受到创造的乐趣、成功的满足，感受到独特存在的价值，感受到心灵成长的愉悦。同时，也体现了阅读教学中学生和英文文本的互动。

（3）让学生挑战英文文本

读的过程是读者和英文文本相互作用的过程，是读者和英文文本之间的提问、回答、质疑、反驳、肯定、否定、赞许、批判、补充、延伸的过程。阅读教学既要引导学生认真地读书，多方面吸收营养，而又不能完全"顺应"英文文本，要引导学生敢于给英文文本"挑刺"，善于独立思考，敢于发表独立见解，不唯书是从。如此，才说得上是活读书，才谈得上是真正的阅读、学习。

学生读书而又不盲从于书，敢于为教材挑刺，充满了既求同又能求异的创新精神。当代阅读教学就是应该让每个学生都能主动地投身其中，敢想、敢说、敢疑、敢批，敢于向权威挑战。当然，学生提出的疑问，所做的探索研究，不一定都正确，更不可能都很完善，但这并不重要。只要没有大错，就应该尊重学生的认识。因为要向学生灌输一个统一的结论并不难，可贵的是学生所经历的研究、探索问题的过程以及这种敏于发现问题的能力，这种不人云亦云的独立思考和独立见解。只有这样读书，才能充分展示每个个体生命的风采。

另外，大学生搜集、组织，以及提取材料和信息相对较快，但是，学生之间存在一定差异，所以，教师在教学中要遵循大学生阅读的心理规律，给学生留出自主感受、想象、解释的时间和空间，让学生有相宜的学习的"自由度"，使学生能自由地独立或合作学习，直接面对英文文本，亲近英文文本，与英文文本及蕴含其间的情理接触、碰撞，促进灵魂的体验与探究，使阅读成为一种"悦读"，成为以积极的心态调动原有知识经验，尝试解决问题、同化新知识的积极建构过程，这样就促进了知识、能力、习惯和情感等方面的整合。

3. 教师与学生之间的互动策略

师生互动，就是指在教学过程中，师生之间发生的一切交互作用和影响，它既指师生间交互作用和相互影响的方式和过程，也指师生间通过信息交换和行为交换所导致的相互间心理上、行为上的改变。从现代教育的角度来看，教学过程的本质属性即师生的交往互动。没有师生的交往互动，就不存在真正意义上的教学。教师在教学过程中应与学生积极互动，共同发展，要处理好传授知识与培养能力的关系。其实，师生互动的作用，并不是现代的教育者才意识到的。孔子的"教学相长"、启发式教学，布鲁纳的反馈原则，苏联的"合作教学"等，都体现了师生互动的思想。但是他们没有明确地意识到学生是学习的主体，没有提出如何使学生主动地参与到学习活动中去的办法。"互动"教学正是继承和发扬了传统教学的优点，同时，又突破了它们的局限，在承认学生主体地位的前提下，要求进行师生间的平等互动。

教师在思想上必须牢固树立师生平等、民主的观念。要允许学生发表自己的见解，即使见解不完整、不准确也要进行鼓励。特别是学生的质疑问难，教师更要大加赞赏、鼓励并加以引导培养。切不可因为学生的见解或问题顶撞了你，或是超出了你的认知范围，就不分青红皂白地予以否定。这样只能使学生的兴趣和热情下降，更谈不上创新、出奇了。所以，教师要学会做一个忠实的听众，学会倾听，认真倾听学生的独特见解，才能营造一个自由、轻松的学习环境。

教师在教学中要善于运用教学语言。首先，要恰如其分地用好体态语。一要用好眼神。亲切自然、饱含对学生信任和期待的目光与眼神能够给学生勇气和自信。二要用好面部表情，严肃中要有温柔，多对学生微笑或肯定地点点头。三是要用好手势、走势和站势，要舒展自如，注意摆动的幅度。因为一个眼神，一个微笑，一个动作，都可以让学生感受到你的信任和支持。其次，要运用生动的、友好的、富有激励性的口头语言。教师在教学中如果能经常使用那些友好的教学用语，显然能够调动起学生学习的积极性，营造出一种生动、活泼、和谐的教学环境。总之，在教学中，教师要尊重、信任学生，耐心引导学生，要善于通过鼓励胜的语言和体态暗示，与学生进行情感沟通，缩短与学生在心理上的距离，使双方达到"情感融合"，相互产生一种愉快、热情、真挚、可信的合作欲，促使学生带着一种积极的情绪进行学习，从而优化教与学的情感氛围。这种建立在支持与信赖关系之上的"支持性氛围"，会大大提升学生学习的自主性和积极性，有利于师生间的交流和沟通。

四、高校英语写作互动式教学

写作是一个复杂的过程，并不是由作者一个人完成，而是需要一个群体活动的相互配合。以下从写作前、写作中和写作后三个方面，对于不同阶段的英语互动写作教学应用进行分析。

（一）写作前

写作前是第一个阶段，即准备阶段。这个阶段主要有三个任务：划分小组成员定主题、收集资料、学习基本的写作技巧。在这个阶段，教师要充分发挥主导作用。在传统的课堂教学中，学生的座位总是按前后顺序列成几排，后排的学生只能看见前排学生的头，这种设置方式使学生之间缺乏必要的交流和沟通。因此，在互动式写作教学中，学生座位的设置非常重要。在活动之前，老师可根据人数，把学生分成几个小组，每组5至6名学生，小组成员各自担负一定的职责，如：发言者、记录员、主持人、检查员等。为了方便学生的交流，在互动式教学中，教师可以把学生的座位排成圆形。在学生落笔开始写作之前，教师要指引学生进行前期相关工作的准备。

首先，教师要精心选择作文题目，所选题目既要与学生的学习和生活密切相关，又要让学生感觉有话可说。

其次，教师应组织学生一起阅读作文题目，给予学生讨论和思考的时间，提供学生之间互动的机会，针对主题，提出引导性的问题、列出要点等。学生可以通过阅读范文来收集资料，因为阅读范文能够扩大和启发学生的思路。在阅读的时候，学生要学会善于分析和判断，积累素材时，要认真思考和抉择。学生还可以利用网络资源来搜寻材料。

例如，在课堂上以"Traveling"为主题，要求学生以小组为单位进行讨论并提出问题，然后进行回答。教师可以以"Traveling"作为话题来进行导入，首先激起学生的兴趣，自然地切入教学主题。比如，教师可以提出一个主题"I Love Traveling"，学生们可自由选择一个地方来介绍，可以是自己的家乡，也可以是自己曾经去过的一个地方。在学生介绍时，可能会遇到一些生词。比如，有学生想要介绍北京的一些景点，提到故宫时，却不知道故宫的表达方式，教师在这个时候，要把学生无法表达的单词写在黑板上，故宫：imperial palace。当学生们介绍完以后，老师组织学生把自己的叙述记录下来。在小组成员介绍的时候，其他成员不要因为叙述者的错误而中断介绍。当小组成员全部介绍完后，将进入下一个阶段。

在写作前阶段，教师应当指导学生了解体裁的类型与文章的主要作用。有别于其他语言，在不同交际场合下，英语的使用风格不尽相同。不同体裁的语篇模式可分为四大类型：一般特殊型、问题解决型、设定真实型、匹配比较型。而使用的体裁则涉及说明文、议论文、实验报告、科学论文、书信、记叙文等。对学生进行语篇分析观察能力的培养，能够使他们从微观角度对语言篇章进行理性把握，从而降低学生语篇的认知障碍。除此之外，教师在写作课堂上，还应当指引学生学会使用各种策略来完成写作。例如：怎样把握作文的结构和层次，如何开头、结尾，段落内容应当怎样展开；怎样修改，如何加强句子之间的逻辑衔接、段落之间的自然过渡和意义上的递进或转折；怎样才能加强语言表达的精确性，如何更好地更正词汇、句子结构、语法等细节问题。

总之，在写作前阶段，教师需要指导学生分析不同体裁的语篇所具有的不同交际目的和语篇结构，更好地为以后的写作打好基础，写出合乎写作规范的语篇。

（二）写作中

在经过写作前的准备活动之后，学生进入实际写作阶段。此阶段主要的活动有打草稿、评改、重写。在课堂教学中，教师必须能够有意识、有目的地进行角色之间的转换，激发学生间的互动活动，调动他们的参与意识，使学生成为课堂教学的主体。课堂上，老师要组织学生对写作前收集的材料进行筛选，因为收集的材料不一定都能用上，要选取那些有价值的信息，告诉学生在写作时不要担心问题的出现。当学生独自完成初稿后，教师提供评分标准并组织学生进行修改。许多学生没有掌握修改的技巧，也不知道怎样才能修改好自己的作文，更谈不上能对别人的作文提出建设性的修改建议。因此，在课堂上，教师可以进行具体的示范，让学生明白，修改应从哪些方面入手，才能进行有意义和有成效的修改。在教学过程中，教师提供了学生或同伴互评的参考标准。学生完成一篇作文，通常需要经过多次修改，而修改是"一个很复杂的过程"。写作评改有以下几个步骤。

第一步，自我修改。指的是来自于学生本人个体的反馈，自我修改，换言之，就是学生根据学习过程中出现的错误，进行自我的检查、辨析和订正。学生阅读自己的文章并进行修改，可以从以下几个地方入手：单词拼写、标点符号的选用、段落、文章的层次结构等。

第二步，同伴互改。同伴互改的含义是指在学生之间或小组成员之间，彼此对同伴的作文提出修改建议，同伴互改的根本宗旨是，让学习者通过必要的交流完成写作任务，充分发挥他们在学习中的主体作用。研究者们一直密切关注着同伴互改这一方法在写作教学中的应用。学生写完作文之后，首先与同桌同学交换、互相修改。学生把自己的作文交给同伴，这是他们的作品第一次见到读者，也是第一阶段工作的延续。学生相互修改，既要检查并指出同伴的作文中出现的问题，也要肯定文章中出现的经典句子。通过对对方的作品做出反应，可以从中看出第一阶段的学生自我评估工作做得成功与否。这里的同伴互动，既是行为互动，也是思维互动，促进了学生间知识的交流，又加深了他们的情感融入。

第三步，小组评改。这项评改工作可在组内和小组之间进行。教师在小组评改前，先公布本次评改的侧重点。小组的每一个成员轮流朗读自己的作品，使自己的作品与更多的读者见面；而小组作为一个团队，共同评议每位成员的作品优缺点，可从几个方面入手：寻找作文的主题句、作文的逻辑顺序、文章的立意与选材、发现习作中的优缺点。最后把小组成员的意见进行汇总，并给出分数。等各个小组都完成任务后，再进行小组之间的交换，以便得到进一步的检查和修改，修改后上交给老师。因为学生互评是在平等的基础上进行的，有助于消除学生在交流时出现的焦虑情绪。通过小组互改，能创造出更积极有效的课堂气氛。写作成为同学之间交流和沟通的桥梁，而不再是等待教师评语的艰巨任务，这对于学生来说，能够从心理上更加容易地消除他们写作的畏难情绪。

（三）写作后

在学生经过相互评改之后，教师要及时收集学生的文本进行检查，根据学生互评的结果进行讲评和总结。教师对学生在互评过程中出现的共性问题加以分析和总结，引导学生对出现问题的形成原因做进一步深入的认识，以及提出避免问题产生的有效方法，保证学生的互动活动得到及时的反馈和指导。最后学生在修改的基础上进行重写。在评价过程中，教师应对学生多一些关爱、鼓励，帮助学生认识自我，建立自信，让学生在教师的指引下，愉快地进行英语写作，提高写作兴趣。

课后反馈属于写作后的一个关键环节。批阅学生习作，是教师与学生进行交流的好机会。教师可以直接对文章进行批改，纠正语法、表达、结构等错误。同时，互动式写作模式强调学生也可以在文中标出写作过程中的疑问之处，让教师进行有针对性的批改，并将结果及时反馈给学生，让学生及时了解到自己写作中的弱点和问题所在，并及时纠正。只布置题目，不及时反馈，会极大地降低学生写作的积极性，同时，也是对写作本身价值的一种浪费。反馈应点面结合，既注重语言、语法等细节，又注重篇章结构、总体思想表达等。教师还可以组织学生进行同学间的相互批改，集思广益，实现学生间的互动，让学生从读者的角度审视文章，加深对各种写作差错的认识，让出现差错的学生从出现的差错中学到知识避免再犯，让未犯错误的学生防患于未然。

第七章　高校英语教学中生态教学方法研究

　　高校英语课堂教学优化是课程改革的重要一环，要实现高校英语课堂的教育目标，提升教育质量，需要在高校课堂中融入生态化的教学模式，实现教师和学生的平等对话，促进学生的全面发展。本章主要论述了英语教学生态模式的内涵与特征、高校英语生态化教学的理论基础、高校英语课堂生态的结构与功能、高校英语课堂生态失衡现象等内容。

第一节　英语教学生态模式的内涵与特征

一、英语教学生态模式的内涵

（一）生态语言生成观——突现论

　　近年来，"突现"已逐渐成为复杂性科学和语言学研究的一个前沿和热点话题；美国圣菲研究所以研究复杂性著称，在他们的研究纲领中，他们已明确提出："复杂性，实质上就是一门关于突现的科……就是如何发现突现的基本法则"，他们甚至将突现纳为"怪菲主题"和"怪菲理念"加以全面的考察和研究。

　　语言是一个多主体的、复杂的、动态的、适应的系统突现出的特征的总和，语言学习是特征突现的过程。语言这个复杂系统在有交流愿望的人与被人讨论的世界的互动中生态的构成，并且它是一个在不同层次、不同集合和不同时间范畴不断适应的复杂系统。具体的语言如何突现呢？关于语言突现尚无完整的描述，但突现论已对很多语言现象进行了描述。人类的发音过程主要包括舌头、喉头等发音器官的协同运动，成人发音对儿童的发音具有很大的影响，因此，音系结构就是对声道的生理制约而突现的。很多儿童早期的发音特点都是从这些网络加工材料的过程中突现而来的。儿童学习新词是"在一般的学习过程中使用特殊的学习机制"进行的。在语言学习的初期，儿童对遇到新词时，他们仅仅是通过瞎猜来理解新词的词义；只有具备一定的词汇知识以后，儿童才能有倾向性词义猜测；当儿童这种猜词能力突现时，儿童使用语言框架猜测新词的词性的能力才可能得以突现。儿童在学习句法形式时，他们依然是在词汇学习过程中突现的。

（二）生态语言学习过程观——多维时空的流变性

　　空间有三个维度，即长、宽、高；时间也有三个维度，即是"现在""过去"和"未来"。空间三维度是大家都非常了解和熟悉的,然而时间三维理解还没有引起我们足够的重视,因为我们常常以自然时间遮蔽了人文时间和心理时间的光芒。其实,从人文角度和心理视角都能观察和体验到"现在""过去"和"未来",也能确认"时间"这个概念三者之间的区别与联系。离开了时间的三个维度,就谈不上时间流程和时间观念;就人文时间中的历史时间而言,可以划分出古代(包括远古、中古和近古)、近代、现代和当代的时间间隔。人文社会科学不但涉及"过去"和"现在",而且还论及"未来";比如说,历史学、人类学、社会学等学科都对历史、文化、社会的未来有所预期或进行预测,新兴学科"未来学"更是以预测时间坐标的"未来"为己任。就心理时间而言,"现在"经常与当下、目前、此时、此刻的观察感知活动和生成的映象等相联系;"过去"往往同回忆、回想、回顾、怀念或缅怀之类的心理状态或心理活动的意向性对象有关联;"未来"则和预测、期待、期望、企盼、展望、憧憬,甚至预知、先知等心理活动的意向性对象息息相关。

普通语言学研究一直以时间和空间作为语言研究重要的切入点,但自历时和共时语言学到地理语言学研究以来,语言学对语言的时间和空间理解皆有偏差,因此有学者便引入时空观对语言学进行时间和空间的整体性研究。时空观将时间和空间作为语言系统整体性存在的必要组成部分进行理解。在时空观的视界里,时间和空间必然被理解为概念的存在。它们之间的概念也只能从语言系统整体性生态存在中才能获得和体现。通过这种观点来认识语言,我们可以从时间和空间的不断交融过程中来追索语言及语言流变现象之间的关系,进而揭示语言时空结构统摄之下的语言自身特有的流变性,以语言流变自身所彰显的时空特性来解析语言流变的过程状态,强调从语言流变的个体状态和现实状态入手,更好地探索和理解语言整体状态的流变及其规律。所谓"流变性"是指物体在外力作用下表现出来的变形性和流动性,而语言的流变性则指语言存在的三种不同过程状态的发展:恒定性变化状态,它是语言流变过程中在某个相对的固定的时间内所处的平衡态和稳定态;发散性变化状态,它是人类语言流变过程中绝对的运动变化状态和不平衡状态;周期性变化状态,即有规律可循的语言流变轨迹。

生态语言教学观从时空观视角认为语言学习在时间上具有显著的流变性,如现时外语学习模式必定为先前母语学习模式的复制和改造,同时之前学习这些语言所形成思维和经验必将构建自身学习图式影响往后语言学习的经验和思维;依此类推,将来心智结构投射能力必将由现有经验和能力决定。

(三) 生态语言学习者与环境关系观——符担性

"Afford"意思是买得起,付得起、花得起时间、金钱精力等。但是 Afford 只能表示能力,不表示意愿。例如:I'm willing to pay but I really can't afford it,而不能说 I'm willing to afford it。""affordance"一词是心理学家吉布森(Gibson)在其描述环境与特定动物之间某种对应关系时以"Afford"为词根创造的新词。吉布森在探索自然界中生物的知觉行为之间关系的研究中,从生态心理学的角度分析动物与栖息环境之间的共存关系,企图解释动物如何借由直觉判断能否供给他们的生活所需之栖息、营养取得、饮水、自由移动……功能,再根据这种判断进一步地采取行动,达到生物生存、繁衍生命等目的。在这种过程中,他认为自然界环境中的所有物质本身的物理属性的组合能与生物之间存在着某种对应关系。当环境中物质存在着某些物理性组合,这种组合就自然形成一种特质,能让物质借由特定的行为而达成某一功能。这种物质具备的特定物理条件与生物之间的对应关系也就是影响生物的知觉行为的重要因素,借由这种自然对应关系的存在,生物能判别环境所能提供的功能,进而对环境做出适当行为,这种环境与生物的对应关系形成了"符担性"的概念。但是,当时对于该种环境与特定动物之间的对应关系,并无专有名词对其进行描述,故吉布森就创造性地运用了"符担性"这一名词。①

到此以后,有更多的学者、专家立足自身的研究对"符担性"进行不同的诠释。生态学者大多把符担性理解为关系、可能性机会、直接性或者互动性;但我们更倾向于延伸吉本森将符担性理解为在特定生态环境内,生物借由自身知觉判断的环境所能为其提供的功能,进而产生环境做出适当行为的对应关系。例如一个成人独自在小溪边,他希望跨过小溪,此时水中的一块石头被他看见,并踩在上面到达了小溪的对面;此时石头的符担性就可以理解为成人根据自身当时所处的具体环境做出的感觉判定石头为其提供的踩踏借力功能,而小孩因其自身内化知识的欠缺而无法感知石头的符担性。然而,这块石头却被青蛙符担性地理解为爬在上面晒太阳或睡觉的床,而水中的鱼却不能感知青蛙对石头符担性的选择。正是基于不同生物对同一生态环境符担性的不同理解,生态语言教学专家认为语言本身就是与其使用该语言的人和世界具有生态的相关性,因此,语言教学就应该考虑到不同学习者在学习环境中对语言符担性的理解。

二、英语教学生态模式的特征

(一) 整体相关性与动态平衡性的统一

学习发生在一个生态系统之中。研究者把英语教学看作一个复杂的社会现象,他需要对语言学习者、语言学习者与学习环境的关系以及教师的教学及评价都做一个全面、通盘的考量。我们改变国内外语教学研究者或关注语言自身,或强调语言学习机制,或重视语言环境的片面之见,把语言理解为突现生成的语言生成观,将语言学习过程阐释为多维时空流变性的语言学习观,把语言学习者与学习环境的关系诠释为符担性来对语言教学进行重新建构与诠释,最后以价值多元性来对教师语言教学及评价予以阐释,以此来整体、全面、生态地理解语言教学与研究。

英语教学生态模式不是一成不变的固有模式,而是与时俱进的动态发展的语言教学模式。生态英语教学模式的动态性首先表现在学生语言学习的时空流变性;在生态英语教学模式下,学生语言学习在时空上具有显著的流变性,如现时外语学习模式必定为先前母语学习模式的复制和改造,同时之前学习这些语言所形成思维和经验必将构建自身学习图式影响往后语言学习的经验和思维;依此类推,将来心智结构投射能力必将由现有经验和能力决定。语言学习分维模式是前有各种规模水平的现象和事件的复制与投射。其次,英语教学生态模式会随着语言教学生态环境的改变而做出相应调整,特别是多样化的教学方法具有很强的适应性。因此,英语教学生态模式首要的特性就是整体相关性与动态平衡性的

---

① Gibson, J. J., Edwards. T. W. D., Bursey, G. G. & Prowse. T. D. Estimating evaporation using stable isotopes: Quantitative results and sensitivity analysis for. *Nordic Hydrology*, 1993 (24).

统一。

（二）多元共存性与和谐共生性的统一

英语教学是植根于中国社会文化语言生态环境下，母语为汉语的英语学习者在以英语语言知识为载体，以英语教师为引导，在理解和接受英语语言异域文化的基础上，构建英语语言概念体系，培养英语为母语使用者语言与思维"天人合一"的思维方式，促进学习者主体全面发展的动态、统一和谐、平衡与循环的互动交往活动。英语教学定义的前提条件就明确了其是植根于"中国社会文化语言生态环境下"，因此，本模式建构的第二个特点就是国情意识的凸显。研究者充分尊重历史文化传统的同时，兼顾语言生态的固有本真，希望在中华文化的语言环境下构建学习异域文化的语言载体的理想模式。英语教学的终极目标是：培养学生听说读写的语言技能，提高学生英语语言综合运用能力，拓展学生跨文化交际意识，提升学生多元文化思维水平。英语教学生态模式就必须具有多元共存的心怀，让多元文化在英语教学模式中和谐共生。因而，多元共存性与和谐共生性就成为该教学模式不可忽视的特征之一。

（三）开放性与交互性的辩证统一

英语教学生态模式涵盖了教师、学生、教学环境及语言等多个因素，而这四个生态要素的辩证关系是推进整个模式顺利运行的必要基础。首先教师和学生的辩证关系可以被理解为师生互动语言交往过程，教师的教为学生的学提供方向指导，同时教师在教的过程中也促进了自身的专业发展。相反，学生的学是教师教的延伸，学生在学的过程中体现了教师价值。语言是师生维系的中介，师生教学交往活动的媒介就是语言，而促进学生语言发展又是师生教学活动的终极目标。教学环境则是师生语言学习交往互动活动得以顺利进行的物理、心理以及时空场域，良好的教学环境促进语言教学交互活动的顺利开展。

（四）差异性与标准性的包容统一

生态化英语语言教学模式是在吸收前有教学模式优势的基础上发展起来，具有一定的包容性，兼顾了教师中心和学生中心的同时，也考虑了语言本身的特征；在考虑中国语言文化环境的基础上，也充分照顾了英语语言文化的自身特点。特别是在具体语言教学方式和教学内容上，生态化语言教学模式提倡教学方式的多样化；语言教学内容的变化性，以及教学理念的时代性。因此，英语教学生态模式是一种折中式的语言教学模式，具有较强的差异性和标准性的包容统一能力。

第二节 高校英语生态化教学的理论基础

一、生态学理论

21世纪被认为是生态世纪，生态学思想渐入人心，成为人们生活、工作和解决实际问题的新思路和新方法。越来越多的教育工作者也将视线转向生态学的最新理论成果,并将其运用于教学实践。

生态学是研究生物与环境之间相互关系及其作用机理的一门学科。然而,"生态"这一科学术语出现得比较晚。20世纪上半叶,一些有价值的生态学概念纷纷出现,如生物群落、生态位、食物链、生态系统等。20世纪50年代以来,生态学逐渐从生物科学中的一门描述性分支学科,发展成为一门崭新的、结构完整的、具有高度综合性的学科,生态学发展进入注重与其他学科结合、与技术手段结合、面向实际问题的现代生态学时期。

（一）生态学的基本概念

1. 生态系统

生态系统是指由生物群落与无机环境构成的统一整体,如果用一个简单明了的公式表示,就是:生态系统=生物群落+非生物环境。生物群落并不是孤立存在的,而是和环境密切相关、相互作用着的。有关生态系统的定义有很多。一是生态系统是在一定的时间和空间范围内,生物与生物之间、生物与非生物之间,通过不断的物质循环和能量流动而形成的相互作用、相互依存的一个生态学功能单位。二是生态系统是指生物群落与它的无机环境相互作用而形成的统一整体,它存在于一定的空间和时间界限之内,包括各种生物和它们生活的无机环境,具有能量流动和物质循环的基本功能。三是生态系统是指在一定空间内生物与环境构成的自然、开放的生态学基本单位,在这个单位中各种生命现象之间在生存过程中相互竞争、相互作用、相互依存,形成健康有序的状态。其基本特征是结构的多样性、系统的复杂性、能量的流动性、物质的循环性、系统的动态性和自我调节性。这些定义虽表述略有不同,但总体内涵相似。结合起来看,任何一个生态系统都具有以下共同特性:是一个系统,结构上由群落和环境构成,功能上相互作用;具有能量流动、物质循环和信息传递三大功能;是一个动态系统,内部具有自调节、自组织、自更新能力。

从结构上说,每个生态系统都是由生物群落和无机环境构成的。群落是指一定区域内彼此相互联系的各种生物种群的总和。在生态系统中,生物群落从功能上又可分为三类:生产者、消费者和分解者。生产者通过光合作用转化太阳能,输入系统,为消费者和分解者提供能源,能量通过食物链在各级消费者间实现流动,物质在各个营养级间传递,信息在生态系统的各个组分间传递,生态系统在此过程中不断进化和演替。在一个生态系统中,每一个生物都在与其他生物及环境的相互联系和相互作用的共生与合作中存在,最终形成活的生命共同体。生态系统的原理就是联系的原理、共生的原理。随着现代生态学的发展,生态系统的概念开始应用于教育科学领域。教育生态系统是教育系统内部诸要素之间的交互作用及其与外部环境之间的物质、能量和信息交换系统,准确地说,是一个由"人—教育—环境"构成的充满适应与发展、平衡与失衡、共生与竞争的矛盾运动的社会生态系统。课堂生态作为一个微观生态系统,也具有上述结构、功能和特征。

2. 生态因子

生态因子也称环境因子,是指对生物个体或群体的生长、发育、生殖和分布等生命活动起着直接或间接影响的各个环境因素。各个生态因子不仅对生物产生着影响,而且相互之间也发生作用,既受周围其他因子的影响,又反过来影响其他因子。其中一个因子如果发生了变化,其他因子也会产生一系列的连锁反应。影响生物生活和分布的各种生态因子的总和就构成了生物的生存条件。

生态因子有各种不同的分类。根据生态因子的性质，通常可以分为气候因子、土壤因子、地形因子、生物因子和人为因子，共五类；根据生态因子的稳定性，可以分为稳定因子和变动因子；最常用的一种是将生态因子分为非生物因子和生物因子两大类，前者包括气候、土壤、地形等，后者包括生物种内和种间的相互关系。生物因子之间、非生物因子之间及生物与非生物因子之间的关系是错综复杂的，它们通过能量的流动、物质的循环和信息的交换，在自然界中构成一个相对稳定的自然综合体。

3. 生态平衡

生态平衡是指，一个生态系统在较长时间内输入和输出趋于相等，其结构和功能长期处于稳定状态，即使在轻度干扰下也依然具有自我修复力的一种稳定状态。当生态系统处于平衡状态时，系统具有一定的自我控制、自我调节和自我发展的能力，能够通过内部和外部的物质、能量、信息的传递和交换，使系统内部生物之间、生物与环境之间达到相互适应、协调统一的状态。生态平衡是一种相对的动态平衡，是在生态系统的演替发展中，依靠其内部各组成部分之间及系统与外部环境之间的相互联系和相互作用，通过不断调节系统内部的结构和功能而得以实现的。

生态平衡也称自然平衡。在自然界中，一个正常运转的生态系统，如果给以足够时间和环境的稳定性，总是能向着较大的复杂性发展，最终进入成熟的、稳定的相对平衡阶段，物种达到最高和最适量，物种之间彼此适应、相互制约，各自在系统中进行正常的生长发育、繁衍后代，并保持一定数量的种群，能够排斥其他生物的入侵。生物多样性丰富、结构复杂、生物量最大、环境的生产潜力充分地发挥出来，是衡量生态平衡的指标。

生态平衡意味着生物与环境之间必须达到平衡，反映了环境与生物之间的主动与被动关系。如果难以适应所赖以生存的环境，生物就不可能生存，也就不存在平衡。要维护生态平衡，并不意味着永远保持最初的稳定状态。生态平衡是动态的、相对的，是一个运动着的平衡状态。当一个生态系统发展到成熟的、稳定的阶段，它的生产者、消费者和分解者之间，即物质和能量输入和输出之间，接近于平衡状态。此时，物种组成及数量比例持久地没有明显变动，达到平衡的状态。

生态平衡是靠生态系统的自动调节来实现的，自动调节又依赖于系统的反馈机制。生态系统是一种控制系统和反馈系统，它具有一种反馈机制。当一个生态系统被破坏时，系统就会自动启动对抗破坏的反馈机制，通过自调节、自修复达到自维持、自发展。但是，生态系统的自动调节能力具有一定的限度，即使调节能力很强的生态系统对外来冲击的耐受力也是有限度的，这个限度就是"生态阈限"。超越了生态阈限，自动调节就会降低甚至消失，生态平衡就会失调，系统中有机体的数量就会减少，生物量下降，能量流动和物质循环发生障碍，这一系列连锁反应甚至会导致整个系统慢性崩溃。

不同的生态系统在其发育的不同阶段和不同季节具有不同的阈限，这在很大程度上取决于该系统组分的多样性和能量流、物质流的复杂性。因此，在开发和改造生态系统之前，必须深入研究生态平衡规律，掌握影响生态平衡的因素，确定生态阈限，这样才能保证开发和改造措施有助于生态系统的结构和功能，保持在相对平衡的状态下持续运行。

4. 生态环境

环境通常泛指生物有机体周围各种条件的总和，是某一特定生物体或生物群体以外的空间及直接或间接影响该生物群体生活与发展的各种因素。环境有各种不同的类别，我们经常见到的就有自然环境、社会环境、人文环境、物理环境、学习环境、工作环境、学术环境、生态环境等。

生态环境，简称生境，它是各种生态因子综合起来，影响某种生物（包括人类）的个体、种群或某个群落的周围环境。对生态环境这个概念，国内还存在大概四种不同的解读。一是认为生态不能修饰环境，通常说的生态环境应该理解为生态与环境。二是认为当某事物、某问题与生态和环境都有关，或分不太清是生态还是环境问题时，就用生态环境，即理解为生态或环境。三是把生态作为褒义词修饰环境，把生态环境理解为不包括污染和其他问题的、较符合人类理念的环境。四是生态环境就是环境，污染和其他的环境问题都应该包括在内，不应该分开。这里不太赞成上述四种解读，而是倾向于将"生态环境"理解为一个偏正词组，其中"生态"是作为名词而不是形容词来修饰"环境"的，表示的是环境的一种类别，是生态视角下的环境，是指影响生态系统和各生态因子的环境因子。

所谓教育的生态环境，它是以教育为中心，对教育的产生、存在和发展起着制约和调控作用的多维空间和多元环境系统。从生态环境因子的分析中，探究各种生态环境与教育的相互关系及其作用机制。教育的客观环境，往往是自然因素和社会因素相互渗透交织、物质因素和精神因素相互结合融通的复合生态环境。只有具有一定生态关系构成的系统整体才能称为生态环境。

（二）生态学的主要理论

生态学理论建立在种群、生态系统、生态因子、生态位、生态平衡等概念的基础之上，在生态学的发展进程中，逐渐形成了由一系列原理构成的理论体系。20世纪七八十年代，生态学原理的影响逐步扩大，向人文社会科学领域渗透，同时也促进了教育生态学的发展。本小节主要阐述生态学和教育生态学的主要理论。

1. 限制因子理论

限制因子理论主要涉及限制因子、生态幅等概念和最小因子定律、耐受性定律和最适度原则。

2. 生态位理论

生态位理论主要涉及生态位、生态位宽度、生态位重叠等概念和竞争排斥原理。

3. 生态链法则

自然界的生态链主要是指基于能量流的传递摄取而形成的生物体之间的关系。通俗地讲，生态系统中各种生物通过一系列吃与被吃的关系，把这种生物与那种生物紧密地联系起来，这种基于营养关系的联系，一环扣一环，就像一条链子一样，在生态学上被称为食物链。教育生态链和自然界的食物链具有相似之处，信息流通过程会出现降衰现象。

4. 最适密度原则

俗话说"物以类聚，人以群分"，这句话揭示了自然界的群聚现象。每种生物都有自己的最适密度，教育生态群体也不例外。

5. 生态效应相关理论

生态效应是指生物因子或非生物因子在其存在或活动过程中，对其所在生态系统中的结构、功能所产生的影响。广义的生态效应还包括各生态因子之间相互产生的影响。近年来我们日常生活中经常提到的温室效应和生态平衡等都属于生态效应的范畴。这里重点介绍和教育生态紧密相关的花盆效应、边缘效应、整体效应和活水效应。

(1) 花盆效应。
(2) 边缘效应。
(3) 整体效应。
(4) 活水效应。

(三) 生态学的研究方法

生态学作为研究生物与环境之间相互关系的一门学科,经过一百多年的发展,已经逐步形成了自己的学科理论体系和研究方法。从20世纪50年代开始,生态学研究方法趋向专门化,针对不同的研究目的、研究对象和研究问题,设计了各种系统化的专业性方法技术,主要包括原地观测、受控实验和综合分析。原地观测是指在自然界原生境通过野外考察、定位观测、原地实验等方式对生物与环境的关系进行考察的方法;受控实验是在模拟自然生态系统的受控生态实验系统中研究单项或多项因子相互作用,及其对种群或群落影响的方法技术;综合分析是指对原地观测或受控生态实验的大量资料和数据综合归纳分析,表达各种变量之间存在的种种相互关系,反映客观生态规律性的方法技术。

20世纪80年代以后,随着系统科学的发展及全球人口、资源、环境问题的不断出现,现代生态学突破了传统生态学长期形成的自然科学界限,开始向人文社科领域拓展,在方法上也更加注重层次性、整体性、系统性和协同性。层次性是指考虑到不同层级的生态系统在结构和功能上具有紧密的关联,如果研究高级层次的结构和功能,有必要了解低级层次的结构和功能,反之亦然。生态学认为,每一高级层次的结构和功能由构成它的低级层次发展而来,但又不是简单的叠加,而是具有 $1+1>2$ 的系统效应。整体论要求在研究的过程中,始终坚持把不同层次的研究对象作为一个生态整体来对待,注意系统整体的生态特征和系统之间的相互作用。系统性是指在研究和分析过程中,既关注系统各组分及组分之间的情况,又关注系统整体的表现。协同性是指在研究过程中,通过研究系统各组分之间及系统与系统之间的协同作用,探索生态系统的动态演化过程。运用生态学的理论和方法研究教育问题,是教育生态学的研究范畴。作为跨越教育学和生态学两个领域的一门独立的学科,教育生态学借鉴了这两门学科的研究方法,并在吸收系统科学研究成果的基础上有所发展,主要路径是通过类比的方式将生态学研究方法移植到对教育问题和教育生态的研究之中,坚持跨学科研究,融会贯通系统论、协同论、耗散结构论等系统科学的研究方法和生态学的方法技巧,坚持从整体、分层、系统、协同等多维度研究分析教育生态。在研究课堂生态方面,既要研究课堂生态系统中各组分的结构和功能,还要研究它们之间的相互关系、它们与系统整体的关系及系统整体与外围环境之间的关系。

二、系统科学理论

不管哪一门学科,都离不开对系统的研究。系统工程和系统科学在整个21世纪应用的价值及其意义可能会越来越大。系统科学的"旧三论"和"新三论"是人类历史发展中的横断科学,具有一般的科学方法论的特点,适合于诸多学科甚至一切学科。系统科学正在向所有科学结构层次横向拓展和渗透,在生态学研究中的应用也日趋广泛,促进了生态学理论的发展。

(一) 系统科学简述

系统科学是以系统为研究和应用对象的一门科学。换句话说,从系统的角度观察研究客观世界的学科就是系统科学。系统思想的产生最早可以追溯到原始社会古人类对自然世界的整体认识。系统科学的发展大致经历了三个阶段:一是系统科学的形成阶段(20世纪40—60年代);二是自组织理论的建立阶段(20世纪70—80年代);三是复杂系统科学的兴起阶段(20世纪80年代中期以来)。这三个阶段的代表性理论分别是人们常说的"老三论"(系统论、信息论和控制论)和"新三论"(耗散结构论、突变论和协同论),以及复杂系统理论(非线性自组织理论、复杂适应系统理论和开放的复杂巨系统理论)。如今,系统科学已成为20世纪中叶以来发展最快的一大门综合性科学。系统科学的发展使人类对客观世界的认识水平从平衡态到非平衡态,从确定性到非确定性、从线性到非线性,从连续性到非连续性,从他组织到自组织,从简单性到复杂性,从最优解到满意解,从实体中心论到关系中心论推进。

(二) 系统科学相关理论

20世纪以来,伴随着社会生产力和科学技术的迅猛发展,人类社会出现了许多前所未有的新变化,需要用新的概念、理论和原则予以解释、分析和研究,系统科学正是在这样的时代要求下应运而生的。系统科学在各个领域得到了广泛的应用,为人类文明和社会进步做出了积极贡献。

1. 系统论

系统论是个概括广泛的概念,从一般的意义上理解,它是从系统观念出发把握对象,并运用整体性、集中化、等级结构、终极性、逻辑同构等概念,寻求系统的模式、原则和规律,并对其功能进行数学描述的一门正在继续发展的方法论学科。

2. 信息论

信息论是关于信息的本质和传输规律的科学理论,是运用数理统计方法研究信息处理和信息传递的科学。什么是信息?信息是系统内部建立联系的特殊形式,是系统确定程度、走向有序的标记。通俗地说,信息就是知识、数据、密码、情报等。信息具有可识别、可转换、可传递、可加工处理、可存储、可多次利用、可量化等特征。

3. 控制论

控制论是研究各类系统的调节和控制规律的科学。何谓控制?控制过程实际上都是由三个基本环节构成:一是了解事物面临的可能性空间是什么;二是在可能性空间中选择某一些状态为目标;三是控制条件,使事物向既定的目标转化。这里所说的事物的可能性空间是指事物发展变化过程中各种可能性的集合。

4. 耗散结构论

耗散结构论是研究耗散结构的性质、形成、稳定和演化规律的科学。什么是耗散结构?耗散结构就是在一定的非平衡条件下(物质、能量和信息的不断交换),系统通过自组织"进化"过程在远离平衡区域从无序状态自发地演化成有序状态时所产生的有序结构。有序结构的形成和维持需要耗散能量和物质，因此，被称为耗散结构。所谓自组织，就是系统通过自身的力量自发地增加它的活动组织性和结构的有序度的进化过程，它是在不需要外界环境和其他外界系统的干预或控制下进行的，由此而形成的有序的较为复杂的系统称为自组织系统。耗散结构是相对于平衡结构而言的，它与平衡结构不同，平衡结构是"死"的有序化结构，而耗散结构是"活"的有序化结构，它依靠能量的耗散才能维持其有序状态。

5. 协同论

协同论是研究自组织系统共同遵守的基本原理和基本概念的一门横断学科，主要建立在协同作用、有序、无序、支配原理等概念的基础上。协同论和耗散结构论一样，都是研究复杂系统如何从不稳定态走向稳定态的理论，在系统科学的理论研究中，两者经常被统一起来运用，因此，又统称为自组织理论。协同论之所以称为协同论，一方面是由于它研究的对象是许多子系统的协同联合作用，以产生宏观系统上的结构和功能。另一方面，这门学科又要有许多不同的学科进行合作，以寻求支配自组织系统的一般原理，同时加强对各学科之间横向联系的研究。

6. 突变论

突变论主要以拓扑学为工具，通过对稳定性结构的研究，以说明自然界和社会现象中所发生的不连续的突然变化过程，试图从定性的角度来描述各种现象中的不同性状之间的突然的跃迁。以拓扑学为工具，就是以拓扑学的奇点理论为主要数学方法，也就是根据势函数对状态的临界点进行分类，进而研究各种临界点附近的非连续性态的特征，由此确定有限个数的若干个初等突变，然后建立数学模型，进一步认识突变现象的机理，并对突变做出预测。

三、教育生态学

教育生态学主要研究教育与其周围生态环境间相互作用的规律和机理。

（一）教育生态环境

生态环境是各种生态因子综合起来影响某种生物的个体、种群或某个群落的因子。教育具有层次结构，教育与其周围生态环境相互交织，组成教育生态系统。每一种事物都与别的事物相关，教育活动是在一定的生态环境中开展的，并与之进行着不断的能量交换和信息反馈。教育的生态环境是以教育为中心的多元环境系统，对教育的发展起着调控作用。教育生态环境是教育生态学研究的重要组成部分。对于具体层面的生态环境，校园生态环境是研究者们追逐的热点。学校内部生态环境有许多层面，因而可将教育生态个体生存的环境划分为学生的生态环境和教师的生态环境。研究个体的发展不仅要研究个体与教育所处的自然、社会和精神因素组成的外部环境因素，还要研究个体的心理和生理因素组成的内在环境因素。相互作用的各种生态环境因素交互影响着教育生态系统中教师个体的发展。

（二）教育生态系统

教育生态系统，是指一定时空范围内，教育与其他自然和社会生态系统等通过物质循环、信息交换和能量流动所构成的教育生态学单位，是各种存在着关联性的教育生态因子组成的统一整体。教育生态系统的内容主要包括人与人、人与环境两种关系；社会、学校和家庭三种教育环境；心理、环境、政治和经济四种因素；生理、心理、审美、成才和创造五种教育需求。依据构成要素的不同可将教育生态系统分为外部生态系统和内部生态系统。教育外部生态系统主要由政治、经济、文化等复杂的要素构成；教育内部生态系统主要由教师、学生、管理、科研和后勤五个要素构成。教师是教育系统中的主导性因素，是学校开展教育和教学工作的首要前提，因而教育内部系统的五个要素中，教师是教育内部生态系统的核心性资源。

（三）教育生态平衡

贯穿于教育生态学原理的基本思想是生态平衡和生态系统。教育生态系统的平衡与不平衡主要表现在功能、结构及科研、教育的投入与成果、人才的产出之间等三个方面。当来自社会方面一定量的物质、能量、信息输入教育系统后，必然引起教育系统与社会大系统之间一定程度的不平衡，为了达到新的平衡，教育系统应该根据自身的特点及现状协调其内部结构，培养出社会所需人才，再将新的信息反馈给社会，以保持教育生态系统与社会大系统之间的动态稳定。各种教育形式比例的变化也明显地反映了教育生态系统的动态平衡性，因此，要保持教育生态系统的稳定，教育多样性是必要条件。

第三节 高校英语课堂生态的结构与功能

一、高校英语课堂生态的结构

结构的"结"是表示结合、联系之意，"构"是表示构造、框架之意，结合起来，结构就是指若干组成部分按照一定的关系结合而成的一种架构，常用来表示事物的存在状态。结构主要包括两层含义：组分和关系，即由什么构成，以什么关系存在。

一个生态系统，有了组分还不够，还需要有一定的结构才可以运转，才可以实现其功能。生态系统结构包括两种：形态结构和营养结构。形态结构指生态系统在内部和外部的配置、质地与色彩。营养结构指以营养为纽带，把生物和非生物紧密结合起来，构成以生产者、消费者、分解者为中心的抽象结构。形态结构包括内部基本构造和外部呈现形态。一个生态系统的基本构造是比较清楚的，由生物和非生物环境构成，它们之间相互作用。如果具体到特定的生态系统，则生物的类别和个体、环境的构成等均有所不同，而且会受到营养结构的影响而出现不同的外部呈现形态，因此，不便用统一的图形来表示，但内部的基本构造仍然可以抽象出来。营养结构中的生产者、消费者、分解者是依据它们在生态系统中的功能而划分的，而与分类类群无关，所以又称为生态系统的三大功能类群。来自太阳的能量通过生产者的光合作用或化能作用进入生态系统，逐级流动，形成生态系统三大功能类群的营养结构。

课堂的基本构造可以简化为人（课堂生态主体）和环境（课堂生态环境）两个维度，

"人"相当于自然生态系统中的生物,课堂环境相当于自然生态系统中的非生物环境。其中"人"可以细分为教师和学生,课堂环境可以细分为教材、教学手段、课堂布置、教学氛围、师生关系、规章制度等,课堂生态系统中的这些生态因子相互作用、相互影响、相互依赖,共同构成一个生态整体。课堂生态中的基本营养结构是:教师是生态系统里的生产者,将来自外部世界和自我经历的信息(知识)消化转换,以学生能够吸收的方式通过课堂环境传授给学生,学生消化分解这些信息(知识),再通过课堂环境给老师一定的反馈。

但是,课堂生态作为一种社会生态,又有与自然生态不同的地方。随着教育生态学的不断发展,人们对课堂教学本质的认识不断生态化,对课堂生态系统中的各生态因子以及这些组分之间的关系也有了更深的认识,促进了课堂生态的形态结构和营养结构不断进化。

二、高校英语课堂生态的功能

"功"表示"功效、作用","能"表示"能力",结合起来,功能指有特定结构的事物或系统在内部和外部的联系和关系中表现出来的特性和能力。凡是系统都具有功能,系统的功能指由系统行为引起的、有利于系统所处的环境中某些事物或整个环境发展和存续的作用。这里所说的系统行为指系统相对于它所处的环境表现出来的变化。生态系统有三大功能:能量流动、物质循环和信息传递,它们共同维持着生态系统的正常运转。课堂生态是教育领域里的一个微观生态系统,因此,也具有生态系统的一般功能。具体地说,课堂生态的功能就是指课堂生态系统内部各生态因子之间的相互作用或系统与外部环境之间的相互作用给系统内、外带来的积极作用,这种作用只能在系统与环境的相互作用过程中才会表现出来。结构和环境决定系统的功能。

课堂生态在形态结构上表现为教师、学生、课堂环境相互作用而形成的整体,在营养结构上表现为系统与外部环境的物质、能量、信息交换与传递,以及师生依靠教学活动完成系统内物质循环、能量流动和信息流通,维持系统的正常运行。在这样的结构和环境中,课堂生态系统会对系统组分、系统本身以及系统所处的环境产生怎样的作用?对此,不同学者有不同的认识。窦福良从课堂生态系统内部的物质流动、信息交流和情感交流三个方面进行了阐述①。张舒将其归纳为中介功能、联结功能、促进功能、动力功能和规范功能②。潘光文总结出了四个功能:滋养功能、环境参照功能、动力促进功能和制度规范功能③。这些分类折射出对课堂生态的两种理解:①课堂生态是一个生态系统。②课堂生态主要指课堂环境,尤其指派生性课堂生态环境。我们研究倾向于将课堂生态理解为课堂生态系统,系统运行和优化的目标是构建生态课堂。结合课堂生态的性能和生态课堂的表征,从系统对内部结构、内部关系、系统整体以及社会所产生的作用,可以归纳出课堂生态的四大功能:

(1)优化结构的功能。课堂生态的基本结构是相对稳定的,由课堂生态主体和课堂

---

① 窦福良. 课堂生态及其管理策略研究 [D]. 济南:山东师范大学,2003.
② 张舒. 试析课堂生态的结构与功能 [J]. 洛阳理工学院学报(社会科学版)2009(3):91-93.
③ 潘光文. 课堂的生态学研究 [D]. 重庆:西南师范大学,2004.

生态环境组合而成。课堂生态的营养结构也是比较清楚的，教师生产知识，学生消费知识，环境在过程中起着媒介的作用，在这点上教材扮演着重要角色，学生通过对教材的学习增强自己的知识，提升自己的能力。但是，随着人们生态理念的加强，许多固有的格局被打破，比如，教材不再是知识的唯一载体，网络和多媒体也成为重要的知识载体。教师不再是知识的唯一提供者，学生可以互相学习，环境本身也具有一定的教育功能。学生不再是知识的被动吸收者，而是知识的体验者、探究者、发现者和创造者。在这些生态理念的推动下，课堂生态因子之间的互动随之发生变化，课堂生态逐渐由传统型向建构型、共建型等新的生态结构演化，在此过程中课堂生态系统得到不断优化。

（2）调谐关系的功能。教师和学生是课堂生态里面的生态主体，他们之间的关系是课堂生态的重要构成。师生关系是流动的、互为依存的，通过课堂教学活动不断调整变化。生态视野下的课堂追求师生之间更多的交互，提倡学生更多的课堂参与，这些教学活动给系统输入新的动能，促成一种新型的互相尊重的和谐师生关系的诞生。此外，生态视野下的课堂打破传统课堂中教师和学生二元对立的模式，重视主体间性，强调学生与老师之间、学生与学生之间、老师与老师之间的多元互通。师生交互的过程中，必然伴随着情感的交流，情感信息在各种生态因子之间发生流动，形成情感交流的动态网络。学生的情感态度会影响老师的教学，老师的情感态度会影响学生的学习，师生在教学生态中不断通过反馈自我调整情感，有利于师生关系的和谐。同时，课堂生态中主体与客体的关系也通过系统的反馈不断优化，关系趋向更加和谐。

（3）促进演化的功能。生态系统的正常运行必须依靠系统与外部环境的物质、能量和信息交换以及在内部的流通，这是系统动力的源泉。课堂生态是一个社会生态，系统的能量并非来自太阳，而是来自师生的课堂交互活动以及系统外部环境的影响。良好的师生关系、好的教学方法、好的学习资源、正面的社会期待等都能对教学产生促进作用。系统的信息主要来自老师对外部学习资源的转化以及自身的生产创造。伴随着能量和知识的输入，系统内产生了驱动力、信息流和智能流，它们在系统内流通，促进了师生的成长和环境的优化，促进了系统的运行和自然演化。最初来自外部环境的知识和智能最终通过学生的消化吸收，以自己对社会的贡献等方式返回到社会大生态中。

（4）生态育人的功能。生态系统的最根本功能是提升生产力，课堂生态的根本功能是培育人才。这里的生态育人包含三层意思：①生态主体的共同成长。人是教育的核心元素，育人是教育的根本任务，所以课堂生态的功能归根到底是育人的功能。和谐与共生是生态课堂的根本属性，教师和学生的共同成长是生态课堂的最终目标。传统课堂主要关注学生的发展，生态课堂尊重生命的光彩，包括教师和学生。而且，教师的成长和发展又会反过来促进学生的成长和发展，生命的共同成长进入良性循环。②生态主体的均衡发展和可持续发展。传统课堂主要关注学业成绩，把学生当作产品批量生产，学生的能力提升和情感体验被忽略。现代课堂生态更加关注人的全面自由个性发展，提倡多样性共存。可持续发展指对学生的培养更加放眼长远，注重自主学习能力的培养和终身学习理念的传输，最终通过人的可持续发展促进社会的可持续发展。可持续发展是现代生态学研究的重要领域和重要思想。③育人方式更加生态、更加科学。传统课堂认为，学生是教出来的，没有教不好的学生。现代课堂生态更加重视学生的主观能动性，认为知识是靠自己参与活动体验出来的，是靠自己探究发现出来的，不应迷信教师的权威，要发展自己的判断能力和自主学习的能力。因此，灌输式教学不是生态课堂的追求，建构式和共建式课堂是现代课堂生态的主要形态。

需要说明的是，系统的功能是由结构和环境共同决定的。系统的基本结构具有稳定性，但是系统的外部环境会发生变化，变化了的外部环境会对系统产生扰动，系统与外部的物质、能量、信息交换就会随之改变，系统与环境相互作用的过程和效果就会受到影响，最终导致系统功能异变。所以说，系统功能比系统结构具有更大的可变性。大学英语课堂生态具有一般课堂生态的特征，结构和功能相对稳定。但是，当信息化高校英语教学改革实施后，高校英语教学环境发生巨大变化，大学英语课堂生态被牵引到一个远离平衡区，系统的某些功能也就相应发生了改变，大学英语课堂生态出现了一定程度的失衡。

第四节 高校英语课堂生态失衡现象

一、高校英语课堂生态结构上的失衡

凡是系统皆有结构，世界上没有无结构的系统，也没有无系统的结构。结构合理就会组成稳定的系统，结构不合理就会组成不稳定的系统，结构从总体上反映着元素之间的有序性和组织性，它是系统协调或失调的内在根据，是系统能否实现其功能的根本前提；大学英语课堂生态在2004年改革之前基本处于平衡定态，系统内各生态因子（教学要素）经过长期教学实践的磨合，已经处于比较好的兼容状态，系统相对比较稳定，但同时也开始显露出一种惰性，课堂生产力开始降衰。大学英语信息化教学改革以来，由于现代信息技术的强势介入，课堂生态的环境因子发生剧烈改变，各生态因子之间的结构关系也随之发生变化。具体地说，这些变化主要体现在构成比重、交互关系和营养结构三个方面。

（一）系统组分构成比重的失调

基于计算机网络和课堂的高校英语教学改革于2006年在全国推广以后，各个学校都以现代信息技术的应用为改革突破口，试图将传统的讲授式课堂教学转变为基于信息化的建构式和共建式课堂教学，以提高大学英语的教学效果。现代信息技术的大量使用使课堂生态系统中的环境因子发生显著变化，这时，为了保证系统的稳定，其他课堂生态因子必须做出相应的反应，但是遗憾的是，在这个过程中，很多教师没有及时转变教学观念，提高信息素养，也没有在课堂教学中调整课堂角色和制定信息化课堂管理规章制度等，学生也没能及时改变传统的学习方式，接受新的教学理念，适应新的学习环境等。由于这些课堂生态因子没有同步出现相应变化，课堂出现了现代信息技术的大量使用与教师教学理念更新缓慢、学生学习习惯变化缓慢、教师信息水平提高不快、学生信息素养提高不快、教学方法转变缓慢、学生学习自主性不高、课堂气氛依然沉闷、课堂教学依然以教师为中心等情况的不协调。这些不协调的状况严重阻碍了现代信息技术发挥自身应有的功能。现代信息技术犹如一匹良驹，但是指望这一匹好马拉动那么多的元素一起前进，很难形成一股同向合力，自然难以跑出理想的速度，因此，出现了教学实践与改革预期之间的落差。

（二）系统组分之间交互关系的失谐

现代信息技术在课堂教学中的使用，不但造成课堂生态系统中各组分的构成比重出现失调，而且还造成各组分之间的交互关系出现失谐。各组分之间的相互关系是纵横交错的，是一个网状结构。考虑到信息技术在课堂生态环境中所占的主导地位，也为了叙述上的方便，在阐述生态主体之间的失谐之后，将以现代信息技术为主要立足点，阐述系统组分之间的失谐现象，具体包括教师与信息技术、学生与信息技术、教学模式与信息技术、教材与信息技术、教室布局与信息技术、教学内容与信息技术、教学评估与信息技术、教学管理与信息技术等因子之间的失谐。

（1）生态主体之间的失谐。
（2）教师与信息技术的失谐。
（3）学生与信息技术的失谐。
（4）教学模式与信息技术的失谐。
（5）教材与信息技术的失谐。
（6）教室布局与信息技术的失谐。
（7）教学内容与信息技术的失谐。
（8）教学评估与信息技术的失谐。
（9）教学管理与信息技术的失谐。

教师在课堂生态中的主要身份是知识的转化者和生产者，主要职责是将知识作为信息传输给学生，将自己的智能传送给学生。在这个传输过程中，信息技术起着媒介的作用，尽力减少信息流和智能流在传输过程中的流逝和衰减，帮助教师完成知识传授和能力培养的使命。这样，教师和信息技术就构成了良好的和谐的互动关系。但在目前的教学实践中，对一部分教师而言，这种健康和谐的关系并未建立起来，主要表现在三个方面：

①现代信息技术的课堂应用与教师信息水平不高之间存在矛盾。
②生态课堂的教学理念与教师传统教学理念的矛盾。
③对网络多媒体教学的错误解读，主要表现为对网络教学的过分依赖或对网络教学的不信任。

学生在课堂生态中的主要身份是知识的消费者和分解者，他们接受来自教师和其他信息源的信息，消化吸收，最终将能量和智能返还社会。在课堂生态系统中，信息技术起着媒介的作用，帮助信息和能量实现最大限度的传输，并以此与学生建立和谐的关系。在目前的大学英语课堂教学中，依然存在学生与信息技术不和谐的状况，主要表现在以下两个方面：

①现代信息技术的广泛使用与部分学生信息能力及素养不高之间存在矛盾。
②现代信息技术的广泛使用与学生学习观念和方法陈旧之间存在矛盾。

教学模式指符合特定的教学理论逻辑的、为特定教学目标服务的、相对稳定的教学活动结构。它是教学方法、程序和路径的综合体，一般都体现了一定的教学理念，能帮助教师根据一定程式设计课程，安排教学材料，指导课堂教学等。在课堂生态系统里，教学模式属于环境因子，对教与学活动产生重要影响。现代信息技术应用于高校英语教学以后，因为计算机网络等信息技术可以帮助学习者反复进行语言训练，尤其是听说训练，同时还能生动形象地提供大量真实的英语学习资料,包括音频和视频材料,所以基于计算机网络的建构式教学模式备受关注。但是,当前的大学英语课堂教学生态中仍然存在着教学模式与信息技术的失衡问题,主要有两点原因:

①在现代信息技术的语境下使用了传统的教学模式。

②在真正的信息化教学模式下,信息技术的优势因为某些原因而没能充分发挥。

(三) 系统内部营养结构的失衡

在高校英语教学信息化进程中,系统内部营养结构的失衡首先表现为部分师生的生态角色异位,其次表现为输入与输出的失调。

二、高校英语课堂生态功能上的失调

凡是系统皆有功能,系统就是由一些元素通过相互作用、相互关联、相互制约而组成的具有一定功能的整体。这里结合课堂生态的性能和生态课堂的特征,从系统对内部结构、内部关系、系统整体以及外部环境(社会)所产生的作用,归纳出四大功能,即优化结构的功能、调谐关系的功能、促进演化的功能和生态育人的功能。信息化语境下的大学英语课堂生态在功能上出现失调,即表现为这四大功能的衰减。

(一) 结构优化功能的衰减

信息化进程中的大学英语课堂生态出现了结构优化功能的减弱,这可以通过对系统结构的观察予以论证。信息化改革之前的大学英语课堂生态处于相对平衡的状态。对这种平衡态产生巨大扰动作用的,就是现代信息技术在英语教学中的大量使用。现代信息技术迅速演化为课堂环境因子中的主导因子,其产生的扰动作用大大超出了系统本身的自组织和自修复能力,其产生的作用力牵引着其他课堂生态主体和课堂环境因子进行自我调节自我改变,这种变化已经持续了好几年。系统内各组分的构成比重仍然处于失谐状态,从系统动荡过程的时间跨度以及系统现在的结构状态加以判断,系统的结构优化功能减弱了,难以自行修复系统内的平衡。

(二) 关系调谐功能的减弱

这些失衡关系也可描述为:①传统观点与改革理念上的失衡。②改革的大力度与现实能力之间的失衡。③输入与输出的失衡。

需要说明的是,这些复杂的失谐关系并不是同时出现的,也不是同时发生在一个学校或一个课堂生态里。这些问题可能对某些学校来说已经是昨天的问题,但是对另外一些学校来说,可能是正在发生的问题。不管怎样,这些失谐的关系都在一定程度上客观存在于某个学校的课堂生态里。时至今日,这些关系仍然没有通过系统自身的纠偏功能予以修复,证明系统调谐关系的能力在失衡状态下严重减弱。

(三) 演化促进功能的减弱

在现代信息技术的强力介入以后,大学英语课堂生态系统被迅速地带离到一个远离平衡区,如果系统通过自身的作用在这个区域重新建立平衡,就形成了耗散结构,系统也完成了一次演化。但是，经过多年的运行，大学英语课堂生态系统依然存在结构上和关系上的失衡，系统不具备达成平衡的前提条件，难以完成系统的演化。从系统的营养功能来分析，系统内各种关系的失衡影响了师生之间的交互，交互的减少导致输入系统的能量减少，系统内部难以产生足够的驱动力，带动由外部环境输入的大量物质流（如计算机网络等教学设施）在系统内同步流转，所以系统依然处于非平衡态。要想加快系统的演化，就必须解决好系统的动力问题。

（四）生态育人功能发挥不够

作为一个生态系统，其最根本的功能应该是提升系统的生产力。对于课堂教学生态来说，其根本功能就是培育人才；对于大学英语课堂生态来说，其根本功能就是培育英语人才，包括英语师资的自身发展。基于信息化的高校英语教学改革，旨在建立一个信息化的生态英语课堂，最终培养出具有较强实际语言应用能力尤其是听说能力的英语人才，解决过去社会对大学英语教育只能培养"哑巴英语""高分低能"人才的诟病。近几年来的高校英语教学改革在解决"哑巴英语"方面确实起到了很大的作用，但是课堂生态的育人功能还没有得到充分的发挥，证明系统还未演化到一个新的平衡状态。

第五节 生态化高校英语教学的优化

一、高校英语教学生态优化原则

（一）遵循可持续发展的原则

1987年，世界环境与发展委员会（WCED）在其向联合国提交的报告《我们共同的未来》中把"可持续发展"定义为"既满足当代人的需要，又不对后代满足其发展需要的能力构成危害的发展"。它不仅看到眼前的利益，也放眼于未来，不仅局限于人类本身，也强调环境、经济、社会和人类的协同、持续发展，是要建立"以人为中心的自然—经济—社会复合生态系统，并进一步促进系统的持续、稳定、健康地发展"。可持续发展强调持续性、共同性和公平性原则，它认为事物发展的各阶段都是相互依存的，目前的发展是将来的基础，要保证事物持续性的发展；强调发展的整体性和协调性，认为任何一方的发展变化都会作用于整体，不能因为一方的发展而损害另一方甚至整体的利益；强调各个生态主体都拥有平等的权利，应当互相尊重。

人类社会的可持续发展在很大程度上取决于生态主体，即人的因素，而教育作为社会大系统下的一个子系统担负着培育生态主体的重任，会对生态主体的观念、素质和行为产生巨大的影响。高校英语教学又作为教育系统中的一个子系统也应当肩负起育人的重任，秉承可持续发展的原则。首先，高校英语教学生态系统作为一个可持续发展的系统，其优化应当以培养个体的可持续发展为目标，重点是使学生获得终生学习的能力，即学会如何学习、怎样学习。知识如同浩瀚的海洋，人类不可能掌握全部的知识，所能做的就是培养

高校英语教学方法新编

掌握知识的能力，只有拥有了这种能力，才能增强在社会中生存和发展的潜力，才能赋予个体旺盛的生命力。其次，从可持续发展的角度看，高校英语教学的优化不仅包括英语知识的传递与习得，更应该重视学生身体、心理的健全发展，忽视任何一方都会对另一方产生影响，不利于学生的健康成长。再次，教师、学生、环境和其他生态因子都是高校英语教学系统可持续发展的必要组成部分，教师或学生的发展不能以牺牲教学环境或其他因子的利益为条件，师生和其他各因子是一个统一整体，任何一个因子的缺失或损坏都会引起整个高校英语教学的紊乱，因此，高校英语教学的可持续发展应当兼顾全局，注重整体效益的发挥。

(二) 遵循生态系统开放性的原则

生态系统在本质上是开放的系统，因为任何一个生态系统都必须保持着内外的开放，才能不断地进行物质、能量和信息的交换，才能够实现系统的生存和发展，保持其生命力。根本不可能有独立自主的生命，事实上一切生存之物都有依赖性。生命的真理就是它永远是不完善的、不确定的，因为它取决于它的身外之物。生命体越是自主，就越是不足；生命体越是放眼前瞻，它就越是需要外界组织和实践。由此看来，世界上不可能有完全与外界隔绝的生物，任何一种生物不可避免地与外界发生这样或那样的联系，生态系统也是如此，没有完全孤立发展的生态系统，生态系统的发展始终处于内外因子的共同作用中，开放性是生态系统的重要特征。

高校英语教学生态系统同样不是封闭的、孤立发展的，其开放性主要表现在以下几方面：一是生态主体的开放性。高校英语教学中的教师和学生都是拥有一定知识背景、生活习惯、思维方式的生命体，受不同的家庭和社会环境的影响，因而是具有不同生命特征的个体，因此，从这个意义上说系统内部的开放性是对每个师生个性特征、个体经验的开放。生态主体的个性特征和经验都会通过教学和学习活动得以彰显。一方面，师生之间、生生之间不断的交流与互动不仅促进知识的传递与吸收，而且也是生态主体情感交流的过程，是促进师生身心健康的重要途径。另一方面，由于师生都具有一定的社会属性，生态主体的知识建构不可避免地也会受社会因素的影响，并在与其他生态主体的交流中实现传递，从一定程度上讲，师生所关注的已经不仅仅局限于教材。二是生态系统的环境具有开放性的特征。首先，高校英语教学生态系统内部环境的开放性，只有营造民主、和谐的教学氛围，才有利于生态主体间的平等对话和交流。其次，高校英语教学系统与外部环境，通过自然、社会、文化等方面的因素进行能量和信息的输入与输出，大学英语所涵盖的范围已扩大到社会、自然、文化等领域，是学生科学世界和生活世界的统一。再次，环境的开放性还指大学英语突破单一学科的限制，与其他学科、其他领域的知识进行交流互动，兼容并蓄。三是高校英语教学活动的各部分也应体现开放性的特征。首先，教学目标的开放性表现在摒弃单一的目标，根据不同学生的水平设置不同层次的教学目标，并且也不再是单一的知识目标，而是把学生的情感、价值、意志等素质培养囊括其中；其次，教学目标不再是预设的和一成不变的，而是随着师生的发展和具体的需要不断进行调整。教学内容的开放性主要指内容来源的开放性，教材已经不是教学内容的唯一来源，尤其是当代信息技术的高速发展不仅极大丰富了大学英语的教学内容和形式，也使师生都成为教学资源的开发者和创造者。教学形式上也应体现开放性的特征，不仅要有教学形式的多样化，也应设置与社会生活相关的各种教学活动，以提高学生语言运用的能力。

（三）遵循生态系统动态平衡的原则

生态系统的平衡指的是在一定的时间和条件下，生态系统的结构和功能处于相对稳定的状态之中。在相对稳定的生态系统受到外部干扰时，其各部分就会不同程度地受其影响，会发生生态系统结构和功能失调的现象，进而原有的生态平衡就会被打破，出现生态失衡现象。然而在外来干扰下，生态系统能够通过自身调节及人为的有意影响，达到更合理的结构，发挥更高效的功能，重新达到一定的平衡稳定状态。因此，生态系统总是处在平衡—不平衡—新的平衡的发展过程中，平衡是相对的，是动态发展的一个过程。

与自然界生态系统的动态平衡一样，大学英语生态系统与外部环境，以及大学英语生态系统内部各因子之间也是动态发展的，经历着从平衡到不平衡，再到重新平衡的过程，体现着各个生态因子力量的消长与平衡，物质、能量和信息的传递与循环。

高校英语教学系统的动态平衡首先应该体现在教学与外部环境间的平衡上。在目前基于计算机和课堂的新型教学模式下，学校应当为高校英语教学创造良好的教学支持环境，从硬件上来讲，要配备高校英语教学所需要的各种多媒体网络设备，并进行及时的维修和更新，保证学生的自主学习能够不受时间、地点和设备条件等因素的影响，切实提供充分、优良的环境和条件；从软件上来讲，要从培养师生正确的信息观念，切实提高教师掌握和运用信息技术的能力，完善教学服务体系等方面入手。只有保证了良好的教学环境、充足的教学资源才不会对大学英语的教学形成相应的障碍；在强大的信息技术和资源的支持下也有利于防止高校英语教学系统相对的封闭性、防止其与社会脱节，造成落后性；更有利于促进该系统内物质、能量和信息的有效循环，进而优化高校英语教学的功能。反之，缺乏良好的教学支持环境，教学服务跟不上、管理和运用不当就会给大学英语的教学带来滞后性，无法满足社会的进步和学生的需要，也无法实现大学英语自身的发展，因而会造成教学和环境之间的失衡。其次，高校英语教学系统内部的平衡也是动态发展的。这不仅体现在教学观念与教学行为、教学内容与实际需求、教师与学生等因子之间的相互制约与发展，也体现在教学过程中知识与情感的交流与碰撞中。一是世界上不可能有能够预测一切的教学计划，因为教学总是处在不断变化中的，会有突发状况的发生，随着学生知识容量的增加和知识体系的变化，其需要、目标和方向等都可能发生变化，这就要求教师、教学都必须做出相应的调整，处于一种生长、变化的过程，以适应学生主体的变化，也只有这样才能保证高校英语教学的稳定和发展。二是在教学与交流的过程中，生态主体之间难免会出现这样或那样的矛盾，然而也只有在师生共同寻找问题、发现问题、解决问题的过程中，才能达到师生之间的和谐、统一。这一过程不仅是知识的传承与发展，也是生态主体心理与情感的发展过程，是实现自我成长和师生共同成长的必由之路。

二、生态化高校英语教学优化策略

（一）以人为本，观念先行

"以人为本"就是要以"人"为出发点和归宿，是人的自然、社会和精神等方面的辩证统一。教学中的"以人为本"强调的就是"以学生为本"，一切为了学生的全面发展而服务。大学英语作为一门兼具工具性和人文性的课程,在其教学过程中尤其要树立"以学生为本"的思想,也就是说要"以学生为中心"和"实现学生的可持续发展"。

(二) 关注学生种群内部的生命成长

学生是高校英语教学生态系统中最重要的生态主体,学生种群也在该系统内处于中心的位置,学生种群内个体能否健康成长、个体之间关系是否得到良性发展对于整个高校英语教学系统的优化起着至关重要的作用。存在于学生种群内的个体具有生命的差异性,虽然他们的年龄和专业相近或相同,但每个学生的背景、个性、爱好、价值观等都是不同的,每个学生都是一个不同于他人的生命个体,也正是因为个体发展水平的差异、认知能力的不同、情感态度的错落才使得每个学生都拥有自己的生态位。这就要求教师应当关注不同学生的生态位,根据不同学生的特点实施个性化的教学策略,有针对性地选择、设计教学内容和教学方法,因材施教,以达到学生个体生态位的优化。

同时,教师也应当认识到学生生态位并不是一成不变的,而是随着其他因子或环境的变化而变化的,这也要求大学英语教师在教学中关注学生种群内部的关系,利用生态位原理来优化种内关系。根据生态位的竞争排斥原理(高斯法则),教师可以按照教学和学生的具体需要,采取措施促进学生生态位的重叠与分化。在自然界,物种生态位的重叠会引起激烈的资源竞争,造成资源危机,大多数情况下是不利于该物种或系统的整体发展的。然而高校英语教学生态系统不同于自然界的生态系统,其中的很多教学资源是可以实现再开发、再利用、再循环的,因此,在具体的情况下促进学生生态位的重叠有利于学生个体的发展和高校英语教学的顺利进行。如教师可以通过采取学生合作学习的方式促进生态位的重叠。学生以小组为单位,采取共同学习的方式,同时参与教学资源的探索与开发。在这种情景中,学生虽然享有相同的材料和资源,但学生个体之间通过不断的讨论和交流,不仅解决了问题,完成了学习任务,又学习了他人的技巧、方法和策略,同时还提高了交际能力,增进了友谊,丰富了学生的精神生活。同时,教师根据情况和需要也可以采取措施促使学生生态位的分化。因为学生毕竟是有着各自特点的不同个体,高校英语教学应当赋予学生展示自我、发展兴趣的机会,使学生充分发挥自己的长处,形成区别于他人、具有强大竞争力的生命个体。而且学生在学校学习中形成的知识结构、能力强弱、素质高低也在一定程度上决定了其在未来社会中的生态位。高校英语教学可以通过设置多种课型促进学生生态位的分化,根据学生的兴趣设置不同的选修课程,为学生提供宽松的学习环境和广阔的发展平台,使学生在不同的课型中找到自我,充分展现自己的才华,获得自我满足感,从而有利于学生树立自信心,有助于其认清自己的潜力,明确发展的目标,促进学生成为具有鲜明的个性特征和创造力的生命个体,同时这也是对学生个体生态位的尊重,是促进学生学习生命发展的有效途径。

高校英语教学促进学生种群内部的生命成长还应当促进学生"自组织"能力的发展。生态系统的自组织指的是系统不受外部的影响,能够通过内部各生态因子相互作用,形成有序结构的动态过程,换句话说也就是系统拥有自我调节的能力。学生个体本身也是一个生态系统,在遇到外来干扰的情况下,学生并不是被动的做出反应,而是可以发挥其自我调节的能力,做出自我调整。在纷繁复杂的资源面前,学生可以利用其自组织的能力剔除不利于知识建构的信息,而对于有价值的信息又可以在已有的知识结构上进行融会贯通,重新建构自己的知识体系，教师应创造机会和条件促进学生自组织能力的发展，而这一过程也是学生学会学习的过程，具有重要的意义。

充分利用"群体效应"促进学生种群内部的生命成长。大学英语中学生种群内的类型有正式群体、非正式群体和半正式群体等，群体内和群体间交往的模式和形态对学生个体的发展和高校英语教学的开展都起着一定的作用。应当利用群体中积极因子的作用，发挥其影响力，带动整个群体，形成良好的氛围；应当重视群体中的具有消极作用的因子，采取措施消除其负面作用。教师应当充分了解高校英语教学中所形成的各个学生群体，对其进行因势利导，充分发挥群体凝聚力的特点，促进成员间的互帮互助、相互学习、相互监督等，发挥群体的效应。

（三）重视种间的协同进化

高校英语教学系统是一个由生态主体、教学要素、信息技术和环境因子等组成的有机体，其中任何一个因子的变化都会引起其他因子随之发生相应的变化，这种相互作用、相互影响的进化关系即为协同进化。高校英语教学作为一个完整的系统，只有其内部各因子（种群）协同发展，才能使整个生态系统达到平衡稳定的状态，而对高校英语教学系统进行优化就必须重视各因子，即种间的相互作用，促进其协同进化。

大学英语教师和学生是该系统内最主要的生态主体，也是最重要的种群，因此必须处理好两者之间的关系，建立生态化的师生关系，实现师生的共生和协变。共生指的是教师和学生互为条件和依托，师生任何一方的变化都会对另一方造成影响，所以应当以师生共生为目标，建立新型的师生关系。生态学指导下形成的师生关系应当是民主、平等、交往和对话的关系。师生之间应当拒绝上下级关系，进行平等对话，通过沟通和交流表达自己的意见和观点，并通过共同学习形成新的观点。在整个过程中，师生是一个整体，学生和教师都拥有参与权和表达权，享有平等的地位和权利；教师再也不是教学的权威，学生变为自己学习的主人；教师和学生相互尊重、相互促进、共同发展。此外，还应当重视师生情感的协变性，实现协同进化。教师教学中如果精神饱满、情绪高涨，在教学中就会感染和带动学生，激发学生的学习热情，相反，如果教师情绪低落，在教学中会让学生产生倦怠感或抵触情绪；反之亦然，学生在高校英语教学中的精神状态也会影响到教师的教学情绪和教学能力的发挥，因此，在教学中，教师应当充分发挥精神或情感的作用，构建宽松、民主、平等的心理环境，建设深厚的师生情感，以此推动两者的协同进化。

促进种间的协同进化还必须摆脱限制因子的作用，争取变限制因子为非限制因子。在高校英语教学中所有的因子都有可能成为限制因子，通过对山东省三所高校的调查发现，教室过大或过小会成为制约师生情感建设的限制因子；教师观念陈旧、教学水平不高、信息技术使用能力差，都有可能成为影响教学顺利开展、制约学生发展的限制因子；教学经费的短缺会成为制约高校英语教学资源环境建设的限制因子；计算机多媒体等教学设备的更新维护滞后会成为影响新教学模式推行的限制因子；学生如果对大学英语学习持有消极态度、运用不当的学习策略等也会成为影响自身发展的限制因子。可见，在实际的教学过程中，各因子都有可能成为影响高校英语教学的限制因子。面对这种情况，师生要发挥主观能动性，善于查找和分析限制教学及学习的因素，加强师生的交流合作，创造条件，共同消除限制因子的影响，优化种间关系，推动高校英语教学的动态、良性发展。

第八章　基于自主学习理念的高校英语教学方法研究

在当今这个知识爆炸的时代，科技发展日新月异，知识更新速度加快，各种新知识、新事物层出不穷，这时是否具备自主学习能力关系到个人的生存和发展。叶圣陶先生曾经指出："教育的最终目的在于学生自学自励。"[①] 教育的目的就是要培养终生爱好学习的自主学习者，高校英语教学也不例外。本章首先分析了自主学习的相关基础知识，接着分析了影响自主学习的因素以及高校英语自主学习的教学策略，最后分析了高校英语自主学习教学模式的构建。

第一节　自主学习解读

一、自主学习的内涵

自主学习这一概念首先是利特尔（Little）提出的。利特尔认为学习者自主性是学习者对于学习过程和学习内容的一种心理反应，它具有自己会看情况、明辨是非、做出决定和独立活动的能力，而体现在各种行为之中[②]。自主学习被看作是学习者能对学习进行控制的能力，其体现一种超然、批判性反思、决策和独立行动的能力，这种能力的产生要求教育工作者转变角色，把更多的课程控制权和决策权授予学习者。自主学习要求学习者具备三方面的能力：自我管理、自我检查和自我评估。关于自主学习，不同学派的学者提出不同见解，其中迪金森（Dickinson）认为，学习的自主性是指学习者在学习过程中负责有关学习的所有决策并实施这些决策[③]。国内外也有很多研究者从不同的视角对自主学习下过定义，这里不再赘述。

总之，所谓"自主学习"，它是从学习的内在品质而言的，相对的是"被动学习""机械学习"和"他主学习"。实际上，"自主学习"是指较少依赖别人的帮助而自己可以进行有效的学习。它是一种综合性的能力，主要包含如下几个因素：学习积极性；独立学习的方法和技能（包括善于搜集资料、分析、记录和整理资料）；独立学习的习惯；进

---

① 温寒江. 突破传统教学体制——北京市朝阳区实验小学数字化教学实验与学生思维发展十年探索［M］. 北京：教育科学出版社，2016：78.
② 刘燕萍. 基于建构理论的信息感悟能力的培养［J］. 现代情报，2006（4）：150-151+155.
③ 钟晓红，马菡. 新世纪大学英语教学探索［M］. 成都：四川大学出版社，2015：39.

行小型而又简易的探究性、验证性实验能力。这里所说的自主学习是指在教学条件下的学生的高品质的学习。所有能有效地促进学生发展的学习都一定是自主学习,而真正的合作学习和探究学习一定是自主学习,然而"自主学习"并没有现成的经验和既定模式,它需要在不断探索中慢慢渗透,逐渐形成。自主学习一词具有两个方面的含义:

第一,学习者自身的主体性和自律性,即学习者只有对某项事物具有内在的探求动力、进行充分的感情投入、参与积极的情境体验,才有可能真正理解与掌握该项事物的规律。也就是说,学习者只有自主地确定自身的学习目标、自主地选择合适的材料、自主地进行过程评价、自主地进行观察、思考、想象、创造等一系列活动,才有可能驾驭学习过程,成为学习过程的主人。

在教育活动中,教师应充分认识和适应受教育者的特性,促进其对社会、家庭、个人等责任感的提升,使其能够更加积极主动地参与到学习过程,增强其发现问题、提出问题和解决问题的能力。这就对开放教育的师生关系提出了新的要求:即教师由一个"知识传授者"转变为个"助学者""导学者"以及一个共同学习者,教师在与学习者的相互交流中自身也获得一定的提高。

第二,学习者的依赖性和互动性。自主学习不是完全不受干扰、自我封闭、自发的学习过程,而是和其他各种学习方式一样,其时刻与周围的环境发生联系,这些环境包括师长、同伴、家人、朋友、学习环境等,整个学习过程在与环境的相互依存和相互影响过程中发生着变化和不断调整。对于教育机构与教育者而言,正是基于学习者这种对环境的依赖性和与环境的互动性,其才有可能对学习者进行一定程度的干预,促使其最终具有学习能力和创新能力。与此同时,学习者也根据环境要求和环境所提供的条件进行自我调控。

由此可见,在学习者的学习过程中,教师既要充分激发其自身的内在动力,又要尽力营造一个良好的外部环境,只有内外动因相互结合,才能促进学习者自主学习能力的提升。

二、自主学习的特征

(一) 自主性

1. 自主计划

自主计划是在学习之前发生,并为接下来的学习活动所做的准备工作。在这个阶段,学习者需要了解学习内容并选择学习策略。具体而言,自主计划包括先行组织、集中注意力、选择注意和自我管理。其中,先行组织是指在自己原有知识的基础上预习即将要学习的新资料,了解大意和相关概念;集中注意是指始终将注意力集中在所要学习的资料上;选择注意是指注意学习过程中的特定方面而忽视其他方面;自我管理是指创造条件促使学习任务的完成。

2. 自主监控

自主监控,即对整个学习过程的检查、调整和确认。这既包括监控自己听到的、看到的、理解到的知识信息,也包括对学习计划、学习方法和策略的监控。对学习计划的监控是指监控计划的科学性以及时间分配的合理性;对学习方法和策略的监控就涉及方法、策略的选择是否恰当等。

3. 自主评价

自主评价发生在学习活动的最后阶段，它是对自己学习任务的完成情况进行的分析、判断。它包括对计划和时间分配的合理性、知识信息的获得、策略的运用等进行评价。自主评价有利于学习者反思学习过程中遇到的问题，总结经验教训，以便对下一次的学习进行指导。

（二）能动性

自主学习要求学习者自觉从事学习活动、自我调控学习，其基本的要求是主体能动性。与各种形式的他主学习不同，自主学习不是指学生在外界的各种压力和要求下被动地从事学习活动，或需要外界来管理自己的学习活动，而是指学生积极、主动、自觉地从事和管理自己的学习活动。

（三）创造性

在自主学习中，每个学生都是独特的自我，个性特征鲜明。在这种教学方式中，教师注重对学习方法的传授，提纲挈领地向学生介绍学习内容，培养学生主动学习、创新学习的精神，引导学生在学习中主动进行探索，善于发现。学生的学习目的不是简单地复制学习内容，而是创造性地激活已有的知识体系和创新的知识体系之间的链接并进一步完成知识的再创造；学生也不再简单地复制学习过程，而是在管理自己学习的过程中，不断地反思、改进学习方法，进行创造性的学习，创造性地解决问题，从而掌握学习技能，发展个人能力。

（四）有效性

在某种意义上，自主学习就是采取各种调控措施使自己的学习达到最优化的过程。这是因为自主学习的出发点以及自主学习的目的是尽量协调好自己学习系统中各种因素的作用，使它们发挥出最佳效果。一般而言，自主学习的水平越高，学习者学习的过程就越优化，学习的效果也就越好。

（五）开放性

自主学习是一种开放的教学方式，其包括教学内容的开放、教学目标的开放、教学时间的开放、教学空间的开放、教学设计的开放、教学方式的开放、教学组织形式的开放、教学管理的开放以及教学评价的开放。自主学习的开放性使学生在教师的宏观指导下不仅可以自主选择学习的时间、地点，还可以自主确定学习目标、学习内容、学习方法以及学习计划，并自主进行学习反馈、评价，从而对自己的学习负责。在这样的学习中，学生才能真正成为学习的主人。

（六）相对性

就现实的情况来看，绝对自主或绝对不自主的学习都较少，学生的学习多数是介于二者之间的。因此，自主学习不是绝对的，而是相对的。也就是说，学生的学习在有些方面可能是自主的，而在另一些方面可能是不自主的。学生中学习的许多方面如学习时间、学习内容等都不可能完全由学生自己来决定,学生也不可能完全摆脱对教师的依赖。因此,不能把学生的自主学习简单地分成是自主的或者是不自主的,而应该从实际出发,分清其学习在哪些方面是自主的,在哪些方面是不自主的,或者说学习的自主程度有多大。做到这一点教师才可以针对学生学习的不同方面进行自主性的教育和培养。这里正是以对自主学习的这些理解为出发点的。

第二节　影响自主学习的因素

一、影响自主学习的内在因素

(一) 智力因素

智力因素是自主学习的基础。所谓智力,指的是掌握和使用各种学习技巧的能力。这里探究的智力因素主要是指语能,即语言智商。智力是个体一般性的学习能力、理解能力和推理能力,而语能作为智力的重要组成部分,是个体特殊的语言认知能力。语言的认知能力可以归纳为以下几种。

(1) 语音的编码能力。语音的编码能力能够帮助学习者辨别不同的语音,形成语音和符号之间的联系,并进行记忆。

(2) 语法的敏感能力。语法的敏感能力能够帮助学习者辨认出词在句子中的语法功能。

(3) 语言学习的归纳能力。归纳能力能够使学习者通过例句推测和归纳语言规则。

(4) 语言的记忆能力。记忆能力能够使学习者快速且有效地形成文字与意义之间的联系,并加以记忆。

(二) 非智力因素

1. 学习态度

学习态度是指学生对自己在学习中应承担的责任持一种什么样的认识,以及对自己的学习能力如何评价。通常情况下,学习态度可以分为以下几类。

(1) 对目的语社区和说目的语的人群的态度。

(2) 对待学习目的语的态度。

(3) 对待语言以及语言学习的总体态度。

按照自主学习的本质要求,学生应该采取一种积极的态度对待自己的学习。也就是说,学生要对自己的学习过程及成果负责,积极地投身到学习中去。实践表明,学生要想提高学习效率,就必须对自己的学习负责。

一般来说,具有积极学习态度的学生具有较大的学习动机,他们的求知欲一般都比较强烈,学习效果更加显著;而学习态度不好的学生往往学习动机也不强,遇到一点困难就会产生厌烦心理,对学习失去信心,学习成绩始终得不到提高。

由此可以看出，不改变学生的学习态度就难以提高其学习动机，更难以提升其学习成绩。教师必须帮助学生摒弃消极的学习态度，使学生怀着一种积极的心态去对待学习，在遇到学习上的困难时不气馁，以正确的、积极的心态去解决问题，当自己的学习成绩不理想时，应积极寻找自身原因，努力弥补自己的不足，而不是归咎于外界因素。

2. 学习动机

动机是指由特定需要引起的，欲满足各种需要的特殊心理状态和意愿。美国心理学家奥苏贝尔（Ausubel）提出了构成动机的六种需要：（1）探究需要；（2）操纵环境及改变环境的需要；（3）从事脑力劳动和体力劳动的需要；（4）受环境、他人观点、想法和感情刺激的需要；（5）对知识的需要；（6）增强自我的需要①。

到目前为止，被语言学者普遍接受的动机分类方式是把动机划分为两大类：融合型动机和工具型动机。所谓融合型动机，即学习者对目的语群体有所了解或有特殊的兴趣，希望与之交流或亲近，最终成为其中一员；工具型动机是指学习者的目的在于获得经济实惠或其他好处。受不同动机的驱使，学习者的学习目标和学习兴趣会有所不同，并且这些特定的学习目的和兴趣会在不同程度上影响学习者学习英语的方法及效果。

语言学习动机是影响语言学习的最重要因素，也是影响学生自主学习的一个很重要的因素，它与学习者的学习成绩有密切的关系。学习动机是一个教育心理学概念，是指激发学生获得知识的内在动力和欲望。研究发现，学习者学习英语的动机各不相同：有的是因为职业的需要，有的是为了在学英语的环境中学习深造，有的只是为了应付考试，有的是为了出国旅游。动机对一个语言学习者的影响是很大的，是促进自主学习的重要因素。只有当学生有了学习动机，才会去主动制订学习计划，主动思考应该学什么，如何去学习以达到自己的目标。只有具备了这些条件，学生在遇到困难时才不会退缩，才会迎难而上，才会想方设法解决问题，进而主动而积极地寻求知识。

学习动机是培养自主学习的前提条件。如果缺少学习动机，就会妨碍和阻止自主学习的实施。受不同动机的驱使，学习者的学习兴趣和学习目标可能各不相同。这些特定的学习兴趣和学习目标将会在不同程度上影响学习者学习英语的效果。因此，学习者要培养正确的学习动机，变被动学习为主动学习，提高学习效率。

3. 自我效能感

自我效能感是指个体对自己是否有能力完成某一行为所进行的推测与判断。自我效能感是由美国著名心理学家、社会学习理论的创始人班杜拉（Bandura）最早提出来的。班杜拉认为，人们对自身能力的判断在其自我调节系统中起着至关重要的作用，并提出了自我效能感的概念②。自我效能感是影响自主学习的一个重要动机性因素，具体体现为以下几个方面。

（1）对学生选择学习任务有较大影响。学生在自由选择的情境中往往会倾向于选择那些自认为能够完成的学习任务，而回避那些自认为难以完成的任务。自我效能水平高的学生会选择适合自己能力水平且具有挑战性的学习目标，他们坚信只要坚持，就一定能达到目标。

---

① 罗俊，李树枝，侯丽梅. 基于高效课堂视角下的英语教学研究 [M]. 青岛：中国海洋大学出版社，2018：177.
② 罗俊，李树枝，侯丽梅. 基于高效课堂视角下的英语教学研究 [M]. 青岛：中国海洋大学出版社，2018：177.

(2) 对学生学习目标的设定有较大影响。自我效能感高的学生，他们习惯于为自己确定更高的学习目标，并愿意通过独立学习实现自己的预定目标，证实自己的学习能力。通过学习目标的设定，学生制定了学习活动想要达到的标准，为自主学习导航，也为自己监控学习过程和自己评价学习结果提供了重要依据。自主学习者可以根据标准为自己的学习做出合理的分析和判断，并对自己的学习进行适当的调节。

(3) 影响学生为某项学习任务所付出的努力、遇到问题时能够坚持的时间和面临复杂情境时的适应能力。学生的自我效能感越强，其在学习上就会越努力，坚持的时间就越长，适应能力也就越强。也就是说，自我效能感强的学生，对学习的自我调节能力一般都很强，有着很强的自信心，能够情绪饱满地进行学习，敢于面对各种困难并付出努力，从而保证自主学习健康有序地展开，顺利实现预期的目标。相反，自我效能水平低的学生，对学习的自我调节能力相对较弱，他们通常缺乏自信，畏惧学习，不愿意在学习上付出过多的努力，显然不会有好的学习效果。

(4) 对学生从事某项学习任务时所体验到的紧张和焦虑有一定影响。自我效能感高的学生，在从事学习任务时通常能保持冷静、沉着的态度，能够更多地关注学习中的问题，有利于学习成绩的提高。

(5) 对学生自主学习策略的运用产生影响。自我效能感较高的学生可以有效地监控自己的学习时间，运用更多的认知和元认知策略，面临困难时能持之以恒并会更努力，其自我评价也会进一步提高。

具有不同自我效能感的学生的学习特征有着明显的差异，学生的学习自我效能感对其学习成绩也会产生较大的影响。此外，学生的实际学习成绩的变化可以归因于自我效能感。由此可见，自我效能感对自主学习有着至关重要的影响。

教师在英语教学中应该着重培养学生的自我效能感。具体方法可以采用以下几个方面。

①成功体验。教师要让学生在语言学习过程中获得首次成功，并努力为每个学生创造成功的机会。不断的成功会增强学习者的成就感，从而逐步形成稳定有效的自我效能感。

②言语劝说。教师可以通过一些途径，如一课的前言，发挥言语劝说的作用，鼓励学生行为，这样学生的自我效能感就会不断提高。

③外部强化。学生在学习过程中，教师应及时给予有效的反馈，多给予表扬、鼓励等正面强化，以维护和增强学生的自我效能感。

④替代性经验。教师应让学生观察能力水平相当者的活动，从而对自己的能力做出间接的评估。替代性经验是一种间接经验，它使观察者相信，当自己处于类似的活动情景时，也能获得同样的成就水平。

4. 学习能力

学习者在英语学习的过程中，不仅要具有正确的学习态度和为他们的学习承担更多责任的意识，而且还要有自主学习的能力。许多学生虽然愿意为自己的英语学习负责，但是他们可能由于缺乏自主学习的能力而不能真正地实施自主学习。由此可见，学习能力是影响自主学习的又一重要因素。

一般而言，在学习英语的过程中，学习者应至少具备以下几个方面的能力。

(1) 制定学习目标并在必要的情况下调整学习目标的能力。

(2) 判断学习材料、学习活动是否符合学习目标的能力。
(3) 选择学习材料、学习内容的能力。
(4) 选择学习活动方式或自我设计学习活动方式并执行学习活动的能力。
(5) 与教师或同学进行协商的能力。
(6) 监控学习活动实施情况的能力。
(7) 调整态度、动机等情感因素的能力。
(8) 评估学习结果的能力。

不同学生的学习能力有很大的差异。个体之间不仅学习速度有差异，其对语言技能的掌握也不平衡。忽略学生学习能力的差异性，采取统一的教材、教法并以同样的要求对待学生的语言能力，会挫伤学生学习的积极性、主动性，会导致学生学习效率的低下。

5. 学习风格

学习风格是由美国著名学者赫伯特·泰伦（Herbert Thelen）于 1954 年首次提出的。一直以来，学习风格都是二语习得、教学心理学等学科共同关注和探讨的一个重要课题。尽管不同学者对学习风格的定义各不相同，但它们在本质上存在着某些共同点。

(1) 学习风格是在长期学习过程中逐渐形成的，是具有鲜明个性的行为。
(2) 学习风格的实质是学习者喜欢的或经常使用的学习策略、方式或倾向。
(3) 学习风格常常受到社会、家庭、学校教育方式的影响。

在实践中，不同的学生有着不同的学习风格，他们解决问题所采用的方法和策略也有所差异。有些学生属于冲动型，有些则属于思考型；有些学生属于视觉型，有些则属于听觉型；有些学生在其学习过程中必须伴有特别的动作，否则学习效果不佳，如在教室内来回走动、摆动手指；有些学生在学习新知识时习惯于朗读并反复练习直至掌握为止。总之，学生们的学习风格是千姿百态的，并且各个学习风格之间不是相互孤立存在的，而是存在着不同程度的联系。

如果允许学习者采用自己喜欢的方式去学习，便能促进其自主学习能力的发展。因此，教师应学会接纳各种不同的学习风格，而不应有所偏好，更不能褒扬某种学习风格而排斥其他学习风格。另外，当学生在对自己学习风格的特点有所了解之后，就能够有意识地选择适合自己的学习环境与学习方法，以便发挥自己的优势，克服自己的劣势，从而提高学习效果和学习效率，更好地进行自主学习。因此，在教学过程中，教师必须考虑学习风格这一因素，设法营造一个宽松的自主学习环境和氛围。

6. 学习策略

学习策略是影响学生自主学习因素中最为复杂的一个。通常学习策略是指学习者用来获取知识的具体技巧和手段。尽管学者们对学习策略的定义尚未实现统一，但他们在某些方面已达成共识：学习策略既包括学习者的外部行为，也包括学习者内在的心理活动；学习策略是灵活的、不断变化的，并且它能够通过学习实践获得。

在学生的学习中，学习策略对学生学习过程的理解和掌握是十分有利的，它可以减少习得者在学习中常出现的困惑和焦虑的情绪，使学生保持它们的学习热情和动力，或者改善学习态度，提高学习动力，最终促进自主学习的顺利开展。现代认知心理学一般将学习策略分为认知策略和元认知策略两种。

（1）认知策略

认知策略一般指个体对外部信息的加工的方法，是个体为了提高自己的认知操作水平而采用的各种程序和方法。它又可以进一步分为以下两种。

①一般性认知策略。一般性认知策略适合于任何学科的学习，如做笔记、复述、背诵、画重点、列提纲、做小结、画示意图。

②具体性认知策略。具体性认知策略适用于特定的学习内容，如猜测法适用于阅读理解，首字母法适用于记忆英语专有名词。学生在进行英语自主学习时，既需要一般性的认知策略，也需要具体的认知策略。

（2）元认知策略

在自主学习过程中，学生只知道认知策略是不够的，还要能够根据不同的学习任务选用最合适的策略，这就涉及元认知策略的问题。元认知策略关系到个体如何选择、应用和监控其所建构的认知策略，主要包括自我指导策略、自我监控策略、自我评价策略等。

既然自主学习同时受认知策略和元认知策略的影响，那么教师不仅要让学生掌握大量的认知策略，使学生明确认知策略使用的条件，激发学生运用策略的动机，还要训练学生对认知策略的实际运用，使他们清楚自己所使用的策略后，主动尝试其他策略，以便选择最适合的学习策略。

7. 性格

学习者的性格也是影响学生自主学习的非智力因素之一。这个领域主要研究的是外向性格、内向性格与外语学习的关系。事实上，大多数学习者的成绩都与他们的性格息息相关。但是，极端外向或内向型的人是极少数的，多数人处于二者之间。

从心理学角度上讲，性格分为外向型和内向型两种。人们普遍认为，外向型性格的学生由于练习外语的机会多，其学习成绩要优于内向型性格的学生。然而，事实并非如此。这是因为，不同性格的学生对处理不同的学习任务运用了不同的策略。性格外向的学习者健谈并善于反应，有利于其获得更多的输入和实践的机会，但他们往往不十分注重语言的形式；而性格内向的学生可能更善于利用其沉静的性格对有限的输入进行更加深入、细致的形式分析，特别在注重语言形式和语言规则教学的课堂教学环境下占有优势。

二、影响自主学习的外在因素

（一）教师

教师是影响学生英语自主学习的重要外在因素之一，在学生自主学习的培养中扮演着重要的角色。教师不仅要向学生传授语言知识、语言技能，还要教会学生如何进行自主学习。

教师的教学态度和理念、教学方法以及所使用的教材会不同程度地促进或制约学生自主学习能力的发展。但实际上，教师本身就是影响自主学习的一个重要因素。一般而言，教师在学生的学习过程中给予的指导、监督和启发越多，学生从中获得的经验就越多，也更能明确地意识、指导和调节自己的学习过程。另外，在现行的教育条件下，学生的自主学习作为一种活动过程，也不可能完全独立于教师的指导之外。换句话说，学生在进行自主学习时，还必须依赖教师来确定学习内容、获取学习策略、提供学习反馈，遇到自己不能解决的学习困难时,还需要教师的指导和帮助,从而促进自己的自主学习。

为了培养学生的自主学习意识,教师首先要具有培养学习者英语自主学习的意识。如果教师自身没有自主学习的意识,对自主学习不了解,那么他们在教学过程中就不可能为学生提供自主学习的空间。此外,教师要相信学生有能力为自己的学习负责,鼓励他们反思自己的英语学习,否则教师就不会给学生更多的学习自主权。

(二) 同伴

自主学习既是个体的行为又是社会的行为,它既不会发生在真空中,也不是完全独立的,同伴之间的协商、合作能够有效地促进个体的自主学习。庞维国在总结国内外相关研究成果的基础上提出,学生的自主学习至少在以下方面会受到同伴的影响。①

(1) 同伴的自主学习对学生的学习有着榜样示范的作用。在社会认知理论中,自主学习能力的发展过程是个体将外部学习技能内化为自己能力的过程,而这个过程要先后经历观察、模仿、自我控制、自我调节四个阶段。可见,对榜样的学习观察是个体自主学习能力的起源,因而同伴的榜样示范对学生的自主学习有着极为重要的作用。

(2) 学生对自身自主学习能力的评估受到同伴自主学习行为和学习成绩的影响。个体主要借助内部比较和社会性比较来评估自身的自主学习能力。所谓内部比较是指个体比较自己在一个学科领域的成绩与另一个学科领域的成绩,进而推断自己的学习能力;而外部比较就是个体拿自己的能力与同伴在该领域所取得的成绩进行比较。无论是男生还是女生,其自主学习能力知觉的产生都主要受社会性比较的影响。由此可见,个体在评估自己的自主学习能力时,主要以同伴的能力和成就为参照。

(3) 学生的学业求助受到同伴关系的影响。近年来研究者日益认识到学业求助对学生自主学习的积极作用。学业求助不仅是重要的社会互动过程,而且是重要的适应性自主学习策略。在日常学习中,同伴关系主要表现为吸引与排斥、合作与竞争。一般而言,在情感和谐、相互亲近、团结互助的同伴关系中,学生的竞争性较低,学生的自尊心能够受到很好的尊重和保护,学生之间的地位也相对比较平等,这样学业求助所付出的代价也较小,因而学生之间通常会有更多的学业求助,进而促进学生的自主学习能力的发展。

(三) 环境

1. 学习环境

学习环境因素对自主学习能力培养起到一定的影响作用。良好的学习环境和丰富的辅助资源是自主学习获得成功的一个重要条件,如适宜的学习场所、各种学习设施、丰富的图书资料以及易获得的学业帮助。

2. 社会环境

(1) 物质环境

物质环境是自主学习的基础。良好的物质环境有利于开展合作学习和自主学习。对大部分学习者而言,学校是学习的主要场所,是学习者接受教育、获取知识的地方。为了促进学生自主学习能力的发展,学校应尽可能地为学生提供自主学习的场所、资料等方面的

---

① 庞维国. 论学生的自主学习 [J]. 华东师范大学学报 (教育科学版), 2001, 19 (2): 78-83.

支持。例如，体育场所、机房、实验室等全天向学生开放，提供英语角的场所，为学生提供自主学习需要的图书资料、音像资料。

近年来，网络技术、多媒体技术在英语教学中的应用，使课堂上的师生交流更多地为人机对话所取代，使学生可以根据自己的实际情况和学习需要有针对性地选择学习内容、学习材料，自主安排学习时间、学习地点，自行安排学习计划，随时提出学习中的问题并能够得到及时的帮助和解答。可以说，现代教育技术的发展为教师自主教学和学生的自主学习提供了更多的机会。因此，学校应该有效利用多媒体和网络技术，为学生的自主学习提供物质条件。有条件的学校还可以建立固定的英语自主学习中心，为学生提供自主学习空间，营造良好的自主学习环境。

（2）文化环境

有的学者坚信，源于西方文化的自主学习模式与我国传统教育文化中的以教师为中心，强调教师的权威性相抵触。事实上，我国学习者和欧洲学习者的自主学习意识都较高，他们都希望自己是自主学习的主体。同时研究结果表明，不同文化背景下的学生的自主学习特征有着明显的不同。具体来讲，西方学习者喜欢采用的思维和行为方式经常是与他人不同的，他们独立、自信、果断，愿意提问，接受多元的结论，很大程度上能够自己确定学习方向和控制学习过程，还能选择适合自己的学习方法，评估自己的学习过程和结果，他们所具有的自主性是积极性的。而我国学习者更注重的是把所学内容进行复现，在学习过程中表现出更多的被动、顺从。他们通常不能自己确定目标，更倾向于在调整和规划自己的学习方法与学习进程时沿着已经设定好的学习方向和学习目标，他们的自主性是反应性的。因此，应切合我国特定的社会文化环境背景，充分利用有利于学习者自主的社会文化因素，排除那些干扰学习者自主的文化因素。

（3）人际关系

人际关系也是影响自主学习能力形成的重要因素。英语课堂中的人际关系主要有师生关系和同学关系。良好的师生关系和同学关系不仅可以降低学生学习中的焦虑感以及紧张情绪，使学生的学习变得愉悦，从而在一定程度上提高学生进行自主学习的积极性和主动性，而且可以营造良好的自主学习环境。当学生与教师之间的关系融洽、和谐时，学生的自我效能感就会更强，就越有可能去追求自己的学习目标，其自主学习的意识也就越强。

因此，英语教师在教学中要努力创造轻松、友好的课堂气氛，建立融洽的师生关系、同学关系，使学生们乐于参与课堂活动，积极参与合作学习，并最终获得自主学习能力。

第三节　高校英语自主学习教学策略研究

一、高校英语自主学习教学准备策略

教学是一种有目的、有计划的活动，在活动之前，教师需要进行必要的准备，在头脑中或书面做一个计划。足够的课前准备是有效教学的前提，学生一届届更换，知识一天天更新，即使教授同一门课程，教师仍然需要认真备课，以加强教学的针对性，可以减少教

师教学时的不确定感,找到一种方向感、自信心和安全感。教师也可以借此过程进行学习、收集和组织材料,安排时间和活动顺序;制订计划还可以直接运用于教学。

(一) 确立大学英语自主学习的教学目标

教师在活动之前如何进行计划,主要有两种不同的取向:一种是"整合计划"模式;另一种是"目标—手段详细计划"模式。这里采取第二种模式,其是一种技术性、策略性的取向,它把宽泛的目的一步步地分解为具体的目标,然后根据详细的目标选择、组织教学内容,选择合适的教学行为,教学组织形式,形成详细的教学计划,即教案。

大学英语教学是以英语语言知识与应用技能、学习策略和跨文化交际为主要内容,以外语教学理论为指导,并集多种教学模式和教学手段为一体的教学体系。大学英语的教学目标是培养学生英语综合应用能力,特别是听说能力,使学生在今后的工作和社会交往中能用英语有效地进行口头和书面的信息交流,同时增强其自主学习能力、提高综合文化素养,以适应我国经济发展和国际交流的需要。教学目标是教师进行教学活动的指南,教学目标与学生的学习目标应该是相同的,让学生对目标认同并真正理解,让学生积极参与目标的制定,发挥其主动性。

教育部颁布的《大学英语课程教学要求》将大学阶段的英语教学要求分为三个层次,即一般要求、较高要求和更高要求。这三个不同层次的要求是我国所有高等院校非英语专业本科生经过大学阶段的英语学习与实践应当达到的英语水平标准,其中一般要求是每个大学毕业生必须达到的目标。

(二) 大学英语教学中教学材料的加工

无论是自己编制所教课程内容的教师,还是根据已经规定好的内容进行教学的教师,根据教学的意图或目标对可得到的材料进行编制、研究和分析都是进行准备工作中不可少的环节。教学材料是指教学内容的各种形式的载体,教材是实现课程标准和确定教学目标的重要保证。为了打好语言基础,培养语言应用能力,提高文化素养,教材应为课堂教学提供最佳的语言样本和有系统性、有针对性的语言实践活动的材料。教师要充分利用教材所提供的语言材料组织好课堂教学和指导学生课外自学。

根据高校学生的层次及相关大学英语教材的难易程度,我们在教育部推荐的四种教材中选择两种作为主体教材,即高教出版社的《体验英语学生学习系统》和外语教学与研究出版社的《新视野英语》及教学软件(网络版)。《体验英语学生学习系统》和《新视野英语》都是国家级规划教材,其难易程度和实用性特点适合高校学生的实际。这两套教材充分体现了立体化教材的优势,人机互动练习以听说为主,强调自主学习,注重培养表达能力等,这些与《大学英语课程教学要求》是相适应的。其充分尊重语言教学规律,体现新的《大学英语课程教学要求》,突出趣味性、实用性。

此外,高校外语教学部的教师可以采取集体备课的形式,教师结合教学大纲及教学计划对所教科目知识的性质及所面对的学生的需要、兴趣、能力水平和学习与思维习惯的特征进行深入的了解。在此基础上,高校集众人的智慧共同编制开发补充教学的相关课件和辅助教材,根据教学对象的实际特征选择和组织相关教学内容,以便教学材料更好地适合教学情景。教师可以结合信息技术手段在课堂上以声、像、图文等多种形式为学生提供教学内容,这是对教科书更好的辅助和补充。其外观、版式设计色彩鲜明,内容贴近现代生活,围绕学生这个主体向外扩展,让学生在学完一个单元后懂得自己能做什么,到相同的情境该怎么去听与说,在不知不觉中提高听说技能,消除可能产生的心理问题和听说障碍。相比之下,传统教材却很容易给学生以较为呆板的印象:一幅图、一段材料、一个生词表、几道练习,色彩单一,排版单调,学生不感兴趣,对英语学习的兴趣就会降低。教学课件与教材有机地结合,为我们展示生活中方方面面的知识,提供诸多与学生身边现实生活有关的话题,可以促进学生对语言知识的运用能力。

(三) 教学行为的选择

根据教学目标或教学意图,教师对教材进行选择与确定等处理后,还必须考虑选择什么样的行为才是适当的。

选择教学行为的依据:

(1) 教学目标或教学意图。每节课都要针对认知领域、情感领域和动作技能领域,有一定的目标或教学意图,采取何种教学行为要与教学领域及要达到的学习水平联系起来考虑。在促进大学英语自主学习教学中,主要着眼于学生的自主性,教师以指导的形式为学生提供学习情境,创造学习条件,让学生主动参与教学活动,促进英语综合能力运用。

(2) 认真研究学生。学生是学习的主体,教学的有效开展依赖于学生的参与。所选择的教学行为要与学生的认知水平、经验水平学习风格相符合,当某一方式适合学生的能力、需要和兴趣时,他们会感到非常自如,并且学习效果最好。大学生的认知发展已经具有丰富而完备的学习策略,大学生的自我已成为其发展的主体和主要执行者与监控者,在学习方法上对自主性要求较高,在选择的教学行为时都应有所考虑。

(3) 在进行教学行为选择时,还应该把环境因素考虑在内。诸如可用的空间及各种信息技术手段等。

(四) 教学组织形式的设计

教学组织形式是指教学活动中教师与学生为实现教学目标所采用的社会结合方式。它与教学行为紧密相连,需要同时考虑。课堂教学组织形式基本分为三种:一种是全班组织形式,通常称班级授课制;一种是分组组织形式;一种是个别组织形式。教学组织形式可采用不同教学组织形式相结合的方式,如根据内蒙古师范大学实际教学情况,现在采取了下列教学组织策略。

1. 分层教学

按照《大学英语课程教学要求》,大学阶段的英语教学要求的三个层次,课堂教学面临改革的首要任务,就是以学生客观存在的差异为前提,设计不同层次的教学内容,改革教学模式,使每个学生在最适合自己的学习环境中求得最佳的发展。在实际教学中,教师既要照顾起点较低的学生,又要给基础较好的学生有发展的空间;教师要能使学生打下扎实的语言基础,又要培养他们较强的实际应用能力;教师既要保证学生在整个大学期间的英语语言水平稳步提高,又要有利于学生个别化的学习,以满足他们各自不同的专业发展需要。

针对学生英语基础差距较大的情况,在信息环境下,高校开展大学英语自主学习教学时，教师可以从新生开始实行"分级教学"，即学生入学后参加英语分级测试，根据测试总成绩和其中的听力部分成绩以及入学高考成绩进行分班教学。将学生分为一级、二级和预备二级三个级别，即 Level1、Level2、Pre-level2（以下简称 L1、L2、prel2）。其中 L1 针对英语基础一般的学生，L2 针对英语基础良好的学生，prel2 针对英语基础差的学生。每班人数定在 50 人左右。如果每级学生人数不足一个班，可以跨院系编班，打破传统大学英语教学中以院系组班的限制。各个级别有不同的教学对象和教学目标，计划四学期内，L1 学生应完成大学基础英语一、二、三、四级的学习；L2 学生应完成大学基础英语二、三、四级的学习和两门英语限选课的学习，两门英语限选课均在第四学期进行，英语限选课将根据教育部的《大学英语课程教学要求（试行）》中对学生的较高要求，并结合高校专业特色及实际情况来开设，如大学英语五、六级，英美概况，英语中、高级口语、阅读和写作等。学生完成大学英语四级的学习后才能进行英语限选课的学习；prel2 学生应完成大学预备级英语一、二、三、四级的学习。切实贯彻因材施教，促使有能力的学生向更高要求前进。学生分级后采用滚动管理，定期调整，即"滚动制"，对于 L1 和 L2 中学习突出、拔尖的学生，在完成规定的网上学习课程内容后，他们可申请提前参加该级别考试。口试、笔试成绩应达到本级别优秀，可提前进入上一级的学习。每一学期进行一次调整，期末考试后，成绩优秀的学生可选择跳级，成绩太差的学生则须降级。每一学期进行一次微调，每一学年进行一次大调。

2. 大学英语自主学习课程类型设置

建立大学英语基础综合类课程和全校大学英语选修课程的课程体系，该课程体系不仅包括传统的面授课程，更注重开发基于信息技术环境的大学英语课程，将综合英语类、语言技能类、语言应用类、语言文化类和专业英语类等必修课程和选修课程有机地结合，形成完整的大学英语课程体系，以确保不同层次的学生在英语应用能力方面得到充分的训练和提高。

促进大学英语自主学习教学中，学生周学时数保持在 7 个学时，采取课堂面授和自主学习相结合的方式进行教学。课堂面授教学由 2 种课型构成，即读写译课和听说兼辅导课。其中读、写、译的大课堂采取班级授课，可以使教师同时为许多学生授课，每周安排 2 学时，以教师指出教学难点、重点，并串讲课文等方式，帮助学生掌握基础知识，透彻理解每篇文章的文化内涵，从而提高英语阅读、写作和英汉互译的能力；听说兼辅导课采取小组组织形式，根据不同层次每个班分为 3 组，每组 12 人左右，每周每组学生安排一次面授辅导。这种方式适合学生个别化学习，可以增强小组成员互相激励与合作学习，以师生、生生交流，教师指导的方式，对每单元课文和网上学习内容开展主题讨论或合作活动，重点培养和提高学生口语表达能力；同时对学生课下网上学习的进度和程度进行督促检查，随时掌握学生网上的自学效果，答疑解难，个别指导，并根据学生的学习效果决定学生是否可以继续学习。此外，学校建立自主学习中心配置语音输入输出系统，为学生提供上机进行听说、作业的训练，为学生创造自主学习环境。这种形式允许学生有比前两种组织形式更灵活的学习进度和时间安排。

（五）教案的形成

教案是为课堂教学而准备的书面计划。它本身涉及的问题很多，不仅包括以上所介绍的各个方面,还包括教案的一般规范问题以及对教学困难的预测,需要教师结合实际教学内容和对象,进行科学的设计。

二、高校英语自主学习教学实施策略

(一) 英语听力与阅读教学策略

听力是听者积极主动地接收目标语言,理解、筛选有用信息并存入长时记忆,逐步扩大听觉渠道的一个过程。

在心理语言学的研究中,阅读是一个信息加工的心理过程,读者利用视觉信息自下而上对文章的字、词、句进行解码,逐步理解整个语篇的意思;读者也可利用已有的背景知识,自上而下地预测内容。在阅读过程中二者常交替综合使用。听力与阅读材料是一定社会和文化的产物,需要一定的文化与社会背景来真正全面理解内容。信息环境下大学英语教学就是利用以多媒体计算机为核心的信息技术和资源所构建的大学英语教学活动,传授基于信息技术的大学英语听读的基本知识、基本技能、培养学生利用信息技术获取必要的外语听读的能力,使学生从中感悟计算机文化的丰富内涵,扩大学生的文化视野和言语信息的输入或输出。信息技术的发展为多媒体辅助大学英语阅读教学提供了良好的条件。同传统印刷文本的阅读教学相比,多媒体可以将文本和声音、图像等其他媒体结合,形成一种综合信息,增加学生阅读的兴趣。由于多媒体带有内置帮助手段,如在线词典、在线词汇表、句子解释、电脑发音等功能,学生更容易理解阅读的材料。另外,多媒体辅助大学英语阅读教学的另一个优势就是它的"可改变性"。学生可以直接在电脑上对电子文本进行修改、复制、重组,使阅读活动不再是单向的交流,而是一种文本与读者之间的互动、对话。这种双向的交流,更容易实现学生的自主学习。

基于阅读和听力二者都涉及接收、处理信息的过程及社会文化背景对理解力的影响,我们认为对这两项技能进行训练时,以下三种策略比较重要。

1. 建立、扩展图示策略

建立、扩展图示策略指在听力、阅读教学过程中要训练学生形成与听、读材料有关的背景知识,增强对篇章的联想、制约和理解。教师要提供机会以唤起学生已有的背景知识,同时还要拓宽与信息相关的背景知识。该策略主要使用于听力、阅读课教学的引入阶段。

在教学过程中对不同文化、不同价值观和不同道德标准之间进行对比,利用信息技术的视频、音频、动画效果或实物、图片等建立图式,帮助学生理解听读材料,或为学生提供相关背景知识材料。如在听、读之前,组织一些以提高背景知识为主的课堂活动。学生对听读材料的背景知识知道得越多,理解的程度就越深。背景知识对于英语语言水平较差的学生来说尤为重要。这些学生由于低层次处理技能即语言符号识别和句法结构认知能力欠佳,导致他们常逐词逐句阅读且断断续续,而启动和建立背景知识属高层次处理技能,如借助于丰富的背景知识,就可以弥补这些不足。信息技术为我们在教学过程中生动地展现或导入背景知识提供了便利。

2. 训练学生听、读技巧,授人以渔策略

训练学生听、读技巧,授人以渔策略是指教师在听力与阅读教学过程中要训练学生,使其掌握运用高效听、读技巧，提高听读理解能力。该策略在听读教学中以完成任务方式进行。大学英语教学中该策略通常训练以下几种技巧：（1）猜测技巧，指听读者根据已有的背景知识或图式的建立，高效地预测所要听读内容的技巧。（2）寻读特定信息，这一技巧使人们能很快获得某一条或几条特定信息。（3）略读大意，指无特殊目的，只需了解材料大意和中心思想。（4）识别功能、话语结构技巧，指学生通过识别特殊符号，进行有选择地听、读，提高听读效率的技巧。（5）根据上下文猜测的技巧，指学生对阅读过程中所出现的生词和较难的句子能通过上下文猜测其意思的技巧。

3. 丰富语言输入策略

语言课堂教学活动可分为两大类，即为学生提供语言输入类和鼓励学生运用语言类。语言输入靠听和读，语言输出靠说和写。输入输出关系密切，相互促进。通过听和读，输入的语言材料和语言知识越丰富，越有利于输出的准确、流利和多样化。教师要广泛收集、选择适合学生程度且不局限于教材的，语言地道准确的多种听读材料，为学生提供尽量多接触真实语言的机会，通过大量的听、读活动训练学生的听读技巧。在教学过程中，教师可以充分利用信息技术手段，采用英语小故事、幽默、笑话，听英文歌曲，或用英语报告重大新闻等方法来训练学生的听读能力。

（二）英语口语和写作能力教学策略

口语和写作是基本的语言表达形式。语言教学的中心任务是培养学生通过听、读获得信息，以说、写表情达意、交流信息。学生开口说英语的最大困难是心理障碍，如害羞、怕出错、缺乏自信心等。克服心理障碍的有效方法就是创造轻松、愉快的课堂气氛，鼓励学生大胆开口。

1. 教学过程交际化策略

教学过程交际化策略是指教师有针对性地训练学生说、写能力时，其教学过程应强调交际训练的成分，让学生进行真实的信息交流。教师可以提供背景，学生进行模拟交际，让学生自由思维、自由创造，在给定的背景下自由表达，从想说到想说好。如借助信息技术在线聊天和电子笔友等功能，为学生创造一个真实的说、写语言运用环境。在与英语国家的学生笔友通信往来时，学生听、读到的是地道的英语，还有对方独特的思想观点。与英语国家学生通信本身也是种跨国文化交流，使学生直接接触异国文化，这必然有助于学生英语语感的形成和跨民族文化意识的培养。电子邮件写作具有灵活性和高速性的特点，提供适时远程交互。Word 文档的拼写和语法检查功能可以帮助学生检查写作错误。电脑词典提供词义参考和查询，便于文章的修饰和修改，且操作方便快捷。总之，利用电子笔友进行英语写作教学可以为学生提供真实的英语交际语境，提供体验英语和使用英语的机会，可以大大提高学生的写作积极性。

2. 巧妙处理语言错误策略

巧妙处理语言错误策略指教师应树立正确的语言错误观，正确看待学生表达中出现的错误，在不同阶段、针对不同学生、按错误的程度区别对待语言错误，引导和帮助学生改错。教师要及时引导学生看到自己的进步，加以鼓励。许多研究表明，害怕错误的学生常在口语练习中保持沉默，或在写作中机械照抄课文原句，教师在纠错的过程中，要帮助学生树立自信心。

3. 练习方式活动化策略

练习方式活动化策略，指教师有目的地设计语言表达练习活动，为学生运用语言提供足够的机会，而不仅仅是单纯的语言形式机械重复。可通过开展英语游戏、演出，举办演讲、竞赛等活动，使学生运用课堂以外的信息、经验和知识，不知不觉中运用学过的语言。

(三) 英语词汇语法教学策略

词汇语法在英语中起着重要的作用它们在语言课堂教学中不仅有用，而且对加快学习过程至关重要，是帮助学习者达到较高外语水平的重要途径。词汇语法教学以提高学生的外语交际能力为目标，教学重点放在如何使学生在特定的语言环境中，为实现交际功能正确而又得体地运用这些语言形式。

1. 完整步骤化教学策略

完整步骤化教学策略指教师在进行语言形式教学过程中，应策划一系列完整、有步骤的教学活动。学生通过这些步骤掌握语言知识，最终达到运用语言形式进行交际的目的。运用该策略，教师应引导学生走过一个从不知到知之，直到用之的过程，简称 PPP 过程，即 presentation（呈现）、practice（练习）、production（运用）。

2. 训练有效记忆策略

训练有效记忆策略指教师在进行词汇教学时应有意识、有目的地训练学生运用有效的记忆方式和技巧，提高记忆效率。这类训练在学生已掌握部分词汇基础上，有助于进行词汇扩展或加深记忆。

3. 整理归类、区别对待策略

整理归类、区别对待策略针对词汇教学来讲是指教师要区分主动性词汇和被动性词汇，应采取不同的教学手段，提出不同的教学要求。教师应引导学生对词汇适当进行分类，按同类的转化、派生，及一词多义、一义多词、近义词、反义词等帮助学生整理词汇，达到巩固的目的。在词汇较多或复习阶段，运用该策略可以帮助学生在大脑建立词汇间相互多重联系以巩固和加深记忆。

4. 比较概括策略

比较概括策略针对语法教学来讲是指教师要适时对所出现的语法现象进行对比、分析、归纳、总结，加强对语法现象的理解与掌握。借助信息技术可用图表、故事等方法对语法进行总结。

三、高校英语自主学习教学评价策略

教学评价是指教师通过收集教学过程中的信息，进行判断和决策反馈和调控的过程。在全面推行素质教育的今天，对学生学习的评价意味着具有多种功能的综合性的评价。要根据教学大纲的教学目标和不同阶段的教学内容，结合学生的实际，通过教师和学生的通力合作，对学生的情感、态度、能力和学习策略在学习中的发展和改进予以评价。全面、客观、科学和准确的多元测评体系对于实现教学目标至关重要。学生是学习过程中的主体，利用信息技术的主要目的是向学生提供学习的途径、资源和方法进行自主学习，使之获得知识与技能最终使其得到发展。评价不是为了选拔和甄别，而是如何发挥评价的激励作用，关注学生成长与进步的状况，以此来促进学生的全面发展。在新的课程标准中强调培养目标和评价内容的多样性，提出知识与技能、过程与方法、情感态度与价值观等各个方面都是评价的内容，并应受到同等的重视。它要求做到知识与技能、过程与方法、情感态度与价值观三个方面的整合。

教学评价是双向的，随着评价理论的发展，越来越多的吸收被评价者参与。自主学习是充分发挥学习者主观能动性的学习，其学习评价的主体将不再局限于教师，学生将积极参与学习评价。学生的积极参与是进行评价得以顺利进行的保证，信息环境下促进大学英语自主学习的教学，采用的是过程性测评和终结性测评相结合的评价策略。

（一）过程性评价

过程性测评又称形成性评价，是在教学过程中进行的评价，是为引导教学过程正确前进而对学生学习结果和教师教学效果采取的评价。该评价的目的不是选拔优秀学生，而是为了发现每个学生的潜质，强化改进学习，并为教师提供反馈。可以采用学生自我测评、学生相互测评及教师对学生的评价方式。

（1）学生自我测评，在教师的辅助下学生自我测评，组织学生填写《学生英语能力自评/互评表》，对自己英语听、说、读、写等几个方面的能力，已经达到何种程度，目标期望如何，客观进行评价。以便学生自身调整学习策略、改进学习方法、提高学习效率。

（2）学生相互测评，在《学生英语能力自评/互评表》中"同学评"栏中请同学之间对英语能力做出评价；站在其他同学角度，对一位同学的英语听、说、读、写等几个方面的能力进行评价，克服学生自我评价的主观性。

（3）教师对学生的评价，教师根据学生学习过程的实际表现，对学生进行评价。教师可以参考学生平时作业、出勤情况、学习态度以及监控学生的网上自学学时和自主学习记录，随时对学生的自学过程进行观察、监督和评估，促进学生有效的学习。

（二）终结性评价

终结性评价又称总结性评价，指在教学活动完成一个阶段（一学期、一年或一门学科学习结束）之后，对其结果进行的评价。其主要目的在于检查、总结教学目标的达标情况，评定学生的学业成绩，评定教学方案的有效性。高校采用终结性测评进行期末课程考试，对学生的学习结果进行判断，测定或诊断学生是否达到教学目标及达到的程度，是以终结性评估为目的，以评价学生综合应用英语的能力为主导。高校大学外语部正在建立测试题库，减少选择性作答题的数量和权重，增加直接测量英语应用能力题型的数量和权重，以提高总结性测评的信度与效度，准确评定学生的学业成绩。

第四节 高校英语自主学习教学模式的构建

一、构建高校英语自主学习教学模式的流程

（一）操作前的准备

教师的准备工作：以学生为中心的自主学习过程需要教师做好前期工作，其中最为重要的是要清楚知道学生的情况，包括学生的现有知识水平、清楚学生学习的需求以及制订相应的教学计划。这三个条件对自主学习下的英语教学准备是十分重要的。教学准备不仅涉及教师本身的专业能力，更对教师课堂教学成功起到了至关重要的作用。

学生的准备工作：学生需要在课前做好功课的预习工作，提前了解这一节课的主要内容，找好与这一节课内容相关的材料，尝试用英语自己读一遍，做好相关的笔记，以便上课时同学之间的讨论能更加顺利地进行，教师的讲解能更容易理解。

教材的准备：作为课堂教学的物质条件，多媒体课件的准备也作为一种教材形式是不可或缺的。当然，教师要首先熟悉教材的内容，做出适当的情境创设；其次，教师要找出适合这堂课的课外阅读材料，增强学习内容的实用性。

（二）操作中的准备

高校英语自主学习的教学模式在教学中要达到目标，可以分为以下几个步骤：

第一，教师创设情境，布置任务阶段。

普通的导入环节并不能满足自主学习的内在需求，导入需要教师别出心裁地设计，教师要找准切入点，创设让学生感兴趣的情境，才能使得学生感兴趣。在充分了解学生能力水平后，提出问题让学生自行准备，创设出的情境才能为学生做好下一阶段的铺垫。

第二，学生主动要学阶段。

受到教师的启发诱导，学生在产生浓厚兴趣后，可以自发的主动想要满足内心对知识的需求，遇到不懂的单词句型，学生会主动去翻阅字典，想要彻底明白这个课文究竟讲了什么内容，进而才能在此基础上自己去搜索相关的文献材料，争取在课堂讨论中有话可说。

第三，学生有独立能力自主学习阶段。

有能力自主学习是课堂之中开始接触知识核心的一部分，学生终于不再徘徊在生词阶段，可以自主学习教师交代的任务。这是自主学习教学模式的一个重要探索，也是自主学习的关键所在。不同层次的学生都有能力在这一阶段学习到不同层次的知识，体验到学习的乐趣。

第四，学生自主要求学习的阶段。

这个阶段学生完成了教师布置的任务，无形中增强了自信心，为真正意义上的"独立"打下了基础。这一阶段，学生通过自主学习、思考、主动通过各种方式去搜寻答案，

进入了展示成果的阶段。在讨论的过程中，每个学生根据自己的理解与同学们进行探讨，更在探讨中相互交换所学的知识，达到了自主要求学习的功效。

（三）操作后取得的成效和问题

1. 取得的成效

（1）学生自主性增强

学生的自主性在整个学习过程中明显增强，不仅包括自我约束，也包括在学习上的自我促进。学生的内在学习动机使得他们不甘落于人后，他们在上网打游戏的时候，看到了别的同学仍在自主学习，这就使得他们不敢懈怠，最后形成了良好的学习氛围。

（2）师生互动增进感情

教学过程中，师生关系对教学成效的影响十分大。时常听说哪位学生不喜欢哪位教师，那么他的这门功课就会很糟糕。这也与高校里师生关系的疏离有着密不可分的关系。对于成年人的大学生来说，他们不需要像中学时期一样事事束缚他们的教师，但是反之，他们也不希望像没人管的孩子一样得不到关注。在自主学习教学模式的建构下，学生就不懂的问题请教于教师，教师也愿意看到学生积极学习、配合他教学的学生，课堂活动开展起来也变得更顺利。

2. 存在的问题

（1）如何保持学生长久的积极性

学生一开始总是很乐意也很积极配合教师采用新的教学模式，但是久而久之，新鲜感没有了，尤其在遇到一些不感兴趣的课文和材料时候，学生会感到厌倦疲惫。因此，如何保持学生长久的积极性是个急待解决的问题。

（2）学生不配合预习，拖慢教学节奏

同样，在某些学生不配合教师教学时，教师需要花费大量的时间去讲解原本需要学生在预习阶段完成的知识点，原本安排好的教学计划就会被打乱，教学质量大打折扣，课时耗费过多，给实验造成不好的影响。

总的来说，自主学习的本质就是要求能够体现主体自由的一个过程，所谓的"主体自由"也就需要为学生营造宽松、自在的学习活动氛围，为主动要求去学习打下基础。

二、构建高校英语自主学习教学模式的具体策略

（一）改变教育者和学习者自主学习理念

当今社会正处在高速发展的信息时代，互联网资讯已经对整个教育的体系产生了不可忽视的影响。因此，必须首先改变教育者和学习者自主学习的观念。

1. 学校树立终身学习的教育理念

学校的管理层作为一个学校的领头羊，应该不断接收和接纳新的信息、新的理念，并不断更新、不断创造。这个世界永远不变的就是变，思则变、变则通，永远将最新最实际的教育理念运用在包括教学工作在内的学校所有工作中，一切工作以教学工作为核心，教学工作以学生为核心。

2. 教师改变教学理念

教师应改变自身观念，在教学活动中，教师应向学生传授学习知识的方法。"授人以鱼不如授人以渔"，此外"教"的最终目的是"不教"。尤其在这个互联网高度发达的信息时代，学生可以通过多种途径来获取知识。但是如何有效地、准确高效地去学习，才是信息时代下教师应该要做的。教师需转变传统观念，去引导学生学习而不是灌输知识，去培养学生的自主学习能力而不是一味追求成绩和考试通过率。每一个学生的学习情况不同，这就要求教师针对每一个人来制订学习计划和选择学习方法，这对教师来说也是一个挑战。

3. 学生改变自主学习理念

学生在以往的学习经历中，一直是处于被动接受的地位，久而久之，他们失去了主动学习的积极性和观念。而大学阶段的学习更多地需要自主和自律，教师教授的知识有限，更多的知识和资讯需要自己去寻找、去发现、去学习、去研究，把自己放在学习的主体的位置上，不能过多地依赖教师。在这个阶段，教师仅仅只是扮演引导者和协助者的身份。学生改变自主学习的观念，并在教师的指导下选择适合自己的学习方法，才能真正地将学习变成一种好的习惯。

（二）加强学生在英语学习过程中的协作学习

在英语自主学习中，自主学习并不意味着一个人的独自学习，相反，互动、协商、协作和小组学习能更好地达到自主学习的效果。协作学习就是一种通过小组或团队的形式组织学生进行学习的一种策略。小组里每一个成员将其在学习过程中探索和发现的知识和信息和小组成员共享，影响其他成员并达成一致，甚至可以影响到整个班级的学生。在教学过程中，教师只需给每个小组制定共同的目标，然后把主动权交给学生。在一定的奖励或刺激条件下，每个小组都会为达成共同的目标而互相合作、互相学习、取长补短。比如可以创设学生之间或小组之间的竞争、辩论、合作、解决问题和角色扮演等情境，在网络平台提供的远程交换环境下，利用任务驱动式学习，如完成课文背景或相关文化背景情况的调查，相互评价自学学习的结果，使同一小组内的各个成员或者是各个小组针对同一个问题的不同方面进行探索，协作交流，共同解决问题，最终完成任务，达到自学学习的目标。

"会学""想学"和"能学"是自主学习的培养目标，"会学"建立在学生掌握相应的学习方法的基础上，"想学"建立在学生具体内在学习动力的基础上，"能学"建立在学生自我意识发展的基础上。然而，课堂的学习时间不是无限的，而网络可以提供给学生一个"开放式"的课堂，最终使学生不断提高自主学习的能力。学生和学生、老师之间可以通过多种方式进行交流，如 QQ、微信等。学生也可以在学习网站里自主学习，查看各种对自己有用的信息，如 CAI 课件和直播课堂，学生借助 QQ、BBS 等软件用英语在网上聊天，这种语言交流使学生的学习兴趣得到触发，使他们英语语言交流的欲望得以增强。在课堂中不是所有人都能开口说英语，这就可以弥补其缺陷，使学生学习英语的效率得到提高。学生有效地进行自我监督和评价是学生英语自主学习能力形成的重要条件，因为大部分学生都很懒惰，教师应该从学生的实际出发，在学生自己构建学习目标时起到辅助作用，学生应该设计好自己的英语学习路线，对自己的进步进行随时的检查，逐渐养成自主学习、自立学习的好习惯。

(三) 发挥教师专业化培训的引导作用

自主学习也不是放任不管、任其发展。教师在学生英语自主学习的过程中起到很重要的组织和引导作用。首先,最重要的就是教学目标,这是大方向。其次就是有效的、按部就班的指导,指导学生如何学习,往哪个方向去努力。同时教师还要帮助学生提高发现问题、分析问题和解决问题的能力、团队协作和沟通交流的能力等。

新课程改革用其不可比拟的发展性和创新性重新激起了大学教育从业者的热情,英语教师将要与探究、自主、合作的课程文化和崭新的教学直面碰撞。在科技创新、教育思维活泛的当代,教师自身专业技能的强化,既可以说是从根本上保证了教学的质量,也从内部支持着教育事业的发展,让学校能够长久的发展,还能把学生的潜在能力挖掘出来。目前我国大学英语教师还没有很好的专业化发展。

1. 树立教师自主发展的理念

从整个国家环境来说,20世纪中期逐渐兴盛的教师专业化运动从本质上来讲就是一场以提高教师生活品质的运动。联合国教科文组织在1966年公布了《关于教师地位的建议》,其中提到应该把教师看作是一种专业。直到今天,世界各个国家仍然在继续探讨教师专业化这个问题,并且进一步扩大了教师发展的范围和空间。从这一系列情况反映出,教师的成长已经成熟到了实现内在转变的变化。以前教师只是实现教育目的或者教育规划的单纯执行者,所以一直用一种外在培养的方式来促进教师发展,直接把需要在教育教学中运用到的技能、理论、知识填充到教师思维当中,然后就让教师照本宣科地去施行。但就事实而言,这种粗暴的教师养成计划,并没有让那些培训者看到他们的预期效果。假如教师没有从内心热爱教育工作并投入激情去参与,所有的教育方式培训与改革都是形式化,终将不会成功。所以说,从21世纪初期开始,世界各国教师发展非常关注教师自身的发展和体验,这是一种颠覆性的转变,这就表明教师不再是单纯的社会需求,更实现自身价值的方式。这就表示教师工作不再是他们单纯的谋生手段,而转变成了他们的一种生活方式。坚持持续发展是教师自我发展的一种仪式,贯穿于每个教师一生,每个人除开天生技能之外,另外的技能都是靠学习来维持并生活下去的。所以,持续不断地学习是教师必须做到的,然后教师才能够获取其他的生存能力,如专业能力、知识技巧等,这就表示教师自我发展要得到保证,终生求学是必然之路。通过在职教育来学习教师发展理论,了解教师自主进修的详细内容,能够在思想上形成一个基础认知,进而与自身的行为进行对比,只有从根本上认同自主发展,强化自主发展意识,养成主动观念,充分发挥主观能动性,才能够让其成为教师专业发展的内部持续动力。

2. 自觉反思,做反思性实践者

教师专业化发展受到众多因素牵制,其中自我发展意识与教学反思能力至关重要。美国学者波斯纳(Posner)提到过一个关于教师的成长公式,即反思与经验共同促进教师成长。自我反思就是要求教师把自己的教学活动当作研究对象、坚持不放弃、自觉主动地去分析和思考自己的教学实践环节和教育教学理念,以此来发现存在的问题,并不间断地去改进。(1)要学会在实践中反思。(2)反思性实验教学就是反思性教学。

（四）提升英语自主学习环境

大学生创业创新目前很流行，在这样的外部环境下，将创业创新教育融入英语自主学习模式中来培养大学生的英语自主学习能力。可以开展情境化的英语学习体验，让大学生通过在这样的语言实践活动中进行沟通、互动、合作，进行英语的输出，发挥大学生的创造性，激发自主学习的动机。学习与实践相结合的自主学习英语模式能够很好地提高学生自主学习英语的能力。

网络、通信技术的迅速发展也大大地促进了传统英语教学方法的改善。英语在网络环境和多媒体技术中有了较好的学习和交流平台。学生可以最大限度地提高其自主学习能力。教师将网络技术视作英语教学模式的支点，利用现代信息技术的超文本性、互联性和互动性等极大地弥补了传统大学英语教学的不足。使学习英语变得更加轻松和愉快，不再是以往的枯燥无味。在计算机网络多媒体技术的支持下，充分利用网络社交的功能，可以使以学生为主体的学习氛围得到很好的体现，使学生自主学习的能力得以培养和提高。所以，面对现代网络多媒体环境，教师要将其优势和功能最大限度地发挥出来。

第九章 基于"产出导向法"的高校英语教学方法研究

众所周知,英语是我国高等教育中必备的基础课程,英语教学的目的是要培养学生的英语运用能力。高校英语教学是双向、动态的交流,学生应该有充分的输入与输出的机会。与传统的被动教学方式不同,"产出导向法"作为我国高校在教学新环境下探索引进的新型英语教学模式,以教学理念、教学假设和以教师为中介的教学流程构成了"产出导向法"的核心体系。此种教学模式改善了目前英语教学中经常出现的"费时低效"的现状,很好地平衡了在高校英语课堂中输入与输出的关系,达到了提高课堂教学效果,使学生语言能力达到均衡发展的目的。本章主要从"产出导向法"的基础知识入手,分析了"产出导向法"在高校英语课堂教学中的指导性作用,阐述了"产出导向法"在高校英语教学中的实施难点与实践策略,同时还论述了"产出导向法"在高校英语教学中的具体应用。

第一节 "产出导向法"解读

一、"产出导向法"的概念

"产出导向法"(Production-oriented Approach,POA)这一创新型方法,是在英语专业技能课程改革过程中,由文秋芳教授提出的教学理论。经过多年的发展,"产出导向法"由"输出驱动假设"发展到"输出驱动—输入促成假设",最终发展到"产出导向法"这一体系。整个过程凝结着国内、国外教育研究者的心血,其中包含着理论的不断创新发展,以及对该理论的实践成果。对"产出导向法"这一方法贡献最大的是文秋芳教授。"产出导向法"提出后,在英语教学方法本土化的过程中,很多教育专家在运用该方法时对其不断地丰富发展。[①]

"产出导向法"主要基于"学习中心说""学用一体说""全人教育说"三个教学理念。这三个教学理念指导着教学假设和教学流程。教学假设主要包括"输出驱动假设""输入促成假设"以及"选择性学习假设"。这三个教学假设也为"产出导向法"的教学流程提供了理论依据。"产出导向法"的教学流程共由三个教学环节——驱动环节、促成

---

① 刘小杏,黄小芳.基于"产出导向法"的大学英语教学改革与实验研究[J].河北软件职业技术学院学报,2017(1):34-38.

环节、评价环节构成。教学流程也在实践中体现着"产出导向法"的教学理念和教学假设。以致更多学者对"产出导向法"有了更深刻、更清晰的了解。在清晰地了解"产出导向法"后，能够准确地应用在英语教学的各个领域，提高英语的教学效果。

二、"产出导向法"的教学理念

（一）学生中心说

"产出导向法"所提倡的"学习中心说"是主张课堂教学的一切活动都要服务于有效学习的发生，挑战的是目前国内外流行的"以学生为中心"的理念。[①]

学生中心说主张学生在教学中居于主导地位、起决定作用。这一理论的出现向长期占据主导地位的教师中心说发起挑战。学生中心说的提出要求教师根据学生的具体需求与实际情况安排教学活动，而不是一味地按照书本内容"满堂灌"。尤其是对于大学教育，大学生在学习上拥有更强的学习自主性与可选择性，一味地按照教材内容进行刻板的教学已不能满足大学生的生理和心理发展需求。但以学生为中心这一理念很容易造成误解，一方面将教师在课堂上边缘化，易造成课堂教学纪律混乱、师生不能默契配合、课后不能有效地完成教学评估任务。另一方面又不适合地发挥学生主导的作用。学生被认为是教学目标、内容和教学进度的决定者、课堂话语的主导者，似乎教师只要为学生提供更多的互动机会，并与学生形成良好的师生关系，学生就能自然而然地构建和掌握新知识。至于每节课的教学目标是否达成、学生在课堂上的学习效率等反而不是教学关注的重点。"以学生为中心"的理念大约在20世纪末、21世纪初被引入我国外语教学界。此理念的引入直接打破了长期统治我国外语教学的"教师中心说"，开始重视学生在课堂教学中的作用。但又不能用"以学生为中心"理念来简单表述，这很容易将教师在课堂上的作用边缘化，也会容易不适当地扩大学生的作用。

从本质上来讲，"以学生为中心"的理念其实并未厘清学校教育与社会学习的本质区别。学校教育是一种有计划、有组织、有领导且讲究效率的教育形式。无论是教学内容还是评估方式，都不可能完全由个别学生的兴趣或需求来决定。

针对教师中心说和学生中心说存在的弊端，提出了新的教学理念——学习中心说。学习中心说是文秋芳教授针对英语教学提出的，是"产出导向法"中的教学理念，挑战了目前国内外流行的学生中心说。学习中心说主张课堂教学的一切活动都要服务于有效学习的发生。整个教学过程完全以学习为中心，教师与学生的互动都是为了促进教学目标的达成。以学习中心说为教学理念，在教学准备、安排、评价一系列过程中对教师与学生也有不一样的要求。"学习中心说"主张教学必须要实现教学目标并促成有效学习的发生，因此"产出导向法"认为该原则比"双主"原则更简洁明了、更准确地反映了学校教育的本质。[②] 课堂上的活动可以有多种形式：教师讲授、小组讨论、个体展示、小组展示等，

---

① 李蕊，齐伟琴，袁晓莉. 专门用途英语（ESP）教学研究——基于人本主义教育理念 [M]. 长春：吉林人民出版社，2017：174.

② 程彩兰，韩彦林. 基于"产出导向法"的大学英语信息化教学效能研究 [M]. 长春：东北师范大学出版社，2017：4.

不同的形式服务于不同的教学目标，关键在于教师要选择实现教学目标的最佳形式。教师教学主要在课堂上进行，而课堂教学时间极其有限，特别是在当前大学外语教学的课时被压缩的前提下，教师更要惜时如金，将时间都用到学生的有效学习上。从这个角度出发，"产出导向法"在设计每一个教学环节或任务时，应该关注的都是学生能学到什么，而不是简单地考查谁在课堂上说话，谁在发挥主导作用。

首先，精心选择材料。"产出导向法"提出教师要挑选思想境界高、弘扬正能量、反映国内外社会和政治热点话题的语言材料。延伸到其他学科，挑选材料要把当下国内外政治、经济、科技、文化热点与相关教学内容相结合，使学生产生浓厚的兴趣，帮助学生树立正确的思想价值体系、陶冶情操、培养家国情怀、拓宽国际视野。

其次，在新单元学习之前就向学生呈现他们在未来学习和工作中可能遇到的交际场景和讨论的话题。他们能够真实感受到这些情景存在的可能性及在这些场景中所要讨论的话题对其认知的挑战性。学生在尝试时，让其亲身体验到完成这项任务并非易事。此时他们内心会产生一种学习的压力和动力。另外，需要指出的是，在整个教学过程中教师其实也在经历学习。学生在课堂上提出的解决方案很可能是具有建设性和创造性的。整个学习过程并不是在教授，而是在引导、聆听与互动。因此，这对教师是个极具挑战的教学理念。不是一味地照本宣科，而是要进行选择、判断、分析和总结。

总之，教学是人类知识文明积累的有效活动，无论什么样的教学理论或者模式都是为了让学习更有效地发生、人类知识更准确地传递。教师被赋予了促学者、帮助者、咨询者等新头衔，学生是教学活动的协助者、创新者、接纳者。两者良好互动才能使教学活动圆满进行，对教学理念的探究才不会停止。

（二）学用一体说

在"产出导向法"倡导的"学用一体说"中，"学"指的是输入性学习，包括听和读；"用"指的是"产出"，包括说、写与口笔译。该假设针对的是"教材中心""课文至上"及教学实践中出现的"学用分离"弊端，主张边学边用，学中用，用中学，学用结合。①换句话说，"产出导向法"提倡输入性学习和产出性运用紧密结合，两者之间有机联动。

"产出导向法"不反对使用教材。事实上，无论何种科目的学校教育都要依托于教材。然而如何用好教材是问题的核心所在。目前在我国外语教学中，教学一般从教材中的课文整体入手，引导学生了解文章结构及其传递的主要信息。新课文的教学环节有"热身"、快速阅读分析文章结构、梳理主题思想、分析语言难点和赏析写作技巧等。课堂上教师与学生或学生与学生之间互动频繁，但这种互动很少为学生提供连贯表达语言的机会。课文串讲结束后，逐一完成课文后面的多种练习。这种教学方式的突出弱点是，教师误把教授课本知识作为课堂教学的目标，而没有培养学生综合运用英语的能力。如此做法，输入与输出就会有较长一段时间差。特别是在目前课堂教学时间有限的情况下，不少教师反映，教材内容刚刚处理完，有的还来不及教完，就要进入新单元的学习，根本无法腾出时间培养学生的产出能力。其结果是，学生虽然积累了不少接受性知识，或者称之为

---

① 肖展．"产出导向法"理论体系概述［J］．佳木斯职业学院学报，2017（4）：391．

惰性知识（inter knowledge），但这些知识不能自动转化为产出能力，进而用于日常交际。①

"产出导向法"提倡的"学用一体说"主张在课堂教学中，一切语言教学活动都与运用紧密相连，做到"学"与"用"之间无边界、"学"与"用"融为一体。② 学生不再单单学习课文，而是以课文为手段来学习用英语完成产出任务。目前高校英语的教学质量受到全社会的关注，不少人抱怨学了10多年英语，还是开不了口。如果采用"学用一体说"，无论英语水平高还是低的学生，都应该能用英语做事，其差别不在于能不能做，而是做事的复杂程度不同。从这个意义上说，高校英语教学中就不会出现"哑巴"英语。

（三）全人教育说

"产出导向法"语言教育的对象是人。而人是有思想、有感情的高级动物。教育要为人的全面发展服务，就需要顾及人的智力、情感与道德等各个方面。具体而言，英语课程不仅要实现提高学生英语综合运用能力的工具性目标，而且要达成高等教育的人文性目标，如提高学生的思辨能力、自主学习能力和综合文化素养等。

"全人教育"理念兴起于20世纪70年代，它整合了以往"以社会为本"与"以人为本"两种教育观点。"全人教育"既重视社会价值，又重视人的价值，其目的就是促进人的全面发展，培养有道德、有知识、有能力、和谐发展的"全人"——完整的人，包括人的身体、智慧、德行、情绪等方面的发展。

美国的隆·米勒（Ron Miller）是当今提出现代意义上"全人教育"的第一人，创办了"全人教育出版社"并发行了《全人教育评论》。自"全人教育"理念产生以来，它已经成为教育改革的理论基础和指导思想。在我国，随着人们价值观念的变革以及教育改革的深化，"全人教育"也日渐受到了重视。2007年教育部办公厅印发的《大学英语课程教学要求》，提到"大学英语课程不仅是一门语言基础课，也是拓宽知识、了解世界文化的素质教育课程，具有工具性和人文性"。③ "全人教育"理念与大学英语课程教学要求是一致的，都是全面培养学生的综合素质。大学英语作为必修课，既要使学生掌握基本的语言知识和技能，也要让学生在课堂上学会如何做完整的人。因此，在当前的教学改革形式下，将"全人教育"的理念融入高校英语教学中，对培养具有综合素质的人才具有十分重要的意义。

"全人教育"课程观认为课程是学生通过感受、观察、思考和参与所体验到的学校生活的所有表现形式。④ 这一定义打破了传统的课堂以及学科边界。一方面学习不再仅仅在课堂上发生，还与课堂以外的所有形态有关联；另一方面，学科内容不再是课程的唯一组成部分，还应该在界限分明的各学科之间建立起广泛的联系。

具体到大学英语这一门课程中，培养学生基本的英语运用能力、奠定坚实的语言基础

---

① 文秋芳."输出驱动—输入促成假设"：构建大学外语课堂教学理论的尝试［J］. 中国外语教育，2014（2）：3-12.

② 陈丽清. 产出导向视角下的中国文化渗透翻译策略［J］. 佳木斯职业学院学报，2018（8）：387，389.

③ 程彩兰，韩彦林. 基于"产出导向法"的大学英语信息化教学效能研究［M］. 长春：东北师范大学出版社，2017：7.

④ 黄莹，汪静静. 大学英语教学中"全人教育"的践行［J］. 安徽文学（下半月），2016（9）：148-149.

体现了该课程作为一门必修课的课程性质和地位。但大学英语课程并不仅仅是一门语言课程，应该从不同学科的视角来看待大学英语的学习，应重视该课程与其他课程之间的联系。也就是说，大学英语课程既要满足学生的语言学习需求，同时也要对学生学习其他课程起到一定的促进作用。这门课程关注的不仅仅是"学习英语"，更重要的是如何"用英语学习"。大学英语课程与其他课程的学习是相辅相成、密不可分的。

与此同时，大学英语课程还需打破传统的以课堂为主要阵地的观念，将英语课程与更广阔的外部社会建立联系。学生作为独立的一个社会人，既是课程的学习者，也是课程的参与者和推进者。课程必须从学生的需求出发，尊重个体的特点，激发学生的学习兴趣，带动学生从密切相关的生活点滴中学习英语营造自由、充分和持续的学习环境和学习体验。

大学英语不仅应该注重学生英语综合运用能力的培养，更应该注重学生身心的全面发展。在教学中要突出人、突出每一个人的个性特点、个人的爱好、人的价值，实实在在培养人文素养，侧重人的全面发展。知识的习得与运用是语言学习的重要目标，但不是唯一的目标。语言是文化的载体；语言的学习也是文化和人文素养的学习。文化的熏陶又会促进语言的学习。单纯的知识讲授和技能培训很可能忽视了学生作为独立个体的特点进而扼杀了学生作为一个完整人的学习热情。

结合当前外语教学中的新形势新发展，高校英语教学模式应体现英语教学实用性、知识性和趣味性相结合的原则，要充分调动教师和学生两个方面的积极性，尤其是要体现学生在教学过程中的主体地位和教师在教学过程中的主导作用。

但在实际的教学中，高校英语教学更多的是语言知识的讲授与技能的训练，四六级考试依然对高校英语教学有着很大的影响力，教学模式摆脱不了各种考试的直接或间接的影响，语言学习的工具性和功利性尤为突出。同时，外语学科与其他学科没有建立起联系，学生往往孤立地看待这门语言课，意识不到学科之间的关联性。

外语教学如何能够走出这两难的处境？"全人教育"理念为其提供了新的视角。作为课堂教学的主导者，首先，在教学内容的选择上，应尽量贴近学生的生活和思想，引起学生的共鸣，推动学生进行思考。尽管对一所高校而言，大学英语的教学教材是统一的，但教师应该有选择的可能，对教学内容进行删选。其次，在教学方法上必须因人而异，注重学生的个体差异和学习需求，没有固定的放之四海而皆准的模式可以套用。在教学过程中必须摒弃过去以知识的讲授为单一目标的教学方法，重视学生的情感、态度和价值观。教师还可以通过认真选择产出任务话题、精心选择为产出任务服务的输入材料、巧妙设计教学活动的组织形式，在课余促进教学目标的实现。

三、"产出导向法"的教学假设分析

"产出导向法"理论指导下的教学假设，主要由输出驱动假设、输入促成假设、选择性学习假设组成。

（一）输出驱动假设

其实早在20世纪80年代，就有学者曾经在第二外语习得理论中提出过输入假设、输出假设。① 正因为这种提出,输出驱动就为现在的"产出导向法"输出驱动假设建立了基础。当然,这两者间还是存在极大的不同。虽然"输出假设"和"输出驱动假设"都增强了产出的速度,学生在此过程中也可以得到输出的面貌展现和输出结果的差别,这样有利于学生学习语言的进步,而且学生会更关注在输出情况下的自我学习状态,增强自我审视意识,但是在"输出假设"与"输出驱动假设"主流方向上,是存在极大差异的:前者关注第二外语习得理论,它更强调输入的重要性,关注输入质量和数量,而减少输出对学生学习的影响;后者则比较关注第二外语习得教学领域,强调输出的重要性,这样学生不仅会关注输入知识的多少,还会更加关注输出多少,从而找到自身的不足,加以改进,更能实现进步的目标。所以,当学生对输出关注点更高时,意味着对教学中教师的能力提出了更高的要求。

(二)输入促成假设

"产出导向法"以"输出驱动假设"为基础、以"输入促成假设"为后续。因为在上述"输出驱动假设"上,对教师教学提出了更高的教学要求,所以整个教学活动,不单依靠输出驱动,而是要求教师在输出驱动之前,做更多的准备工作,要充当"先行组织者",在教学活动未进行之前,提供合适的教学兴趣,让学生在教学之前就得以充实提高,这样的举措必然会帮助整个教学活动更加成功。

(三)选择性学习假设

"选择性学习"建立在"输入促成假设"理念之上,因为"输出驱动假设"强调输出的结果,那么就可以从产出中获得大量结论,从而在"输入促成假设"中根据结论做出适当调整,在学习任务重、学习时间紧等各种复杂条件下,找到更便于学生学习的教学活动。这样的"选择性学习假设"相当于根据学生的具体需要而进行的有针对性的安排。

四、设计"产出导向法"的教学流程

(一)驱动

传统外语教学开始一个新单元时,通常由教师组织"热身"(warm-up)/"导入"(lead-in)活动,以激发学生学习新课文的兴趣或者激活学生已有的背景知识。不管采用何种形式,目的都是为了更好地学习课文。从这个意义上说这样的"热身"活动都是为后面学习课文做铺垫,或者说是为更好地接受输入做准备,而不是激发产出的欲望。

与传统教学方法不同,"产出导向法"将产出的"驱动"置于新单元的开头。"驱动"包括三个环节:教师呈现交际场景、学生尝试产出、教师说明教学目标和产出任务。第一个环节"教师呈现交际场景"是"产出导向法"最具创意的部分。"产出导向法"试图在新单元学习之前,就明确向学生呈现他们在未来学习和工作中可能遇到的交际场景和讨论的话题。这些场景学生虽未经历过,但他们能够真实感受到这些情景存在的"可能性"及在这些场景中所要讨论的话题对其认知的挑战性。

---

① 张丽霞. 产出导向法视域下的大学英语教学研究[M]. 北京:经济管理出版社,2019:77.

第二个环节"学生尝试产出",是让学生亲身体验到,完成这样看似简单、平常的产出任务并非易事,日后可能因此而出现尴尬,或陷入窘境。此时他们内心会产生一种学习的压力和动力。这就是教师有意在为学生制造"饥饿状态"。

第三个环节是"教师说明教学目标和产出任务"。教学目标分为两类。第一类为交际目标,即能完成何种交际任务;第二类为语言目标,即需要掌握哪些单词、短语或语法知识。与以往课文教学不同的是,所列出的语言目标一定要能为交际目标服务。凡是输入材料中与本单元交际目标无关的新单词、短语或语法形式均不列在语言目标中。这就是对"选择性学习"的要求。按照完成任务的时间,产出任务分为课内和课外两类,课内指的是与输入学习同步进行的产出练习,课外指的是教师要求学生课下完成的产出练习。按照难度,课外任务又分为复习性和迁移性两种。所谓复习性任务就是期待学生熟练完成课堂中分步练习的子任务,所谓迁移性任务就是要求学生运用课堂中练习过的能力完成的新任务。

鉴于目前移动技术的普及,产出"驱动"这一环节可以拍成视频,或者微课,让学生在课前学习。课上教师只需要检查学生对视频、教学目标和产出任务的理解情况即可。这样可以腾出更多时间进入第二个阶段。对于实施"产出导向法"的教师来说,这个环节最具挑战性,因为教师不能像传统教学一样,只围绕课文设计教学流程。"产出导向法"要求教师确定恰当的产出目标和与之相匹配的产出任务,还要求围绕目标和任务设计"产出"场景,用于激发学生学习输入的动力。

(二) 促成

"促成"包含三个主要环节:教师描述产出任务,使学生清楚了解完成产出任务的步骤和每一步的具体要求;学生进行选择性学习,教师给予指导并检查,使学生能够从输入中选择产出任务所需的内容、语言形式或话语结构;学生练习产出,教师给予指导并检查,使学生能够将选择性学习结果立即运用到产出任务中去。

为了降低产出任务的难度,同时为了缩小产出与输入学习之间的距离,教师常常会将一项大的产出任务分解为若干项子任务,围绕每项子任务,可能需要依次重复上述三个步骤。

"产出导向法"引导学生从输入中选择什么呢?成功完成一项产出任务,至少需要内容(ideas)、语言形式(language)和用语言表达内容的话语结构(discourse structure)。第一步,根据选择性学习的原则,每个时段的教学要有重点。"产出导向法"通常从内容开始。有些产出任务,如果没有输入材料的帮助,即便要求有些学生用中文回答,他们也未必说得清楚。第二步,将重点放在语言表达形式的学习上,其中包括能够为产出任务服务的单词、短语和句型。第三步,从输入中提取产出任务所需要的话语结构。"产出导向法"建议采用学生或教师模仿学生完成的优秀作品作为提取话语结构的输入材料,因为英语本族语者撰写的文章或者口头发言材料一般比较长,学生不易模仿。这里还需要强调的是,学生提取的话语结构仅作为起步阶段的帮助,此后,"产出导向法"应该鼓励学生运用富有个性特征的自我表达结构。

教师在引导学生对输入材料进行处理时,学生无论是选择了内容、语言形式或是话语结构,对于选择的结果是否恰当,都需要及时检查,以便了解学生选择性学习的成效。

产出任务的完成不能采用"放羊式",让学生在课内开展小组练习后无检查。按照"产出导向法"的教学要求进行循序渐进的练习。练习结束时,要立即进行评估,了解学生是否具备完成产出任务的能力。

在促成的环节中,教师的脚手架作用最为明显。教师要在充分了解学情的基础上,决定提供帮助的程度。根据社会文化理论,"谁来做脚手架""提供脚手架的方式"都要符合学生的外语水平。提供的帮助过多,不利于培养学生的学习自主性;提供的帮助不足,学习效率受限。因此,教师要有意识地逐步降低自己的脚手架作用,同时逐步提高学生的学习责任感。

(三) 评价

评价环节就是对学生的产出任务进行评价,这种评价能起到激励学生、提高教学成绩的作用。产出的"评价"可以分为即时和延时两种。即时评价指的是"促成"两个环节中的"检查"部分,即在学生进行选择性学习和产出任务练习的过程中,教师对学生的学习效果给予的评价。这种即时评价能够帮助教师适时调整教学节奏,掌控教学进度。延时评价指的是学生根据教师的要求,经过课外练习后再将练习的成果提交给教师评价。①

不管是即时评价还是延时评价,都存在三个具体步骤:①教师与学生一起商定关于评价的具体实施标准;②学生在有限的时间内,按教师的要求,上交评价作业(产出任务);③正式开展评价工作,并且存进学生成长档案袋,便于查询学生状态,让学生了解自己的成长过程,让教师对学生有了解的依据。

第二节 "产出导向法"在高校英语课堂教学中的指导性作用

一、将批判性思维能力的培养融入高校英语课堂教学环节

批判性思维能力长期以来一直被认为是大学生创造思维所必须具备的一种基本能力与大学生应该掌握的基本学术技能。② 批判性思维的主要原则,就是要有勇气质疑,质疑传统的观点、质疑新的理论和问题,经过质疑提问后再做出谨慎的判断,从而进行科学合理并符合逻辑的推理。这一点也正体现了批判性思维的本质,批判性思维是一种"反思性思维"。因此,教师要在实践教学环节设计出创新的授课模式,培养学生的批判性思维能力,最终目标是丰富学生思维的广度和深度,使学生善于推敲问题,善于质疑,既要敢于质疑自己,进行自我反思,也要有勇气质疑他人,质疑权威,善于在学习中发现问题并提出问题,使学生具备严谨的治学态度。反过来,学生也必将终身受益于这种批判性思维能力。

---

① 程彩兰,韩彦林. 基于"产出导向法"的大学英语信息化教学效能研究 [M]. 长春: 东北师范大学出版社, 2017: 33.

② 张丽霞. 产出导向法视域下的大学英语教学研究 [M]. 北京: 经济管理出版社, 2019: 101.

二、利用网络信息平台，实现课前信息的导入

在传统的高校英语课堂，学生由于缺乏话题相关背景知识介绍，无法顺利进行语言的有效输出。在数字化网络平台广泛应用的新时代教学背景下，与教材课文话题相关的背景资料，无论是视听还是文本，都可以在学生共享的网络学习平台展示。如涉及社会文化心理等话题时，演讲可以为学生提供书本之外的语言信息资料；涉及名人生平话题时，一些成功人士的演讲不仅可以实现对学生的"全人教育"，激发他们内在的学习动机，树立正确的人生观，开拓学生的视野，同时也为语言学习赋予新的生命。语言的学习与相关话题的运用有机地结合在一起，在每一个相关话题情境中体会语言的使用，丰富语言文字知识的同时，也丰富了语用知识。在高校英语课堂环节，授课教师便可依据教材，将学与用有机地结合在一起。教师只有通过各种有效的教学手段和策略，把学生调动起来，积极参与到课堂教学活动中，学生才会有更多运用使用目标的机会，主动用目标语来进行表达和交流，真正体现学生在课堂教学中的主体地位。对于语言学习者来说，最有效的学习方式就是将语言学习者置于某一具体事例发生的情境中。语言输出不仅可以激发学生的内在学习动机，更能够增强学生的自信心，只有学生有了自信心，内在的学习动机被激发，他们才能从主观上将自己融入课堂教学活动中。同时，教师在英语课堂教学中的主导作用发挥是决定课堂教学是否能够有效实施的关键。

第三节 "产出导向法"在高校英语教学中的实施难点与策略

一、"产出导向法"在高校英语教学中的实施难点

（一）教学理念和教学习惯的转变

"产出导向法"的提出是应用语言学理论中国化的一次尝试。之所以这样说，原因有两点。

第一，构建该理论是为了解决我国外语教学"学时不足，成效不佳"的问题。近年来，经常听到有人用"哑巴英语""聋子英语"等批评外语教学。其实，如此批评有失公允，因为这些批评忽略了教学时间这一最关键变量对外语教学效果的影响。我国大学英语教学总学时远远少于其他国家，甚至仅仅相当于国内英语专业两年课时数的三分之一。[①]经过了数轮的教学设计和实践，其效果和实施难点有一些显著特点。没有足够的教学时间，何谈取得理想的教学效果？从教学试验的效果来看，采用"产出导向法"，虽不敢保证学生能达到怎样的学习程度，但可以肯定的是，运用这种方法能够使学生在有限的课时内学会知识，增强学习成就感，提高学习成效。

---

① 文秋芳. 专栏引言："产出导向法"教学流程再解读 [J]. 外语教育研究前沿, 2020（2）: 3.

第二，构建该理论旨在实现"学用结合"，克服"学用分离"的趋向。传统外语教学过分强调打基础和基本功，认为语言运用是学生自己的事，以为学生语言知识积累到一定程度自然就会应用，课堂上没有时间给学生使用。这样，学生的惰性知识（即接受性知识）越积越多，而教师在语言使用方面的指导往往不充分，从而导致学生学了不会用，出现"学用分离"的问题。采用"产出导向法"，可以帮助学生将学和用结合起来，使学生学会使用教师所教的内容，让学生每节课都有所收获。从这一意义上来说，"产出导向法"比较符合中国国情，有助于解决"课时少，教学效果不佳"和"学用分离"的问题。当然，这一方法的提出，也借鉴了国外的二语习得理论和应用语言学理论。因此，本书认为，"产出导向法"理论是具有中国特色的应用语言学理论。

众所周知，"产出导向法"面向中高级英语学习者。不同高校学生的英语水平往往差别较大，故"产出导向法"的应用应该因校而异。重点高校要实践"产出导向法"理论并提高其教学成效，需要参加有针对性的理论培训、教材培训并真正用好《新一代大学英语》教材。高职高专或普通高校，因为没有配套教材，加上受传统教学模式的影响，其学生未必能很快适应"产出导向法"，所以全面采用"产出导向法"可能有困难。对于这类高校，本书建议其年轻教师自发组成教学团队，从所用教材中选取一两个单元，开展"产出导向法"教学试验。试验课前，教学团队共同讨论交际场景的设计和话题的选择，并将协商好的场景和任务呈现给学生，同时向他们提供恰当的语言输入材料；学生根据交际场景、任务及输入材料，与组员一起准备课堂汇报内容并进行预演。试验课上，当值小组进行课堂展示并同其他同学和教师有效互动；临近下课，教师对当值小组的课堂展示做出评价并提出其他同学的共性问题。即便高职高专或普通高校教师只是在教授部分内容时采用"产出导向法"，其意义也是很大的，至少有助于学生克服"学用分离"的倾向并树立"学用结合"的意识。

学习环境的改变也要求教师要及时、恰当地转变教学理念和教学习惯，这样新型教学模式的作用才能发挥。比如，网络化的教学环境下，它的核心是网络平台，平台通过教学资源的有效聚集，具有资源多维性，能为学习者提供优质海量的学习资源。在智能化工具的帮助下，学生能够收集学习资料、选择学习内容、自主合作式开展学习，并获得真实性评价。学习环境以学习者为中心，打破了原有教师和教材的权威性，具有氛围平等性。网络化环境尊重学生的学习选择，提供交互、对话、沟通、协商等多种协作学习方式，具有交流多向性。学生、教师、计算机三者可以互为教具、资源、伙伴等，突破了原有的灌输式教学模式，有助于教学的整体发展。教师能利用隐性指导及时跟踪学习者的学习动态，发现学生学习中遇到的问题，指导学生学习。开放性环境中的真实情境能为学习者提供具体真实的体验，方便指导者优化教学策略，增加教学工具等。

信息技术为大学英语课堂教学带来了发展的机遇和挑战。技术在发挥优势的同时也带来了许多失调现象。课程整合过程中，"基于计算机与课堂的大学英语教学模式"已经在非试点院校中逐渐推广试行了，有些教师对信息技术运用于教学的认识依旧非常模糊，对教改模式的推行和校本研究感到困惑，缺乏对教改模式必要的理解和认识，改革只是形式到位而已。蔡基刚[①]在总结了各高校试验新模式的情况时，指出了以下几个问题和局限：

---

① 蔡基刚. 试论影响我国大学英语教材健康发展的外部因素[J]. 中国大学教学，2006（6）：59-61.

(1)教学软件不能有效地提高口语能力,系统不稳定、内容呆板;(2)多媒体课件只是从纸质形式变为电子形式而已,传统教学方式没有根本改变;(3)学生习惯教师的传统教学模式,自主学习能力差,容易产生自主学习厌倦心理;(4)多媒体课件过于追求形式,影响学习效果;(5)多媒体教学缺乏教学过程的师生情感交流。上述五个方面对目前教改模式实施中存在问题的总结较为全面,但是具体到教师怎么教、学生怎么学、怎么让学生会学、教师会教这样的核心问题需要更深层的研究。

另外,在教学以及与师生的沟通过程中,发现了教改模式在实施过程中遇到了许多的问题,如教师传统教学方法和新技术的融合问题、计算机(现代信息技术)在教改模式中的使用问题、学生自主学习能力和新技术的融合问题、新技术环境下学生的焦虑问题、学生自主学习策略问题和教师信息技术培训问题等。因此,本书认为对这些问题进行深入的研究和探讨,找到网络环境下大学英语课堂教学的优化途径,对大学英语教学改革的顺利发展更具价值。

(二)"以学生为中心"和教师的中介作用

在外语教学中,教师应把教学内容以小步调的形式传授给学生,学习的进度应循序渐进,即在每个学习内容结束后对学生进行测试作为反馈,如果完全掌握前面的知识则进入到下一目标的学习,相反则继续回到上一步的学习任务。行为主义学习理论使学生有了明确的学习目标,对于刺激有积极的反应,在交互的过程中也有相应的回馈信息,这些都是其对外语学习的积极作用。只不过其忽视了学生在学习过程中的心理活动过程,因此它对于解释学习是不够具体的。要解释人类的学习过程,必须把人类的思维、意识以及情感因素考虑进来。学习并不是直接从外部环境平移到学习者的记忆之中,而是基于已有的知识经验与外界环境相互结合来获取并构建新信息。学习是个体独立解决问题的过程,教师只起到鼓励、引导、中介的作用。

总的来说,教师应该转变思想观念,进而转变教学模式。虽然语言的本质是工具,但随着社会的发展与进步,它已经发展成为一种思想。本书认为,英语学习的过程就像一棵大树的成长过程,语法为树干,词组词汇为枝叶,而土壤则是英语的学习环境,水则为学生的自身努力,只要具备了这些条件,这棵树早晚都是要结出胜利的果实的。

从学生方面来看,首先,教师要培养学生学习英语的兴趣。这就要求教师在授课时用直观形象、灵活、新颖的内容激发学生的兴趣,调动学生的积极性。比如举行一些英语游戏、辩论赛等活动,作业的布置难度适当,不能太难,并且要及时肯定和鼓励学生的点滴成就。

其次,要注重学生情感因素的影响。教师的智慧不仅体现在教学上,更能体现在处理良好健康的师生关系上。每一个善意都值得思考与吸纳,每一个学生都值得尊重,当学生出现焦虑沮丧、烦躁不安等情况时,英语教师作为教学活动的组织者,应注意对英语学习者情感因素的培养和控制。有些学生为找出英语学习的捷径走了很多弯路,最终丧失了学习的信心。其实,英语学习没有放之四海而皆准的捷径可言,只有通过科学的方法,再加上坚持不懈的努力才能成功。教师在英语教学中,要侧重帮助学生掌握学习策略,提高对知识的理解力和记忆力,鼓励学生好问、善思和勤记。对有问题的学生及时地发现并给予信任与帮助,会给学生带来很大的信心与支持,增进师生之间的交流,最终有利于学生形成健康的生活态度和有力的学习动机。

最后,要提高学生学习英语的主动性与独立性。教师的职责主要包括两个方面:一是教给学生知识,二是培养学生获取知识的能力。授之以鱼,不如授之以渔。"渔"就是发挥学生的主体作用,调动学生学习外语的主观能动性,培养学生的学习策略和学习方法,这远比简单地"授之以鱼"要重要得多,对学生也有用得多。在平时的教学过程中,要特别注意培养学生良好的学习习惯,使他们具有自主学习的能力,为他们的自我发展奠定基础。

综上所述,要实施"产出导向法",教师必须在教学设计上贯彻"学用一体"的教学原则。

(1) 设计驱动性的输出任务,用以促学

任务的设计是"产出导向法"的起点,也是难点。教师需预设学生未来可能的交际情形,在课堂上创设"真实的"情境,设计具有"潜在交际价值"的产出任务。一方面,任务的设计应该考虑其教学价值,任务设计应该能实现单元的具体目标,并最终促成课程整体目标的实现。另一方面,设计产出活动应该难度适中:一是要考虑学生已有的语言水平和认知能力,任务应该既有挑战,又是学生通过学习可以达到的,必要时设计分层任务,满足不同水平的学生的需求;二是要考虑学生完成任务的现实条件。

(2) 围绕产出任务设计输入促成活动,学以致用

在教学环节中,以教师为中介的"促成"环节是教学的重点,也是难点,教师需要围绕产出任务充分发挥其中介作用,引导学生对输入材料进行选择加工,以促成产出任务的完成,其目的与"以教课文为主要内容"的教学模式有着本质的区别,学习输入材料的目的不仅限于理解,更重要的是完成产出任务,教师应该在明确学习目标的基础上,指导学生对输入材料进行"有选择的学习"。①

促成环节也是过分强调"交际性"的教学模式所忽略的环节,它要求教师在指导学生完成任务的过程中,不只是任务的布置者和检查者,而应该在整个教学流程中起"脚手架"作用,选取合适的输入材料,填补学生完成任务的"空缺",最终学以致用。

(3) 平衡教师"脚手架"作用与学生自主性的发挥

在同行评价中,两位同行在任务的促成环节上意见相左,B教师认为输入材料可以帮助学生更好地完成任务、更有效地学习,而A教师则认为"输入材料的提供限制了学生的自主性和创造性",认为这种教学方法有些"封闭",限制了学生对语言的自由运用和思维创新。②

为避免教学的过分"封闭",可以通过两条教学思路来解决:一是通过任务的分层设计来解决。可以在任务设计时区分再现任务(reproductive task)和迁移任务(transferred task),学习者可以选择基本的再现任务,也可以选择更具挑战的迁移任务;二是平衡教师的"脚手架"作用和学生的自主性。在产出任务的设计、输入材料的选取、选择性学习的指导和产品评价的过程中,教师的"脚手架"作用的发挥应根据学生的"最近发展

---

① 文秋芳. 构建"产出导向法"理论体系[J]. 外语教学与研究,2015,47(4):547-558.
② 程彩兰,韩彦林. 基于"产出导向法"的大学英语信息化教学效能研究[M]. 长春:东北师范大学出版社,2017:158.

区",适应学生语言能力、情感和认知动态发展的规律,把握好"度"。随着教学的不断深入和学生能力的发展,应逐步减少干预,逐渐撤除"脚手架",从而使学生的学习自主性得到发挥。

二、"产出导向法"在高校英语教学中的实施策略

(一) 设计驱动性输出任务

1. 驱动性的输出任务设计的教学流程

图9-1是驱动性教学中驱动性输出任务设计的基本流程。方框标示的是教师需要完成的任务,椭圆标示的是学生需要完成的任务,单项箭头表明教师和学生完成各项任务的顺序与流程。

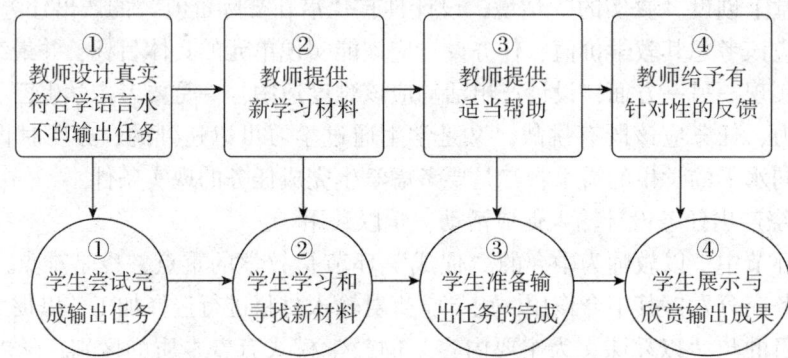

图9-1　实施驱动教学的基本流程

以下分教师和学生两条主线分别说明他们各自的任务,然后再阐述这些任务之间的关系。

(1) 教师任务

①设计真实、符合学生语言水平的输出任务

根据课程教学目标,教师需要在课前设计口头表达、笔头表达、口译或者笔译任务,甚至是结合多种产出活动的综合任务。这些任务需符合两个基本要求:一是具有交际真实性;二是语言难度适当。要做到这一点,教师不仅需要熟悉英语教学内容,也需要了解学生的实际语言水平。所设计的任务可小、可大。有的任务2节课或4节课便可完成,有的则需要8节课甚至更长课时才能完成。较少课时完成的任务可用英语称为"task",较多课时完成的任务可用英语称为"project"。这两种任务类型分别和任务型教学法(task-based approach)及项目型教学法(project-based instruction)中提到的任务与项目有相似之处。

②提供恰当的新输入材料

教师提供新材料的主要目的是帮助学生补充完成输出任务所欠缺的语言知识。因此,输入材料的适切性非常重要。材料与输出任务吻合得越好,学生学习的积极性就越高,吸收新知识的效率就越高。输入材料可以是一篇,也可以是几篇;可以是阅读材料,也可以是视听材料。需要说明的是,教师应根据任务类型来提供输入材料。

③提供适当的输出帮助

教师可采取多种形式向学生提供输出帮助。例如，与学生讨论输出活动中语言和内容组织方面的困难，了解学生输出准备的过程和结果，审读学生所做的PPT。教师在提供帮助过程中要充分发挥其"脚手架"作用。传统教学对学生产出能力的培养通常遵循"practice makes perfect"的理念，只是为学生提供实践机会，要求学生多练习，基本教学过程通常包括教师布置任务、学生练习与准备、学生演示和教师评价。教师在教学中更多地起着"法官"的作用，评判学生的表现，整个流程缺乏教师具体指导学生的环节。输出驱动教学过程中，教师备课时需要细化自己搭建脚手架的具体步骤和内容，以便自己监控与评估所提供帮助的有效性，确保学生的能力得到逐步提高。

④给予有针对性的反馈

目前教学中普遍存在的问题是，教师对学生完成的口头表达任务评价空泛，对听众的表现置之不理；对学生完成的笔头表达任务过多注意语言形式上的简单错误，忽视语义表达的准确性和内容组织的逻辑性这样更复杂的错误。导致上述问题的原因很多。以口头表达任务评价问题为例，其产生的主要原因是教师事先对学生所要口头报告的内容不知晓，缺少事前准备，自然临场难以对报告的学生做出恰当反馈，也无法控制听众的行为。因此，学生进行口头报告之前，教师一定要了解口头报告的内容。即使师生不能在课前进行面对面的交流，教师也应该要求学生将口头报告的内容提前发送到教师邮箱，以便充分考虑如何给予恰当的评价，并事先设计任务，确保听众的有效参与。

(2) 学生任务

①尝试完成输出任务

这里强调的是输出任务的尝试性，学生出色完成任务不是此时应追求的目标。如果学生能够说出自己在输出过程中的困难所在，列出自己语言知识的不足之处，他们的任务就算尝试成功。

②学习和寻找新语言材料

这里与平时处理精读或精听材料的方法有所不同。学生要根据输出任务的要求，从提供的材料中尽快找到解决问题的答案。如果所提供的新材料还不足以解决所有问题，他们应该将问题记录下来。解决问题的方案有两个：一个是等到下一环节与教师见面时，再向教师讨教；另一个是自己查询图书资料，搜索网络信息，或向其他同学寻求帮助。

③准备语言的产出活动

如前所述，有的任务是单项"task"，有的任务是系列"tasks"组成的"project"；有的是单人活动，还有的是小组活动。鉴于输出任务的类型和规模不同，参与的人数迥异，准备方式也应有所区别。任务一旦需要两人以上参与，就要配备协调人。协调人负责整个输出任务的分工和监控，确保工作量均匀分配和任务顺利开展。口头表达任务的准备工作大致分3步进行：组织内容、制作PPT、预演。笔头表达任务的准备工作则大致包括：谋篇布局、撰写初稿、反复修改。

④展示与欣赏输出成果

学生既要展示自己的输出成果，又要学习其他同学的输出成果。如果准备工作做得充分，展示时报告人、听众和教师各有贡献，最终就能形成合力，共同提高展示效果。

从图9-1的教学流程可以看出，在师生活动中提倡"教师主导、学生主体"的"双主体"教学理念。这就是说,所有活动都需要教师的指导和学生的积极参与,这是决定教学成效的两个方面。21世纪以来,甚为流行的"以学生为中心"的教学思想在一定程度上弱化了教师在课堂教学中的作用。课堂教学确实要为学生服务,但这并不意味着要边缘化教师在课堂教学中的角色。教师受过专业训练,对所教学科知识体系有全面的把握,对课堂教学的重点和难点有清晰的了解,因此,教师应该掌控课堂教学的进程,有意识地调整教学策略,及时给学生提供帮助,以达到最佳教学效果。

2. 评估重点

在高校英语教学中实施输出驱动假设的理念后,教学评估要重点做以下相应调整。

(1)评估语言应用能力而不是语言知识。基于输出驱动假设的测试考查学生应用语言做事的能力,过去单纯测试语法和词汇知识的选择题与完形填空题就不能再出现在试卷中。测试任务包括考查学生能否在阅读英语文献后写出摘要,能否将国外报纸上几篇相同主题的新闻通过编译的方式写出一则中文新闻等,这样的任务学生今后在职场上有可能会碰到。因此,考查学生以言行事的能力具有真正的交际价值。

(2)用语言做事的测试任务采取考查学生综合应用多种语言技能的形式。综合应用多种技能的形式包括读和写、读和说、听和写、听和说、读和译相结合等。例如,复旦大学的学术英语课程评估就采用了综合技能法。具体而言,这种方法首先要求学生就某个选题撰写300词左右的文献综述,听3场相关的学术讲座后写摘要,再将综述和摘要扩展为1200词的小论文,同时学生还要分别就两部分内容做两次口头汇报,文献综述汇报3分钟,整篇论文汇报6分钟,其间他们还要回答听众提出的问题。通过一系列用英语完成的任务,教师可以评估学生读、听、写、说多种语言技能的应用能力。

(3)确保说、写、译等主观题评分的信度。主观题评分不同于选择题评分,具有很强的主观性。为提高主观题的评分信度,不同评估类型需采用不同方式。针对统一评分,年级教研组长需要和教师共同商讨制定评分标准,以增强评分标准的可操作性。针对学生的平时成绩评定,教师务必事先让学生理解评分标准的内容,甚至允许学生参与标准的制定。学生参与的过程就是学习和理解标准的过程。在教师评分的基础上,还可增加学生互评。应该承认,主观题评分比客观题评分困难得多,但绝不能因主观题评分有难度而使用有碍语言习得的选择题来开展评估。

(二)平衡教师作用与学生自主性的发挥

如何突破学生英语学习的"瓶颈",提升真实的英语听说能力,真正意义上甩掉"哑巴英语",是当前英语听说课课堂改革的意义所在。

而对于学生来说,突出的英语听说能力是大学生综合能力的最佳诠释,是当下求职就业、留学深造的必备利器,是开拓视野、认知世界、拓展个人精神世界维度的有效途径,这是英语课堂改革的实践意义。

1. 平衡教师作用

当今时代是信息化时代,由于网络技术的支撑,使英语教学不受时间和地点的限制,朝个性化学习和自主式学习方向发展的高校英语听说课教学模式的变化引起了英语听说课授课教师角色定位的变化。

以前的高校英语教学是以英语语言知识与应用技能、学习策略和跨文化交际为主要内容，以外语教学理论为指导，并集多种教学模式和教学手段为一体的教学体系。如今教学模式应从纸笔模式转变为以计算机（网络）为载体的课堂教学和学生自主学习相结合的模式，学生的学习模式是教师教、学生学、网络辅导的三位一体的模式。教学中体现出以学习者为中心的思想，如学习过程由学习者自己掌握和控制，学习方式由学习者自己选择，学习结果由学习者自己评估。教学模式和学习模式的变化，给承担英语教学尤其是英语听说教学的教师带来了巨大的挑战，传统的英语教师单一的知识的传授者的角色正逐渐向多重角色转换。

因此，英语教师的角色定位应配合不同课堂进行适当的角色转换。在教学活动中教师应完成角色的转换，教师要成为需求分析者、课程制定者、教材编写者、课件制作者、辅导者、教学组织者、教学研究者，教师要善于在不同的教学活动中及时调整自己的角色。

2. 注重学生的自主发挥

高校英语教学任务繁重而艰巨，因为教师必须在极有限的课时内使学生学会并且能够运用一种语言。这就对英语课堂教学提出了更高要求，即如何在课时少、学生多的情况下，大幅度提高学生的英语水平。每周 4 个课时，听说读写要全部顾及，这就提出了一个课堂效率问题，也涉及了教学着眼点的问题。高校英语教学不仅是向学生传授语言知识、培养语言应用能力，更重要的是向学生传授适用的语言学习方法，培养他们的语言自学能力。提倡学习自主性，意味着对学习做出决定的责任转向了学习者。那么，在学习者自主性训练过程中，教师应该将自己看作是促进者、顾问或者咨询者，而不单纯是知识的提供者。教师具有广泛的角色和多重责任，他们不仅要参与教学、管理、经营开发语言课程、制作材料，还应是学习者的顾问，同时也应对学习者做出评估。另外，教师还应在学习者向自主外语学习转变的过程中，对学生所采取的方式、方法、策略成果等及时做出反馈。

现代社会对于学习概念的认识已经不仅仅局限于校园，更多的是校园以外的学习，学习已成为一项终身任务。因此，校园学习的一项重要任务就是要培养学生的学习自主性。自主性学习对于英语教学，特别是高校英语教学具有十分重要的意义。语言的交际性、社会性以及学习者的主观能动性决定了英语教学绝不只是依赖于教师的满堂灌或学习者的死记硬背的传统教学模式。目前，高校英语教学的应试倾向仍十分明显，要想培养学生的英语自主学习能力，就应该改变传统的教学模式和传统的学习习惯，改善教学制度、教学环境。同时，教师应该了解与学习者自主和训练相关的理论，设法将理论应用于实践，使"被引导的语言学习"逐步过渡到"半自主语言学习"，最后达到"完全自主学习"。

众所周知，师傅领进门，修行在自身。作为学生自己，知识的获得和技能的完善也应该遵循这一古训，英语技能的特殊性更决定了自我"修行"对于成功学习的决定性作用。教学效果是内外因相互作用的结果。学习心理学、应用语言学以及心理语言学的大量研究表明，与传统观点相反，在任何教育事件中，包括在英语教学过程中，最主要的因素是学习者，而不是教师。承认这一点就意味着承认教学应以学生而不是以教师为中心，应以"学"而不是以"教"为中心。当代英语学习理论强调学习者在学习过程中的决定性作用，强调学习者的自主性，以期学习者内因的决定作用能够充分发挥。

在外语课堂环境下，教师自身的语言修养在一定程度上决定了学生语言输入的质量，并可能影响到学生参与课堂的兴趣。教师在帮助学生建立自主学习能力信心的同时，也应增强自己的信心，提高自身专业技术素质。教学相长是形成教学互动良性循环的标志。

教学互动与自主性英语学习的良性循环是取得长期教学效果的有效途径。虽然"收益递减律"同样适用于课堂英语教学，但良性循环的建立能够保证学生不断获取更多的语言知识并提高语言运用的技能。一旦教师帮助学生，包括缺乏自信和自我意象差（对英语学习心存恐惧或自认为语言能力不强）的学生，增强了自主性学习的信心，良性循环很快就能建立起来。这里需要指出的是，基于产出输出的教学是有利于英语学习的良性循环的。

英语教学是为学生在将来有效使用英语做好准备，课堂教学已从重机械训练转向重交际活动。基于对学习者中心地位及个体差异的认识，当代语言学习理论强调自主性学习和以交际学习活动为基础的学习模式。正是在这种形势下，交际法理论模式下的基于交际任务的教学法才成为英语习得领域理论研究和实验探索的一个热点。

教师不仅将班级看作整体集合，更把学生看成是不同的个体，从各方面（学习策略、资源利用）对学生的学习施加正面影响。操纵英语学习的外部因素，间接影响内部因素，这些是教师、研究者和科学技术可以影响的方面，也是任务学习法所希望提供的让教师可以充分体现其学习辅助者作用的机会。基于交际任务的教学以学生为中心，学生自己主动探索语言，教师在课堂上营造创造性使用英语的环境，鼓励学生在真实交际中最大限度地将所习得的语言知识系统化，并通过分析语言难点帮助学生更有效的学习。

英语学习的良性循环，首先要求学习者把学好英语作为适应社会发展的一项基本技能，对英语潜在的使用价值有充分真切的认识；其次，在英语教师的帮助下，学习者能处理好学习过程中许多内外因素之间的关系。教学互动良性循环要求师生之间关系融洽，为达到共同的教学目标而密切配合。教师把班级看成由许多差异性较强的个体组成的相互协作、共同进步的整体，重视研究个体的差异性和整体的协作性。教师在建立英语学习良性循环的过程中是指导者和鼓励者，在教学互动良性循环中则是直接的组织者和参与者。基于交际任务的英语教学法使课堂活动带动了课外的自主性学习，有利于英语学习的良性循环。

第四节 "产出导向法"在高校英语教学中的具体应用

一、"产出导向法"在高校英语口语教学中的应用

（一）高校英语口语教学中的驱动环节

"产出导向法"认为，教师可以让学生认知到自己语言方面的不足之处，从而增强学生对学习的欲望。① 教师可以适当地设计一些挑战性比较大的话题，或者在场景设计中增加交际性，让学生去完成教师设计的活动。其实学生有很多的机会接触到外国人，比如，在达沃斯论坛，这时会有很多的学生去当志愿者，还有学校也会定期进行交流项目，很多

---

① 张丽霞. 产出导向法视域下的大学英语教学研究 [M]. 北京：经济管理出版社，2019：145.

大二或者大三的学生都会去美国或者英国进行学习。学习的时间大概为一年。

教师们根据"Food and Drink",创造出了下列几项任务。

(1)假如学校举行了一次家乡美食节,你的一位留学生伙伴对你的家乡菜很有兴趣,想要进行更多的了解。

(2)假如你的工作是一位接待人员,专门接待外国来宾。公司邀请外国来的客人吃中国特色饭菜,外国来宾对中国菜非常感兴趣,不断询问菜肴是如何做出来的。

(3)假如学校选中了你去国外做交流生。当中国春节到来时,你热情地邀请你的外国同学来中国,感受新年氛围,并邀请他来你家里吃饺子,你的外国同学对中国的饺子很是好奇,并向你询问饺子的做法。

教师设计的这些任务,表面上看起来很普通,其实它具有很大的交际价值。既能够让学生主动接受并学习一些新的知识,又能够在自己原有知识的基础上,发现漏洞并进行填补,并且还能让他们充分了解到中西方在文化上面的巨大差别。让学生们肩负起了中国对外文化交流的使命,在跨文化的前提下增强交际能力,这样也改善了中国在文化上的"失语症"。

(二)高校英语口语教学中的促成环节

促成环节包含了以下教学步骤:

1. 教师针对产出任务进行有效的描写和讲述

能够成功完成任务的关键在于三方面。首先是在内容上,其次是在语言形式上,最后就是在话语结构上。所以,在这一环节中,教师的角色就相当于"中介",由教师来提供一些需要用到的材料,让学生在这些材料的基础上进行加工和挑选,从而获得任务所需要的一些信息,更好地完成教师给出的任务。课堂结束之后,教师将挑选出这些比较适当的材料,传送到专属的 QQ 群或微信群中,材料包括针对第一和第二项任务的材料,分别是英文版本的《中国菜的故事》和《我爱中国菜》,这些都是作为辅助材料来使用的,还有第三个任务的材料"中国羊年春节",这个是必须要用到的一个简短的视频。视频当中一个华人厨师用纯英文来向外国人讲述如何包饺子,这些输出材料能够很好地为学生提供帮助,无论是在内容还是在语言形式上,都有很大程度的帮助,这样既有利于学生学习新知识,也促进了学生学习的积极性。

2. 学生根据教师的描述来进行学习

学生将分成几个小组,每个小组根据自己选择的任务来下载相关联的材料,然后小组中的成员进行分工合作。通过对材料的利用,来解决问题并完成教师交代的任务。教师的主要工作就是帮助学生解决在这一过程中遇到的一系列问题,同时也要了解学生的活动进展如何,最后就是在上课之前,对学生制作的幻灯片进行检查。

3. 教师对学生的产出任务进行检查

根据教学要求,任务的完成需要教师在一旁指导,循序渐进地进行,而不是"放养式"地盲目进行。针对上述第一个任务,学生从《中国菜的故事》中,得知了自己的家乡菜和一些有趣的故事典范,如东坡肉、佛跳墙等。但是教师在通过检查学生幻灯片的制作过程中,看到很多学生的幻灯片内容枯燥,大部分都是文字,这样一来就很难吸引人,也很难激发别人了解的兴趣。针对这一情况,教师可以建议学生适当增加一些有趣的图片来进行配合，并且将大量的文字去繁从简，只选取其中重要的点来展现。针对第二个任务，学生从《我爱中国菜》中，选择了一些中国特色比较浓郁的菜色，如糖醋排骨和宫保鸡丁等，在这一过程中，要对与烹饪方式有关系的词汇进行重点学习，从而体现对菜谱的表述。针对第三个任务，在教师的指导和带领下，学生将一些比较复杂的流程进行了划分，分为了六个子任务，这就将包饺子的难度降低了，让学生在面对材料时更加得心应手。

（三）高校英语口语教学中的评价环节

评价环节分为两种：一种是即时评价，另一种是延时评价。延时评价的要求和即时评价是不一样的，它需要教师和学生一起参与，这样学生不仅需要对自己的成果进行展示，也要学习他人的成果。这一单元的前两个任务由两个小组进行，剩下的由三个小组共同完成。并且由于课堂的时间是不充足的，所以小组任务由抽签来决定。因为在之前的环节当中，教师已经针对学生的展示内容，对学生进行了针对性的指导和评价。教师们也让听众对学生们展开评价，从而调动了现场的气氛，使听众也更加有积极性。具体的做法可以包括：各个小组展示完成后，教师们可以随机挑选一些听众，对本次的汇报内容讲述一些理解，或者也可以对听众进行提问，可以随机让观众们进行回答。可能有的小组因为时间关系，并没有得到展示，那么在下课之后，需要把准备好的展示材料传到QQ群或微信群当中，由学生们根据这些展示内容进行评价，并从中学习到不一样的东西。

二、"产出导向法"在高校英语阅读教学中的应用

下面将《全新版大学英语综合教程》第1册第6单元作为示例，进而对以产出为教学目标的高校英语阅读课程设计做出全面反馈。

（一）进行尝试以实现产出

作为一篇浪漫、细腻、感人的爱情故事，在这一单元中出现的这一阅读文章，其故事情节生动曲折、对情感的描述也十分细致。因此，教师在对驱动环节进行设计时，要对教学目标以及产出任务加以筛选，不仅使其符合文章主题，还要对学生产生吸引的同时保证学生至少能够完成部分任务。此方法极为有效地简化了教学目标。教师以文章主题为依据，再与学生本身通过学习获取应有的知识水平、已具备的语言能力、广泛的兴趣爱好等相结合，进而完成产出任务。文章对两人见面场景进行描述时，设置了充满浪漫色彩甚至狡黠意味的情境，再让学生对自己与新同学以及新朋友见面时的场景进行回忆，并将两者进行结合后，教师以口头的形式对学生进行产出任务的布置，再要求学生对见面场景进行表演。当学生开始进入表演，或者行进至表演过程中时，便会意识到，若自身的词汇量不够丰富，就会导致自己不能对自身觉得有趣或者难忘的经历进行表达。这样的产出练习，不仅能够使学生对自身拥有的知识做了解，更能够激发学生对自己的经历进行表达的欲望。在此时，教师再对学生展示出此课的学习目标，或者做产出任务的要求，具体到本课便是对见面场景进行生动有趣的描述；经过阅读，学生之间进行对话，并进一步以写作的方式实现产出，进行新的故事描述，描述自己与新同学或新朋友见面的场景，对场景的描写要尽量吸引读者。通过这样的训练方法，教师不仅能够通过产出任务，使学生在思想上

提升自身学习的能动性,更能在实践中对教师的教学活动进行积极配合,同时为接收下一阶段的输入做准备。

(二) 通过实践促成学习结果

促成是第二阶段的重心,当教师对教学目标和产出任务进行明确之后,会针对不同部分采取不同的教学方法。教师以两人见面的经历为基础,以词句、叙事方式、修辞特点等语法方面进行讲授,使学生把握这些语法要点,在头脑中对见面场景所需要的综合知识点(如词句、讲解方式、修辞应用等)形成一个清晰的认识。为产出练习打下理论基础的同时,对输入进行筛选,使输入更具针对性。在此环节中,保证学生足够的输入,以实现更好的产出为最终目的。

A young woman was coming toward me. Her figure was long and slim; her golden hair lays back in curls from her delicate ears; her eyes were blue as flowers; her lips and chin had a gentle firmness, and in her pale green suit she was like spring time come alive.

此处描写既提供了外貌描写的范本,也给学生提供了见面场景描述的叙事内容,对容貌的描述能够使读者身临其境、感同身受,产出作品质量也就得到了提高。

The girl in the greensuit was walking quickly away. I felt as though I was split in two, so keen was my desire to follow her, and yet so deep was my longing for the woman whose spirit had truly companioned me and up-held my own.

此处主要是对约翰在面对取舍时的心理活动进行描写。学生在对此段的描述进行学习后,会发现如何使人物更为饱满的写作技巧,即通过对人物进行细致的心理活动来实现,而围绕相遇场景进行的输入教学,能够为学生完成下一步的产出任务做知识储备,这样学生便可以顺利地进行第二阶段的产出。

需要注意的是,此时的产出并不等于第一阶段的产出。在第一阶段进行的产出会因为学生没有针对性的输入,最终导致出现产出质量不高的问题;但在第二阶段,在教师指导性的输入下,产出的质量在获得提升的同时,应尽可能达到预期的目标任务。在这时,学生塑造的人物便会呈现出丰满的状态,故事情节亦会更动人,对于学生的学习动机来说也是一个激励。当学生完成其产出后,教师应做出即时且具针对性的评价。这样的评价,能够令学生对产出成果做出正确的认识,最终促进学习的进行。

三、"产出导向法"在高校英语写作教学中的应用

(一) 对教学目标进行明确

若要实现课堂教学预期的目标,首先要求学生以自身的努力去实现目标,教师要对学生应完成的目标做到心中有数,其次将目标细化。倡导师生共同参与,即无论是教师还是学生都可以对有没有实现的目标做出评估。"产出导向法"提倡在英语写作教学中,将输出作为驱动目标,并在为学生布置活动场景时,注意场景本身所具有的交际性以及可对听、说、写、译等能力进行运用。

(二)对教学内容进行确定

为了实现教学目标,同时保证输入能够为输出提供适当的材料和内容知识,就要求除了对教材内容进行合理的选择外,还要运用实践与理论相结合的方法:教师应以学生的能力为依据,进行适当的教学目标的选择,最终以多媒体或书面的形式为学生提供案例,使学生做到自己预习材料的同时,对相关的知识与材料进行收集。因此,不管是教师选择教材作为输入的内容,还是实现输入内容的相关补充,都需重视输出活动的意义,进而为学生进行输出和输入创造更多机会,这样才能够使学生在真实的体验实践中对具有价值意义的材料进行筛选,最终顺利地完成产出任务。"产出导向法"这一理念对将教材作为学习的中心持反对意见,但却强调在学习过程中对教材做正确的使用,对这一方法进行掌握,关键在于让学生对所学知识进行运用,而非仅仅实现对知识的学习。

(三)对教师角色转变进行的推动

以学习中心学说为基础的"产出导向法",要求教师在对待每一位学生时,持平等的态度。与此同时,该方法要求在课堂中进行的活动必须能够实现有效的学习,学生可以从中学习到什么成为课堂上学习关注的焦点。教师以课堂学习为基础,依据实际的情况为学生选择最佳的学习方式,最终完成教学目标。除此之外,围绕与课堂写作教学相关的环节和任务进行设计,采用多种形式来促进课堂活动的进行,以期提高教学效率,提升学生综合使用语言的能力。

(四)不断进行课外实践

"产出导向法"更加注重情景设置的方式,激发学生的求知欲。在课堂外实践的基础上,促成学生实现与形态各异的人群之间的沟通与交流,在扩大自身视野的基础上来习得知识,最终使自己获得丰富多彩的学习生活。

第十章 基于翻转课堂的高校英语教学方法研究

随着高等教育教学改革的不断深入，教学制度的不断完善，教学水平的不断提高，互联网技术的不断发展，翻转课堂在高校英语教学中得到广泛应用，并发展成一种十分重要的促进教学效果提升的教学方法。本章即对基于翻转课堂的高校英语教学方法展开研究。

第一节 翻转课堂概述

一、翻转课堂的内涵

翻转课堂英文名称为"Flipped Classroom"，通常也称为翻转教学、颠倒课堂、翻转学习、颠倒教室、反转教室、反转课堂、翻转教室等。一般来说，学生的学习过程总体分为两个阶段：第一是知识传递过程，第二是吸收和消化的过程，即知识内化的过程。这两个过程尽管无法严格区分，但总体而言，应是知识传授、知识感知为主的过程在先，知识内化、知识深层次理解的过程在后。在传统课堂中，知识传授主要通过教师的课堂讲授来完成，而知识内化则是靠学生课后完成作业或实践得以实现。

其实，从字面意思理解，翻转课堂只是将课堂翻转。这样看来，把原来在课堂完成的知识传递过程改为在课前完成，把原来在课后完成的知识内化过程改为在课堂上完成，这应该是翻转课堂的最基本的定义。而那些"与信息技术结合""课前要提供哪些教学资料""课上应如何组织"等内容，并非翻转课堂的原始要求，而是在翻转课堂实施过程中演化而来的内容。

在传统教学模式中，信息传递和知识内化分别通过教师的课堂讲授和学生的课下作业、操作实践来完成。而在翻转课堂中，教师赋予学生更多的学习自由，借助网络等多媒体技术，学生观看录制的教学视频，在课下完成知识的接收，这个过程，学生可以自由选择最适合自己的学习方式；而知识内化过程则被放在了课堂上，这样师生之间、生生之间就可以有更多的交流沟通机会。

大多数人理解的翻转课堂只是"课前传授+课上内化"的教学形式正好相反于传统的教学形式，却忽略了两个关键点：一是课外真正发生了深入学习，二是课堂上观点能够真正相互碰撞并将对问题的研究引向更深层次。学生观看教学视频并进行课前预习的活动，并不只是对新知识的简单学习，而是对新知识的深入理解，这就要求录制的教学视频能让学生自学，并且效果不亚于在课上讲授。在此基础上，学生的知识不能只停留在某一层面上，而应该通过学习活动的讨论分享引向更深层次。同时，也应该认识到翻转课堂与在线视频并不是同一个概念，翻转课堂最重要的价值体现在卓有成效的面对面的互动学习活动上。

二、翻转课堂的特征

（一）教学主体的多元、动态、协商

首先，翻转课堂颠覆了传统的课堂教学模式，打破了传统课堂教学主体单一的弊端，使课堂教学的主体呈现多元化。一方面，翻转课堂让学生课下进行自主学习，"教"的主体由教师转向家长、学校、社会与国家，"学"的主体也不仅仅有学生，更是多种类型学习者的"学"；另一方面，翻转课堂的课上互动、探究，为多主体参与的实现提供了时间和可能。

其次，教学主体的动态发展也是翻转课堂的特征。一是教学主体角色的动态变化。教学主体的角色在随着教学时空场域的变化而不断动态发展与适度调整。如翻转课堂使得教师从传统课堂中的知识传授者变成了学生学习的促进者和指导者。二是教学主体功能价值的动态变化。翻转课堂凭借信息技术平台更有利于各教学主体的功能与价值的发挥，并使得这种功能与价值处在不断发展变化之中。三是教学主体行为方式的动态变化。就教师而言，录制教学视频和传统课堂教学中的行为方式具有明显不同；就学生而言，课下学习的方式和传统课堂也有显著差异。

最后，翻转课堂呈现出教学主体的协商性特征。所谓主体协商是行为主体在伙伴选择、信息共享、利益分配、承担任务以及解决问题方面的一种有效机制。翻转课堂改变了学生获取知识的形式，教师不再是知识的唯一来源，多主体知识体系逐渐形成，促进了教学主体权威性的消解，使主体间的民主、平等得以真正实现。教学过程中的协商、知识的协商、教学方式的协商以及课堂上下的协商等都是翻转课堂教学主体协商性的表现。充分利用信息技术，可以让课堂更为人性化、师生关系更为和谐、家长参与度更高等，这是翻转课堂呈现教学主体协商性的结果。

（二）教学资源的集成、全面、共享

教学资源是教学工作开展的基础，包括文本资源、图形资源、图像资源、动画资源、声音资源和视频资源等类型。翻转课堂打破了传统课堂教学资源的单一性，通过教学视频平台和信息技术支持，把分散的教学资源聚合在一起，共同为教学主体提供最优质的服务。这体现了翻转课堂教学资源的集成性特征。翻转课堂直接或整合利用网络优质教学资源，建构了由理论知识资源、实践经验资源和方式方法资源所构成的翻转课堂内容体系。

与传统课堂不同，翻转课堂集成了大量教学资源，使得教学资源具有了全面性特征，主要表现为资源数量多，资源质量优化，资源样态动态、可持续。一方面，在翻转课堂教学过程中，师生拥有大量的教学资源，极大地丰富了课程内容，如在电子书包和学科资源网站中集成着大量的教育资源，包括图片、文献、案例、习题和工具书等。另一方面，在翻转课堂视频的制作过程中，教师精选出适合学生年龄特征和个性差异的优质教学资源。此外，从翻转课堂教学资源的样态而言，教学资源不断得到更新、重组，体现了其动态可

持续的发展。

翻转课堂在教学资源方面还具有共享性特征。教学资源共享，涉及教学各主体的利益，既要协调各种利益关系，又要满足教学主体对教学资源的需要。翻转课堂的实施为教学资源的共享提供了条件。在课前，所有教学资源师生共享，为知识信息的传递提供了便利。在课堂上，为师生等教学主体提供资源交流的机会，实现知识信息的深化。而且，翻转课堂大量的教学资源以微视频的形式展现，学生通过简单操作就能实现教学资源的共享，同时可以获取自己所需要的课程资源。

（三）教学过程的自主、灵活、可控

教学过程可以分为"教"和"学"两个过程，翻转课堂让整个过程更加自主、灵活、可控。学生能够根据自身的知识水平、学习进度和教学视频特色等进行自主选择、自主学习、自我监督、自我评价。这体现了翻转课堂中教学过程的自主性特征。依据建构主义理论，学习是一种能动的活动，绝不是教师片面灌输的被动活动，知识并不是靠教师传递的，而是学生自身主动建构的。建构主义学习观倡导自主学习、主动学习、合作学习和探究学习，强调学生的学习过程是自主建构的过程。总之，翻转课堂实现了学习方式的巨大变革。

翻转课堂能够适应教学过程的各种变化，体现了其灵活性的特征。教学过程是非常复杂的，学生、教师、教学内容、教学方法、教学媒体和教学环境等多种因素都在一定程度上影响着教学效果。只有不拘泥于教学的固定模式，针对不同的教学环境，采用灵活多样的教学方式，才能实现教学各主体的最优发展。

翻转课堂利用信息技术实现了教学过程的可控性。教学过程的可控性是指在整个教学过程或部分教学阶段中，教学主体能够对教学及其进程进行把控。这种可控性有利于教学活动的顺利开展，也更能够促进教学各主体的发展。翻转课堂以教学视频的方式传授知识，能够实现对教学时间、进度的有效控制。学生可以根据自身的需要和进度，对教学过程进行调整。如果有些学生通过阅读纸质材料就能掌握指定的学习内容，那就不必全程看完教学视频。而对于教学重点和难点，学生可以多次观看相应视频片段，假如还有疑问，就留到课上与教师探讨。这说明了翻转课堂在教学过程中具有可控性特征。

三、翻转课堂的局限与不足

（一）课前视频讲解的有效性

仔细分析翻转课堂的概念和做法可以发现，翻转课堂主要是从空间和时间两个维度对传统教学方式进行了翻转。如果把教学从空间上分为课堂内、外两个场所，从时间上分为课前、课中、课后三个阶段，那么在空间上，翻转课堂翻转了课堂内、外，把原来课堂内的直接讲解移至课堂外，把原来课堂外的做作业移至课堂内。在时间上，翻转课堂翻转了课前、课中、课后，把原来课中的直接讲解移到课前进行，把原来课后的做作业移到课中。

实质上，翻转课堂是把传统教学方式在时空上进行前移，但是并没有对教学形式进行翻转。和传统教学方式一样，翻转课堂也是采取"先讲解再做作业"的形式。翻转课堂

把教师的直接讲解由课中变成课前，由课内变成课外，由面对面变成视频，由整段变成片段。但是翻转课堂和传统模式一样都是始于教师直接讲解，即都把讲解作为整个教学阶段的第一步。

然而，很多时候直接讲解的效果并不是很好，经常会变成让学生死记硬背的灌输式教学。教育心理学研究表明，直接讲解要发挥作用是需要一定的条件和时机的，这个条件就是学生的先前知识。根据建构主义学习理论，有效的讲解需要激活学生的先前知识，把新知识的学习与学生的先前知识联系起来，让学生进行有意义的学习。奥苏贝尔（Ausubel）的先行组织者理论就是为了帮助教师激活学生相关的先前知识，调动学生的学习积极性，帮助学生进行新旧知识的整合，使讲授成为学生有意义的学习。① 但是如果学生不具备相关的先前知识，教师就需要帮助他们准备必要的先前知识，为讲授发挥作用创造时机。

要发挥直接讲解的有效性需要在讲解之前先让学生进行相关的探索性活动，因为这能帮助学生提前了解相关知识，为他们日后更深入地学习做好准备。如果只是简单地把这些先前知识告诉学生，效果一般不好。学生往往会觉得这些知识很容易理解，但实际上他们对相关知识点并没有进行充分的对比分析，形成必要的先前知识，而这正是讲授的重要基础。对相关知识点进行对比和分析，可以为之后的讲授创造时机，而讲授则是学生深入学习、提高认识的一个必要的方法。

翻转课堂把视频学习作为整个教学阶段的第一步，无法充分发挥视频讲解的作用，应该首先为学生学习视频创造时机和条件。这又分两种情况，第一种情况，如果学生具备了相关的先前知识基础，那么就需要调动学生的学习兴趣和动机，让学生进行有意义的学习。很多时候学生并不知道为什么而学，学习内容对自己有什么帮助和价值，导致他们的学习动机比较外在，为了考试、为了教师和家长而被动学习。在传统的课堂上，教师还可以通过声音、肢体语言、提问、讨论等方式努力调动学生的学习积极性。在翻转课堂中，学生只是自学视频，并没有教师在场监督。相比教师现场教学，冷冰冰的视频则更显距离感，更容易让学生失去兴趣和注意力。一旦学生的兴趣和注意力无法被调动，他们的认知主动性就会比较低，那么不管视频内容如何精彩、制作如何用心、设计如何巧妙，也无法调动起学生的先前知识来与新知识进行整合、建构，讲解就会变成注入式教学。更严重地，学生可能无法完成对视频的学习。因此，教师可以设计相关的导入活动，让学生认识到视频内容的重要性和意义，充分调动学生的学习动机和兴趣，从而帮助他们整合新旧知识，提高认知主动性，进行有意义的学习。

第二种情况，如果学生没有具备相关的知识基础，教师就需要帮助他们准备必要的先前知识，为讲授发挥作用创造时机。教师在教学视频讲解之前应该提供机会让学生先进行探索性活动，发展出辨别性知识，然后学习教学视频，这会比直接学习视频的效果更好。

基于以上讨论，目前的翻转课堂模式缺乏视频学习前的准备活动。为此，教师应在学生观看教学视频之前，设计相应的活动来激发学生的内在学习动机、准备必要的先前知识。例如，教师可以在课堂的最后布置下一次课的准备活动，或者可以提前在网络教学平台上发布活动，让学生在课前完成。

---

① 徐辉. 现代西方教育理论 [M]. 重庆：重庆出版社，2006：170.

（二）课堂探究活动的有效性

正如翻转课堂的倡导者伯格曼（Bergmann）和萨姆斯（Sams）所强调的，翻转课堂的最大优势在于：当直接讲解被移到课堂之外后，有限且宝贵的师生面对面的上课时间得以最大化。① 根据目标分类理论，学生在课外学习视频讲解时进行低水平的认知活动（记忆和理解），在课堂上进行高水平的认知活动（应用、分析、评价和创造）。研究表明，教师在课堂教学环节是否有效地设计课堂活动，如讨论、合作、互动、问题解决，从而促进深度学习，是决定翻转课堂是否比传统教学模式更为有效的关键要素。只是简单地使用视频，让学生在课前观看学习，单纯用视频代替教师课堂讲授，并不能显著提高教学效果。②

如何有效利用这些师生面对面的上课时间创设有意义的学习活动，让学生深层参与到课堂学习中，进行高水平的认知活动，就成为翻转课堂能否有效实施的关键，也是对教师的重大挑战。

第一，教师需要具备快速诊断学生理解水平的能力。优秀教师一个重要的特质就是具备较强的诊断能力，能够评估并诊断学生的思维、能力、理解和错误概念，并根据诊断的结果调整教学方式。③ 然而实际教学课堂上，即使是有经验的教师也并不擅长评估学生的理解水平，尤其是经常会高估学生的理解水平。

对于实施翻转课堂教学的教师而言，必须具备能够快速、准确地评估并诊断学生理解水平的能力。和传统教学模式相比，翻转课堂的一个主要优势在于能够实施个别化教学。在翻转课堂教学中，教师能够为学生选择合适的教学视频片段，设计特定的认知活动，以及提供个性化的教学指导。但是这些都是基于教师对于学生认知能力尤其是先前知识水平准确评估的基础之上。尤其是在课堂探究活动的设计上，教师需要根据每个学生的认知水平设计特定的活动，降低学生学习记忆的负担，增加相关认知负荷；需要创建一个学习环境，满足学生自主学习的需要，增强学生的内在学习动机；需要基于学生的先前知识和课堂教学的实时互动情况提供教学指导，对学生的错误做出及时反应和相应调整，而且真正整合到学生正在进行的认知活动中。

传统的诊断学生理解能力的方法主要是测试学生对系列问题的解答。这种方法既费时复杂又无法实时了解学生的学习进程，不适合个别化教学。一个快速诊断学生认知水平的方法为：首先把学习内容细分为若干个子目标任务，每个任务对应一个解题步骤，并依次排序；然后要求学生在很短的时间内迅速给出每个任务相应的第一个解题步骤，学生不需要全部解答问题，教师只需要根据答题的第一步来判断他们的理解，如果通过就继续完成下一个子任务，如果没有通过就针对该任务进行教学。

第二，教师需要有效设计课堂探究活动。相比于传统教学模式，翻转课堂中的课堂时

---

① J. Bergmann&A. Sams. Flipped learning Gateway to student engagement [J]. *Learning&Leading with Technology*, 2014, May: 19-23.

② R. Davies, D. Dean&N. Ball. Flipping the classroom and instructional technology integration in a college-level information systems spreadsheet course [J]. *Educational Technology Research&Development*, 2013 (4): 563-580.

③ T. Seidel&R. Shavelson. Teaching effectiveness research in the past decade: The role of theory and research design in disentangling meta-analysis results [J]. *Review of educational Research*, 2007 (4): 454-499.

间被从直接讲解中解放出来，可以更多地用于互动、探究、问题解决和个别化指导。因此，教师在整个教师生涯中第一次拥有了每节课都能与每个学生进行一对一交流的机会。然而，很多习惯于在课上讲解的教师反而不知道应该如何利用这些宝贵的课堂时间。应该认识到，多出来的这些课堂时间本身并不能直接提高教学质量，只是简单把时间用于做作业也无法产生明显的效果。对此，教师可以从师生关系、内容和兴趣三方面组织课堂教学活动。在师生关系上，教师要营造积极正向的师生关系，成为学生的导师；在内容上，教师要帮助学生更深入地探索学习内容，更加注重知识的应用、分析、评价和创造；在兴趣上，教师要善于激发学生的学习兴趣和好奇心。

为了更好地把这些宝贵的课堂时间用于主动学习，应该把翻转课堂与基于项目的学习、基于问题的学习等被证明是行之有效的、成熟的学习模式结合起来。这些学习模式提供了一些可操作化的程序和方法帮助教师更好地设计课堂探究活动。

（三）课后解决问题的有效性

人类认知发展总体可以分为早期、中期、后期三个阶段。在认知发展的早期，学生基本上是通过阅读文本、听讲等方式来理解知识的。在这个阶段学生的主要任务是获取、理解知识。在中期，学习的主要任务就变成应用先前学到的知识来解决问题。当学生进入学习的中期阶段时，他们只是部分理解了相关知识，对某些知识可能还存在一些不理解或误解。通过解决问题，学生就会不断修正之前的一些错误理解，并建立起解决问题的相关经验。在开始解决问题之前，学生通常要先学习一些样例或问题的解法。这些样例可以是教科书上的，也可以是教师讲授的。与早期不同的是，这个阶段强调的是通过解决问题来提高对知识的理解、应用和分析。最后，当学生建立起对知识的正确认知之后，他们就进入后期阶段。学习的后期主要是通过大量的练习来提高速度和准确度，着重于学习的迁移。

根据以上分析，当学生处在学习的早期和中期的时候，他们的主要任务是学习和获取知识。即使是在初步涉及问题解决的中期阶段，其目的也是能够更好地理解知识。因此，在这两个阶段教师的指导是十分重要的，能够帮助学生正确地理解知识，建构起正确的图式。但是在进入学习的后期阶段时，学生就需要通过大量的练习来提高和巩固相应的知识，并促进学习的迁移。

翻转课堂教学模式中第一阶段的课前教学视频学习对应的是学习早期，在这一阶段，学生通过学习教学视频部分理解了相关知识，但是对某些知识还存在一些不理解或误解。第二阶段教师在课堂上指导学生完成作业和解决问题的时候，就进入了学习中期。在这一阶段，学生通过问题解决修正了之前的错误理解，加深了已有的认识，提高了对知识的理解、应用和分析能力。在此之后学习应该进入后期阶段，即通过大量的练习来提高速度和准确度，促进学习的迁移。翻转课堂强调学生课上在教师的指导下完成作业，以此代替传统的课后独自做作业，并认为这是翻转课堂区别于传统教学模式的一大优势。不可否认，学生在教师指导下完成作业、解决问题固然重要，但这主要还属于学习中期的特点。在翻转课堂教学之后，学习将进入后期阶段，应该提供机会让学生在没有教师指导的情况下独自解决相关的问题，并进行练习，这样才能更好地促进学习迁移。

第二节　翻转课堂对高校英语教学的影响

一、翻转课堂对高校英语教学的变革

翻转课堂再次推动了高校英语教学的改革与发展，它让语言教学获得了以往无可比拟的优势。将翻转课堂应用于高校英语教学中，可以提高学生的语言交际能力，教师还可以通过课前的教学辅助手段来引导学生进行自主语言学习。这对于英语学习能力层次较低的学生群体而言尤为重要，这不仅可以帮助他们降低英语学习的难度，而且还能让他们在进入课堂时倍增英语学习的自信。由于语言知识学习的前移，教师可以利用更多的课堂教学时间来充分地激发学生的语言思维，促进他们的语言交际，逐步地帮助学生达成内化语言知识、掌握语言运用能力的目的。

与此同时，翻转课堂还促进了高校英语教学中教师与学生之间的互动。虽然翻转课堂在应用的过程中，采用播放视频的手段进行英语课程的教学，但是却促进了教师与学生之间的互动。在传统的高校英语教学模式中，教师对语言知识进行讲解，却忽视了学生的感受，导致学生不愿意与教师进行交流。在翻转课堂的教学模式中，利用视频教学的新颖方式，能够提高学生参与英语课堂的兴趣，从而积极主动地与教师展开交流。

不仅如此，翻转课堂也使得高校英语教学中学生之间的合作大大增加。通过翻转课堂的概念可知，翻转课堂颠覆了传统教学模式中学生与教师的角色，充分尊重学生在课堂中的主人翁地位，能够更好地提高学生的主动性。教师将大多数的课堂时间交给学生，学生能够充分地发挥主动性，加上教师给予学生的充分指导，学生的英语成绩得到切实提高。在翻转课堂的教学过程中，为了更好地提高学生的主动性，教师让学生之间通过合作的方式共同完成作业，合作不仅加深了学生之间的友谊，而且培养了他们互帮互助的良好品质，同时对于提高英语成绩也大有裨益。

二、翻转课堂对高校英语教学的创新

（一）"先学后教"不再是一个值得追求的命题

翻转课堂的产生，使人们对于"先学后教"的必要性产生怀疑。首先，面对全球性加速发展的信息科技，培养具有批判思维能力的创新人才越来越引起教育界的关注。但是，"先学后教"依然遵循的是"应试教育"模式，在先"放"学生的前提下，又把真理的所有权揽入教师的"囊"中，实际上是"以学生为中心"表象掩盖下的"以教师为中心"的最后堡垒。当然，"先学后教"也是通往"转型"途中，帮助那些一步不能跨进问题引导层次的教师渐次前行的必要跳板。在实践中人们发现，那些擅长"先学后教"的教师往往能够较快地领悟转向"导师型"教师的方法，并能够更好地认识组织、静观和问题引导的重要性。

其次，在高校英语教学中实践翻转课堂教学法之后，教师发现用于学生课前自主学习的任务单，一旦与翻转课堂组合，其对于学生自主学习的效果无论怎样估量都不为过。由于有"后台"教师的支持，教学活动明显受到布卢姆（Bloom）学习目标分类学的影响，并且有来源于维果茨基（Vygotsky）"最近发展区"和"脚手架"的灵感提供的帮助，使课前自主学习容易取得显效，能够帮助学生达成目标。这时候，"先学后教"的基础就被抽掉了，学生更加需要的是，在参与内化知识和拓展能力的活动中遇到困难暂时不能解决的时候，有教师进行"问题引导"式的帮助，他们就能够自己发现问题并解决问题。

从翻转课堂教学法视域看问题，"导"与"学"始终处于你中有我、我中有你的交织交融状态，其特点不是"先学后教"，而是"导学一体"。当代的英语教师应该是学生英语学习的设计者、组织者、指导者、帮助者和促进者。站在世界教育改革与发展高位的教师，应大胆地往前跨一步，摒弃"先学后教"，走向"导学一体"，努力成长为"导师型"教师，智慧地发展学生，也智慧地发展自己。

（二）内化与拓展：抓住课堂教学方式创新的关键

所谓内化与拓展，即内化知识和拓展能力。在翻转课堂教学模式指导下的高校英语教学中，学生经过课前学习，已经基本掌握以往教师在课堂上讲授的知识，达成学习目标。进入课堂学习，学生需要的是在初步学习的基础上内化知识和拓展能力。

内化知识与拓展能力基本上与建构主义的同化与顺应相一致。从生物学的观点来看，同化就是把外界元素整合于一个机体的正在形成中或已完全形成的结构内。同化性的图式或结构受到它所同化的元素的影响而发生的改变称为顺应。同化是客体对主体的适应，而客体同时丧失自己的特征。相反，顺应是主体过去已经形成的反应对客体的适应，并且向新的反应方式过渡。

翻转课堂教学法认为，内化知识即在原有认知结构中增加新的元素，基本上表现为对课前学习知识的温故，是一个从陌生到熟练掌握的过程。在这个过程中，认知上表现为学生掌握知识的量的规定性发生改变，新的知识融入原有认知结构之中。与此同时，为顺应新的认知结构做好了必要的准备。拓展能力类似于同化性的图式或结构，受到它所同化的元素的影响而发生改变，是一个在原有认知基础上认识另一个或若干个未知领域的现象的过程，其结果是温故而知新的产生，表现为原有认知结构向新的认知结构的跃迁，学生能力综合发展带动知识拓展一气呵成。原有认知结构顺应新的知识元素，顺应新认知结构的产生。

内化与拓展抓住了当前高校英语课堂教学方式创新的关键，由于在课前学习活动阶段，学生已经基本掌握了原来需要教师在课堂上讲授的英语语言知识，课堂学习活动阶段就没有必要传授这些知识，而是必须抓住内化，巩固新知，达到精熟学习的程度。抓住拓展，则是使学生自主学习、创新思维、语言表达、社会交往等综合素养得到全面提升，对原有的英语知识体系产生全新的理解。

第三节 翻转课堂的教学设计

一、确定学生课前学习目标

翻转课堂的设计首先要确定学生的学习目标,由于翻转课堂具有颠倒课内外教学过程的特性,让学生在课外自主学习新知完成第一次知识内化,课内完成知识的第二次内化。因此,学生在课内、外的英语学习活动所要达到的学习目标不同。学习目标的确定要注意以下几点。

(一)学习目标的阐述应该是具体的

学习目标应能够详细说明学生在完成学习任务后行为或能力的变化。

(二)学习目标是可实现的

学习目标的制定往往要考虑学生的年龄大小、认知规律、知识水平等因素。不同年龄的学生,认知规律和知识水平各不相同,那么对于不同的英语学习活动最后所能达到的学习结果肯定也不会相同。所以,在制定学习目标的时候往往要考虑学生是否能达成事先预设好的学习目标。

(三)学习目标是可测量的

教师所制定的学习目标必须是可测量的,因为只有可测量的学习目标才能评价学生通过参加英语学习活动有没有达成学习目标,从而进一步判断学生的英语学习成效如何。所以,每个学习目标都应该有对应的评价问题或评价活动设计,并且有相应的评价工具去收集学生的学习情况。

二、选择翻转内容

当确定了翻转课堂的课外学习目标后,就要考虑选择合适内容用于学生的课外自主学习,对课外学习目标的要求主要集中在低阶思维层面。所以,在设计和选择课外学习内容时,要结合学生本身的认知规律和特点。

三、选择内容传递方式

选择内容传递方式这一环节主要是创设可承载学生自主学习内容的媒体工具,这里所说的媒体工具主要分成两类。一类主要是用于承载自主学习内容的媒体资源,如文字、图片(书本、试卷、案例、练习册等)、视频(教学实录、微课等)和动画等;另一类主要是用来传播第一类资源的系统工具,如各种网络教学平台、学习管理系统、交流通讯平台、各种网络终端等。而选择学习内容传递的方式一般取决于想要传递的学习内容的形式、资源大小、学习者的地理位置和持有的接收设备情况等。高校英语教学选择内容传递方式时，应综合考虑上述各要素，以选择传递速度快、形式丰富、获取方便以及易于学生开展个性化学习的方式为佳。

四、准备教学资源

在确定了学习内容及其传递方法渠道后，即可开始制作相应的英语学习资源，或者借助网络搜集相关的学习资源为己所用。在该环节中需注意，无论是自己开发新的英语学习资源或利用已有的英语学习资源，均需与先前确定的英语学习内容保持一致，并且资源的形式、大小等要求也需和传递工具相匹配。

五、确定学生课内学习目标

这一环节的学习目标与第一环节的学习目标有所不同。第一环节中确定的课外学习目标更多的是针对低阶思维技能的学习目标，因为在课外学生能参与的更多是培养其识记、理解和应用等低阶思维技能目标的英语学习内容和活动。而在课内则恰恰相反，学生通过与同伴和教师面对面的交流、讨论和开展协作探究等活动，更易于达到发展分析、评估和创造等高阶思维技能的目标。为此，本环节确定的学习目标应该偏向分析、评估和创造等高阶思维技能层次。

六、设计教学活动

在传统的高校英语课堂教学中，教师通过讲授来帮助学生识记和理解。因此，课堂教学的核心活动是教师讲授，而在翻转课堂教学中，昔日教师的讲授，现在都由教学视频代替了。那么，当教师走进现在的翻转课堂，他应该做什么？课堂教学活动和学习活动应该如何设计？这是高校英语教师在实践中感觉最为困惑的地方。既然学生在课前已经完成英语语言知识的认知和理解，那么，以往需要通过大量的课后作业来完成的知识应用训练以及现在强调的知识"分析、评价、创造"，现在都要在课堂教学环节中解决。

在翻转课堂的课前学习阶段，学生得到的是碎片化的知识。对于英语学习来说，这些碎片化的知识是需要整合成整体知识模块的。另外，课前学习的东西毕竟还是初步的、表层化的，学生必须对知识进行内化。这个整合和内化的过程，主要依靠教师的引导，在课堂经过互动和协作完成。如果说课前的学习考验学生的自主学习能力和意志，那么对于习惯于传统"传道授业"的教师而言，要适应和掌握翻转课堂的互动和协作活动，具有考验性的是其教学活动设计能力。在课堂上，师生共同对英语学习中存在的问题进行探讨、商榷、研究，从而达成学习目标。

（一）确定问题

课堂探究的问题需要师生共同确定。从教师的角度，教师需要根据英语教学内容的重难点提出一些问题；从学生的角度，学生根据自己在课前观看教学视频、进行课前针对性练习时发现的疑问及与同伴交流时未解决的困难提出一些问题。综合以上两方面来确定用于课堂探究的问题。

具体过程如下：上课的第一个阶段，学生先根据教师提出的课前要求和问题，陈述在课前学习中遇到的、希望同学和教师给予帮助和解答的困难和疑问，再提出新发现的问题。教师整理旧问题的疑问和新发现的问题，提交小组讨论和解决。由于长期的传统英语教学形成的个体性格和思维习惯，学生可能既不愿意承认自己不懂，也不善于质疑和发现新问题，因此，这是英语翻转课堂最难的一步，需要教师加以引导和鼓励，消除学生心理上的障碍，引导学生发散思维，教会学生找到问题。教师在整理需要小组讨论解决的问题时，可以请学生帮助，与学生一起来挑选和决定最重要、最需要讨论和解决的问题。精选问题，既考虑到问题的重要性，还要考虑时间的限制。

（二）合作探究

即小组协作，解决问题，形成小组答案和意见。教师根据学生的不同特点进行异质分组，并分配给每个小组探究式题目，每组规模一般控制在4~6人，在每组中推选出一个组长，用于组织该小组的探究活动。小组中的每个成员都要积极地参与到探究活动中，随时提出自己的观点和想法；小组成员之间通过交流、协作共同完成学习目标。在此过程中，教师需要随时捕捉各小组的探究动态并及时加以指导，并根据实际情况选择恰当的小组学习策略，如头脑风暴、小组讨论等。小组讨论可以先解决本小组同学陈述和提出的问题，再讨论和解决其他组同学的问题，这样更容易入手。如果对要讨论的问题不够清楚，还可以请提问的同学再陈述一遍。然后开始讨论其他同学的问题，形成小组答案和意见。如果还有解决不了的问题，可以向全班同学和教师提出，要求帮助和解决。按照"人人参与"和"轮流坐庄"的原则，确定全班研讨会的发言人。在高校英语翻转教学实验初期，可以请表述能力强的同学代表发言，以对其他同学起到示范作用。在后期阶段，一定要注意全体参与性，保证所有同学的积极性和参与机会，避免某些同学的意见和机会"被代表"。

（三）展示质疑

学生经过了小组协作探究式活动之后，要将个人及小组的成果在课堂上进行展示，并组织全班研讨。全班研讨，需要教师进行组织，必要时教师可以加以意见补充。但要避免教师过于主导，将研讨会变成教师的"一言堂"，从而影响学生参与的积极主动性。

七、进行教学评价

教学评价是指以教学目标为依据，制定科学的标准，运用一切有效的技术手段，对教学活动过程及其结果进行测定、衡量，并给以价值判断。教学评价主要具有导向功能、鉴定功能、监督功能、调节功能、诊断功能和激励功能等。

（一）教学评价的分类

基于翻转课堂的高校英语教学中的评价体制与传统英语课堂完全不同。在翻转课堂教学模式中，评价应该由专家、学者、教师、同伴以及学生共同完成。该模式不但注重对学习结果的评价，还注重对学习过程的评价，真正做到定量评价和定性评价、形成性评价和总结性评价、对个人的评价和对小组的评价、自我评价和他人评价之间的良好结合。

(二）支持翻转课堂的评价活动

与传统高校英语教学的学习评价活动相比,翻转课堂的教学评价侧重于针对学生学习情况开展以鉴定、诊断、调节为主要目的的评价。一方面,旨在检测出学生对课外学习内容的认识和理解程度,并诊断出学生真正的学习难点,从而为课内教学活动的设计奠定基础;另一方面,在课内展开形成性评价和总结性评价活动,评价学生整个学习过程,鉴定学生学习成果。

高校英语教学翻转课堂的过程评价注重学生在问题的选择、独立学习过程中的表现、小组学习中的表现、学习计划安排、时间安排、结果表达和成果展示等方面。英语翻转课堂教学模式中常用的评价形式有以下几种。

1. 在线测试

在线测试主要是应用网络互动技术开展学习效果检测的练习、测试等活动,网络平台能自动收集学生的测试结果,并能自动完成测试批改、统计和分析等工作。在英语翻转课堂教学模式中可以采用的在线测试形式多样,如自我评价、在线测验等,其选择往往取决于学习目标的设定。

2. 课堂概念测试

这是一种简短、具有针对性的非正式学习评价方式,这一类测验通常针对一个语言知识点设置1~5道多选题,学生通过举手、举指示牌(不同颜色的牌指代不同的选项)或选择器回答问题。概念测试的主要目的在于获得学生对当前讲述知识点的理解程度,以便教师进行教学调整。测验并不是针对个别学生的,也不会给出相应的分数或成绩,是一种低风险的评价方式。基于网络环境的概念测试能实现在一个大班教学中进行实时的评测,并能较快地统计其结果,以便教师及时做出教学调整。

3. 同伴评价

同伴评价主要是由合作学习的同伴根据学习者对小组做出的贡献、小组活动参与情况及与小组其他成员讨论问题情况等方面对其做出的评价。这种评价方式有利于学习者更好地参与到小组学习活动中,提高帮助他人及合作学习的积极性。①

八、辅导学生

在高校英语教学中,无论采用何种形式的教学活动,要想取得良好的教学效果都离不开教师的正确引导。在学生参与教学活动时,教师需提供相应的脚手架,帮助学生更好地开展活动,有时甚至需要教师为仍对学习内容和活动存在困惑的学生提供个性化的辅导。在整个英语学习活动中,教师需要给提出疑问的学生做出及时的反馈,在学生汇报学习成果或学习结束后,教师要进行统一的总结反馈,以促进学生英语语言知识的内化和升华。

---

① 马明山,乔丹丹,汪向征. 公众视野中的可汗学院课程评价及其启示 [J]. 中国电化教育,2014(1):93-98.

第四节　高校英语翻转课堂教学方法的实施

一、高校英语翻转课堂教学方法实施的必要性与可行性

（一）高校英语翻转课堂教学方法实施的必要性

1. 当前教学理念的转变

在现代技术飞速发展的今天，高校英语教学需要更好地与人才市场相连接。然而填鸭式地将知识生搬硬套灌输给学生的以课堂、教材和教师为中心的传统教学模式离高校英语教学的宗旨越来越远。翻转课堂的出现对传统英语教学模式发起了一场破坏性的革命，主张让学生不在课堂内而是在课前通过观看视频教学资源自主学习课程内容，在课堂上不是学习课本知识而是在教师的组织与引导下完成英语语言应用，达到了学以致用、理论与教学实际相结合的教学要求，尤其适合在高校英语教学中应用。

2. 学校信息化程度提高

当今，信息技术高速发展，采用传统教学模式进行高校英语教学，既浪费信息资源又与现代科学技术脱节。而实施翻转课堂教学模式需要借助现代化的信息技术工具和手段。目前，数字化校园网已在众多高校推广，教师可以借助电子设备如手机、平板电脑、笔记本将制作好的英语视频资料、课程内容上传至网络平台，同时，学生的学习突破了时间和空间的制约和束缚，也能随时随地地浏览下载。在线学习技术的成熟发展为基于翻转课堂的高校英语教学提供了平台，并成为其成功实施的必要前提条件。

3. 大学生个性化的学习需求明显

传统的高校英语教学，教学内容陈旧、教学方法针对性不强，忽视学生的个体差异、能力水平和个性发展。而翻转课堂能极大满足学生的个性化需求，有效整合英语学习资源。在授课前观看与课程内容相关视频以及教学资料环节，能够让学生根据自身对知识的需要以及理解掌握程度，合理规划学习进度、内容、节奏、风格和呈现知识的方式。在自主学习过程中能够强化学生找到问题、解决问题的能力，以此体验更真实的学习，促进他们的个性化发展以及英语综合能力的提升。

（二）高校英语翻转课堂教学方法实施的可行性

1. 符合英语学科特点

英语教学的目标是培养学生听、说、读、写、译等综合能力，仅靠课堂有限的教学时间，很难培养这些能力。在传统教学模式下，学生的英语运用有时间和环境的限制，课下又缺少教师的监督和指导，很难进行课外的交流，更谈不上语言的运用。实施翻转课堂后，课堂时间被完全合理化应用，教师可以协调组织学生进行各种互动交流活动和英语的语言表达运用，比如，情景对话、角色扮演、小组讨论、英语演讲等，培养学生的英语综合能力，这符合学生英语学习的特点，也满足了学生英语学习的需求。

2. 有利于减轻学生的学习负担

英语作为一门外语,不同于汉语学习中学生在课外依然有良好的语言学习环境。学生的英语学习离不开用的语境和交际应用,而学生在课后很难找到相适应的语言环境,语言学习大多事倍功半。传统的课堂模式通常会在课后给学生留下大量的作业作为课堂学习的巩固手段。学生在独立完成课后作业的过程中,往往由于课上问题解决不彻底并缺少教师和同伴的帮助,产生挫败感,逐渐丧失英语学习的热情和动机。而且传统英语教学中常布置机械重复的课后作业,这样的作业形式脱离真实的英语语境,导致学生的课业负担加重,加之缺乏及时的心理指导,长此以往必然磨灭学生英语学习的兴趣。而翻转课堂把语言的巩固放到课堂上,将学习任务设置在相应的语用情景之下,并让学生与同伴、教师一起来完成,这大大减轻了其学习负担。

3. 有利于转变传统的英语教学评价方式

基于翻转课堂的高校英语教学模式,不仅仅采用传统的考试手段来评价学生,而且提供了更加公平合理的评价方式,能够对学生的英语学习过程进行全面的评价,同时更好地提高翻转课堂的教学效果。首先,教师可以对学生在英语课堂中的表现进行评价,使得学生充分认识到自己的不足,在后来的课程中不断改正自身的缺点,促进自身的不断进步。同时,学生也可以对教师的教学方式提出建议,共同促进翻转课堂教学模式的不断发展。其次,能够对学生进行多方面的评价,教师在对学生进行评价的过程中,不仅需要参考学生对英语知识的掌握程度,而且对于学生的交流能力、团队合作能力、解决问题的能力等,也要给出一定的评价,这样才能全面综合地反映一个学生的学习能力,更好地促进学生的发展和进步。

二、高校英语翻转课堂教学方法实施的关键要素

(一) 学习环境

翻转课堂的一般做法是让学生在课堂之外自主学习,在课堂内进行研讨与交流。对大部分自律性不强的学生而言,要做到让他们在课堂之外严格按教学设计来自主学习并不容易。改造这种来自自由网络世界的教学模式,使其适应班级授课制框架下的英语课堂教学,第一个要考虑的问题就是学习环境。学习环境是实施高校英语翻转课堂教学的重要基础,在进行翻转课堂教学实践探索时,可以在学校内构建一个集中式的、适合学生课前学习的"一对一"网络教室,并基于实践对其进行不断改进,探索行之有效的翻转课堂教学环境设计。

(二) 技术支持

高校英语翻转课堂教学方法的实施需要网络教学平台、学习资源、学习终端和各种学习工具的支撑。教师在实施翻转课堂教学时,无论是学习资源制作、课前学习活动组织,还是课中在线评测活动的开展,都需要使用大量的信息化手段和工具,因此,简单易用的教学平台、及时的技术支持服务在高校英语翻转课堂教学的实施过程中必不可少。

（三）学习评估

翻转课堂教学要求教师了解学生的课前学习情况，将其作为设计课堂教学活动的重要依据。此外，教师在课堂中也常常需要通过当堂在线测试等方式检测课堂活动的实施效果。因此，高校英语翻转课堂教学的实施要求建立起一套关于学生学习数据收集、分析与统计的系统，以帮助教师更便捷地获取学生的学习数据，确定学生的学习起点，分析评价学生的学习过程，预测学生的学习发展趋势。

（四）时间分配

实施翻转课堂首先面临的是时间安排的挑战，我国学生的课时安排普遍过多，课业负担繁重，要实现经典的"家中学习微视频，课堂中做作业、参与讨论并实现知识内化"的模式并不容易。因此，与国外普遍采用的"家校翻转"不一样，国内很多实践者提出了"校内翻转""课内翻转"的实践模式，但要实现"校内翻转""课内翻转"，具体的时间如何分配需要根据大学英语的课型特点做出科学的规划。

（五）教师与学生

翻转课堂作为一种变革传统英语课堂教学流程的新型教学模式，使得教师的教与学生的学都有了很大变化。这一方面要求教师具备应用技术转变学生学习方式的能力，并能够熟练掌握网络教学环境的各种教学工具，拥有驾驭翻转课堂这种教学模式的能力。另一方面，则要求学生必须具有良好的自主学习能力和信息素养。学生只有具备较强的自主学习能力，才能在课前应用数字化学习资源进行高效学习；学生只有具备较高的信息素养，才能够在网络环境下流畅地与同学协作互动，按要求完成各种学习任务、提交作业等。

三、高校英语翻转课堂教学方法实施的策略分析

（一）学生的学习策略

1. 学生课前观看教学视频的策略

高校英语翻转课堂教学模式是通过教学视频完成在传统课堂里通过教师直接讲授给学生的知识。学生在课前需要完成知识的初步学习，一般是原理性或事实性知识的学习。学生观看教学视频所采取的策略是一种对自己本身学习的调控。教学视频的时间一般在7~10分钟，这被称之为微视频。如何在这短短的10分钟视频中完成语言知识的学习，首先需要学生具有一定的自制力和控制力。学生要选择一个较为安静的环境，这样才能免受外界的打扰，全身心观看教学视频。然后，针对自己的情况适时"倒带"。学生在观看视频时，会遇到不同的问题。有些基础弱的学生，为了能快速完成任务，抱着迅速看完的心态，这样是对自己的学习不负责的表现。学生应该立足自己的实际水平，在开始阶段就打牢自己的基础。最后要做笔记，记下自己不懂的地方或者自己感兴趣、想要进一步了解的问题。这是学生观看教学视频后要做的重要事情。若学生看完教学视频，只是在脑子中过一遍，并没有与自己的原有知识结构发生反应，没有自己的思考，这便是无效的学习。

2. 学生独立探究策略

一般来说，探究被界定为多层次的活动，具体包括观察、提出问题、通过浏览书籍和其他信息资源发现什么是已经知道的结论、制订调查研究计划、根据实验论证对已有的结论做出评价、用工具收集、分析、解释数据、提出解答、解释和预测。探究要求确定假设，进行批评的逻辑的思考，并且考虑其他解释。独立探究策略既是一种学习策略，也是一种教学策略。独立探究策略具有主体性、独立性、实践性和开放性等特点，主体性是最重要的特征。当今世界的发展需要高校培养具有独立研究能力的学习者。一个具有探究能力的人才能具有创新能力，才能体现出人作为独立个体存在的价值。在高校英语翻转课堂教学模式下，学生主动参与到学习过程中，积极从事自己的学习活动。基于翻转课堂的高校英语教学不再只注重教学效果，而更关注学生获得知识的过程。在这个过程中，教师的讲授逐渐让位于学生自主学习的过程，学生不能再依赖教师事无巨细的讲解，而应该培养自己学习的主动性。学生在独立探究的过程中会遇到很多的问题，教师的角色从讲授者变为引导者。学生学到知识，体验到学习带给自己的成就感，更激起学生对探究的乐趣。

（二）教师的教学策略

1. 教师制作教学视频的策略

在高校英语翻转课堂教学的实施中，教师需要制作高质量的教学视频。可汗学院所制作的微视频一般不呈现教师，只展现一块白板和教师的一双手。乔纳森（Jonathan）在如何制作高质量的教学视频方面一直不断探索，他提出教师可以制作自己的教学视频，也可以采用网络中优秀的教学视频。①

教师在制作教学视频时有以下几点要注意：首先，要保持教学视频短小，这是根据学生注意力的特征而设定的要求。其次，使自己的声音有活力、生动，节奏流利。当教师以一种流利的语言讲授内容时，学生的注意力更容易被吸引。如果教师的语言和语调如同电脑讲话一般，自然不能赢得学生的喜爱和兴趣。最后，教师可以在制作教学视频中增加幽默的语言，激发学生学习英语的兴趣。

2. 教师课堂教学的策略

高校英语翻转课堂教学方法的实施最重要的不在于教学视频的制作，而在于教师课堂中教学活动的组织。翻转课堂与传统课堂最大的不同在于：通过不同的教学活动让学生在活动中完成真实的语言任务，完成语言知识的建构。在传统的英语教学中，教师的教学策略只关注把知识传授给学生，而不考虑学生的具体情况，把学生当成"容器"，而翻转课堂教学方法的实施则依靠教师组织不同的教学活动。

在基于翻转课堂的高校英语教学中，传统课堂中知识的传授被放在课外，课堂中教师有更多的时间来设计教学活动。教师可以依据自己的教学风格采用不同的课堂教学策略。例如，教师可以设置更多的对话、阅读英美文学、写故事等活动，激发学生学习与应用英语的热情。

翻转课堂是以学生为主体的课堂，教师成为真正的引导者，如何让学生顺着自己"导"的方向进行学习是一门必修的学问。因此，教师必须要具备稳固的知识储备和一定

---

① 陈晓丽. 高校英语慕课与翻转课堂教学模式研究［M］. 成都：电子科技大学出版社，2017：68.

的课堂管理能力，使课堂时间得到高效的利用，让学生在课堂中得到真正的发展。

第五节 翻转课堂在高校英语教学中的应用

一、翻转课堂在高校英语词汇教学中的应用

（一）课前教学准备

这是知识传递的第一步。首先，微视频的制作。在进行高校英语词汇教学前，英语教师要将本单元学习的重点词汇挑选出来，制作出大约 5~10 分钟的微视频，包括重点词汇的音、形、义的讲解和词汇辨析、与本单元词汇内容有关的词汇学习策略的介绍、词汇记忆方法的指导，等等。这些内容应该简洁明了，每个单元的词汇可以包含若干个这样的微视频，方便学生课下反复观看、提前学习。其次，列出英语词汇学习的清单，根据学生的层次进行英语词汇的分类，根据不同级别分别设计出难度适中的练习题，在上课之前，通过网络平台把英语词汇学习的清单和相关的练习题发送给学生，让学生在学习完小视频的内容后，再认真完成自己相应级别的练习题，帮助学生掌握本单元英语词汇学习的要点与重点。教师在这个阶段，要及时与学生进行沟通反馈，通过这些练习题了解学生词汇掌握情况。最后，英语教师需要根据每个单元的内容，设定不同级别的词汇通关测试题，只有通过了相应的测试，才能进入更难一个级别的英语词汇学习。学生可以根据自己的学习时间和自身的英语学习能力决定词汇学习的进度，这样更加符合教学"以人为本"的精神。在这个阶段中，对微视频内容的学习是整个翻转课堂教学模式的核心步骤，也是与传统教学最大的不同点，将学生的学习放到第一步，充分体现了学生是学习的主体。同时，学生只要落实这些学习任务，就很容易发现词汇学习中的难点和不解之处。

（二）课堂教学过程

这是知识的内化过程。在这一阶段中，英语教师扮演了两个角色：引导者和解惑者。首先，作为教学环节中的引导者，英语教师可以组织学生小组合作学习，对本单元的重点英语词汇，采取英汉词汇互译竞赛、英语故事大赛、角色扮演、相关主题的演讲、英语新闻采访等不同的方式，引导学生反复使用这些重点词汇，进行词汇的交际输出性练习，达到英语词汇内化的目的，这些模式更加符合语言学习的规律，有利于展现英语语言的应用性特点。其次，作为一名解惑者，英语教师还要帮助学生解决在学习过程中碰到的难题。在课前学习的环节中，学生必然会碰到这样那样的难点，学生都可以带上课堂，与英语教师进行探讨交流。英语教师应该及时进行答疑和解惑，帮助学生进一步内化吸收知识。

（三）课后总结与反思

这是知识的巩固过程。课堂教学之后，学生对本单元的词汇学习如果还不够深入，可以再次反复观看微视频，回顾重难点，查漏补缺，进行英语词汇的再次巩固训练，达到学

懂、学透的目的。学生应及时通过网络平台与英语教师进行沟通反馈，一方面可以提升自己的英语词汇应用能力，另一方面可以让教师掌握学生的学习情况，根据学生学习英语词汇的情况进行教学方式和教学内容的调整，促进英语词汇教学的良性发展。

二、翻转课堂在高校英语阅读教学中的应用

（一）课前教学设计

首先，英语教师要选择合适的阅读资料。在以往的英语阅读教学中，很多学生认为课本内容太过时、太枯燥，无法激发他们的阅读积极性和阅读兴趣，所以英语教师所选材料要与时俱进并具有趣味性。同时要注意篇幅不宜过长，因为翻转课堂模式在英语阅读课上应用的关键是让学生在课堂上深度阅读，过长的文章会影响课堂阅读效果和各种活动的展开。接着，教师根据所选材料制作成教学视频。根据讲解内容的多少，可以制作一个或多个视频，每个视频一般在10分钟左右为宜。这些视频包括以下内容：阅读的目的和要求以及要掌握的重点；生词和短语的用法讲解、相关的重点语法知识讲解、难句的意思以及文章的结构分析；阅读的方法和技巧介绍。通过观看教学视频，学生能基本解决语言问题并对阅读材料的内容和结构有一定的了解。

学生完成资料阅读并观看视频，理解视频中的内容和要求并进行整理和分析，对自己感兴趣的部分重点学习。对于无法理解的内容，可以通过自主学习平台或者借助其他通信工具与同学讨论交流，也可以把问题带到课堂上向教师求助。学生在课前活动中基本能完成教师布置的任务。

（二）课中教学设计

字面层次和评断层次是阅读理解的两个层次，通过课前阅读和观看视频，许多学生理解的内容只停留在字面层次，即读者通过对英语词汇的功能和句子结构的正确辨识，接受文字的基本信息，经过思维在头脑中逐步形成既定概念。

而阅读的目的是要达到高级的评断层次，即包含多项信息收集和反馈活动，其中相关信息的搜集、评论、分析和辨错占主导地位。要达到这个层次，学生必须在课上进行深度阅读，并进行认真讨论分析。例如，教师可以让学生边读边写或者先读后写。学生通过课前的略读和观看视频已经基本解决了语言问题，所以教师可以在课堂上让学生边细读边写或者读完以后写，写的内容要有助于学生弄清语篇意义和提高阅读技能。例如，找出重要的细节及其与文章主题的联系，文章的重要情节以及人物之间的关系等。

教师可以让学生仔细研读。仔细研读是培养学生高阶思维技能的途径之一。刚开始，教师组织学生集体进行研读，采用示范研读的模式。在读完一个片段之后，教师可以让学生讨论主题、词语和文章结构，也可以让他们把所读的内容与自己的生活密切联系，与之前学过的内容相联系，或者与课堂上讨论过的内容相联系。接着，教师组织学生对阅读内容进行评论和分析，教师对最佳的评论进行点评，以此让学生弄清什么样的评论是更有价值的。这些活动都要在课堂上完成，以便学生得到及时反馈。通过示范，学生可以更独立地仔细研读。在研读的基础上，教师可以组织学生进行合作式研读。学生们可以根据最喜欢的片段进行分组并开展研读，然后他们再与其他组的同学进行交流，对其他组同学的评

论展开讨论。

(三) 课后总结与巩固

在一堂阅读课结束后，教师要对学生在课堂上遇到的问题进行及时总结和归纳，并通过网络学习平台等及时给予学生反馈，指出学生在阅读方面的不足以及需要改进的地方。学生则根据教师给出的意见或建议巩固课堂所学的内容，并反思学习过程，使英语阅读能力得到真正提高。

三、翻转课堂在高校英语写作图式教学中的应用

(一) 课前自主学习，积累图式

在课前的自主学习中，教师根据单元内容主题，设置引导性问题和单元写作任务。要完成写作任务，学生必须首先根据原有的经验画出回答引导性问题的内容图式，目的是激活学生原有的旧图式。当发现原有图式不足以完成写作任务时，学生就会主动寻求输入。接着，教师和学生各自搜集相关主题的文章发布到网络学习平台，供学生分享阅读。教师将事先制作好的 10 分钟左右的微视频发给学生，内容包括英语写作图式的理论讲解，英汉写作图式的对比，单元主题内容图式的关键词，文章结构图式，与汉语表达习惯不同的语言图式（如用词、句型）。学生按照自己的步调观看视频、阅读文本，完成教师设置的过关任务，提出学习中的疑问和困惑，不懂的地方通过 QQ 群、微信群和学习平台与教师和其他学生进行初步的讨论和交流，在原有图式的基础上积累新的图式，并据此列出作文的提纲，带到课堂。

(二) 课堂知识内化，拓展应用图式

课堂教学是自主学习的延伸，是师生面对面交互学习，从而进一步确认、拓展和应用新图式，实现第一次知识内化的过程，教师可根据需要采取知识考查、重点讲解、合作探究、应用性练习、个性化指导等相结合的方式，使课堂充满活力。首先要对学生观看视频和阅读文本的效果进行检测，目的是夯实基础，答疑解惑，再对网上平台收集到的共性问题加以讲解。接着小组讨论对引导性问题的观点和看法，互相评价作文提纲，通过同学间的交流、倾听、记录等合作探究活动，学生的视野变得开阔，思维受到启发，形成对话题内容的系统图式。对于语言和结构图式，教师可组织学生在课堂进行造句和组段练习，应用刚刚学到的图式完成篇章的一部分，发挥学生的创造性思维，同时培养他们限时作文的习惯，以适应各种考试的要求。之后教师对图式应用的切适性进行即时的个性化指导，再选择典型的案例供同学们讨论、分析、评价，使他们深入理解英语写作的思维模式，准确识别内容离题、用词不当、中式英语、衔接不连贯等与图式相关的问题，从而在课下篇章写作时有意识地加以避免。

(三) 课后巩固提升，修改完善图式

有了课前和课堂多途径、多层面的图式积累和激活体验，学生不再担心无话可说，撰写篇章也不像以前那样费尽周折，而是变得胸有成竹，水到渠成。完成作文初稿后，学生

按要求提交到指定的网上，利用相对成熟的作文评改系统对作文进行批改。可以根据系统给出的分数和评语多次修改，直到自己满意。在此基础上进行同伴互评、教师评价，除此还要更多地关注内容图式、结构图式和语言图式的应用情况，以弥补网络评价的不足。教师整理作文评改系统的评价结果，总结具有典型性和代表性的写作问题反馈给学生，推荐展示优秀的学习作品。还可以为每个人建立"写作档案袋"，包括积累的图式，写作提纲，写作初稿，写作系统、教师、同学的反馈，修改稿和定稿等，记录学生的写作过程和取得的进步。

四、翻转课堂在高校英语翻译教学中的应用

（一）课程开发

这是整个课堂的基础，是翻转课堂实施成功与否的关键，主要由教师来完成。中国的英语教学轻视翻译，大学一、二年级的学生普遍没有掌握好翻译技能，甚至还没有入门，这就要求教师在课程开发的过程中着重考虑学生现有的认知结构，以及对新知识、新技能的同化能力，然后选择难度适中、略高于学生现有认知结构的段落原文为其设计合理的学习方法。在有条件的情况下，教师还要精心制作学习视频供学生观看学习，视频涵盖段落翻译解题的整个过程，包括每个细节。学习内容和学习方法都要依托视频、文档、演示文稿、电子书包、网络、计算机、手机等媒介来实现。

（二）学习先行

学习先行，即学生的自主学习发生在课前和课始。得到教师开发好的资源后，学生应该主动积极地开展自主学习。通过观看学习视频、学习文档、演示文稿等掌握初步的段落翻译技能。遇到难以理解的地方可以反复观看学习，也可以选择与同学或教师进行交流，最终达到理解掌握。确有不能解决的难点，可以留到课堂上，在教师的帮助下解决。在学习过程中有困难的学生，可以通过QQ群、微信群或微博等网络媒介与教师进行即时交流，同时，教师也可以对学生的学习过程起到一个督导的作用。

（三）课堂内化

传统的英语教学模式将学习先行纳入课堂教学活动，师生共同面对崭新的知识，通过师生、生生交流、协作的活动形式，重点解决学生在自主学习中遇到的疑难问题，并通过教师的引导强化翻译知识，使其条理化、系统化，帮助学生形成新的知识结构，然后引导学生将翻译知识转化为实践能力。

（四）评价反馈

评价反馈主要是对学生已达成的学习效果进行科学有效的评测。教师通过布置段落翻译任务来检测学生段落翻译能力的提升情况。评价反馈的主要目的是监测学习效果，包括学生对段落翻译概念和应对步骤的把握，以及翻译实践操作的能力。同时，也可以检验教师的教学效果、课程开发质量和课堂内的引导效果。

（五）研讨总结

研讨总结主要是指总结成功经验，发现其中存在的不足，并找到应对策略。研讨总结不能只有英语教师一个人完成，应在学生的共同参与下完成。教师除了总结反省自己的整个英语教学过程，还要吸收学生的反馈与评价，这样才能全方位对英语翻译的翻转课堂进行把脉，形成全面、科学、有效的教学反思，从而有针对性地优化整个翻译教学方案。

在上面的五个步骤中，翻译课程开发需要教师在了解学生水平的基础上独立完成，课前自主学习需要学生在教师提供的翻译资源基础上独立完成，剩余的三个步骤则都需要教师和学生的密切配合才能完成。在整个基于翻转课堂的翻译教学过程中，学生占主导地位，教师起辅助引导作用，这样不仅有助于提高学生的翻译实践能力，而且有助于提高教师的翻译教学能力。

五、翻转课堂在高校英语语法教学中的应用

（一）精选微视频，督促学生自主观看

微视频的有效运用，是翻转课堂的中心环节。在英语语法课堂教学中，教师应浏览网络资源，把握网络中关于该语法的重要的微视频资源，包括名师在线的微视频，并对这些微视频进行精挑细选，必须符合教学目标和学生学情，以适合自主学习为基准。比如，在"一般现在时""现在进行时"教学中，教师可以让学生课前先观看著名讲师主讲的十分钟左右的微视频。视频中对一般现在时和现在进行时的概念、动词的形式以及二者的用法讲解比较详细，多数学生通过反复观看，可以整体上进行把握。这样，课堂上教师就可以省去对概念的叙述、"三单"构成方法的介绍、现在分词构成等的讲解，节省大量的时间，留给学生有效探讨、交流和训练。微视频的选择与使用，不仅仅依靠网络资源，教师也可以自主制作微视频，发送到QQ空间或者微信朋友圈，让学生课后或者周末回家观看，既起到预习的作用，也可以强化学生的复习巩固效果。

（二）制定好导学案，督促学生自主学习

学生自主学习是翻转课堂的核心环节，学生在家或者在学校的微机室，可以让他们登录账号进入系统，进入作业中心，完成微视频学习内容和导学案，当然也不排除纸质的导学案。若课前学生学不好，课后不注意复习，课堂上教师对这些基础知识又不再讲解，这部分知识就会成为缺口。

（三）注重反馈环节，促进学生主动交流

在翻转课堂模式中，自主学习在课前，交流反馈在课堂。教师要注重学生交流过程中存在的问题，发现学生的易错点和容易忽略的地方。对这些重点内容和易混点、易错点，设计多种活动，以刺激学生兴奋点和注意力。在学生交流的过程中，发现学生的不足之处，并对这些不足之处进行搜集和整理，以便有的放矢地进行指导。

(四) 开展课后评估

传统的高校英语教学评价，主要是通过考试的方式进行的，通常情况下期末考试成绩占 70%，日常学习表现情况占 30%。但是翻转课堂模式的教学评估，更加重视学生在课前与课堂上的表现，主要是培养学生的自主学习能力、自我监督能力以及小组协作能力。虽然评价也是由期末考试成绩与日常表现两个部分组成，但是两者存在明显的区别，就是翻转课堂模式下，对学生学习情况进行评估时，期末考试成绩占 30%左右，而日常表现则占据 70%左右。日常学习成绩主要取决于语法知识学习时的表现（学生自评占 15%，教师评价占 15%）以及课堂上的具体表现。课堂上的主要表现有学习汇报、小组讨论、协助创新等（自评占 10%、同学评价占 15%、教师评价占 15%）。采用这种自我评估与他人评估相结合的方式，帮助学生从发现问题、分析问题、解决问题的过程中，获得语法学习的成就感，通过与教师、同学的交流促进对英语语法知识的掌握，进而提升自身的英语水平。

第十一章 基于慕课与微课的高校英语教学方法研究

慕课、微课是互联网时代的一种全新的、开放的教学模式,它能有效地将英语教学资源、教学管理和学生自主学习有机地结合在一起。开发英语慕课和微课教学,充分利用网络教学平台,发挥信息和资源共享的作用,无疑是英语教学改革的一个新的方向。

第一节 慕课与微课解读

一、慕课解读

所谓慕课,是由 Massive Open Online Course 英文单词首字母缩写的中文音译,意为大规模在线开放课程。"M"代表 Massive 意为大规模的、大量的,注册人数多,课程资源丰富;"O"代表 Open 意为开放的、公开的,学生学习空间和学习资源的开放,学生以兴趣为导向,凡是想学习的,都可通过注册学习;"O"代表 Online 意为"在线的",教师讲授、学生学习、师生或生生之间互动交流、进阶作业、监测评价等都可以通过互联网络在线实现;"C"代表的是 Course 意为"课程",包括讲授主题的提纲、讲授内容的视频、各种学习资料、进阶作业及学习注意事项。

简而言之,慕课就是大规模网络开放课程中的一种,它有别于传统的通过电视广播、互联网、辅导机构、函授等形式而开展的远程教育,也不完全等同于近期兴起的教学视频网络公开课,更不同于基于网络的学习软件或者在线应用。它独特之处主要体现在以下两个方面:所有课程必须是向所有人开放,并且力争做到免费;典型的慕课必须是大型的、大规模的课程。而且慕课微视频设计不是简单的搜集信息,它是一种新型的将分布于世界各地的授课者和学习者通过某一个共同的话题或主题联系起来的教学模式新方法。因此,慕课是一种新型的在线网络开放课程模式,是互联网技术进步和网络学习实验的演化产物。

(一)慕课的特征

1. 大规模

慕课的规模之大,一是体现在其丰富的在线课程资源上,在慕课提供商 Courser、edX 等平台上,学生可以接触到来自全球各个顶尖高校的大量课程,涉及高等教育的各个学科;二是体现在其工具资源多元化上,慕课课程整合多种社交网络工具和多种形式的数字化资源，形成了多元化的学习工具资源；三是体现在其课程受众面广，突破传统课程人数限制，能够满足大规模课程学习者的学习需要。

2. 系统的教学体系

这是慕课区别于其他视频公开课的特征所在。Courser、edX 等平台上的课程非常接近于传统课堂，有开课和结课时间，有相应的课程作业和期末考试，老师和同学可以在线交流，它强调完整的在线教学过程。如同在实体大学一样，学生需注册后才能看到课程视频和资料。通常每周一章，平时学生一周需要花上 3~10 个小时不等的时间听课学习、做作业、进行作业互评，全部课程结束之后，如果学生的分数达到要求，就可以获得结课证书。

3. 注重学习体验的教学设计

慕课课程绝不是单纯地把线下的课程移动到线上，而是需要重新设计课程以适应线上的学习模式。为了保证学生线上学习的专注度，单个视频常被分成 10~20 分钟，甚至更短。同时，教师在讲课期间，通常会穿插一些提问，学生只有在视频上作答之后，才能继续观看。论坛是慕课非常重要的环节，课程作业也需要精心设计，慕课平台真正起到了将大学、讲师、学习者和社会连接到一起的作用。

（二）慕课带来的改变

1. 学习方式的改变

慕课改变了人们的学习方式，它以开放性和交互性这独特的两大魅力吸引着学习者。在慕课中课程设计者充分考虑学习者的学习兴趣，注重与学习者的交互，制定多种个性化的学习方案。慕课的学习者可以随时随地使用各种移动设备在轻松愉悦的氛围中与教师或者同学讨论课程内容。

2. 为终身学习提供了可能

信息时代知识更新很快，学习也不再只是局限于拿个学位，人们希望即使毕业之后，也能得到正规的学习，以适应不断更新的社会和各种实用工作的需要，而这些在慕课中都能实现。人们不必按部就班坐在教室里学习，而是可以在任何需要的时候在慕课中找到他们想要的知识。

（三）慕课教学存在的问题

1. 不利于实现个性化学习

尊重学习者的个性差异，是实施个性化学习的首要前提，它以促进学生个性发展为目的，是一种特殊的学习模式。倡导个性化学习这种新的思维理念，不再从单一维度评价人的智力，而是从多方面综合考量。慕课不受时空的限制，能为学习者提供有效多样化的教学方式。

个性化学习不是让学生单枪匹马地去"战斗"，也仍然需要教师给予有针对性的指导。这对于教师来说，所要投入的精力也是很大的。教师必须以学生为中心，对学生进行比较全面的关注和了解，将教学的重点转向学生的个体成长，进而设计和实施个性化的学习目标。对于慕课而言，它所具有的"大规模"属性彰显出了慕课教学模式的核心优势，但是这也凸显出了该模式的短板所在。

2. 不利于师生情感交流

从学术氛围方面来看，慕课远不如传统大学。从慕课教学模式来看，慕课明显的缺点之一就是缺乏面对面的人际交流，学习者通过慕课教学模式学习到的大多是信息性的知识，这并不能代表全部的知识体系。慕课平台并没有构建起真实的师生人际关系，因为学习者人数基数巨大，同一门课程会有庞大的学习者，教师不能与每一个学生都产生良好的互动，学习者无法亲身体验到参与其中的感受，教师的授课自然不可能给每一个学生达到言传身教的效果，这就可能出现优秀学生无法获得关注、较差学生无法获得鼓励进而自暴自弃的场面。并且这种师生关系是基于网络的虚拟世界，恰恰因此，使师生关系缺乏"质感"而流于形式。又因人数问题，为每一个学习者在慕课教学模式中进行较全面的特征分析是不现实的，从这点看，慕课教学模式较适合知识的扩建和拓展，而不是使学习者在德智体美等多方面获得提升。

传统教室是教师与学生共聚一堂探讨知识的殿堂，有经验的教师可以使冰冷的教室变成师生之间心灵交汇的场所。网络的普及应用使人们之间的交流脱离了空间和距离的束缚，依托于网络平台，慕课教学模式使得课堂教学不再需要真实的教室，教学的内容可以用数字设备或通信工具在网络上获得。脱离了传统的教室，慕课的课堂上少了学生之间的学习氛围和合作意识，把握学习的机会、学习态度和热情亦随着降低，师生间的情感交流非常困难，更别说产生火花，相比较传统课堂来说，慕课平台上的学习者无法与教师和同学之间进行面对面的交流，取而代之的是在讨论区进行提问，然后等待答复，学习中的问题不能及时有效地得到解决。知识的获取总是在不断交流的过程中进行的。而学生接触慕课平台，除需要有一定的自学能力和解决问题的能力之外，还需要积极主动地去参与课程论坛的讨论，进行学习交流。学生参与课程作业互评也可以促进学习者更深刻理解课程内容，而不仅仅是浏览课程资源、观看课程视频。学习者在学习过程中，作为信息的接受者同时也可以作为信息的发送者，在交流中碰撞思维的火花。

3. 证书的权威性有待提高

慕课教学模式特点之一就是开放性，但是，无论教育开放到哪种程度，都必须对学生最终的学习成果给予肯定，这样的教育生态链才是完整的。目前，慕课教学模式的生态环境中包含了平台、名校、名师、学习者和市场。从整个教育生态链来看，市场不仅要为慕课教学模式的发展提供技术、资金和应用的支持，还需要对学习者的学习结果予以承认，并为他们提供就业的机会，只有这样，才能形成一个完整的教育过程。

对参加课程并考试合格的学习者颁发证书，这也是慕课平台的特色之一，目前大多数平台都采取自颁证书这种认证机制。证书的颁发既体现出慕课教学模式对学习者学习成果的认可，又对学习者起到了很好的激励作用。但是慕课平台颁发给学习者的证书很大程度上只能被看作是对自身学习过程的一种记录和回报，是学习时间和精力的投入，证书的权威性和影响力并不像我们想象的那么乐观。如果用长远和发展的眼光看慕课，我们不难发现，只有慕课平台的学分制度和现行高等教育学分制度形成有效的对接，慕课平台的学习者才能够得到社会以及潜在雇主的认可，慕课教学模式才有可能跻身教育主渠道。很显然，慕课平台自身已经无法解决这样的问题了，这不仅涉及平台本身，也波及高校、政府和社会等方面。从慕课兴起至今，运营商通过与高校进行教育合作的方式，试图介入到学分授予的环节中去，努力地尝试将自己平台的证书与传统高校的学分挂钩，来提升证书的

"含金量",虽然慕课平台在这个问题上取得了一定的突破,但是未来仍面临着一条漫长而曲折的道路。

4. 不利于降低教学成本

我国高等教育的经费投入有限,大量的基础设施建设势必会增加高校的教学管理成本。慕课的核心技术需要高质量的信息化能力,但是因为我国高校的信息技术开发能力未能达到国际先进水平,信息化程度较低。财政与技术的双重困难使得我们无法完成慕课的基础设施和教学管理所需的各种系统,很多高校在慕课的选择与否中徘徊不定。

二、微课解读

微课是教师对课程进行的数字化处理,是教师运用现代信息技术将自己对课程的理解录制成视频进行教学。教师制作的微课,一方面使自己的讲解得以保存,能够多次高效利用;另一方面使学生可以按照自己的学习节奏自主选择使用。微课不是过去辅助教学的多媒体课件。过去讲课使用 PPT 课件是教师把讲课内容呈现在屏幕上,辅助教师讲课。而微课是关于教学内容中的某一重点、难点等的讲解,制作微课是为了帮助学生自主学习。

(一)微课产生的背景

从宏观上讲,在科技领域,微课的产生离不开科学技术的进步。现代社会,信息技术的迅猛发展加快了人们的生活节奏,从根本上改变了人们的生活、工作和学习方式。与传统的生活方式相比,大部分人尤其是年轻人更加乐于接受现代的生活方式。例如,投影仪的使用,以图文、声像的方式全方位地为我们呈现事物立体化的信息;智能移动终端设备的出现,把我们带入一个随时随地信息互联开放的时代。也可以说,网络通信技术的日新月异导致了各种"微"事物不断涌现,比如,微信、微博、微访谈、微学习、微媒体、微电影、微小说等,这使我们生活的方方面面都充满了"微"信息,进而步入一个新的时代即"微时代"。

从微观上讲,在教育领域,根据国家新课改所提出的标准,教师的工作不再仅仅局限于教会学生一定的书本知识,更重要的是要教会学生如何面对生活中的不确定问题,让学生在受教育的过程中体会到学习的乐趣,进而激发并利用学生的好奇心来调动学生学习的积极性与主动性。在教会学生学习的过程中,师生之间的交流方式、手段,特别是教师在教学中所采用的教学方式至关重要,然而,教师工作量的加大,使得他们很难有大量的时间进行专门学习。面对此种情况,教师应该深思如何才能在课堂教学中吸引学生的注意力,如何把深奥的理论转化为容易理解的事例,让学生感觉到学习中真正的乐趣。如何利用琐碎的时间进行集中学习,完成自身的专业发展,对此,微课提供了一种新的思维和表达方式,例如,教师把教学中的重、难点以及相应的考点等精彩有趣的内容录制下来,之后把所录视频提供给学生,使他们能够更好地进行交流与学习;或是利用微课与"翻转课堂"相辅的形式,教师们事先做好有关教学内容的微视频,调动学生课前知识学习和课堂知识内化的积极性,并能辅助课后的复习和反馈。总之,不管是学生还是教师,当前缺乏的是一种高效的、便捷的学习方式,而微课正好满足了这种需求。因此,在信息发展、时代变迁和教育诉求的背景下,微课应运而生。

（二）微课的类型

1. 按课堂教学方法分类

教学方法是教师和学生为了实现共同的教学目标，完成共同的教学任务，在教学过程中运用的方式与手段的总称。按课堂教学方法可将微课划分为 11 类，分别为讲授类、问答类、启发类、讨论类、演示类、练习类、实验类、表演类、自主学习类、合作学习类、探究学习类。

值得注意的是，一节微课一般只对应于某一种微课类型，但也可以同时属于两种或两种以上的微课类型的组合（如提问讲授类、合作探究类等），其分类不是唯一的，应该保留一定的开放性。同时，由于现代教育教学理论的不断发展，教学方法和手段的不断创新，微课类型也不是一成不变的，需要教师在教学实践中不断发展和完善。

2. 按课堂教学的环节分类

微课类型可分为课前复习类、新课导入类、知识理解类、练习巩固类、小结拓展类。其他与教育教学相关的微课类型有说课类、班会课类、实践课类、活动课类等。

（三）微课的特征

微课一般没有复杂的课程体系，也没有众多的教学目标与教学对象，只讲授一两个知识点，看似零碎，没有系统性和全面性，但是针对特定的目标人群、传递特定的知识内容的。一组微课所表达的知识仍然需要具有系统性、全面性。它是针对传统单一资源类型的局限性而发展起来的一种新教学资源建设和应用模式，主要特点有以下几点。

1. 教学时间较短

教学视频是微课的核心组成内容。根据学生的认知特点和学习规律，微课的时长一般为 5~8 分钟，最长不宜超过 10 分钟。因此，相对于传统的 40 或 45 分钟的一节课的教学课例来说，微课可以称为"课例片段"或"微课例"。一节传统的课一般可分解为 3~4 节微课。

2. 教学内容较少

相对于较宽泛的传统课堂，微课的主题突出，更适合教师的需要。微课主要是为了突出课堂教学中某个学科知识点（如教学中的重难点、疑点内容）的教学，或是反映课堂中某个教学环节、教学主题的教与学活动，相对于传统一节课要完成的复杂众多的教学内容，微课的内容更加精简，因此又可以称为"微课堂"。

3. 资源容量较小

从大小上来说，微课视频及配套辅助资源的总容量一般在几十兆左右，视频格式须是支持网络在线播放的流媒体格式，师生可流畅地在线观摩课例，查看教案、课件等辅助资源；也可灵活方便地将其下载保存到终端设备上实现移动学习、"泛在学习"，非常适合于教师的观摩、评课、反思和研究。

4. 资源构成丰富，且能重复利用和共享

微课选取的教学内容一般要求主题突出、指向明确、相对完整。它以教学视频片段为主线"统整"教学设计（包括教案或学案），课堂教学时使用到的多媒体素材和课件、教师课后的教学反思、学生的反馈意见及学科专家的文字点评等相关教学资源，共同构成了一个主题鲜明、类型多样、结构紧凑的"主题单元资源包",营造了一个真实的"微教学资源环境"。这使得微课资源具有视频教学案例的特征。广大教师和学生在这种真实的、具体的、典型案例化的教与学情景中易于实现"隐性知识""默会知识"等高阶思维能力的学习并实现教学观念、技能、风格的模仿、迁移和提升,从而迅速提升教师的课堂教学水平,促进教师的专业成长,提高学生学业水平。

教师可以将微课放在专业数字化平台(微课网站或者QQ等社交平台)上,达到教学资源的互享。由于微课课程时间短,占据内存小,下载速度快,学生下载比较方便。教师还可以利用微课网站与学生进行交流、反馈。学生对于难以理解的知识点可以借助微课进行反复学习,教师也方便控制教学进度,避免机械的重复讲解,提高了授课效率,降低了工作强度。

5. 应用灵活

微课是学习资源,可以在整个学习过程中为学生提供帮助,甚至是学习之后。微课有利于学生随时随地地进行正式学习和非正式学习,自主学习和协作学习,系统化学习和碎片化学习。由于微课的时间比较短,所以微课视频占据的内存就比较小,而且视频格式十分丰富,完全可以适应不同的播放需求,再加之目前网络大提速,无线网络无处不在,人手一部智能手机等上网工具,并且微课视频还可以下载到本地进行播放观看,真正做到随时随地,想学就学,让学生不受次数和地点的限制进行线下线上学习,所以微课在智能设备以及高速网络普及下会更有前景。微课不仅可以在任何学习环节展开还可以灵活应用到不同的教学模式中,让教学方式多样化,让学习变得不再枯燥,更加有趣。

(四) 微课的作用

1. 微课能满足学生的个性化学习需求

对学生而言,微课能更好地满足学生对不同学科知识的个性化学习、按需选择学习,既可查缺补漏又能强化巩固知识,方法灵活,效率提升。

首先,学生可以按照自己的进度和步骤学习。学生在观看视频学习新知识时,可以根据个人需要自定进度,随时暂停、倒退、重播和快进。如果忘记了较长时间之前学习的内容,还可以通过观看视频重温学习内容。这种个性化学习方式能有效地提高学习绩效。然后,教师在课堂上对有困惑的学生进行个性化指导。学生做课堂作业的时候,教师通过巡视或观察学习管理平台,及时发现有困惑的学生,并立即介入,给予"一对一"的个性化指导,从而解决针对所有学生讲课"一个版本"所造成的针对性不强的问题。

通常教师为缺课学生补课时,45分钟的课堂教学内容,只需要10~20分钟的时间就可以完成。原因在于:"一对一"的补课中,学生态度特别诚恳,受环境干扰少,注意力特别集中,所以,教学效率特别高。这就是具有心理学意义的"一对一效应"。微课程教学法认为,微课程实验具有"人机一对一"特征,当"人机一对一"学习材料具有足够的重要性、趣味性或其他吸引学生关注的因素的时候,就能产生面对面的"一对一效应"。

2. 微课促进了教师的专业成长

对教师而言,微课研究的优点很明显,相对于传统听评课,微课课例简单,学习内容与目标单一,能节约学习和研究花费的时间;教师从微课中可以得到启发,有些东西甚至可以照搬或者迁移应用到自己的教学之中，实现教学观念、技能、风格的模仿、迁移和提升，从而迅速提升教师的课堂教学水平，促进教师的专业成长。

课前教师已经提前备课并根据课程内容及导学案精心讲解重难点知识并录制成微课，学生在学习的时候可以参照微课的讲解。这样微课就把教师从传统课堂的知识讲解中解放出来，使教师有更多的时间研究教学。

除此之外，微课还有助于新教师的成长。新教师可以利用一些零碎的时间去反复观摩学习优秀教师的微课，还可以向优秀教师提出自己的疑问，以加深对知识的理解；优秀教师对新教师的疑问给出解答，使传、帮、带可以跨时空的进行。

新教师的课需要经过一次次打磨，才能变成一节优质课。微课的出现，给了他们一个试讲的机会。新教师在课前制作微课，在微课录制过程中便有了试讲的机会，也等于是对自己的教学设计进行一次自我检查，发现问题马上解决，而不是在真正面对学生时才发现有问题从而导致出现手忙脚乱的情形。

录制微课，使教师有机会听听自己的课，查找自己教学中的问题，有助于教师的自我提高。微课的录制过程要求语言流畅、精练，这是教师需要多注意、多锻炼的方面。微课录制完毕就可以观看检查，有利于教师及时发现问题，做出修改。在这个过程中，教师可以把因失误造成的错误以及口头禅、不必要的停顿等不利于学生学习的问题一并解决。

第二节　慕课在高校英语教学中的应用

一、慕课在高校英语听说教学中的应用

（一）构建专业精湛、技术过硬的教师团队

为适应听说混合式教学模式的新要求，高校必须建设一支专业精通、信息化技术过硬的教师团队以确保慕课平台的开发维护以及对混合式教学的组织和开展。高校应加强对教师信息化教学技术的培训，全面提升教师信息化素养。教师在建设线上课程时应分工合作、资源共享、成果共享。另外，教师团队应建立"以学生为中心"的教学观念，明确新的教学目标，改善教学设计，提高课堂驾驭能力，切实提高学生的学习成效，真正做到教学相长。高校要创造各种有利条件，积极培养构建听说混合式教学教师团队，提高听说教学质量。

（二）打造强大的慕课平台，丰富线上教学元素

慕课课程的制作、储存、传输和分享需要相应的网络平台。因此，高校需要不断更新各环节的技术和定期维护，令网页、视频更精美，确保平台的专业性和稳定性，提升学生使用体验，提高学习兴趣。另外，高校应加大对信息技术的投入，覆盖高速稳定的无线网络，保障学生随时随地检索、共享慕课资源，还应建立电脑和手机双平台，使学生可自由选择不同终端。

大学英语听说慕课的录制，每个视频一般不超过十分钟，力求短小精悍、精益求精。听力部分内容可包括讲解听力技巧和四六级听力解题技巧，如笔记法、根据选项关键词预测内容、对信号词的把握等，并配以练习题；口语部分则可包括讲解语音知识、介绍英美文化和展示口语句型等。按周上课，每次课后安排同步检测，每个阶段课程后安排阶段测试，帮助学生复习巩固，也帮助教师了解学生对各个知识点的掌握情况，进而安排调整线下课程教学内容，让线下教学更具针对性。此外，线上的互动部分必不可少，可以建立互动论坛，以增强师生、生生交流，让慕课更加生动、有趣，提高学生自主学习积极性。学生可在论坛上提出任何与听说学习相关的问题，并由教师进行解答，其他学生也可跟帖交流；还可在论坛上上传学习成果或心得，共同分享、相互切磋、携手进步。

（三）推动传统课堂改革、完善线下教学

只学习理论，听说习得不可能发生。在教师指导下操练，面对面的输出、交流、反馈对于听说习得更为重要。因此，慕课只能作为听说课堂的有益补充，无法取代传统课堂在大学英语听说教学中的重要地位。混合式教学模式将对听说各理论知识点的讲解迁移至网络，如此，学生在空余时间能自主学习掌握，拓展了传统课堂的时空，使传统课堂从理论灌输型转化为任务驱动型，从以理解、记忆知识为目标转化为以应用理论、提升技能为目标。因此，高校必须对传统听说课堂进行改革，使其更加符合混合式教学模式的特点，适应当代大学生的学习需求，更好地发挥传统课堂的优势，提升整体教学效果。

线下课堂可以针对课前慕课中学生薄弱的知识点做进一步讲解、巩固，但教学内容应以运用知识、训练听说技能为主。听力部分可对线上学习中问题集中的部分进行练习，缩短目前听说课上过多的听力练习的时间；口语部分可以以展示、演讲、对话、辩论、角色扮演等多种方式展开。课堂的任务设计要尽量模拟现实场景，让学生根据场景要求和不同的功能进行训练，既能活跃课堂气氛，激发学生的参与热情，发挥学习自主性，又能强化训练学生的口语知识，并能将其运用到实际交际中。

（四）重建课程评价考核机制

评价考核是教学过程中的重要一环，是帮助学生发现知识技能盲点，帮助教师衡量教学成效的重要方式。传统大学英语听说教学评价考核方式一般为学生平时课堂、作业表现和期末考试成绩共同构成最终的成绩，相对单一，很难深入考查学生学习的各个环节，难以全面追踪整个学习过程，不利于促进学生自主学习能力的形成和提升。混合式教学集学习、互动、考试于一身，有利于促进课程考核方式的改革，令考核方式更丰富多元、更注重对过程的考核。将线上学习时长和频次、测试结果、互动活跃度和课堂表现、课下作业和期末考试结合起来，将教师评价和学生自评、互评结合起来，形成最终的形成性考核结果。这种发展型评价具有以下特点：以评价者的素质发展为目标、注重过程评价、关注个体差异、强调评价主体多元化。这既能发挥教师的主导作用，又能将学生的主体作用发挥到极致，进一步激发学生线上线下学习的积极性和热情，有助于提高学生听说技能和沟通合作能力，激发学生潜力，形成对听说教学的正确导向作用。

(五) 培养学生自主学习能力策略

尽管慕课这种自主学习形式新颖、灵活、自由，可帮助学生提升学习的主动性，但学生也容易受到网上各种信息的干扰，导致学习效率低下。如果缺乏教师引导、启发和监管，混合式教学就很难顺利开展，教学效果得不到保障。

李瑞等学者结合我国英语教育环境的特点，认为大学生英语自主学习能力策略培养应包括以下三个方面：学习动机的激发和培养、学习策略的培养和自我监控能力的培养。① 首先，在自主学习开始前，教师通过摸底测试等方式，了解每个学生的水平，帮助学生制定合理的学习目标。每次慕课要有导学提纲，让学生明确每次课程的学习目标和学习任务，通过线上答疑、分享等互动方式，建立友好、合作的学习氛围，并让学生清楚整个课程的评价方式，激发学生的内在自主学习动机。其次，教师应协助学生制定合理可行的学习计划，包括长期计划和短期计划，推荐合适的学习资源，并针对学生的不同情况，为学生提供适合的学习策略。在自主学习过程中，提供个别和班级的学习策略指导，鼓励学生将自己所用的学习方法、步骤、策略、困难、进步都记录下来，思考哪种学习策略对自己有效，培养学生自我反思的能力，持续关注学生策略使用情况，帮助学生适时调整，提高策略使用的有效性。最后，教师应及时查看学生慕课学习进度和测试完成情况并给予评价，了解学生的学习难点并及时提供帮助。同时，培养学生从外部监控转向自我监控，结合学生自评和互评的方式，让学生对学习效果有更深入的认识，从而激发自身更多的学习动力。②

二、慕课在高校英语阅读教学中的应用

(一) 课前准备

1. 课前教师准备

网络的快速性和便捷性，使学生获取资源和信息的方式也变得多元化，这实际上是对教师学科知识权威性的一种挑战。教师不再是知识的唯一来源和掌握者，而是成了信息公开化和教育开放化背景下学习的引导者和信息的筛选者。当然，这绝不是否定了教师在教学中的作用，而是对教师提出了更高的要求。新时代的教师要具备相应的处理信息的能力、使用先进教育技术的能力。

教师是慕课教学资源下英语阅读教学模式实施的前提和保障，教师要具备搜索、筛选及制作慕课视频的能力，分析教学内容，确定教学目标，包括知识目标、能力目标和情感目标。只有教学目标明确，教师的教学活动目的才能更凸显出来，教师才能知道采取何种教学方法及教学手段讲授相关的知识内容，培养学生的英语能力。在高校英语课程中，一些基本的词汇、短语和句型，教师可以在课前通过视频的形式传授给学生，而阅读任务则需要在课堂上通过师生和生生间的合作来完成，只有这样才能获得最佳的教学效果。

---

① 李瑞，马建桂，李丽娟. 大学英语自主学习能力培养策略的实验研究 [J]. 河北大学学报，2010 (7): 120-122.

② 刘思思. 基于慕课的大学英语听说混合式教学实施策略研究 [J]. 教育观察，2019 (16): 133-134.

高校英语教学方法新编

由于英语词汇、短语和句型的传递需要通过视频来完成，因此教学视频的选择就尤为重要，教师可以自己录制也可以使用其他教师制作的或者网络上的优秀视频资源。教师自行录制教学视频的教学任务，就对设备、场地、技术和教师都提出了较高的要求。英语学科知识点细碎，系统性不强，慕课的课程视频应控制在10到15分钟以内，视频过长学生容易失去耐心。如果内容特别多，可以采用各个击破的方式来完成，每个视频只涉及一个知识点。慕课教学资源中的英语教学视频非常丰富，教师可进行适当筛选和截取，不必要观看和教学内容关系不紧密的内容。

2. 学生课前任务

学生的首要任务是要学会如何观看视频、如何与视频互动。学校应举办专门的讲座或组织培训，教会学生使用视频的方法以及慕课学习的技巧，使其更高效地利用慕课教学资源。另外，学校要努力创造条件，尽力为学生提供电子设备，使学生能够无障碍地观看视频资源。

部分高校学生还没有完全形成良好的学习习惯，自律性较差，教师可以要求学生每单元进行两次慕课视频观看，学习能力较强的学生可以在短时间内快速掌握知识，学习能力弱的学生可以根据自己的实际情况在观看视频时做适当停顿或者反复观看。如果有不懂的地方，可以记录下来，把问题带到课堂上向老师请教，这样学生就能够掌握自己学习的节奏和步伐。教师要定期对慕课视频中所讲授的知识进行梳理和总结，把知识系统化，帮助学生进行自我总结，让他们明确自己的收获和问题。

学生观看教学视频时要学会快速记笔记，观看教学视频后需要完成学习任务单上相应的习题测试。这些习题主要考查学生教学视频中所讲知识的理解和掌握程度，有助于对知识进行巩固与深化，帮助学生了解自己的学习情况。

教师可以通过建立微信群或者QQ群的方式与学生在线交流互动，在每次观看视频后的当天晚上可以预留一个小时的答疑解惑时间，了解学生在观看教学视频和做练习过程中遇到的问题，了解学生实际的学习情况，学生之间也可以进行互动，彼此交流收获，进行互动解答。

（二）课中活动

1. 教师课中活动

教师应该根据本单元的学习内容，用3到5分钟时间介绍相关的文化背景知识，便于学生更深刻地理解文章内容。针对文化背景介绍，教师可以自行制作PPT或录制视频，也可以在网络上选择合适的慕课教学资源进行筛选和截取，选择关键信息展示给学生。教师根据阅读文章内容，布置学习任务，并规定解决任务的时间。同时，把学生分成若干组，组内成员构成要呈梯队形，要有各个层次的学生，这样学生之间能够互相帮助、互相合作解决问题，成绩优异的学生也会对其他学生起到带动作用。否则，容易出现某组学生解决问题较快，对其他组产生较大压力，致使其他组要么放弃、要么产生厌倦心理。任务的设置要具体，要涵盖常见的题型，如词义辨析、总结文章主旨大意、把握作者的写作态度等。同时，教师应设置一到两个开放性问题，这些开放性问题应结合时事，能够引起学生关注并进行深入思考。在学生解决任务的过程中，教师也应参与到学生的讨论和活动中去。学生遇到困难时，教师要给予及时和恰当的帮助。教师不再是说教者，而是成为学生自主学习的引导者和促进者。学生呈现任务结果时，教师可采取竞赛、抢答、互相点评等方式，激起学生的好胜心。这对教师提出了较高的要求，教师要具备较强的课堂掌控能力，在创造一个民主、平等、和谐的课堂氛围的同时，保证课堂秩序和课堂效率，并且能够实时调控学生学习的进程和方向。

除了教材中规定的阅读文章外，教师还应进行拓展阅读，选择一篇适合学生水平和难度的阅读文章，让学生运用本课学习到的技巧解决文章中的问题，进行强化练习。阅读文章中应该包括本部分的重难点知识，并且题材和话题要多元化，以拓宽学生视野，培养其英语思维。教师还应在英语课堂中建立完善的奖励机制，如积分累计、奖品激励等，促进学生学习。教师课上的点评至关重要，应该客观、全面地评价学生的学习成果，对于其中较好的地方给予表扬和奖励，不足的地方也要适时指出。

2. 学生课中活动

个体学习和合作学习相结合是完成课程教学目标的有效方式。教师可以将学生分成若干组，每组一般5人左右，学习能力强、学习效果好的学生带动学习能力弱的学生。学生根据教师预设的任务，或进行独立探索或组内合作，在个体理解的基础上与同伴交流自己的观点和想法，在规定时间内解决任务，这有助于学生提高学习效率。在个体学习与合作学习的基础上，学生的自主学习能力得到了锻炼和提升，同时，在平等和谐的学习环境中，基础较差的学生受到成绩较好学生的带动，可以激发其内在的学习潜能。

在此过程中，学生的学习态度会发生较大的转变，学生逐渐意识到自己是课堂的主人，每一教学环节都需要他们的参与。同时，在小组协作中解决了阅读任务，有助于基础较差的同学逐渐树立学习自信心，提高学习效率和学习能力，而成绩较好的同学在小组合作的过程中也可以形成团队意识与合作精神。

完成教材中阅读文章的相关任务后，学生可运用本课学习的知识和技巧去完成新的任务，进行模拟训练，完成教师布置的拓展阅读练习，通过及时的实践巩固所学内容，学生也可以检测自我的掌握情况和学习效果。

（三）课后安排

1. 教师课后安排

课后，教师应根据课前的学习任务单，结合课上学生的英语运用和表达，掌握学生的学习问题及其对知识点的掌握情况，组织习题测试，安排学生进行自查和互查，互查采取组长负责制，教师下发正确答案，组长负责批改并统计失分情况。测试的形式应更加灵活，以考查学生对语言的掌握及运用能力为主，结合常见题型，以高标准要求学生。最后再由教师统一讲解，学生在此过程中查漏补缺。

2. 学生课后安排

学生完成课后习题测试，并进行自查和组内互查。由学习能力较强、成绩较好的同学担任组长，其他同学轮流担任副组长，组长和副组长合作进行批改，检查习题测试情况，并做出失分统计。学生根据自己的测试结果归纳总结失分原因，并在教师进行讲解时及时更正自己的错误，以此提高自主学习的能力。

三、慕课在高校英语写作教学中的应用

(一) 慕课应用在大学英语写作教学中的作用

1. 慕课环境下能够快速获取英语资料

传统的教学方式大多是通过书籍来获取第一手写作资料,而书籍资料有限,对于不常见的论题,学生经常无法获取精准的资料。慕课教学弥补了传统教学的不足,为学生的英语写作提供了必要的语言准备。通过学生之间的交流,能够显著提升学生的思维空间,从而自主地获取资料用于写作。在学习遣词造句中,也可通过慕课的语料库获取相关资料,为资料搜索提供了便捷。

2. 慕课环境下能够扩展学习空间

教师可以将慕课中优质的英语教学课程引入自己的教学设计中,有效缩短与世界名校课程的距离,领略英语大师的风采,从而激发写作兴趣,提高学习的主动性,增强自学能力。同时,通过慕课平台,学生在搜索写作资料中能够了解世界各地的写作方式和特色,通过阅读他人的英语写作心得,了解他人的写作技巧,并将其应用于自身写作中,在实践中不断拓展自己的写作视野,积累丰富的英语知识,提升英语写作能力。

3. 慕课环境下能够优化教学资源,提高教学效果

就写作本身而言,它是人们通过书面形式,运用文字,将自己对客观世界的认识以及获取的信息通过自己的思维转变为文字的形式,并将这种情感体会以文章的形式表达出来。想要获得良好的写作能力,就需要积累丰富的知识和经验。慕课平台作为一个网络平台,具备了网络的无限空间、资源共享以及更新优化等特点。通过慕课平台,学生不仅可以阅读国内外著名院校的美文,同时也可查阅到自己同学的英语作文。通过对比可以了解他人写作的优势,掌握自己文章的不足,有针对性地修订和改进。①

(二) 慕课环境下大学英语写作教学模式

1. 以慕课教学平台为切入点

在进行英语写作时学生通常需要做好练习的准备,学生要积极讨论教师在慕课平台上面提供的写作话题,并且说出自己的想法,与其他同学交流自己的学习经验,努力寻找适合写作的材料,积累丰富多样的内容。另外,学生在写作时要注意自己的写作习惯,注重英语作文的写作构思,正确表达自己的写作观点。不要出现写作逻辑混乱、思维方式奇特、文章不切题、主题不明确等写作问题,更不要出现英语语法的低级错误②。不要用汉语思维来进行英语写作,这样的英语作文不能很好地表达观点,出现文章结构不合理,因此无法提升写作的水平③。因此,在慕课的环境下,教师一定要帮助学生找到写作的切入

---

① 王一琼. 慕课环境下大学英语写作教学模式研究 [J]. 林区教学, 2018 (07): 62-63.
② 袁琼, 李文纲. 商科院校基于慕课的大学英语翻转课堂教学模式的设计 [J]. 湖南商学院学报, 2012 (3): 122-125.
③ 董银秀. 混合学习理论视域下的大学英语写作教学新模式研究与实践 [J]. 甘肃广播电视大学学报, 2016 (5): 87-90.

点，及时发现学生的写作问题，为学生提供良好的英语写作氛围。

2. 慕课学习环境的构建

在慕课的学习环境下，学生完成了初步的写作后，教师可以借助慕课交流平台，对学生的初稿进行检验，并且要根据每一个学生不同的写作问题，进行单独辅导，学生要听取老师的建议，积极改正自己的写作问题，提高自己的写作水平。教师也可以从本班学生的优秀作文中挑选出几篇发布到慕课平台上，供其他学生学习与借鉴，督促与完善自己的写作水平，循序渐进地提高自己的写作能力。通过慕课的写作教学模式，教师可以灵活地对学生进行指导，激发学生的写作兴趣，发挥学生学习的积极性，提高教学效果。

3. 慕课平台下英语写作模式的实施

慕课环境下大学英语写作教学模式的实施，需要从两个方面着手。一方面，教师应当为学生提供相关的英语写作素材与资料。慕课本身是系统化的课程建设，大学英语教育应当结合学生的英语写作能力丰富其教学资源，通过在教学网络中链接相关经典文献，方便学生在英语写作练习时查找资料。学生建立个人英语文章的存档，进而为学生提供优秀文章的对比资料，从而引导学生不断发现自身写作的不足，才能不断自我完善，提高写作水平。另一方面，为了促进学生个性化学习的效果，教师需要在慕课教学资源中丰富多元化的资料整合，包括英文经典文学作品、英语电影和歌曲的赏析文章，以及相关译文的参考文献等。进而通过多元化的教学内容，激发学生的学习兴趣，为后期理论知识的讲解进行铺垫。此外，应当注意的是，大学英语学习涉及说、听、读、写等多方面内容，与慕课结合开展混合模式的教学过程中，教师不能仅停留于写作能力的培养，否则对学生的综合能力不利。因此在慕课中的资料需要同时配以英文翻译、音频资料、视频资源等，以便促进学生在英文写作的学习中，领悟大学英语的知识结构，加深学习印象，进而通过多种学习方式提高写作能力与基础。

4. 构建英语写作质量评价体系

在大学英语写作教学中融入慕课的教学模式，需要教师重视评价内容，因为在慕课开展的过程中，教师很难实际与学生面对面及时沟通。那么教师在布置相关的英文写作作业时，也需要考虑学生的完成情况，并在学生反馈慕课作业时进行有效的系统评价。

一方面，针对文章质量进行评价，包括英文语句是否通顺，用词是否准确，时态把握标准以及语言环境的设立等。另一方面，教师对学生的文章评价应当根据学生的基础进行区分。对于英语基础较为薄弱的学生，不能过于严厉，应当秉承鼓励的心态激发学生的学习动力与热情，当基础水平逐步提高之后再将评价标准上调。同时对于英文基础较高的学生，可以从文章细节处入手，对学生文章进行较为严格的评价。同时附加评价内容，指导学生的英文写作改进方向。而且要为学生提供相关的文章对比资料，进而帮助学生在与优秀文章的对比中总结自身存在的问题，才能从根本上提高英文写作水平。通过有效的评价内容，能够促进英语写作教学在慕课的帮助下不断提升教学质量，进而达到写作教学的模式优化，为大学英语写作教学提供有利的教学工具，培养写作能力更高的英语专业人才。①

---

① 林玉生. 基于慕课的大学英语写作教学模式研究 [J]. 黑河学院学报, 2017, 8 (07): 126-127.

四、慕课在高校英语口译教学中的应用

(一) 慕课在口译教学中的作用

1. 加强学生学习效果

慕课运用的第一大受益者当属学生无疑。一方面，不同基础和需求的学生可以通过慕课平台自主寻找所需的口译课程，获得更加个性化的学习资源。传统的线下教学模式，限制了学生的课程选择，当具有明显个体差异的学生处在同一个课堂时，就可能出现所谓的学生分级现象，也就是基础差的学生会跟不上教学进程，沦为差生，而基础好的学生越来越突出。通过慕课平台，学生可以在自己的空余时间对自己所掌握的口译知识和技能查漏补缺，从而选择适合自己基础和发展方向的课程。同时，学生还可以通过提交作业等方式获得老师个性化的指导，这将有利于学生获得个性化发展。

另一方面，慕课的运用可以促进学生更好地吸收课堂知识。参与慕课学习的学生可以借用慕课平台可重复播放的特点学习，即使某一章节没有听懂或完全吸收，学生也可以重复播放，或者暂停播放求助他人，最终达到完全吸收课程内容的效果。

2. 提升教师教学水平

慕课的运用也可以帮助教师更好地开展教学，最明显的一点，就是提升教学呈现效果。传统课堂上的教学呈现是即时的，主要基于老师的教学经验，因此对教学经验不够丰富的老师而言，如何呈现良好的教学效果成为一大难题。但是慕课是通过录制课程呈现教学的，因此对于新老师而言，在录制的过程中，有不满意的地方，可以反复录制，精益求精，以达到更好的呈现。而在慕课中，教师的角色由原来的课堂主导者变为课堂活动的组织者和引导者，这一转变也有助于提升教学呈现效果。

在口译教学资源稀缺的今天，如何使高校利用教学资源至关重要。如果仅凭传统的线下教学模式开展教学，将无法实现优质教师资源的最大化利用。高校教师在致力于教学的同时，还参与项目或研究，时间、精力十分有限。在此情况下，慕课可以帮助教师在某个时间段，集中录制教学视频，之后通过网络的传播使视频得到更广范围的利用。其次，从事口译教学的老师可以利用慕课将自己的专业水平发挥出来，挑选自己最为擅长的领域录制口译课程，使更多学习这一领域的学生受益。

3. 促进口译课程设置的改革

如果能在高校推广慕课使用，口译专业的学生将能受益更具多样性的课程内容。传统的教学受学制、课时、场地等的限制，只能提供少量且较为单一的课程，然而慕课作为一种开展教学的媒介，可以帮助教师录制适合不同基础的学生的课程，比如笔记法、关键词提取、短时记忆、逻辑梳理等基础性课程，也可以录制更加专业化的、涉及某个产业专门知识或某种场景的课程。慕课平台还可以提供教学视频的分享，帮助学生通过互联网平台，享受国内外学校所提供的课程，这将大大丰富口译课程。

另外，慕课还可以将教学模式从传统的课堂教学，转成线上线下相结合的混合式学习方式。"混合式学习既可以提供课堂口译技能讲解演练，又能提供基于慕课的在线学习，

并能实现学习过程全信息化监控。"① 教师可以上传国内外某一领域的最新语料，或者线上借用多媒体模拟接近真实的口译场景。同时，传统课堂上以教师为主导的填鸭式教学可以通过慕课转换为更加交互式的教学环节，让学生发挥出更大的自主性和学习能力。

（二）在线慕课与离线慕课口译教学的融合

1. 实施在线慕课与离线慕课的融合的途径

（1）线上慕课与离线慕课是互助互利

离线慕课有两个特点，首先离线慕课的课件不是单纯地将老师上课的 PPT 或直接将老师上课时的实况视频录下来放在平台中，这是离线慕课区别于在线慕课或者公开课的一个特点。离线慕课是将学习的内容通过视频、语言、图片、配音等各种有创意的手段来合成慕课课件，这样更适合在一些碎片化时间内进行快速有效的学习。

其次，离线慕课更为自由，不同于在线慕课不仅需要正式的平台和网络，学习者甚至还需要注册或者付费等，但在大部分的学生中，不是所有人都有电脑，很难保证每个人都有一定的时间和工具进行学习。离线慕课的出现解决了大部分学习者的时间、场所的问题，因此它只需要简单的移动设备例如智能手机等。随着微信、微信公众号、QQ 越来越普及，它们的功能已经从最初的聊天工具转变成具有学习功能和信息传播的方式。老师可以将制作好的学习内容放到微信公众号中或者做成二维码扫描学习，学生会觉得新奇以调动他们的积极性，营造有利的语言学习环境，实现随时随地学习，使课堂无处不在。微信、QQ 等还可以为师生之间搭建交流平台，教师可以随时随地跟进学生学习的进度、解决学习的问题，这就改变了大学老师上完课就不见人的模式，可以增进师生之间的情感。这些设备更贴近学生日常生活，学生学习过程不受时间、地域、工具的限制。所以说将在线慕课的互动和离线慕课的自主结合起来，恰好形成互补，再与传统教学相结合，就能更好地提高教学质量和进度。

（2）建设线上、离线教学资源

慕课的覆盖面无限扩大，但是并不是每一门课程都适合引进慕课教学。教师选择引进慕课时应找准慕课与教学内容的契合点，对应好慕课里的内容和课堂教学的链接延展性，利用慕课来进行教学，这对于重点的突出以及难点的突破是非常有帮助的。课前，教师将设计好的微课资源，甚至一些具有探究价值的学习问题等上传到网络平台，学生在规定的时间内，按照教师事先布置好的任务进行网上自主学习，并在交流平台中进行交流，教师通过交流平台追踪学生的自学情况，从而在课堂教学前适当地调整教学重点。这种混搭式教学模式，使得学生能够高度集中注意力。借助视频资料，提出相关问题，学生之间允许相互协作、开展头脑风暴，在实际演练中达到启发学生思维能力的目的对学生提出的问题做着重讲解，真正实现个性化教学。

（3）设定线上、离线使用对象

在传统课堂上，教师可以将学生分成小组，在课堂上予以引导，小组合作学习活动对于促进学生个体思维能力的发展、学生个体之间的沟通能力的增强，以及学生的交流沟通能力的提高、自尊心的养成、个体间相互尊重关系的形成作用深远。在慕课平台下，老师

---

① 吴静. MOOC 环境下口译课程教学改革研究 [J]. 湖南科技学院学报，2016（9）：172-174.

要鼓励每个学生参与到活动中,创造与同伴交流的机会,集思广益,以达到最优效果。通过网络进行各种交互、讨论,积极进行评论、分享,当发现课程学习过程中的问题和不足时,要积极寻求教师和其他学习者的帮助来解决。

2. 线上、离线在商务英语口译课程中的应用

以商务英语口译中的 business dinner 单元为例,用传统教学配套在线慕课与离线慕课的方法做以下安排。

首先,将需要学习的相关资料提前上传至"慕课线平台",包括:关于 business dinner 的视频/音频所要训练的口译技巧,老师拍摄的口译技巧训练小短片等。让学生提前自我学习,老师可通过平台汇总了解学生的自我预习的进度。

其次,教师会在离线慕课上发表与 business dinner 相关的知识,例如:国际宴会的礼仪、中国宴请的礼仪、菜名的翻译、常用的席间谈话内容,以及一些与主题相关的视频链接等,让学生在自己的闲暇琐碎时间里学习基本知识,并通过留言方式表达自己的想法。

最后,在上课的时间段,第一节课教师会介绍口译技巧并稍做训练,完成课本上的口译练习,第二节课用根据在线平台慕课及离线慕课上的资料开展口译练习实操训练,模拟 business dinner 真实场景,配合模拟情景实训室,营造出真实的语言环境和训练环境。

学生在课前通过自学以掌握基本单词、技能等,所以训练口译实操训练会非常有效率。整个单元的学习及训练具体流程如下:一是学生形成互助合作团队;二是团队或根据教师提供的材料,或搜集、阅读大量相关文字材料、音频与视频,通过读、视、听获取并熟悉主题相关知识与词汇;三是基于获取的主题相关内容与语汇,团队可预先练习;四是教师教授口译技巧和本单元的口译练习内容;五是模拟口译现场,团队已有知识分工交替传译训练;六是其他团队找出错误,给出评价;七是口译团队基于参考译文及教师准备的口译员评估表格对口译者进行评价;口译者按照自评表格对自身口译工作和过程做出评价;八是口译教师进行评估与总结。

第三节　微课在高校英语教学中的应用

一、微课在高校英语听力教学中的应用

(一) 微课应用于听力教学的依据

微课环境下英语听力教学的理论基础是建构主义。建构主义学习理论认为,学习是在原有的经验的基础上构建新的心理表征的过程。通过与环境信息的互动,学习者主动地构建知识,强调学习者的学习主体地位。根据图式理论,人们对于世界的认识是通过在头脑里建立图式来实现的。头脑里建立的相关图式越多,在接触新信息的时候就越容易认知。通过建立不同主题的微课资源库,我们可以帮助学生建立不同类型的图式,这样,在他们听到相关话题的时候,就能够调用头脑里的相应图式,帮助他们理解新信息。当学生积累了一定量的相关图式,他们就可以更多地通过自上而下的认知方式来理解听到的内容,从

而提高听力效率。

微课的形式有利于促进学生对于所听内容的理解。由于微课的内容短,不容易产生听力疲劳。对于同一内容可以设计不同的练习方式,增加对内容的理解。可理解性输入是语言习得的关键。所以促进学生理解是教师的主要职责,是教学中的一个关键环节。教学设计必须从关注教学形式、注重训练性教学向以理解为目标的教学设计转变。利用微课能创建听力学习的真实语境。语言交际能力的培养离不开语境,我们日常的交际活动都是在真实的语境环境下进行的,脱离了语境的语言是难以理解的。语言知识的不足,有时可以通过语境传递的非语言信息得到弥补。一个微课可以针对一个交际场景,以短视频引入,再针对短视频设计不同的练习。

传统授课内容的统一性,难以激发我们的兴趣,难以引起有意注意。微课的短小的特点,使其内容上更容易丰富和更新。学生的选择余地更大,更容易找到自己感兴趣的内容。内在的兴趣的驱动力是强大的,找到了自己感兴趣的内容,学生更容易专注地听,主动地去筛选、吸收自己感兴趣的内容。微课环境下的大学英语听力教学是基于网络的自主学习为主,课堂教师辅导为辅的一种教学模式。这种教学模式,便于将教学材料按不同的体裁和内容进行分类,按难度进行分级,有利于实现学生自主掌握学习进度,自己利用学习时间,具有很大的灵活性,有利于形成个性化的学习方式。对于这种教学的模式的实证研究也表明了其相比于传统教学模式更具优越性。

(二)基于微课的英语听力教学步骤

1. 制作和收集微课教学课件

做好微课课件的制作是微课教学模式的基础工作。教师可以根据课前、课中、课后三个阶段的不同学习任务,制作三类微课课件。课前微课有预习准备的功能,课中微课有练习互动的功能,课后微课有复习巩固的功能。教师要根据课前、课中、课后三阶段的不同任务合理有效地安排微课的内容,还要注意微课课件的制作质量。教师能从网站收集优秀的微课或自行制作微课,每节微课前两分钟左右是趣味导入,吸引学生的兴趣。接着是要点内容,教师要详细而生动地讲解本课的要点和难点,保证学生能把知识点学扎实。微课的结尾处教师可加入热点和流行的热词来烘托气氛。

2. 课前发布微课学习视频

大学英语微课制作完成后,在课堂教学开始之前,教师上传微课视频,要求学生在线或下载观看微课视频,对本课的某个知识点提前学习。学生在观看和学习的过程中,遇到难懂的知识点可以反复点击"暂停""重放"来放慢学习速度,反复操作直至学会。同时,教师要求学生记录学习笔记,针对微课内容写出课堂上准备提问的问题和准备与同学讨论的话题。在这期间,师生可以在线交流互动和反馈,但更重要的是培养学生自主学习和解决问题的能力。

3. 课上利用微课练习和互动

课上,课堂成为答疑、讨论和共同做练习的场所,教师发挥引导作用,是学习的引导者而不是信息的传递者。首先,学生向老师或同学提出自己在课前学习微课发现的问题,教师给出解答,同时学生也发表观点和见解。接着,教师要求若干名学生根据自己的课前微课笔记,对所学的知识点向大家做汇报以便了解学生的掌握情况。然后,教师播放课堂微课练习视频,设计的练习环节使学生巩固了课前学到的知识点,练习的设计要有趣味性,这样学生参与的积极性高。课堂难点的讨论与互动是必不可少的,教师在微课学习之后找出值得探究的问题,让学生以小组的形式讨论和交流,各组派代表展示讨论结果。最后,教师安排小组进行竞赛和游戏等丰富多彩的活动,在活动中使学生对知识点加深记忆,提高学习效率。

4. 课后利用微课巩固和反馈

教师利用课后微课布置复习巩固的任务,对课堂学习进行有效补充。教师在微课中安排有针对性的自主复习任务和练习拓展,并要求学生在网上完成作业,如:需要思考和讨论的问题,英语小作文等。学生完成作业时,教师利用网络对学生表现作出评价和反馈。学生通过微课作业练习巩固所学的知识,遇到难题可在网上继续与教师和同学交流讨论互动。课后的互动讨论和完成作业实现了知识的深度内化,学生养成了良好的英语学习习惯,提高英语水平。①

二、微课在高校英语口语教学中的应用

在大学英语口语课堂教学中应用微课,主要包括课前、课中以及课后等不同阶段的应用内容,具体如下。

(一)课前引入微课教学

充足的课前准备工作,是提升大学英语口语课堂教学的重要渠道。将微课教学模式应用于大学英语口语课堂教学中,能够为英语口语课堂教学奠定较好的基础。任课老师事先准备的微课视频,可协助学生完成老师所布置的预习任务,从而为口语课堂教学交流做好铺垫与准备工作,提升教学质量。

在口语课堂教学开展前,老师应该结合教学主题制作微课视频,明确教学目标,提炼教学重难点内容。同时,还应该把控好微课视频时长,突出微课短小精悍优势,选择合适的微课视频背景与场所,以及合适的微课视频制作工具。

当完成大学英语口语课堂教学微课视频制作后,任课老师可将此分享至教学共享平台中,同时安排预习思考题,以便学生能够带着问题预习学习内容,明确学习目标与内容。学生可结合教学难易程度以及自身口语实际水平决定微课视频的观看次数,针对相对较难的教学内容可反复观看,实在难以理解的教学内容可事先进行记录,待课堂上认真听讲。

(二)课中应用微课教学

在大学英语口语课堂教学中应用微课教学方式,能够实现教学时间优化的目的,以切实激发学生学习的积极性。传统的大学英语口语教学存在教学方法单一等突出问题,而应用微课教学模式后能够有效地推动师生、生生间的互动交流,真正突出学生的主体地位,让学生化被动为主动,积极地融入课堂教学活动中。另外,应用微课教学模式能够提升教学效率,老师只需要将时间集中在教学重难点知识解答上,这样便有充足的时间检验学生自主学习效果。另外,在课堂中应用微课教学方式有助于学生获取口语练习的宝贵机会,

---

① 闫缜. 微课与大学英语教学 [J]. 北方文学,2018(02):186-187.

模仿求职面试中所要求的口语交流活动，能切实达到锻炼学生英语口语表达能力的目的。

（三）课后练习巩固环节中深入应用微课教学模式

有效的课后练习，是提升课堂教学质量的重要保障。在当前的口语教学中，学生在课后巩固复习时因缺乏有效的辅导资源使学生的复习效率大大下降。而在课后巩固复习时应用微课教学模式，能够有效地完善学生的口语知识体系，引导学生将"死"的知识点转化为"活"的知识点，从而将口语课堂教学中所掌握的知识点应用于日常生活问题的解决中。

此外，在课后练习巩固环节中深入应用微课教学模式能够拓宽学生的知识面，完善学生知识链，从而培养学生的口语知识创新性与灵活性。在传统的大学英语口语课堂教学中，因受课堂教学时间的限制，任课老师难以在短时间内深化教学内容。借助于所制作的微课视频重复播放，能让学生拥有更充足的时间理解口语课堂教学重难点知识点，以满足不同口语水平学生的实际学习需要。

三、微课在高校英语阅读教学中的应用

（一）合理设计微课方案

想要将微课教学方式应用于大学阅读课堂中，首先要求教师设计一套完整合理的教学方案。大学教师应当结合学生整体学习能力和教材教学需求制定适宜的微课时间。微课时间首先需要考虑将微课安插在教学的哪一个时间段，这里需要教师灵活巧妙地根据教学现状，将其安排于课中、课前或课后。教师将微课安插在课前播放，可以充分调动课堂积极性，为学生营造一个更加活泼愉悦的学习氛围，微课导入相比于传统教学导入方式更能吸引学生的兴趣；在课中导入微课，教师可以利用网络教学资源寻求素材，结合阅读理解文章大意查询相关知识点和国外文化，在拓宽教学内容的同时也能加深学生对英语的理解与兴趣，从而全面提高授课质量和教学效率；在课后插入微课视频时，教师可以利用网络社交平台为学生共享教学资源，这样也能帮助学生在课后进行自主复习。

（二）强化师生交流和学习自主能动性

阅读能力是提高大学生整体英语水平的重要基础，如何让大学生在四年时间内更多地掌握阅读理解能力和阅读分析能力一直以来都是当下教育工作者关注的重点问题。目前，大学英语课堂为阅读教学划分时间不足，学生基础能力和学习能力也参差不齐，普通教学方式往往满足不了所有学生的学习要求，这样一来，导致很多大学生逐步丧失了对英语的学习兴趣，无法从根本上提高阅读能力。这要求教师逐步学会对新旧知识的整合，调整学生学习状况，在微课中着重突出教学难点和教学重点，为学生指引正确的学习方向。同时教师和学生可以在微课视频中进行互动交流，方便教师及时把握学生学习动态和学习现状，打破传统课堂的局限性，有助于教师为学生真正解决学习困难，做到有针对性和有目的性的教学，有效提高大学英语阅读教学质量与效率。当然，学生自主能动性同样是提高他们阅读水平的重要因素，现在很多大学是因为受到传统课堂模式的局限，他们往往在课堂中接受教师灌输，缺乏自主思考能力，为有效提高学生自主阅读能力和自主学习动力，

教师需要充分利用微课教学模式,将学生置于课堂主体地位,培养他们自主思考的动力和能力,让学生在微课教学视频中发现阅读难点和阅读疑点,更好地发展微课自主性和灵活性优势。总而言之,想要真正发挥微课教学价值,就需要不断提高学生自主能动性,让学生在教学资源中实现自我探索和自我思维,让微课成为辅助学生学习英语阅读的工具。

(三)丰富阅读文化背景和词汇应用

英语阅读理解材料因为受到篇幅局限,很少会涉及文化背景介绍,而我国本土语言与英语具有不同的文化差异性,学生在进行阅读理解时自然会受到一定局限。因此教师可以将国外文化背景资料制作成微课向学生展示,比如国外政治文化、风俗习惯、历史故事以及地理环境等多方面元素,学生在充分了解该方面知识后,便能提高对文章的理解力,比如在与环境风俗相关的阅读理解中,教师可以针对阅读内容设计与其相关的国外文化知识短片,先让学生了解国外价值取向,了解他们的思维习惯和语言表达。此外,单词作为阅读理解的基础元素,学生只有具备丰富的单词储备量才能更顺利地阅读相关文章,而微课可以通过向学生介绍词根和词缀规律,让学生进一步掌握词汇学习方法,更高效地记忆单词。教师则可以通过抽取阅读理解中的生僻词汇帮助学生进行拓展和延伸,在视频中加入一定的记忆窍门和小方法,比如针对具有相同含义或相似表达方法的单词进行集中记忆,再做系统分析和类比举例,帮助学生形成更加科学的学习思维。

四、微课在高校英语写作教学中的应用

微课作为一种重要的教学资源可以辅助英语课堂教学,在英语写作教学中无论在课前课后还是课中都可以有效应用微课内容,提升学生写作能力和信心,缓解学生写作中的紧张情绪。

(一)微课应用于写作前指导,激发写作兴趣

传统写作教学会在每次写作训练课之前安排一定时间的训练前辅导,这样就会占用课堂时间。而使用微课既可以节省课堂时间,也能培养学生的自学能力。写作基础一般的同学主要通过微课学习到英式思维句子结构表达、常用模板和句型,增加学生写作的信心和兴趣;对于写作有一定基础的同学,老师会重点要求他们学习微课中的亮点词汇、句型变化、句子扩展增词、写作段落构成方法和技巧,努力让学生学会写规范文章。学生可以通过手机随时随地学习和复习相关内容,不受课堂学习时间有限的限制。

(二)微课应用于课内写作训练,拓宽写作思路

微课为我们的写作教学带来了很大便利。在实际的教学中,有些教学内容用几句话说不清楚,但是可以利用微课展示出来。例如教师在微课中先分析作文,引导学生写作思路,利用动画形式生动地阐述注意事项,然后在写作前播放一段和本次写作主题内容相关或写作方法相同的作文范文视频及适用的句子模板和套话,既可以激发学生的写作热情,也可以帮助学生拓展写作的思路,慢慢地缓解学生写作的紧张情绪和心理压力。

(三) 微课应用于写作后辅导，缩小写作差距

微课用于写作后的辅导，特别适合那些写作问题太多一时接受不了，写作能力较差的学生，这部分学生就可以通过学习教师事先准备好的微课，来完成后续环节，使自己得到更快的提升。传统的作文讲评课中，老师起主导作用，学生是配角。利用微课辅助作文的讲评课，让学生在短时间内知道本次作文的写作失误，从而寻找应对策略，缩小不同写作水平学生的差距。

研究难点在于微课的创作过程，如何让课程达到最大的实用价值，让学生接受微课、喜欢微课、自主学习微课内容，在创作微课形式方面需要特殊动脑筋。同样的知识展示方式不同会达到不一样的学习效果。①

五、微课在大学英语教学运用中应注意的问题

(一) 明确微课功能，认识微课作用

微课是解惑而非授业，是对课堂教学内容的补充、加深，是对课堂上学生没有理解透彻或未掌握的知识点的解惑、解答，是对学习资源的拓展，对于没有听课的学生微课的效果将大打折扣。微课基于课堂教学，但不能替代课堂教学。学生将课堂上知识点进行总结归纳，查查哪些知识需要补充，哪些知识需要巩固，哪些知识点没有理解或没有理解透彻，在课后再根据自己的时间来安排微课学习，使得学习更有效率。因此，理解微课功能是进行大学英语教学改革，提高教学效果的首要要求。

将微课与 SPOC、MOOC、翻转课堂、传统的课堂教学相结合，规避各自的短处，发挥各自的长处，激发学生的学习兴趣、学习愿望，以提高学生英语水平。如课堂教学中安排微课的播放：对之前所讲内容的复习和新课的导入，则选择课前播放微课，也可播放与英语学习相关的有趣视频、社会热点问题、娱乐信息视频，以活跃课堂气氛，激发学生的学习兴趣；对重点难点的讲解，则选择课中播放微课，使学生加深对知识点的理解，增强课堂师生互动，训练学生英语听说能力，进一步活跃课堂气氛，激发学生的学习兴趣；对课堂知识进行归纳总结，或拓展英语知识，则选择课堂结束时播放微课，促进学生对所学知识的思考。

微课丰富了英语教学的方法与手段，但它课时短，以知识点为一个单元，只能作为传统的课堂教学的补充和辅助手段，加强学生课堂参与，从而弥补传统的课堂教学存在的弊端。微课内容虽是课堂教学内容的精髓，但如果选择在课堂上播放，时间不宜过长，以保证课堂教学的连续性和课堂教学内容的整体性。

(二) 评估学生水平，满足不同需求

微课学习，使师生角色发生了转变，教师由课堂的主宰转变为主导，学生由课堂知识的"容器"变为主体。因此，了解学生的学习需求，评估学生英语水平，是建设微课、进行有效教学应该解决的问题，也是以人为本建设微课理念的体现。学生的学习基础怎

---

① 刘向南. 微课在大学英语写作教学中的应用 [J]. 祖国，2019 (24)：173-174.

样,对课堂上所教的知识和技能理解和掌握得怎么样,理解和掌握的程度怎么样;需要学习的或深入学习的有哪些方面,需要巩固的有哪些方面,需要加强的有那些方面,甚至学生心理特征、学习风格态度如何,教师应做到心中有数。在对学生的基本情况进行评估后,再为不同的学生制定不同的教学目标,选定合适的教学内容,设计制作相应的微课,因材施教,以满足不同学生的不同需求,使学生学有动力、学有成效。

(三) 分解出知识点,建设优质微课

根据教学要求、教学任务,将教学内容再次进行梳理并分解,从英语词汇、语句、写作、阅读、听力、口语等方面分解出知识点和技能点,再抓住重点、难点和教学的薄弱环节,进行科学选取,将其完整地呈现,拍摄成10分钟左右的微课视频。在选择知识点作为微课内容时,既要注意英语知识技巧,又要注意英语语言文化。如:选择英语国家的生活习惯、风俗民情、谚语等知识点,吸引学生去体会语言文化的魅力。又如:选择语法方面的知识点,作为学习的补充,强化学生的薄弱环节。

建设优质微课,一是知识点和技能点的选取,要针对教学中常见的、普遍性的问题或内容来设计课程,因此要注意其代表性、示范性。二是微课内容虽小而精,但如麻雀五脏俱全,因此要注意其完整性、独立性。三是制作微课应加入教师的创造性劳动,深入浅出地讲解教学中的难点、重点问题,因此要注意其通俗性、易懂性。值得注意的是在制作微课的同时,要自编与之相配套的教材,建设与之相关的试题题库等。

在分析学生情况、确定教学内容之后,还要进行教学目标的制定,教学策略、教学资源的设计。制作微课,极大程度地为学生提供了自主学习资源,方便学生学习,学生可以反复学习,大大地提高了大学英语教学效果。

(四) 借助英语微课,弥补实训不足

因为众多学生,大班上课,"听说读写"的有效实践一直是大学英语教学无法进行的难点。而大学英语教学则以提高文化素养、拓展思维方式、培养语言综合应用能力和增强自主学习能力的全面素质教育为中心,强调听说能力的培养,特别是口头交际能力和跨文化交际能力的培养。微课有助于提高学生自主学习能力,"听说读写"特别是"听说"能力。

随着信息化教学的普及,微课、慕课走进了学习课堂,学生的自主学习模式发生了根本的改变,突破了时空限制,学生学到的知识与获取的信息越来越多。微课将听说读练习的内容进行切割,制作成小视频供学生课外学习、模仿,让学生在虚拟的语言环境中自主学习,加深学生对英语知识点的理解,对英语国家语言文化的领悟。如果学生提前观看课堂上将要学习的视频,那么上课时师生、生生练习会更顺畅、学习效果会更好,学好英语的信心也会大增。如果课后观看视频,上课时学习的内容得到复习、巩固,听说能力将得到提高。对于容易出错,或常见错误,要提醒学生注意,或引导学生讨论。

由此可见,通过创建英语微课,可以弥补大学英语教学实训的不足。微课,不仅丰富了教学实训的内容和形式,增加了学生学习英语的兴趣,而且培养了学生的礼仪、跨文化交际的知识和能力。如在微课里既可以让教师创造一个逼真的情境,让学生感受语言环境,同时也可以让学生自己创造语言情境,提高学生综合能力。

(五)关注学生学习,不断改进教学

微课以视频的方式展示课堂教学内容,只有学生充分利用,才能达到提高课程教学效果的目的:

1. 利用课程微信群,搭建师生沟通交流桥梁

一方面教师通过课程微信群布置教学任务,并要求学生在课堂教学前观看微课视频。另一方面,教师对学生课程学习中碰到的问题进行解答,对学生提出的建议进行回复,及时沟通交流,甚至引导学生在群中讨论、学习。如此,增强学生学习的主人翁意识;师生都能了解教与学的真实情况;弥补课堂教学师生互动、生生互动的不足,使教学变得更高效。再者,在沟通交流过程中,帮助学生树立学好英语的信心,激发学生学习英语的兴趣,提高学生学习英语的热情。

2. 跟踪学生学习情况,提高微课教学资源质量

一方面,教师必须花大量的时间和精力,选择好知识点和技能培训点。另一方面,微课上完后,教师同样必须花大量的时间和精力,了解学生课前、课中、课后情况,了解微课在教学中是否达到了理想的目的,取得了预期效果,然后去对微课及相关资源进行改进。这是因为微课毕竟只是利用现代信息技术和手段展示和传递了教学内容,其应用效果如何,还要靠微课及其配套资源的质量,还要看学生的学习意愿,并将微课与其他科学的教育教学方法和手段相结合。

(六)改革考核方式,调动学习兴趣

"兴趣是学习的先导",通过激发学生的学习兴趣,让学生主动学习、探索,提高学习效率。

1. 动手制作视频

对于英语教学,动手实践可以激发学生的学习兴趣。由于大学英语教学内容多,要求教师在规定的时间内将课程内容讲授给学生,致使大学英语教学方法主要是讲授,兴趣教学只能通过课后补救。微课给我们提供了激发学生学习兴趣的方法及途径,比如让学生制作英语视频。学生可以根据课堂学习情况,制作英语视频,和同学教师进行学习互动,从而达到理解课堂教学内容,查漏补缺的目的。教师将学生表现记入形成性考核成绩,促使学生认真对待,从而有效地激发学生的学习兴趣,很好地调动学生的学习积极性。

2. 进行听说练习

英语教学的主要内容之一是听说练习,而听说能力正是大部分学生所欠缺的。在课堂上进行听说练习,提高学生的听说水平,显然不切实际,教师要在课堂上完成教学任务,将教学内容讲授给学生,过多的听说练习会使得课堂内容难以讲完。另外,有些学生由于性格问题,比如胆小紧张,在课堂上表达不畅,使得预习效果不会很好。而这一问题可以通过微课解决。一方面,把听说练习放在课后,少占用课堂教学时间,解决课堂上听说练习不足的问题。另一方面,克服学生课堂上面对面的紧张情绪,使听说练习达到更好的教学效果。在课后学生选择内容积极向上的题材,或根据实际学习情况来选题,制作三至五分钟微课,进行配音后提交给教师。通过网络由学生相互之间进行考核。配音活动有助于学生了解语境,提高学生的口语能力。

3. 组织英语竞赛

组织学生参与竞赛,不仅能增进学生的竞争意识,而且能激发学生学习英语的浓厚兴趣。如:在课外让学生根据要求制作一个完整的演讲视频,参加网络英语演讲。这样让学生在轻松愉悦的学习氛围中,掌握相应英语知识、听说技巧,培养其听说能力。教师动员所有学生参与英语竞赛,并将竞赛的结果记入考核成绩,调动学生学习兴趣和积极性,从而达到提高英语教学质量的目的。①

---

① 杨雨晴. 浅谈微课与大学英语教学 [J]. 湘南学院学报,2018,39(04):114-118.

第十二章 高校英语教学方法实施的保障——教师发展研究

英语教师是实现大学英语教学目标的执行者和推动者,其专业化发展直接影响着英语的整体教学质量和教学效果,无论是高校还是英语教师自身,都应当积极采取有效的措施,促进英语教师专业化发展。本章将围绕英语教师的专业化发展展开探索,以期为高校英语教学方法的实施提供有效的保障。

第一节 英语教师专业发展

一、教师专业发展的概念与特点

(一) 教师专业发展的概念

国外最早提出"教师专业化"概念的是霍伊尔(Hoyle),他认为专业化是指一种职业经过一段时间发展后成功地满足某一专业性职业标准的过程,涉及两个一般是同时进行并可独立变化的过程,即作为地位改善的专业化和作为职业发展、专业知识提高以及专业实践中技术改进的专业化。[1] 也有人认为,专业化是指一个普通的职业群体逐渐符合专业标准、成为专门职业并获得相应专业地位的过程;或是指某一职业群体的专业性质和状态处于何种情况和水平。[2] 国外教育界普遍认为专业发展是指教师在知识、思想和教学效果方面取得的连续不断地提升,它被看作是教师在提高教学实践过程中所采用的手段,强调教师的经验和专业知识。有的定义则从人类学和心理学的角度,将教师发展视为一种研究教师所想、所感、所为的有意识的选择过程,认为它是有关课堂之外教师内心世界形成的一种探究。富勒兰(Fullan)和哈格里夫斯(Hargreaves)认为,教师发展包含知识与技

---

[1] Hoyle, E. Professionalization and deprofessionalization in education [A]. *Eric Hoyle & Jacquetta Megarry (Eds), World yearbook of education 1980: Professional development of teacher* [C]. London: Kogan Page, 1980: 42.

[2] Mingucci, M. M. *ER as ESL Teacher Professional Development* [M]. Kansas City: University of misouri-Kansas City, 2002: 15.

能的发展、自我理解和生态改变三个方面。①

戴（Day）综合众多学者的观点，提出一个颇具包容性的界定：教师专业发展涵盖所有自然的学习经验和有意识组织的各种活动，这些经验和活动直接或者间接地让个体、团体或学校受益，从而使课堂教学质量得以提高。学生的学习和发展是具批判性的，而教师也不仅仅是知识和技能的容器。②

埃文斯（Evans）认为教师发展最基本的是态度和功能上的发展。③其中，态度上的发展包含知识性发展和动机性发展；功能上的发展体现为程序性发展和生产性发展。

国内关于教师专业发展代表性的观点主要有：

唐玉光认为，教师作为教育教学的专业人员，其发展要经历一个由不成熟到相对成熟的历程。④其中成熟是相对的，而发展是绝对的；教师专业发展空间巨大，发展内涵是多层面、多领域的，既包括知识的积累、技能的娴熟、能力的提高，也涵盖态度的转变和情感的升华。肖丽萍的研究指出，教师专业发展是增进教师专业化以及提高教师职业素养的过程，强调教师从个人发展角度对自己的职业发展目标做出设想，通过学习、进修等途径提高教育教学能力，最大限度地实现自己的人生价值。⑤朱玉东也探究了教师专业发展过程，提出教师专业发展是教师专业信念、专业知识、专业能力、专业情意等不断更新、演进和完善的过程，也是伴随教师一生的、在专业素质方面不断成长并追求成熟的过程。⑥贾爱武在外语教师职业专业化确立的前提下，提出外语教师专业发展概念的两个维度，一方面指教师个人在专业教学生涯中的心理成长过程，⑦其内容包括态度层面的专业信心、态度、价值观的增强，学科知识能力层面的学科知识在"博"与"专"两个维度上的持续更新；专业教学知识层面上教学技能的提高，以及为应对教学不确定性而发展的教学策略之意识的不断强化，人际交往和同事合作等能力的完善。另一方面指在职教师受外在的教育或培训而获得上述方面的发展。

教师专业发展的最终目标是自身科研能力与课堂教学质量的提高，教师并非一个知识和技能的容器，专业发展是一个不断接受、吸收、更新、综合的过程，不能一蹴而就，甚至是伴随整个教学生涯的渐进过程，然而特定的自然学习经验和有意识组织的各种活动会在某一阶段起到提档加速的明显作用。

（二）教师专业发展的特点

1. 专业发展的自主性

专业发展的自主性是教师专业发展的前提和基础。教师在设计课程、规划教学活动和选择教材时，应有充分的自主性；教师应具有专业发展的意识，把外在的影响转化为自身专业发展过程中的动力。

---

① Fullan, M. & Hargreaves, A. *Understanding Teacher Development* [M]. New York: Teachers College Press, 1992: 36.
② Day. C. *Development teacher, the challenge of life long learning* [M]. London: Falm Er, 1999: 4.
③ Evans, L. What is Teacher Development? [J]. *Oxford Review of Education*, 2002, 28 (01): 123-137.
④ 唐玉光. 教师专业发展研究 [J]. 外国教育资料, 1999 (06): 39.
⑤ 肖丽萍. 国内外教师专业发展研究述评 [J]. 中国教育学刊, 2002 (05): 56-57.
⑥ 朱玉东. 反思与教师的专业发展 [J]. 教育科学研究, 2003 (11): 26-28.
⑦ 贾爱武. 外语教师教育与专业发展研究综述 [J]. 外语界, 2005 (01): 61-66.

2. 专业发展的阶段性和连续性

研究教师专业发展阶段性有助于教师选择、确定个人的专业发展计划和目标；教师只有不断地进修和研究，以终身学习为基本理念，才能不断促进自身的发展，以确保教学的知识和能力符合时代的需求。

3. 专业发展的情境性

教师的许多知识和能力是依靠个人经验和对教学的感悟而获得的，教师应该不断反思自己的教育教学理念与行为，不断自我调整，从而获得持续不断的专业发展。另外，教学情境具有不确定性，教师的专业发展必须与教学情境相联系，在学校中建立一种相互合作的文化，以促进教师的成长。

4. 专业发展的多样性

教师工作包括观察学生、创设学习情境、组织教学活动、训练学生、评价学生学习等多种活动，教师专业发展体现在这些不同的活动中。因此，应注重教育知识、技能层面的发展，也应兼顾认知、技能、情感各方面的成长。

二、教师专业发展的理论基础

国外对教师专业发展研究的视角主要集中在现代教育学理论、教育管理学理论、建构主义学习理论、自我实现理论等几个方面。

（一）现代教育学理论

现代教育学研究的范畴一直以来都包含对教师的职业和地位的研究。根据现代教育原理，教师的职业性质具备专业性，还具有示范性、复杂性、创造性等特点，因此，教师必须具备高度的专业知识、专业技能和专业热情，需要经过长期的专业训练并辅以在职进修深造，不断地丰富自己的专业知识并提高专业技能与素养，才能够在教学中应对处理各种问题，优化教学质量。

（二）教育管理学理论

教育管理学理论认为，教师管理是高校管理的重要组成部分，教师管理不仅仅指对教师的使用和管理，还包括对教师的发展提供适时、适当的协助，以激发并保持教师对教学的热情与付出，使其顺利度过教师生涯。特别对于处于新手期的教师和挫折期的教师而言，及时的协助与鼓励会让教师摒弃消极的观念并在行动上趋向积极。

具体为建立集体教研、教师进修培训、师资队伍建设等制度和措施，并为教师的成长和发展提供良好的环境条件。就此而言，教师专业发展应当成为学校管理特别是教师管理方面的主要和重要内容。

（三）建构主义学习理论

根据建构主义学习理论的观点，个体的知识并非固定不变的，他们时刻处于一种不断发展和变化的状态之中，而且在不同情境中，知识需要被重新建构。学习是学习者主动建构自身知识经验的过程，即通过新经验与原有知识经验的相互作用，充实、丰富和改造自身知识经验的过程。教师的专业发展也是一个教师自身不断学习的过程，教师是有学习主观意愿的个体,是成长过程中的人,需要不断地建构自己的知识结构。教师专业发展的实现不能也不可能是一种外在的灌输式培训或者强制性制度要求的结果,教师的专业化发展实质是教师的专业知识、专业技能和专业素养不断建构的过程。而教师作为本身就是学习者引导者的"学习者",更清楚主动建构自身知识经验的重要性,在充实、丰富和改造自身知识经验的过程中更自觉地遵循理论的指导和重视实践的有效性。

(四) 自我实现理论

在获得生理需求、安全需求、社交需求、尊重需求后,自我实现会成为教师在职业上的追求。马斯洛(Maslow)的自我实现理论(Self-actualization)认为,自我实现的需要是人格形成、发展、成熟的驱动力。正是由于人有了自我实现的需要,才使得有机体的潜能得以实现、保持和增强。根据这一观点,可以说教师专业化发展的原动力来自自我实现,因而教师的专业发展不仅是使自己更加胜任本职工作,更主要是为了获得事业的进步和发展、获得职业认同感和成就感,获得他人的认可和尊重。

三、英语教师专业发展的实质与特殊性

(一) 英语教师专业发展的实质

英语教师的专业发展包括四个方面:第一,英语教师是专业人员,负有自己的专业职责,具体包括英语专业知识、专业能力、专业训练、专业组织、专业伦理、专业成长;第二,英语教师是可持续发展的个体。英语教师在生理上都已经成熟,但在心智上都有无限发展的空间;第三,英语教师即学习者与研究者。英语教师专业发展是一种可以自我调控的结果,英语教师有能力对自己的教育行为加以反思、研究、改进,由教师来改进自己的英语教学中的实际问题是最直接、最确切、最有效的方式;第四,英语教师的专业发展是在多阶段中完成的,职业指导教育阶段,师范教育阶段,持续进行的继续教育阶段。

(二) 英语教师专业发展的特殊性

1. 专业意识的特殊性

一个专业发展水平高的英语教师首先必须是一个具有健康的人生观、世界观和高尚的道德品质、热爱学生、师德高尚的人。他不仅具有尊重生命、追求崇高、热爱教育的信念,而且特别需要爱国意识、国际视野。取异域文化之精华,陶冶情操,提高素质,培养放眼世界的国际意识和海纳百川的宽广胸怀,充分发挥英语教学的育人功能,提高人文素养,使学生的情感、态度和价值得到升华。

2. 专业知识的特殊性

英语教师应该具有深厚的文化知识。除了英语学科知识、相关的学科知识外,还特别需要英语教师的多元文化知识,如国外的政治制度、经济发展方式、社会风俗习惯、风土人情、道德传统、宗教信仰等;在了解国外文化的同时,英语教师还应提高自身本国文化的修养,并把两种文化做对比分析。

3. 专业能力的特殊性

英语课堂作为语言实践课，以培养学生语言综合应用能力为主要目标，需要通过大量的课堂实践来完成。英语教师主要通过设置教学情境、开展课堂对话、用英语进行交流与沟通来完成教学任务，因此，对英语教师的口头表达能力、课堂教学情境设计能力、交往能力等也有着特殊的要求，必须具备较高的听、说、读、写能力，用流利的英语组织课堂教学的能力，培养学生用英语交流和跨文化交际的能力。更重要的是，在师生及生生的互动中逐步培养学生用英语表达和思维的能力，做到英语学科工具性和人文性、交际性和互动性的统一。

四、英语教师专业发展的路径

（一）自主专业发展应贯穿始终

高等教育发展迅速，新的办学理念、教学方法层出不穷，社会对高校英语教师提出了更高的要求。如果教师不自觉学习新的教育理念和教学模式，就无法适应高等教育的发展。教师应该让自己成为学习的主体，自觉主动地采取相应的方法和手段来促进自我的发展。因此，教师内在的、主动的专业发展意识是教师实现专业发展的必然要求，而且这个意识要贯穿整个教学生涯。只有教师专业发展的自我需求意识被激活，教师不断超越自我、提升自我，这样才能得到成长、成熟与成功。

（二）不断提升自身的教研能力

英语教师教学研究的目的在于改进教学实践，促进自身专业发展。教学研究与教学实践是相辅相成的，以教学问题启发教研思路，以教研成果促进教学水平。教学研究能力的形成关键是教师敢于拿自己的学生、自己的课堂当成研究的第一现场，只有对课堂实践进行分析和研究，教师才能从司空见惯的事物中看出新的东西，而这正是"兴趣和灵感的源泉"。通过教学研究，教师也能够对个人的知识与能力有一个完整而清晰的认识，使教师能够在此基础上利用教学研究的机会进一步学习他人长处，完善自己的薄弱环节，积累相关的教学经验。

（三）提升自身信息素养

信息时代的到来对课程与教学改革产生了深远的影响，信息化教育的教学方法、教学模式不同于传统课堂教学。为适应现代信息技术给教学带来的变化，教师就必须进行角色转换，不断提高自身的信息素养。教师除了要掌握 Windows、Office 的基本使用之外，还要熟练掌握多媒体教室、网络教室的使用，除此之外还应当掌握 Authorware 和 Flash 等课件制作软件。通过学习，教师可以用信息技术解决工作、学习和生活中的问题，从而提高教育教学质量、提升信息素养、拓宽专业发展之路。

（四）积极参加学习培训

知识更新成为现代教育必须面对的问题，"一次性教育"已不能适应时代发展的需要，"终身教育"在全社会悄然兴起。因此，教师在工作的过程中需要树立"终身学习"

的理念，不断地学习各种理论知识，不断总结积累经验，才能促进自身专业发展。而短期有针对性的专业培训是教师快速获取前沿信息和相关经验的有效方式。英语教师可以定期参加各级各类的培训活动，如"专题讲座""教师论坛""科研沙龙"等活动。通过这些活动，教师能对自己过去的经验重新进行评价，整合自己多方面的知识，而且能够从他人那里获得启示和灵感，在交流中生成新的知识和体验。

第二节　英语教师自主发展

一、教师自主发展的概念

所谓自主，就是凭自己的主观意识，积极地、自觉地、主动地进行学习的一种精神状态、一种态度。它发自于个人的主观意识，而不是被动，不是强迫。"发展"不是指作为生物种群的人的历史发展，是指人作为生命个体从出生开始，随着年龄的增长和社会经验的增加而带来的生理和心理的变化过程，它包括人的生理发展和心理发展两个方面。在人的发展中，发展的内在动力是社会的要求和需要所引起的个体的与原有发展水平之间的矛盾。我们只能通过学习才能把自己原有身心发展水平提高到一个新的高度，去弥补自己的不足，提高自身的能力。

自主是自己的主动性，能动性，有自己的思想和自己的灵魂。发展是人的发展，个体的发展，也就是指教师有内在的发展需要，不断地在教学工作中创新进步。那么，教师的自主发展就要求教师在遵循教学规律的基础上有自己主观的创造改革，不断探索新的教学途径和方法，优化课堂教学结构，使学生在教师自身的不断发展完善中进一步学习和掌握知识，并形成能力，成为全面发展的人。教学有法而无定法，教师对自己的各种教学活动都必须在观察和分析劳动对象的基础上，进行创造性的设计和实施。这就需要教师有自己的主动性，讲课的内容虽说有教科书，但必须进行教学教法的加工，教科书是死的，教师要通过自己的主观意识的整理加工，把它变成活的教材，这样更有利于学生的接受和理解。

自主性是主体性的实质性内涵；自主性是人格的内在统一性的核心要素；自主性是"理想的动机"——机能自主，是经过学习获得的动机系统；自主性的形成以自我意识的形成为开端，自主性的生成，是以自我意识为前提条件的，即有了理想的自我和现实的自我的意象。自主能力的形成过程中，认知、情感、价值观起很大的作用。

自主性有个性层面和社会层面，二者的关系是：个性是通过社会性的交往学习而完成的，社会性是个性中的真实内容，社会性统一于个性之中。社会性主要是社会价值的体认和形成一定的社会责任感；个性层面主要是自信和自尊。围绕着自主性的问题，我们会进一步认识到自主性还与以下方面相关联：主体性、人格内在统一性、自主意识、自主态度、自主能力、个性（自信、自尊）、社会性（价值、责任感）。

由此，我们就关于"自主性"的理论意义之间的契合点上对教师专业自主发展的含义做如下界定：教师自主发展是教师自觉主动地追求作为教师职业人的人生意义与价值的自我超越方式。

二、教师自主发展的特点

(一) 教师自主发展需求和愿望的内在性

教师的自主发展需求和愿望是内在的,这种需求和愿望是根据自我意识,基于个人的人生价值与意义的追求愿望和目标而产生的,称为自我超越的意识,是自我超越的内在依据和动力。

(二) 教师自主发展内容的个体性

教师自主发展的发展内容具有个体性,即发展的是个体的内在潜能。不是为了达到外在的标准,而是为了发展个体内在的潜能,即具有个性特点的兴趣、爱好和才能。这里的个体性并非排斥社会性。我们已经看到自主发展型教师是在最大可能发挥个人潜能,以在承担和履行个人作为知识人的社会使命方面达到最优化的人。因此,他们的自主发展是个性与社会性和谐发展意义上的。

(三) 教师自主发展个体的自觉主动性

自觉主动性是发展个体的主体地位和主体性的集中体现,与被动消极相对应,也是能动性的体现。教师的自主发展是一种自觉的、主动的发展状态,是基于教师的主观能动性的自我超越活动。自觉主动是一种发展的状态,这种状态形成教师的一种日常的生活样式。表现为行为的方式,但实质上是人性中能动性的表现。自主发展是教职生涯的最高境界。

三、影响英语教师自主发展的因素分析

(一) 自主发展意识

在教师专业发展的过程中,既存在教师教学所提供的外部专业环境不断变化的专业发展的物理过程,也存在着以学会、教学为特征的教师自我专业发展的心理过程。教师专业发展意味着教师对自己的专业发展负责,强调教师不仅是专业发展的对象,更是自身专业的主人,是一种自我更新、专业自主的发展。这种自主意识就是教师自我专业发展的核心因素,对教师发展影响很大。实践表明,教师发展不是一个自然的成长过程,只有具有自主发展意识和能力的教师才能自觉地不断促进自我的专业成长。[①] 自主发展意识是教师自我专业发展的内在主观动力。具有自主发展意识的教师,知道自己到底需要什么,对未来有自己的理解和追求,能有意识地寻找学习机会,不断丰富、更新自身的专业素养,促进自身的专业发展。教师自我发展意识对其自身的专业发展还具有一定的调控作用。在该意识的驱动下,教师会主动将自己的专业发展状况与教师专业发展的一般路线相对照,及时

---

① 武书敬,房立敏. 信息时代我国英语教师发展研究 [M]. 天津:天津教育出版社,2011:32.

调整自己的专业行为和活动安排,以期最终实现理想的专业发展。教师的自我专业发展意识是实现持续的教师专业发展之源泉。

另外,在意识方面,教师要具备终身发展的意识。在新形势下,大学英语教师亟须增强终身发展的意识。终身学习已成为当代最重要的教育理念之一,它将是未来学习化社会中社会成员的主要学习模式。在教师发展中,终身学习的理念同样关键。以往的大学英语教师,经历过学习和培训上岗之后,教学内容以通用英语为主,教学手段以讲课为主,往往认为这样就可以一劳永逸。但在目前的形势下,教学内容需要及时更新,教学方法和手段需要不断改进。教师的终身发展需要建立在自我观察之上——发现自己薄弱之处,通过学习新知识和新技能,实现自身的提高。

(二) 自主发展能力

理论知识在教师的具体教学实践中个性化为教师的个体教学信念,体现教师对教学的个性化理解。教师在教学实践过程中,形成了一定的经验知识或实践知识,而这种实践知识往往处于一种隐性状态。教师的个体教学信念和隐性的实践知识决定教师的教学实践,成为指导教师教学实践的内在基础。因此,教师教学行为上的差异更多是由于教师信念体系的差异产生的,教学行为上的不足和错误需要教师通过改变内在知识体系来纠正。为了实现知识和信念体系显性化,提高教师教学行为的有效性,发展教师对教学实践的自觉程度,开展反思活动是必要的。教学反思要求教师对教学实践进行系统反思,并在反思的基础上进行实践,然后再对实践的结果进行反思,依次循环,最终培养教师自我发展的能力。可见,教师的理论知识以及在实践中所形成的经验知识是教师自主发展能力的知识基础,而反思是最终实现教师自主发展能力的根本途径。反思的过程是教师独立、自觉地调节和管理自己的教学实践活动的过程,具有主动性的特征。① 教师对自己教学行为的反思是建立在自身的积极性和主动性之上的,教师应关注自己的学生,关注自己的学习情感和学习过程,关注自己教学的效果,有不断进取和改进教学的意识和要求。如果缺乏这一点,教师就不可能去发挥自己应有的作用以及关注教学效果的好坏。教学反思的提出再次突出了高校英语教师自我发展意识的重要性,也充分体现了自主发展意识和发展能力之间相互依赖的关系。

(三) 科研创新意识

教学和科研相辅相成,科研是教学活动和成果的总结和概括,同时又指导和促进教学。教学创新教学成果的推广、教学艺术的探讨都离不开科研。科研能力的低下、教学理论的肤浅都不利于教学活动的深化。高校英语教师应该具有较强的教育科研能力和科研意识;能够从自己的英语教学实践中选择研究性课题;善于从教育教学中收集整合和处理信息;能够运用英语科研方法进行实验以促进自己的英语教学。创新是高校英语教学活动的源泉和动力。没有创新,就没有发展;没有创新,就没有突破,就没有前进,教学就会缺乏生气与活力。同时,教师的创新精神会影响学生的创新意识。大胆、合理的创新是高校英语教学改革的基础,改革与创新精神是新时期英语教师素质的重要体现。高校英语教师

---

① 闫洪勇. 大学英语教学与教师专业发展研究 [M]. 西安:西安交通大学出版社,2017:52.

应该不断更新教学内容；运用多种英语教学法，在教学中创设最佳教学情境和探索思想教育新形式，最大限度地培养学生的创造能力。

（四）知识方面

知识方面的因素主要表现在非英语专业学科知识的补充。胡壮麟先生早在 2002 年就对大学英语教师的前途表示了忧虑："英语教学一条龙的最终目标是使高中毕业生达到现在大学英语四级以至六级的水平。那么，这就产生若干年后大学英语是否继续存在的问题。这样，大学英语老师的出路在何方？"[1] 今天，胡先生的话不幸言中，许多大学都在推进大学英语改革，基本的模式都是减少大学英语总课时，降低基础课课时，增加选修课课时。选修课的内容、形式多样，包括专业英语类、高级语言技能类、文化类等。选修课更符合学生的个性化需求，但对教师的知识、技能提出了更高的要求。一些教师面临着没有基础课可上、却又开不了选修课的困境。英语语言文化知识是教师上岗的必要条件，绝大部分教师都应具备，但要实现专业英语教学，非英语专业知识是大学英语教师急需补充的，这就成为教师发展的重要内容。高校英语教师可以通过继续教育、培训、自学等多种方式来获取某一个甚至是某些专业的知识，作为英语教学的内容依托，把英语教学和专业知识很好地结合起来，成为跨学科的专业人才。当然，这不是件容易的事情，教师可能需要相当长时间的学习，并在实践中摸索、磨炼，才能熟练地掌握专业英语的教学。但对于教师的专业化发展来说，这意味着部分质的转变，将成为可持续发展的关键。

（五）技能方面

在技能方面，主要体现在对多媒体教学技术的掌握。教育者必先受教育。新型教学模式以现代信息技术，特别是网络技术为平台，而很多教师还缺乏基本的现代信息技术知识和相关技能。因此，提高教师现代教育技术能力成为实施新型教学模式的当务之急。语言教师教育信息化理论认为，现代计算机网络技术作为一种媒介和手段，不仅能够让教师从外界得到科研信息和教学资源，而且能够帮助演示和传递信息资源，提供及时有效的反馈，促进真实平等的师生互动，还能够提供真实的语料，促进教学。计算机和多媒体进入课堂，是教育现代化的要求。问题是如何真正在语言教学中有效运用信息技术，使其最大限度地为我们的教学活动服务，即如何有效整合信息技术与课堂语言教学是每一位大学英语教师需要思考并在实践中加以解决的问题。信息技术的突飞猛进为英语学习带来了革命性的突破。面对先进的设备和技术以及信息素质越来越高的学生，大学英语教师的信息素质堪忧。相当数量的教师还需要补充计算机操作技能，熟悉各种相关软件的使用，掌握网络操作的技能与常识。

（六）客观因素

教学中客观原因造成的问题，对英语教师的课程实施形成一定的障碍，并对其专业发展造成了负面影响。教师教学任务繁重：大备课量、大班级、有限的课时，学生众多的课业内容，批改试卷。现有教师继续教育和在职培训缺乏与教师课程实施的衔接，没有发挥

---

[1] 贺亚男. 大学英语阅读及写作教学研究 [M]. 成都：电子科技大学出版社，2015：18.

出促进英语教师自身及整个专业发展的应有作用等。

影响教师专业发展的客观因素具体包括以下几个方面：（1）教师专业素养的共识缺位：一个公认的专业需要有一整套专门的知识和技术的支持，与其他公认的专业相比，英语教师专业明显缺乏这样的知识和技术。教师专业素养结构复杂，但对英语教师的专业素养目前还未达成共识；（2）教师事务繁重：我国英语师资不足，英语教学任务繁重。繁重的备课、上课、作业批改已使许多教师疲惫不堪。此外，教师要应付各种以提升专业水平为名的培训、考试，还要从事所谓的科研，以平稳晋升。教师专业发展的时间、精力严重不足；（3）传统职业文化的束缚：教师的职业文化是指教师在长期的发展过程中所形成的一些普遍性的规范、信念和价值观等的统称。沉默主义、个人主义和保守主义是传统教师职业文化的典型特点，表现为"课堂统治者"的教师在课堂之外声音微弱，教师很少真正发出自己的声音；教学活动被当作一种隐私，拒斥他人的窥探；教学观念和教学方法落后、陈旧；（4）体制性障碍：体制是教师专业发展中最重要的外部环境，教师的专业发展很大程度上依赖于体制因素。不合理的制度会阻碍教师的专业发展。当前大学英语教师的聘用、晋级，教师课程安排和教师评价等方面的制度安排存在的许多不合理之处亦构成了英语教师自主发展的障碍。教师管理上的纵向权威科层制导致教师在处理日常事务时受到校内和校外其他权威的限制，控制取向的管理又试图将教师的工作标准化。这种管理体制与对教师角色的要求明显冲突，造成了教师角色认同上的严重困难，削弱了教师的自主意识与责任感。另外，在经济一体化与专业分工日趋精细的大背景下，合作意识与合作能力已经成为人们生存发展的重要品质。大学英语教师要积极参与合作学习，通过合作学习，以更客观的标准衡量自己的成就；加强与同行的交流，把自己的教学体会和经验与他人分享，把别人的经验变为自己的财富，将别人正确的观点变为自己的思想，将别人有效的教育措施变为自己的教学方式，多视角地观察他人的优势，借以互相补充、互相完善、共同提高；要加强和完善诸如听课和进行集体教研等活动；要将教研视作教师专业发展的内在需要，视为教师专业发展的主渠道。传统的听课活动是一种上级评估教师教学的手段，关注的是教师的课堂表现，许多教师对此会做出有针对性的准备。这里所提到的听课活动，是建立在自愿基础上的，教师们相互观摩课堂教学、观察师生教与学的活动；课后，通过回忆，共同畅谈心得体会，找出最生动和最缺乏生气的教学片段，共同分析，做出理性的判断。

第三节 英语教师信息化教学能力发展

一、教师信息化教学能力概述

（一）信息化社会与教师专业发展

1. 基础教育改革对教师的要求

我国新一轮基础教育课程改革对教师的教学观念、知识结构、教学方式、教学能力等

第十二章 高校英语教学方法实施的保障——教师发展研究

提出了新要求。新一轮基础教育课程改革，改变注重知识传授的倾向，强调形成学生积极主动的学习态度，从而要求教师由单一的知识传授者成为满足不同学生学习要求的帮助者、指导者、促进者，要求教师能够培养学生的创新精神与实践能力，培养学生终身学习的意识与能力，培养学生良好的信息素养。新一轮基础教育课程改革，使课程结构从单一走向多样、从分科走向综合。在信息化社会里，教师已不再是教学中唯一的知识来源，教学信息资源来源已多元化，教师的课堂教学权威已经被解构，从而要求教师具有新的课程观教学信息资源观，要求教师从权威的课程执行者成为学习环境的创建者及教学信息资源的收集者、开发者和设计者。

新一轮基础教育课程改革，改变了学生的学习方式，体现了学生学习的主体性、参与性、探索性，要求全面发展不同学生的学习能力。要求教师转变教学方式，加强与学生的教学交往，培养学生搜集和处理信息的能力、获得新知识的能力、分析和解决问题的能力以及交流与合作的能力。新一轮基础教育课程改革，要求改变教学评价方式，改变传统评价过于强调的甄别与选拔，评价要促进学生的全面发展，倡导多元化的评价方式。课程改革对教师提出了多种要求，需要教师具有新的课程观，对教师的知识结构和能力素质提出了更高要求，需要教师转变传统教学方式，加强教学交往能力，教师教学能力的提升要促进不同层面学生的发展等。

2. 教师专业发展对教师的期待

教师专业发展是目前教育领域普遍关注的话题之一，教学能力发展是教师专业发展的核心。教师专业发展期待教师具有终身学习的意识与能力，动态地实现自身知识的更新以及教学能力的提升。要培养学生的创新精神与实践能力，首先需要发展教师的创新意识与应用实践能力，只有创新型的教师，才能培养出创新型的学生。教师专业发展需要教师具有一定的教学交往能力，既包括教师之间的教学对话、合作，以形成教师教学的集体智慧，也包括教师与学生之间的交流合作，以更好地完成教学，促进学生的全面发展。教师专业发展期待教师角色转变，由知识的传授者转变为学生学习的帮助者、指导者和促进者。教师专业发展不仅仅要求教师具有一定的教学能力，同时还需要教师有一定的学习资源开发能力和教学研究能力，尤其是教学研究能力。教师只有在教学实践中研究总结，才能有针对性地反思自己的教学，提高自身分析问题与解决问题的能力，从而有效地提升教学能力在教学中研究，在研究中提高，以更好地促进教师的专业发展。

3. 信息化社会对教师的挑战

教育信息化是社会信息化的重要组成部分，而教师教育的信息化发展，则是教育信息化发展的关键环节，也是促进教育信息化的重要力量。信息化社会中，教育思想、教学内容、教学方法等都发生了变革，对教师的知识体系和能力素质提出了挑战。

信息化社会中，教师的专业发展受到普遍关注和重视，世界各国都相继公布了教师有关教育技术的能力标准，开展了大量教师教学中信息技术应用能力发展的项目，为信息化社会中教师的教育技术能力发展提供了帮助与支持，在一定程度上，也规范了教师教育技术能力的培训与资格认证。例如，美国针对未来教师的 PT3 项目、英国教师的 ICT 培训、新加坡的 MP 项目、韩国教师的 LCT 素养培养、英特尔未来教育项目等。同时，联合国教科文组织也颁布了《信息和传播技术教师能力标准》，美国先后四次修订《面向教师的美国国家教育技术标准》，英国政府公布了《ICT 应用于学科教学的教师能力标准》，信息化社会中教师的专业发展受到世界各国的普遍关注,对教师的专业发展也提出了挑战。

(二) 教师信息化教学能力的特点

教师的信息化教学能力,是教师在教学过程中运用信息技术开展教学活动和完成教学任务的一种重要的特殊能力,它是由一组能力组成,包括若干子能力。① 教师信息化教学能力是建立在教师信息化实践知识基础之上的,要在一定的信息化情境中形成和发展。教师信息化教学能力主要的特点有以下几方面。

1. 信息化教学能力的复合性

信息化社会对教师教学能力的要求,已不再局限于单一的传授知识和技能。教师的信息化教学能力既有传授知识、技能方面的能力,也有教学技术、技术化的知识内容、技术化的教学方法、技术化的协作教学等方面的能力要求;既有促进教师教学能力发展方面的能力,还包括促进不同学生信息化学习能力发展的要求;既有初级的信息化教学能力要求,又要具备更高层次的信息化教学能力素质。传统社会中教师的教学能力同样具有复合性的特点,但信息化社会中,由于信息技术要素的动态介入,教师的信息化教学能力更为复杂多样。尤其是现代社会教学信息来源多元化、学习资源环境数字化,使得教师的权威地位以及在教学中应发挥的作用发生了很大的转变。在信息化的学习环境中,对教师驾驭教学的能力提出了更高要求,期待教师的教学能力素质趋向于更加全面化的发展。教师不仅要有信息化教学知识内容的传授能力,更要具备促进不同学习风格和不同学习策略的学生实现信息化学习的能力,使因材施教在信息化社会中得以真正实现。因此,信息化社会中,教师信息化教学能力呈现出综合化、多层次化的特点,具有明显的复合性特点。

2. 信息化教学能力的关联性

教师信息化教学能力是由一系列子能力构成的,但各个子能力又是相互联系、相互影响、相互作用、彼此关联的。首先,基本的教学能力具有能力发展的基础性。教师的信息化教学能力是建立在一定的教学能力基础之上的,如驾驭学科教学内容的能力、一般教学法的相关能力、基本的教学技术能力等,都是教师信息化教学能力发展的基础能力。其次,信息化教学的相关学科内容能力、信息化学科教学法相关能力等的形成与发展,也是教师将教学技术、学科教学内容以及学科教学法融合的过程,体现出能力形成与发展的融合性特征。再次,信息化教学能力发展中不同阶段的能力素质具有一定的递进性。教师的信息化教学能力素质,在不同的信息化教学能力发展阶段有不同的侧重。信息化社会中教师的各种教学子能力,只有通过在动态的发展中寻求新的平衡与协调,才能良性动态地形成与发展。

3. 信息化教学能力的发展性

首先,为了适应不同的、复杂的信息化教学情景与信息化教学实践,以满足不同的学习对象的不同学习发展与能力要求,需要教师信息化教学能力动态地形成与发展,以适应动态发展变化的要求。其次,信息化社会中,信息技术更替周期逐步缩短,由此而形成的信息化学科教学与相关的教学方法,也同样需要不断发展变化,以满足相关教师教学能力变化发展的需求,适应新技术、新工具、新方法带来的变革。正是由于信息技术的时代发

---

① 唐君. 高校英语信息化教学研究 [M]. 北京:中国国际广播出版社, 2018:87.

展引起信息化教学能力的动态更新与发展,所以需要教师主动适应这种动态变化的发展。再次,课程教学的改革与发展也需要信息化社会中教师能力的调整与改变,以适应教学改革与发展对教师能力结构提出的新要求,需要教师动态调整与发展完善自身的教学能力结构。最后,信息化社会中,教师自身的专业发展本身也是动态的、终身的。教师的专业化成长,需要教师在不同的职业发展阶段,不断完善和发展自身的教学能力结构。教师信息化教学能力的发展是有指向的,指向教师信息化教学智慧的创造,这种发展是终身的。①

4. 信息化教学能力的情境性

教师信息化教学能力的形成与发展需要一定的信息化教学情境实践,是在一定信息化教学情境实践中呈现出来的一种特殊的能力形式,具有明显的情境性特点。同一教学对象同一教学内容,在不同的信息化教学情境实践中开展的学习活动,需要教师有不同的信息化教学能力去适应,以达到开展相应教学活动的目的。教师信息化教学能力不能脱离一定的信息化教学情境中主体实践的体验而单独存在,教师信息化教学能力的体现与发展,必须是在一定的信息化教学情境体验中完成的,没有信息化教学情境的实践性体验,就不会有教师信息化教学能力的发展。教师不仅要具有适应不同信息化情境中主体实践体验的能力要求,更重要的是,教师需要将不同信息化情境中教学的知识能力素质迁移到其他相关的信息化教学情境中,从而促进教师信息化教学实践能力的发展。

(三) 教师信息化教学能力构成

1. 教师信息化教学能力的知识体系

信息化社会中教师教学能力的知识结构具有明显的层次性。依据教学中对教师教学能力的不同要求,我们将教师信息化教学能力的知识分为三个层次。

第一层次的知识是教师信息化教学能力的知识基础,具体知识内容包括:(1) 学科知识,主要指教师所从事学科专业的知识、概念、理论、方法以及相关联的学科理论内容等,是教师从事学科教学的专业知识准备。(2) 一般教学法知识,主要指教学的一般性原理、策略和方法等,可以完成教学的准备、教学的实施、教学的管理、教学的评价以及对教学目标和教学过程的认识等,以促进教师教学和学生学习的一般性的教育教学知识。(3) 学科教学法知识,主要是学科知识和一般教学法的综合,涉及对学科知识的表达、传输以及呈现等,以方便教与学的过程。(4) 教学技术知识,主要指广义上教学媒体和教学手段的应用知识,既包括教科书、粉笔、黑板、模型、教具等使用的技能,当然也包括幻灯片、投影仪、广播、电视、计算机、互联网等应用的硬件知识与技能。

第二层次的知识是教师信息化教学能力的知识主体,具体知识内容包括:(1) 信息化学科知识,主要指教学技术与学科知识相互融合后的知识,教学技术使学科知识以信息化的方式更方便、更灵活地表达、呈现与扩展。当然,也可以根据具体的学科内容选择合适恰当的教学技术。(2) 信息化教学法知识,主要指教学技术与一般教学法融合后产生的新知识。教学技术介入教学过程后,教学中的要素发生了变化,在教学技术的作用下,既会巩固拓展原有的教学法,也会因此产生一些新的教学方法,如网络环境下的探究式教

---

① 蒋爽. 高校青年教师信息化教学能力的发展——以教师知识结构理论为视角 [J]. 中国成人教育, 2018 (22): 139-142.

学、协作教学以及基于信息技术环境的情景教学等。

第三层次的知识是教师信息化教学能力的最高知识要求,即信息化学科教学法,主要指教学技术与学科知识、一般教学法融合后产生的一类特殊的知识,是教师信息化教学能力的最高知识要求,也是教师信息化教学能力发展中教师获得知识的最高境界与追求。这类知识已经超越了学科知识、教学法知识、教学技术知识的各自内涵,是三类知识的融合与动态平衡,可以在具体的学科教学中,运用合理恰当的教学技术,设置适合学生学习的信息化教学情境,拓展教师的信息化教学,以更好地促进教师信息化教学能力的发展,促进学生信息化学习能力的发展。

教师信息化教学能力的知识核心则包括教学技术知识、信息化学科知识、信息化教学法知识以及信息化学科教学法知识四个方面。

2. 教师信息化教学能力的结构

知识是能力的基础,知识需要转化为能力。能力是知识的目的,是运用知识解决问题的能力。能力的体现既要综合运用知识,又要分析解决具体问题。教师的信息化教学能力,是信息化教学能力知识体系与信息化教学实践的有机统一。教师的信息化教学能力可以划分为六种子能力:信息化教学迁移能力、信息化教学融合能力、信息化教学交往能力、信息化教学评价能力、信息化协作教学能力和促进学生信息化学习能力,核心是促进学生信息化学习能力。

(1) 信息化教学迁移能力

教师信息化教学迁移能力的实质主要有两个方面:一是不同信息化教学情境中的教学适应能力迁移,即横向迁移。二是信息化教学知识技能的转化迁移,即纵向迁移。教师信息化教学迁移能力是教师信息化教学能力的基础能力,也是教师信息化教学能力可持续发展的重要条件。

其一,信息化教学纵向迁移能力(转化迁移)。主要指教师将学习获得的知识技能应用于解决信息化教学中的实际问题,应用于现实的信息化教学活动中的能力。教师通过学习所获得的信息化教学知识与技能,需要将其应用于实际的信息化教学情境中,解决现实中的各种信息化教学问题。对于信息化问题的有效解决,就需要通过迁移,从这个意义上看,迁移也是信息化教学知识技能向信息化教学能力转化的关键。通俗地说,就是学以致用。

其二,信息化教学横向迁移能力(适应迁移)一种信息化情境下的教学活动,在另外一种新的信息化教学情境中未必适用。信息化教学横向迁移能力主要指教师将一种信息化教学情境中的教学经验创造性地应用于其他新的信息化教学情境中的能力,是教师对原有信息化教学能力结构的拓展与延伸。在信息化教学情境中,教师对教学情境的把握、教学活动和教学方式的策略选择、教学媒体的应用、教学活动的程序等,都要依据自身的相关教学经验和借鉴他人的成功做法。通俗地说,就是举一反三、触类旁通。

(2) 信息化教学融合能力

信息化教学融合能力具体包括三个方面的子能力。

其一,信息化学科知识能力,即信息技术与学科知识的融合能力。信息技术与学科知识相互融合,会形成学科知识的新形态。原有学科知识形式的新呈现、内容的新拓展,是需要教师将学科知识信息化的一种能力要求。

第十二章　高校英语教学方法实施的保障——教师发展研究

其二，信息化教学法能力，即信息技术与一般教学法的融合能力。信息技术与一般教学法相互融合后，形成的一类新的知识类型，需要教师具备将信息技术与一般教学法融合同时还需要教师能够驾驭信息化情景中的一些基本的教学原理、方法与策略等。

其三，信息化学科教学法能力，即信息技术与学科教学法的融合能力。信息技术与学科知识、一般教学法相互作用形成的一种特殊知识形态，需要教师具备教学技术知识、学科教学法知识，当然更需要教师具备将教学技术与学科教学法融合的能力。只有将信息技术与学科内容知识、教学法相互融合，发挥各类知识内容与各种方法策略的优势，才能使教师在新的学科知识形态和新的学科教学方法与策略的基础上，实现教学效率和效果的有效提高，才能使教师的信息化教学能力得以有效提升，从而促进不同学生学习能力的全面发展。

（3）信息化教学交往能力

信息化教学交往能力，是指教师和学生在信息化教学情境中，彼此交换思想与感情促进师生间的交流与沟通，以实现学生能力发展为重要目标的一种教学能力形式。① 信息化教学交往能力是教学活动中师生的信息化互动，是信息化的教学交往实践，体现了教学中教师与学生之间的关系。信息化社会中的教学既是知识、技能的传授，更是学生学习能力发展的促进，因此，需要教师与学生间有效地交往。信息化教学中的教学方式体现出选择化和互动化的特点，相应的，学生的学习方式也走向了合作、对话、交流、探究与实践等。② 教师的信息化教学交往能力包括课堂信息化教学交往能力和虚拟信息化教学交往能力。

其一，课堂信息化教学交往能力，是指在课堂信息化教学情境中，教师与学生的教学交往能力。在课堂信息化教学情境中，需要实现师生之间的多元化教学交往，需要定位师生之间新的教学交往关系与角色。教师是信息化情境中学习过程的设计者、学习资源的开发者，学习活动的组织者、引导者和管理者，学生是积极主动的学习者。在课堂信息化教学情境中，教师要与学生实现信息化的交流与沟通，实现与学生的平等对话。教师也要对学生的信息化学习过程进行指导，让学生在信息化环境中学会学习。教师还要对课堂的信息化教学活动合理协调，保证课堂信息化教学活动的有序顺利开展，既有对学生学习的协调，也有对教学活动序列的协调。教学协调能力，是教师课堂信息化教学交往得以有效进行的保障。教师的课堂信息化教学交往能力，是促进教师有效教学和学生有效学习的重要能力指标

其二，虚拟信息化教学交往能力，是指在虚拟的信息化教学情境中，教师与学生的教学交往能力。信息化教学交往能力，在某种意义上指的是虚拟信息化教学交往能力，在虚拟的学习环境中，师生之间的有效教学交往是保障学生学习活动顺利开展的前提条件。在内容上，虚拟信息化教学交往能力，主要包括教师为学生提供虚拟学习环境中的学习支持，监控学生在虚拟学习环境中的学习行为，对学生学习中遇到的各种问题，能够通过虚拟的学习环境提供尽可能的帮助。在形式上，虚拟信息化教学交往能力，主要包括教师与学生个体之间的虚拟信息化教学交往，教师与学生群体之间的虚拟信息化教学交往，学生

---

① 唐君．高校英语信息化教学研究［M］．北京：中国国际广播出版社，2018：91．
② 杨维国，许红叶，等．信息教育环境中教学方式的动态化调整［J］．新校园（上旬），2016（07）：5-6．

与学生之间的虚拟对话交流与合作交往等，实现多元化的信息化教学交往。

(4) 信息化教学评价能力

教师的信息化教学评价能力，主要是指教师对信息化教学和学生的信息化学习做出合理的价值判断，调适信息化情境中的教学行为，规范指导学生的学习行为，以实现教学过程的优化。信息化教学评价，既关注对教师的教学评价，更强调针对学生的发展和学生整体素质提高的评价；既关注结果的评价，更强调过程的动态评价。信息化教学评价体现出发展的、全面的、多元的、动态的特点。教师的信息化教学评价能力可以分为两类：学生信息化学习的评价能力和教师信息化教学的评价能力。

其一，学生信息化学习的评价能力。信息化社会中的教学评价，既要关注学生个体的发展和个体的差异，同时也要关注信息化情境中学生创造性的学习能力和综合素质的提高；既要关注对学生信息化学习中知识技能的评价，也要关注对学生信息化学习中实践能力发展和情感培养的评价；实现从单一的评价方式向促进学生全面发展的评价方式的转变。学生信息化学习的评价具有很强的导向性，强调以促进学生信息化学习能力的发展、创造性实践能力的提高为评价的主要价值取向。

其二，教师信息化教学的评价能力。关于教师信息化教学能力的评价，关注以促进教师有效教学为目的的教师信息化教学质量评价，是相对注重结果的评价，更加强调以促进教师专业发展为出发点的发展性评价，以帮助教师不断提高自身的教学能力和相关业务水平，实现针对教师信息化教学的过程性动态评价。

(5) 信息化协作教学能力

传统意义上的教师协作教学，一般是指教师在备课、教学观摩、教学活动、科学研究等方面的有效协作。信息化社会为教师协作教学提供了可能，拓展和延伸了教师协作教学的能力。

联合国教科文组织《信息和传播技术教师能力标准》在"知识深化办法"模块中，提出"教师应能够运用网络资源来帮助学生开展协作、获取信息和与外部专家进行沟通，以分析和解决特定问题"。就教师的职业发展方面，强调"教师必须具备技能和知识，以创设和管理复杂的项目，并与其他利用网络来获取资料的教师、同事和外部专家合作，促进自身的职业发展"。同时，联合国教科文组织《信息和传播技术教师能力标准》在"知识创造办法"模块中，进一步强调"教师必须能够打造基于信息和传播技术的知识团体，并运用信息和传播技术来支持培养学生的知识创造技能及其持续不断的反思型学习"。对于教师的职业发展，进一步提出了"教师应能够发挥领导作用，建立和执行一个关于其学校的远景：一个以创新和持续学习为基础并因信息和传播技术而更加丰富多彩的社区"。

美国《面向教师的美国国家教育技术标准》（2008版）中也明确提出，教师应能够"与学生、同事、家长及社区成员合作使用数字化工具和资源，支持学生有效学习和创新能力发展"，应能够"使用各种数字化时代的媒介和方式与学生、家长及同事就一些信息和想法进行有效沟通"。

信息化社会中，教师需要发展信息化教学协作能力与信息化教学集体智慧，需要利用数字化网络资源与同事、专家合作，打造基于信息和传播技术的集体教学知识和多元化的集体教学能力，以支持学生的有效学习和创新能力的发展，同时促进教师自身的职业发展。有关教师信息化教学协作能力的相关研究，各个国家目前已开始广泛关注，也是当前教师信息化教学能力发展研究的新领域，是各国对教师相关教育技术能力的新要求。

(6) 促进学生信息化学习能力

信息化社会对教师的教学能力提出了新要求，学生相应的学习能力也发生了变化。以往的相关研究注重信息化环境中，教师有效教学能力的提升和对于教师专业发展的促进。目前，人们更多地把研究的问题聚焦于学生的能力发展方面。也就是说，教师教学能力的发展是为了促进学生学习能力的发展，从各个国家的有关教师教育技术能力标准的要求中，能看到这种变化趋势。可见，教师信息化教学能力的发展，是为了促进不同学习风格和策略的学生信息化学习能力的发展。换句话说，虽然关注的是教师的信息化教学能力的发展，但发展这种能力的目的是促进学生信息化学习能力的发展。因此，我们在关于教师信息化教学能力的结构图中，将"促进学生信息化学习能力"放在了其他教师信息化教学系列子能力中间，其他子能力的发展是为了促进学生信息化学习能力的发展，是为了促进具有生命活力的人的全面和谐发展。

二、教师信息化教学能力的发展策略

教师信息化教学能力发展的策略，可以从宏观策略、中观策略、微观策略三方面分析。其中，宏观策略是促进其发展的外部环境条件，中观策略是促进其发展的方法论，微观策略是促进其发展的内部系统和直接条件。

(一) 宏观发展策略

宏观层面的教师信息化教学能力发展策略，主要是促进其发展的外部环境条件策略，主要包括社会发展的需求、国家政策的保障、教育改革的引导、学校组织的支持以及教师成长的动力。

1. 社会发展的需求

人类已经从工业时代步入信息时代，信息技术影响和改变着人们的工作、学习和生活方式。现代社会已经是一个高度信息化的社会，信息社会的一个重要特征，就是信息量激增，知识更新周期缩短。教育的信息化是社会信息化的一部分，是信息化在教育领域的拓展和渗透，教师又是教育信息化的重要关键环节。信息技术融入教育领域后，教学的方式、学习的方式、教育信息资源、教学环境以及人们的思维方式等发生了巨大变化。教师要适应信息化社会的发展与变化要求，就必须主动实现其自身角色转型、提升自身的能力素质。也就是说，信息化社会中的教师，既要具有一定的信息素养，还要实现自身角色的转变，更要发展教师的信息化教学能力。

信息化社会需要培养出具有创新精神和实践能力的信息化人才，这就首先需要教师实现自身的信息化发展。应该说，信息化社会呼唤教师的信息化发展，信息化社会中教师的能力，尤其是教师的信息化教学能力，是时代赋予教师的责任与使命。因此，教师信息化教学能力的发展，是信息时代对教师的能力要求，也是信息技术深入渗透教育的发展需要。

信息化社会对教师能力发展的期待，要求教师在学习学科专业知识、懂得一般教学法和学科教学法的同时，还要熟练掌握教学技术的知识与能力。在此基础上，要求发展成为教师的信息化学科知识、信息化教学法知识和信息化学科教学法知识。在信息化教学实践中，逐步生成为教师的信息化教学智慧。从这个意义上看，教师的教学技术能力是教师信息化教学能力发展的技术基础，教师的信息化教学知识和信息化教学实践是主体，信息化教学智慧是归宿。

2. 国家政策的保障

教育信息化是当今教育发展的潮流与趋势，世界各国都十分重视教育信息化的发展。从专门针对信息化社会中的教育规划、教育改革方案，到教育信息化基础设施、教育信息资源、教师信息技术与能力培训等，从国家政策层面给予教师的信息化发展以支持与保障。从教师信息化教学能力发展的策略看，各国的政策支持与保障，集中体现在相关通用教师教育技术能力标准的颁布与实施、教师相关信息技术能力的国家层面的培训项目支持等。

应该说，随着时代的变化发展，各国都在加强开展教师相关信息技术能力培训的同时，不断地调整对教师的相关能力要求，这是适应了时代变化的要求。动态变化并非难以确定的，而是顺应了时代变化的需要。通用的相关教师教育技术能力的标准，既是对教师相应能力的规范，也是对教师相关能力发展项目的引导。

从国家政策保障的层面看教师信息化教学能力的发展，既要重视教师教育技术能力中相关教师信息化教学能力的明确要求，动态调整教师相关能力标准的规范，又要重视对教师相关能力的培训、考核与认证。但仅仅这些是远远不够的，国家政策层面应该更加重视教师信息化教学能力发展的经费投入。教师信息化教学能力的发展绝非是依靠单一的相关能力培训就能解决的，培训仅仅是其能力发展阶段的重要促进环节而已。我们一直强调教师信息化教学能力发展的多层面和终身化，尤其是教师的自主学习和教学应用实践的策略，显得更为重要。因此，国家也应该从相关政策上鼓励、支持，并有效保障教师信息化教学应用实践。从世界范围来看，我国无论是在政策保障、政策激励方面，还是在经费投入方面，都存在一些差距。

3. 教育改革的引导

为了适应信息化对教育以及教师能力提出的挑战，培养信息化社会所需的、适应时代要求的高素质人才，各国相继推行了教育教学领域的改革，以适应信息化社会对人才培养的挑战与要求。应该说，教育教学改革在课程体系、实践教学、教学方法策略等方面，已经有了很大的改革与引导。我国在基础教育的相关改革也获得了很大发展，这也直接引导了对教育教学评价的价值取向。

在我国，存在教师教育的改革落后于教育课程改革步伐的现象。在教师相关信息技术能力培训中，这种现象尤为突出。从教师信息化教学能力发展的角度分析，美国和新加坡教师信息技术能力培训标准的这种价值取向变化，强调了教师信息化教学能力发展的目的是要促进学生信息化学习能力的发展。从这种价值取向的变化看，教师有关信息技术能力的培训，相应的教学评价就不能仅仅局限于教师信息化教学能力的提升，而更应该把相关教师能力标准、教师的相关教学评价以及相关科学研究的目光，及时转向信息化社会中学生的发展。

4. 学校组织的支持

学校是教师教育教学活动的场所，也是教师教学能力发挥的平台。促进教师信息化教学能力发展的所有外部条件中，学校是最直接的促进因素。下面主要从校长的支持、资源的准备、培训的参与、教学的交流等几个方面分析。校长对于学校的发展有一定的驾驭和引导责任，与教师存在着领导与被领导的关系。校长对于教师信息化教学能力发展的促进策略，集中体现在两个方面：一是校长对教师信息化教学能力的认识。二是校长对教师信息化教学能力的认可。教师信息化教学能力的发展需要来自学校层面的理解、支持、引导、帮助，既包括校长给予教师的精神鼓励，还包括必要时的物质激励手段。校长对教师信息化教学能力的认可，要在学校形成一种能力发展的氛围，这样才会有利于促进教师信息化教学能力的发展。

教师信息化教学能力的发展，需要在一定的信息化教学情景中完成。因此，学校相应的信息化教学基础设施建设和教育信息化资源的设计、开发与准备是必不可少的。学校既要完善基本的教学设施建设，也要加大对信息化教学基础设施的配备力度。

在职教师的相关信息技术应用培训，是教师信息化教学能力发展阶段性促进的重要环节。学校可以鼓励，甚至是有计划地安排教师参与相关的信息技术能力发展项目培训，或专门针对本校学科教师的实际情况，组织教师参与校本培训。在职教师的培训，是促进教师信息化教学能力发展的重要方式和渠道，学校应给予足够的重视与支持。

学校有责任引导、组织学科教师开展信息化教学的研讨、观摩，开展教师间的信息化协作教学，包括信息化教学集体备课、集体讨论、集体教学研究等。学校既可以组织面向本校教师的信息化协作教学交流，也可以利用网络等方式，促进不同学校、不同地区，甚至是不同国家的相关学科教师，开展教学交流与对话。既可以是教师间的协作交流，也可以是教师与学生、教师与专家的交流对话。充分的教学协作与交流，有利于教师信息化教学能力发展的经验共享。

教师信息化教学能力的发展，外因是条件，内因是根本，发展的最终内驱力，来自教师本身。因此，教师对信息化教学能力的自信心、正确的态度、时间的保证、知识的准备等，都是教师信息化能力发展的直接内部促进力量。同时，信息化社会教师的专业成长需要，也直接促进了教师信息化教学能力的发展。

信息化社会中教师的专业发展，也要求教师信息化教学能力的理性提升。信息技术与教师专业发展的关联，从外部看，信息技术不同程度地促进了教师的专业发展。从内部看，信息技术不仅是教师专业发展中知能结构的一部分，它已经渗透于教师专业发展中知能结构的各方面。

信息化教学能力发展过程中，教师的自主学习贯穿始终。在这个意义上，教师的信息化教学能力发展既是自主的，也是终身的。只有教师对自身信息化教学能力发展有信心也有兴趣，并愿意为此做出努力，这种能力才会有更大的发展。①

（二）中观发展策略

教师信息化教学能力的发展，也需要一定的方式、方法和策略，也就是要有促进其发展的方法论，即教师信息化教学能力发展促进策略的中观层面。在这一层面中，促进教师

---

① 章木林.信息技术环境下大学英语教师自主与学习者自主的相关性研究［J］.武汉冶金管理干部学院学报，2014（02）：58-60.

这一能力发展的关键环节是职前培养、教学实践、在职培训、协作交流、自主学习。教师信息化教学能力发展中观层面的促进策略，主要表现在职前培养与在职培训相结合、传统方式与网络在线相结合、技术知识与实践应用相结合、自主学习与协作交流相结合等方面。

1. 职前培养与在职培训相结合

教师信息化教学能力发展是一个系统的过程，发展的过程从静态走向了动态，从封闭走向了开放，从单一走向了多元，从传授走向了协作，实现了从阶段性教师培训到终身能力发展的观念转变。应该说，职前培养与在职培训都是教师信息化教学能力发展的重要促进环节，是不同能力发展阶段的台阶或锚点，不应将其割裂开来，要将职前培养与在职培训紧密衔接。

世界各国对职前教师，也就是对未来教师的培养都很重视，是从教师能力源头上入手的。例如，一些西方国家相关教师教育技术能力标准主要针对的是未来教师，而我国则主要针对的是中小学在职教师。职前教师和在职教师在能力发展方面的侧重点不一样。职前教师主要以技术知识、技能的学习和模仿为主，虽然也有一些教学实践环节，如教学实习等，但总体上要以教师信息化教学知识和技能的获得为主。在职教师主要以知识、技能在新情景中的动态应用实践为主，当然也包括一些技术知识、技能的学习。教师信息化教学能力的知识体系，是教师信息化教学能力的基础，而后者又是前者的目的。

2. 传统方式与网络在线相结合

世界各国教师相关信息技术能力发展项目的经验是，在开展面对面的培训方式的同时，相继开展了网络培训的方式，实现了传统方式与网络在线的有机结合。信息化社会中，获取学习信息资源的渠道已经多元化，教师信息化教学能力发展的知识获取、教学经验分享教学研讨、协作教学等，都可以通过网络在线的方式来实现，实现与传统教学方式的有机结合。

3. 技术知识与实践应用相结合

教师信息化教学能力的技术知识，职前教师主要通过系统学习的方式获得，在职教师则主要通过自主学习、参与培训等方式获得。教学技术知识要转变为教学应用能力，就需要重视教师的实践教学环节。职前教师可以在学习中体验模仿，通过积极参与教学实习，强化对技术知识的实践应用转化。在职教师的教学实践，是将所学教学技术知识转化为应用能力的重要环节和有效方式。

4. 自主学习与协作交流相结合

在信息化社会，需要教师既具有自主学习的意识，也具有自主学习的能力，以适应社会发展变化和教师专业成长的需要。自主学习是教师成长的重要动力，教师可以自由选择学习内容，自主学习贯穿于教师专业发展的始终。教师信息化教学能力发展的开放性、动态性、终身性，都需要教师具有自主学习的能力。

信息化社会的教师协作交流，既包括教师同行间的教学交流、教学观摩、教学研讨等，也包括教师与学生、教师与专家的交流对话。信息化社会中，教师既要有能够实现面对面的协作交流，也要发展虚拟的、远距离的、跨时空的协作交流的能力。教师的信息化协作教学，能有效共享集体的知识、经验与智慧，形成教师信息化教学的共同体。

(三) 微观发展策略

微观策略是促进教师信息化教学能力发展的内部系统和直接条件。自主学习、教学实践、协作交流,是教师个体促进能力形成与发展的集中体现。微观层面的促进策略,集中体现在教师以自主学习为主的知识积累、以教学实践为主的应用迁移、以协作教学为主的对话交流等方面。

1. 以自主学习为主的知识积累

教师的自主学习是职业发展生涯中必不可少的,是促进教师信息化教学能力可持续发展的基础条件和动力源泉,是教师个体专业发展的有效途径。① 教师自主学习的目的就是要实现技术知识积累,促进教学,促进学生的发展。在职前教师学历教育的系统化学习中,需要学习理论知识;在职教师的阶段性培训中,也需要学习理论知识并能够实践应用,以实现教学能力的提升;在教师的协作化教学中,同样需要交流对话、相互学习,共同提高。信息化社会中教师的自主学习,是一种过程,也是一种方式,更是一种能力。自主学习,使得教师在信息化教学能力不同发展阶段获得的离散知识更具系统化,使得信息化社会中教师的专业发展更具动态化、可持续化、终身化。因此,教师信息化教学能力的可持续发展,需要教师实现以自主学习为主的知识积累。

2. 以教学实践为主的应用迁移

教师的信息化教学实践,绝非是简单的技术性教学实践,而是实践中有反思,反思中有智慧。在形式上,教师信息化教学实践似乎仅仅是"躯体的",但它显然是教师教学技术知识、技能在具体情景中迁移应用的体现,是一种"理论化的实践"。因此,教师要以教学实践为主,在不同的信息化教学情景中,实现信息化教学融合与信息化教学交往,在实践中反思,在反思中成长,最终实现教师信息化教学智慧的生成与创造。

3. 以协作教学为主的对话交流

教师的信息化协作教学能力,是其信息化教学能力的重要子能力。协作化教学能力,集中体现在教学观摩、教学研讨、协作交流、协作科研等方面,有利于促进教师信息化教学能力的整体提升与发展。帕尔默(Palmer)指出,"任何行业的成长都依赖于它的参与者分享经验和进行诚实的对话,同事的共同体中有着丰富的教师成长所需要的资源"②。

教师的信息化协作教学,实现教师间的相互交流、相互促进、相互提高,有助于教学经验交流、教学资源共享,有利于促进教师信息化教学能力的发展。教师的信息化协作教学能力,既包括了教师同行间的协作交流,也包括了教师与专家、教师与学生的交流对话等;不仅是指面对面的交流对话,更要突出信息化环境中的协作教学与对话交流。信息化社会中,强调教师以协作教学为主的对话交流的发展策略,则更具有发展的时代性。

---

① 王鉴. 教师与教学研究 [M]. 兰州:甘肃教育出版社,2013:42.
② 周成海. 教师教育范式论 [M]. 长春:东北师范大学出版社,2008:182.

参考文献

[1] 白蓝.高校英语课程结构优化论［M］.北京：人民出版社，2020.
[2] 毕跃忠，常玫.高校英语教学方法研究［M］.长春：吉林教育出版社，2020.
[3] 柴海彬，刘硕，徐育新.大学英语模块化教学模式构建［M］.长春：吉林大学出版社，2019.
[4] 陈辉.大学英语教学策略与学习方法探究［M］.长春：吉林出版集团股份有限公司，2019.
[5] 程彩兰，韩彦林.基于"产出导向法"的大学英语信息化教学效能研究［M］.长春：东北师范大学出版社，2017.
[6] 丁睿.大学英语教学发展研究［M］.长春：吉林人民出版社，2019.
[7] 窦国宁.创客教育理念下的大学英语教学理论与实践［M］.北京：企业管理出版社，2019.
[8] 范楠楠.大学英语教学方法与策略［M］.北京：现代出版社，2020.
[9] 范治梅.大学英语教学研究［M］.长春：吉林出版集团股份有限公司，2020.
[10] 冯建平.新时代大学英语教学研究［M］.长春：吉林大学出版社，2020.
[11] 高雯君，赵颖，赵蕊.大学英语课程教学与思辨能力培养研究［M］.长春：吉林科学技术出版社，2019.
[12] 宫玉娟.大学英语教学模式改革创新研究［M］.长春：吉林出版集团股份有限公司，2018.
[13] 郭鸿雁，周震.新时代外语教学改革［M］.银川：宁夏人民教育出版社，2020.
[14] 何树勋.跨文化交际下的大学英语教学改革模式研究［M］.成都：四川大学出版社，2019.
[15] 扈玉婷.大学英语生态化写作教学研究［M］.北京：北京理工大学出版社，2019.
[16] 黄洁芳.课程改革情境下高校英语教师认知发展研究［M］.北京：新华出版社，2017.
[17] 黄娟.英语教学理论体系建构与实际应用研究［M］.长春：吉林人民出版社，2019.
[18] 黄儒.大学英语教学模式研究［M］.哈尔滨：黑龙江教育出版社，2018.
[19] 黄燕鹂."互联网+"背景下大学英语教学体系的反思与重建［M］.成都：电子科技大学出版社，2018.
[20] 姜宜敏.基于文化视角的大学英语教学研究［M］.长春：北方妇女儿童出版社，2020.

[21] 节娟娟．中国传统文化与大学英语教学的融合与渗透研究［M］．北京：中国大地出版社，2019．

[22] 金蕾．高校英语口语与阅读教学方法研究［M］．郑州：郑州大学出版社，2019．

[23] 金月．高校英语教学模式与创新实践［M］．延吉：延边大学出版社，2019．

[24] 邝增乾．大学英语教学的情感因素研究［M］．长春：吉林人民出版社，2020．

[25] 雷丹．生态学视域下大学英语教师生态位研究［M］．青岛：中国海洋大学出版社，2016．

[26] 雷先会，刘春慧，张婷婷．英语教学的改革与创新研究［M］．长春：吉林大学出版社，2019．

[27] 李国金．大学英语教学基础理论及改革探索［M］．北京：北京理工大学出版社，2018．

[28] 李浩宇．英语教育与互动课堂模式研究［M］．长春：吉林美术出版社，2018．

[29] 李虹．英语教育与跨文化语言表达［M］．延吉：延边大学出版社，2019．

[30] 李环环，杨娜，刘彬．高校英语教学方法多角度探索［M］．长春：吉林大学出版社，2017．

[31] 李解人．大学英语教学模式探究［M］．北京：新华出版社，2020．

[32] 李琴．多元文化视角下的英语教学研究［M］．北京：原子能出版社，2019．

[33] 李巍．大学英语教学理念与模式创新研究［M］．长春：吉林出版集团股份有限公司，2020．

[34] 李晓玲．大学英语教学方法研究［M］．西安：陕西科学技术出版社，2020．

[35] 李晓娜．大学英语教学［M］．昆明：云南人民出版社，2020．

[36] 李晓岩．大学英语教学需求及方法分析［M］．北京：现代出版社，2020．

[37] 李欣．高校英语教学的思维创新与应用研究［M］．长春：吉林出版集团股份有限公司，2020．

[38] 李艳．信息技术时代高校大学英语教学方法改革解读［M］．长春：吉林大学出版社，2018．

[39] 李迎新．批判性思维培养与大学英语教育［M］．西安：西安交通大学出版社，2017．

[40] 林琳．跨文化教育视阈下的大学英语教学研究与实践［M］．中国原子能出版社，2019．

[41] 林玲，王小格，耿春玲．学术文库 大学英语教学与课程体系研究［M］．北京/西安：世界图书出版公司，2017．

[42] 玲玲．大学英语写作教学的动态评价研究［M］．西安：世界图书出版西安有限公司，2019．

[43] 柳海荣．新时期高校英语教学的多视角研究［M］．北京：光明日报出版社，2016．

[44] 柳希．现代大学英语教学理论与策略研究［M］．延吉：延边大学出版社，2020．

[45] 吕文丽，庞志芬，赵欣敏．信息化时代下的大学英语教学改革探索［M］．长春：吉林大学出版社，2019．

[46] 吕英娜．大学英语教学模式改革与创新［M］．合肥：合肥工业大学出版社，2020．

[47] 毛妙维. 现代英语教育教学研究与方法 [M]. 北京：北京工业大学出版社，2019.
[48] 莫英. 信息化背景下大学英语教学改革与创新思维 [M]. 成都：四川大学出版社，2018.
[49] 秦娟. 高校英语阅读教学模式与方法 [M]. 长春：吉林大学出版社，2019.
[50] 秦梦阳. 大学英语教学与信息化应用研究 [M]. 长春：吉林教育出版社，2020.
[51] 秦梦阳. 高校英语跨文化教学研究 [M]. 长春：北方妇女儿童出版社，2019.
[52] 权宇. 大学英语教学理论与实践研究 [M]. 长春：吉林人民出版社，2020.
[53] 任彦卿. 基于移动学习系统的大学英语教学研究 [M]. 长春：吉林人民出版社，2019.
[54] 任燕，张怡. 当代高校英语教学方法与研究 [M]. 哈尔滨：哈尔滨工业大学出版社，2019.
[55] 沈黎. 大学英语教学研究 [M]. 长春：吉林出版集团股份有限公司，2020.
[56] 石帅. 高校大学英语教学实践研究 [M]. 长春：吉林教育出版社，2020.
[57] 史娟芝. 高校英语教师专业发展与教学研究 [M]. 长春：吉林教育出版社，2020.
[58] 史利国. 高校教学理论与实践的创新研究 [M]. 北京：北京理工大学出版社，2014.
[59] 束定芳，王蓓蕾. 高校英语教学现状与改革方向 [M]. 上海：上海外语教育出版社，2015.
[60] 宋建勇. 高校英语任务型教学与评价研究 [M]. 西安：西安交通大学出版社，2017.
[61] 宋艳梅，宋歌. 文化视角的英语教学 [M]. 北京：现代出版社，2015.
[62] 宋玉萍，林丹卉，陈宏. 图式理论指导下的大学英语教学研究 [M]. 北京：知识产权出版社，2019.
[63] 苏广莲. 大学英语教学与模式创新研究 [M]. 长春：吉林出版集团股份有限公司，2020.
[64] 孙春兰. 翻转课堂模式中的英语案例教学研究 [M]. 长春：吉林出版集团股份有限公司，2019.
[65] 孙琳. 大学英语教学设计与有效教学 [M]. 长春：吉林大学出版社，2020.
[66] 孙伟民. 跨文化交际能力培养与高校英语教学模式改革 [M]. 青岛：中国海洋大学出版社，2019.
[67] 谭竹修. 多元文化教育视域下大学英语教学理论探索 [M]. 天津：天津科学技术出版社，2018.
[68] 唐君. 高校英语信息化教学研究 [M]. 北京：中国国际广播出版社，2018.
[69] 唐旻丽，周榕. 现代高校英语教学方法的多维研究 [M]. 北京：中国戏剧出版社，2018.
[70] 王博，李然. 跨文化大学英语教学实践 [M]. 天津：天津科学技术出版社，2020.
[71] 王芳. 高校英语教学改革与案例教学研究 [M]. 长春：吉林出版集团股份有限公司，2019.
[72] 王翡. 信息化时代高校英语教学实务研究 [M]. 西安：西安交通大学出版

社，2020.

[73] 王华．大学英语教学中互动式教学法应用研究［M］．成都：西南交通大学出版社，2018.

[74] 王瑾．跨文化交际与高校英语教学策略探究［M］．北京：新华出版社，2019.

[75] 王静．高校英语专业阅读与写作教学研究［M］．天津：天津科学技术出版社，2020.

[76] 王娟．现代多元化大学英语教学［M］．哈尔滨：黑龙江教育出版社，2020.

[77] 王立康．大学英语教学方法创新与实践［M］．长春：吉林出版集团股份有限公司，2020.

[78] 王妮．高校英语中的跨文化教学创新研究［M］．长春：北方妇女儿童出版社，2020.

[79] 王倩．大学英语教学时效性探索［M］．南京：河海大学出版社，2020.

[80] 王珊，马玉红．大学英语教学的跨文化教育及教学模式研究［M］．武汉：武汉大学出版社，2018.

[81] 王淑花，李海英，孙静波，潘爱琳．大学英语教学模式改革与发展研究［M］．北京：知识产权出版社，2018.

[82] 王天舒．大学英语：教学模式改革的问题与对策初探［M］．北京：民族出版社，2014.

[83] 王璇．高校英语教学方法创新探究［M］．长春：吉林出版集团股份有限公司，2020.

[84] 王艺．高校英语教学模式与方法研究［M］．延吉：延边大学出版社，2018.

[85] 王毅．大学英语教学中的教师自主与学习者自主相关性研究［M］．成都：四川大学出版社，2016.

[86] 魏微．大学英语教学基础理论与实践研究［M］．长春：吉林人民出版社，2020.

[87] 吴美兰．大学英语教育的教学方法和探索［M］．天津：天津科学技术出版社，2018.

[88] 吴婷．高校英语教学理论及实务研究［M］．长春：吉林出版集团股份有限公司，2020.

[89] 吴文亮．信息化时代高校英语教学理论的解构与重塑［M］．长春：吉林大学出版社，2019.

[90] 吴元霞．英语教学与文化融合［M］．北京：光明日报出版社，2017.

[91] 武琳．大学英语教学模式与课程建设研究［M］．长春：吉林大学出版社，2016.

[92] 肖春英．跨文化交际与高校英语教学研究［M］．天津：天津科学技术出版社，2020.

[93] 肖莉．大学英语教学与改革［M］．天津：天津大学出版社，2019.

[94] 谢怡．高校英语教学方法与模式创新［M］．延吉：延边大学出版社，2018.

[95] 辛森淼．大学英语教学理论与实践研究［M］．天津：天津科学技术出版社，2020.

[96] 徐春娥，郑爱燕，杜留成．跨文化理论对大学英语教学的影响研究［M］．长春：吉林人民出版社，2018.

[97] 徐家玉．信息技术背景下高效英语教学理论体系的建构与探索［M］．长沙：湖南师范大学出版社，2018．

[98] 徐雪元．大学英语教学改革实践［M］．长春：吉林出版集团股份有限公司，2020．

[99] 许丽云，刘枫，尚利明．大学英语教学的跨文化交际视角研究与创新发展［M］．北京：中国商务出版社，2020．

[100] 薛丽．高校英语教学与思辨能力培养［M］．长春：吉林出版集团股份有限公司，2020．

[101] 薛燕．基于教学改革的大学英语教学实践［M］．延吉：延边大学出版社，2018．

[102] 闫洪勇．大学英语教学与教师专业发展研究［M］．西安：西安交通大学出版社，2017．

[103] 杨朝娟．英语网络课堂教学模式与方法研究［M］．西安：西安交通大学出版社，2017．

[104] 杨佳．大学英语教学改革［M］．长春：吉林出版集团股份有限公司，2019．

[105] 杨丽凡．高校英语教学理论创新研究［M］．延吉：延边大学出版社，2019．

[106] 杨玲．高校英语课型教学方法［M］．北京：原子能出版社，2020．

[107] 杨玲梅．多元背景下的大学公共英语教学与跨文化交际研究［M］．北京：北京工业大学出版社，2019．

[108] 杨鹏鲲．英语教学与文化教学［M］．哈尔滨：黑龙江科学技术出版社，2015．

[109] 杨雪飞．多元文化视域下的大学英语教学研究［M］．北京：北京理工大学出版社，2019．

[110] 杨雪静．高校英语教学模式创新研究［M］．长春：吉林人民出版社，2019．

[111] 仰姝．互联网+时代大学英语教学研究［M］．北京：中国商务出版社，2020．

[112] 尹静．高校英语教师实践性知识的行动研究［M］．石家庄：河北教育出版社，2015．

[113] 于辉．当代大学英语教学改革多元化趋势研究［M］．长春：吉林大学出版社，2018．

[114] 余兰，黄仕圆．高校英语教学理论与实践［M］．长春：吉林人民出版社，2019．

[115] 余爽爽．高校英语教师专业发展与教学研究［M］．西安：西北工业大学出版社，2019．

[116] 苑丽英．互联网+视域下大学英语教学的创新探索［M］．长春：吉林人民出版社，2019．

[117] 张慧丽．大学英语教学探索与实践［M］．北京：现代出版社，2020．

[118] 张健坤．跨文化交际英语教学与研究［M］．北京：冶金工业出版社，2019．

[119] 张乐平．"互联网+"时代背景下大学英语教学改革与发展研究［M］．长春：吉林大学出版社，2019．

[120] 张丽霞．产出导向法视域下的大学英语教学研究［M］．北京：经济管理出版社，2019．

[121] 张茂君．当代大学英语教学与文学的融入探究［M］．长春：吉林大学出版社，2019．

[122] 张敏, 马力, 何少芳. 英语教学实践与创新研究 [M]. 哈尔滨: 黑龙江人民出版社, 2019.

[123] 张彤. 当代大学英语教学设计与方法新探 [M]. 延吉: 延边大学出版社, 2020.

[124] 张薇. 当代高校英语教学方法与研究 [M]. 长春: 吉林大学出版社, 2018.

[125] 张喜华, 郭平建, 谢职安. 大学英语中的跨文化教学研究 [M]. 北京: 北京交通大学出版社, 2019.

[126] 张喜华, 郭平建, 谢职安, 等. 信息化背景下大学英语教学改革研究 [M]. 北京: 北京交通大学出版社, 2017.

[127] 张献. 大学英语教学理论及实践应用 [M]. 武汉: 中国地质大学出版社, 2020.

[128] 张晓冬. 跨文化背景下大学英语教学研究 [M]. 长春: 吉林大学出版社, 2018.

[129] 张晓娟, 赵继海, 林辉. 信息技术时代英语教学的改革新探 [M]. 长春: 吉林大学出版社, 2019.

[130] 张彦玲. 大学英语教学中的语言输入输出理论研究 [M]. 沈阳: 东北大学出版社, 2017.

[131] 张羽, 余学军. 新时代高校英语教学范式重构研究 [M]. 哈尔滨: 黑龙江教育出版社, 2019.

[132] 张璋. 大学英语教学方法与研究 [M]. 哈尔滨: 哈尔滨工业大学出版社, 2020.

[133] 赵萍, 姜舒, 彭丽娜. 高校英语综合教程 [M]. 延吉: 延边大学出版社, 2019.

[134] 赵琼. 新时代英语教学创新发展 [M]. 北京: 中国商务出版社, 2019.

[135] 赵艳. 跨文化交际与英语思维教学研究 [M]. 长春: 吉林大学出版社, 2017.

[136] 郑春华. 跨文化交际与英语文化教学 [M]. 北京: 国家行政学院出版社, 2018.

[137] 郑春伶. 多元社会文化与大学英语教学研究 [M]. 北京: 北京工业大学出版社, 2020.

[138] 郑静. 高校英语教学理论与方法研究 [M]. 长春: 东北师范大学出版社, 2015.

[139] 郑立, 姜桂桂. 慕课与高校英语学习方式研究 [M]. 成都: 西南交通大学出版社, 2017.

[140] 郑侠, 李京函, 李恩. 多元文化视角下的大学英语教学研究 [M]. 北京: 知识产权出版社, 2018.

[141] 郑小媚. 高校英语多模态课堂教学研究 [M]. 北京: 国家行政学院出版社, 2018.

[142] 钟丽霞, 任泓璇. 翻转课堂模式下的大学英语教学改革及创新优化 [M]. 长春: 吉林大学出版社, 2019.

[143] 周保群. 大学英语教学模式与课程建设研究 [M]. 重庆: 重庆大学出版社, 2020.

[144] 周帆. 高校英语教育教学理论与实践研究 [M]. 长春: 吉林大学出版社, 2017.

[145] 周建萍. 大学英语教学行动研究 [M]. 北京: 旅游教育出版社, 2019.

[146] 朱飞. 大学英语教学中的翻转课堂 [M]. 长春: 吉林大学出版社, 2020.

[147] 朱芬, 邵静. 基于跨文化交际的大学英语教学模式建构 [M]. 成都: 四川大学出版社, 2019.

[148] 朱金燕. 大学英语教学改革探索 [M]. 武汉: 中国地质大学出版社, 2018.

[149] 朱婧, 焦玉彦, 唐菁蔚. 大学英语多元互动教学模式研究 [M]. 长春: 吉林大学

出版社，2019.

[150] 朱晓萍．高校大学英语教学实践研究［M］．西安：西北工业大学出版社，2020.

[151] 邹菁菁．大学英语教学转型与创新［M］．沈阳：辽宁大学出版社，2020.